A CONCISE HISTORY OF MEXICO
3RD EDITION

布莱恩·R.哈姆内特 著 何晓静 译

墨 西 哥 史

Brian R. Hamnett

中国出版集团
东方出版中心

图书在版编目（CIP）数据

墨西哥史/（英）布莱恩·R.哈姆内特著；何晓静译.—上海：东方出版中心，2023.5
书名原文：A Concise History of Mexico
ISBN 978-7-5473-2167-6

Ⅰ.①墨… Ⅱ.①布… ②何… Ⅲ.①墨西哥—历史
Ⅳ.①K731

中国国家版本馆 CIP 数据核字（2023）第 053000 号

上海市版权局著作权合同登记：图字 09-2023-0160 号

墨西哥史

著　　者　布莱恩·R.哈姆内特
译　　者　何晓静
责任编辑　赵　明　戴浴宇
装帧设计　钟　颖　绿　豆

出版发行　东方出版中心有限公司
地　　址　上海市仙霞路 345 号
邮政编码　200336
电　　话　021-62417400
印 刷 者　山东韵杰文化科技有限公司

开　　本　890mm×1240mm　1/32
印　　张　13
字　　数　300 千字
版　　次　2023 年 6 月第 1 版
印　　次　2023 年 6 月第 1 次印刷
定　　价　68.00 元

目　录

插 图

第三版序言

　　本书第一版在 1999 年问世，2006 年第二版出版。在前两个版本之间，墨西哥经历了例如革命制度党（PRI）这一长期执掌墨西哥政坛的执政党失势等重大变化，而 2006 年至今，出现了更多或许也是更加剧烈的变革，仅凭这一点就需要对本书第二版的开头和最后几个章节进行修订和重新组织。与此同时，自 2006 年以来，墨西哥所处的国际和区域环境发生了根本性的变化，包括超国家组织成员身份（北美自由贸易区之外的国际组织），特别是于 2016 年同年生效的《跨太平洋伙伴关系协定》（TPP）以及墨西哥、哥伦比亚、秘鲁和智利建立的太平洋联盟。然而，尽管发生了以上种种变化，与美国的关系仍旧是墨西哥对外关系的核心。虽然跨境移民人数逐渐减少，但移民问题仍旧是墨西哥与美国两个北美国家间关系的关键，移民和北美自由贸易区对美国特定区域的冲击构成了美国 2016 年总统大选的重要议题。此外，墨西哥政府与贩毒集团之间以及不同贩毒集团之间的冲突产生的影响也超越了墨西哥的范畴。

　　本书的第一章需要重新构思，这源于在前两版出版之后，全局性的问题已经发生改变，而我的观点也因此有所变化。当然，我并没有抛弃这一章的基本思路，即首先要讨论墨西哥的现状，从这一点来看

第一章并未有所不同。2012 年，反对党国家行动党（PAN）在选举中失利，革命制度党获胜，再次成为墨西哥执政党。如今，我们可以往前回顾国家行动党占据主导地位的时期，并思考革命制度党的回归可能带来的影响，同时探讨 2018 年的总统选举在国内和国际范围可能产生的深远影响。

整体而言，本书的第二章至第七章基本保持了之前版本的内容，结构、历史分期以及论述方式都保持不变，只做了一些细节上的改动。如，一篇本书的评论曾提到，本书漏掉了墨西哥的第一任总统瓜达卢佩·维多利亚（1824—1829），这是因为在前两版中我无意让读者为独立后的墨西哥早期（1821—1867）政治生活过多的细节所累。这一疏漏很容易修正，在第三版中已经增加了相关内容。

几个月前，当我再次漫步在特奥蒂瓦坎金字塔遗址时（这是自 1966 年第一次访问墨西哥以来首次），它的宏伟壮观深深震撼了我，我觉得应该扩充现有的（本书第二版）关于前哥伦布时期的内容。而根据最近的发现，秘鲁最早的文化比墨西哥的早期文化历史更加悠久。

在本书第二版的第九章中，我对文化发展进行了阐释，我很享受这一章节的构思和写作。这一话题在第一版中并没有出现，而在第三版中，我将该部分放到了第八章，即放到第三版书末新增的两个章节之前。新增的两个章节聚焦 2000 年后的墨西哥，将文化发展放到这两个章节之前，而不是简单地将它放到最后一章，作为补充内容出现，可以打破一直以来政治和经济议题的主导地位，从而将文化发展充分地融入本书的主体内容，我认为这很有必要。墨西哥将以一个迅速变化、充满活力的北美社会呈现在本书的第九章和第十章中，我们将在书中提供很多基础数据，涵盖教育、生活水平、公共和私有部分之间的关系、基础设施等方面，以期能够勾勒出普通人的生活图景。

　　我在本书的第一版和第二版中都强调了墨西哥的发展与美国发展之间的关系，特别是在 1846—1848 年的战争之后。在美墨西哥人的地位依然是一个重要的议题。在前两版中，我始终都将格兰德河以北的土地视为墨西哥在 1848 年之前的领土，而不是碰巧有过西班牙殖民经历的美国领土。虽然墨西哥寻求建立多元化的外交关系，但是墨美之间的特殊关系，尤其是边境问题，即使这种关系充满不确定性，仍是墨西哥不同于其他拉丁美洲国家的重要特征。

　　在第三版中我保留了这一基本路径，同时指出墨美关系在两个方面发生了变化：一方面，美国自 21 世纪开始在拉丁美洲影响力的相对衰落；另一方面，拉丁美洲国家之间以及与次大陆之外的超国家组织之间的融合日益增强，特别是与环太平洋地区以及以中国为首的亚洲国家之间的融合。

　　与上述变化相对应，第三版也对本书的大事年表和书目进行了修订。

第二版序言

　　正如本书新增的参考文献所揭示的那样，在第一版发表后的若干年中，墨西哥研究持续拓展。在 2000 年 7 月的总统选举中，选民们将革命制度党（PRI）选下台，墨西哥迈入了新的历史阶段。在 2000 年的时候，墨西哥人曾经自问，反对党获得了国家权力，而联邦制度可以有效地运行，他们的国家是否已经成为一个有效的民主国家？在接下来的几年里，在蛊惑人心、空口许诺和政治混乱的指责声中，人们对改革总统制度所抱有的高度期望逐渐消亡。在新的第八章中，我增加了对 2000 年至 2006 年福克斯总统任期的简要分析。由于我是历史学家而非"政治科学家"，因此我并不会对即将到来的选举结果或者该国未来的发展做出任何预测。

　　第二版保留了第一版的结构、历史分期和主题。但是，我根据进一步的阅读把其中的某些部分进行了修订，尤其是第二章，并更正了第四章中本来绝对不应当出现的一个事实性错误。与此同时，我也删掉了第七章中对 20 世纪 90 年代后期发生的事件的几条评价，这些评价在当初看起来是重要的，而现在已经不再重要了。从现在来看，第一版看起来过于偏重经济和政治分析。为了平衡，我增添了第九章，加入对墨西哥文化生活的重要方面——尤其是文学和电影方面——的讨论，墨西哥在这两个领域都曾对国际社会产生过巨大的影响，该章也对谈话中提到的墨西哥最初是通过其当代文学和电影引起世人关注的评论的回应。

墨西哥的报纸可以在互联网上读到，在伦敦每月出版一期的《拉丁美洲通讯——拉丁美洲地区报告：墨西哥与北美自由贸易区》为英语读者提供了详细的信息。

我特别感谢埃塞克斯大学艺术历史与理论系教授兼埃塞克斯大学拉丁美洲艺术馆馆长巴勒里·弗雷泽教授，他帮助我从藏品中挑选了3幅作品作为本版的最新插图。同样，我也必须感谢埃塞克斯大学数学系的罗德里克·麦克雷博士，他允许我使用其私人收藏的墨西哥平版印刷画。在照片传输技术方面，我得到了历史系秘书贝琳达·沃特曼女士的巨大帮助。

第一版序言

————

关于墨西哥的研究是一个令人兴奋并且快速发展的主题，而且观察墨西哥的视角也在不断变化。墨西哥拥有大约 9 500 万人口，它构成了北美次大陆的一部分。自 16 世纪初开始，墨西哥成为因欧洲扩张形成的大西洋世界的一部分。在此之前，墨西哥是不为欧洲人所知的前哥伦布世界的一部分。基于这个原因，墨西哥所具有的多族裔、多文化的复杂模式对其当代的事件依然产生着影响。但是，任何对墨西哥感兴趣的人都会很快发现很难找到适合入门者的读物，而对于那些可能刚刚从这个国家的首次旅行回来的人们来说，很难找到一本可以帮助他们按照连贯的主题对其见闻进行分析的书籍。

1966 年 1 月，我以一名研究生的身份首次访问墨西哥。自那以后，我的大部分人生都是在那里度过的。这个国家本身已经在某些方面变得让人认不出来了，但是，特别是在外省和村庄以及从整体态度和立场来看，无论好的方面还是坏的方面，很多传统的观点依然保留了下来。

如我最初所做的那样，在从中部和南部，即中美洲文化的核心区域的地理视角来观照墨西哥历史时，我始终意识到土著美洲历史根深蒂固的生命力。在这些年中，我越来越意识到前哥伦布时代的重要性，这与我最初研究的地区是瓦哈卡州有关，它是萨波特克和米克斯特克文化的中心，至今也仍是土著人口占多数的州。我最初的研究方向是殖民时代晚期。我在塞维利亚的印第安档案馆进行了长时间的研究，然后，我在加的斯乘船到达墨西哥。我乘坐的是一艘 6 000 吨级的西班牙轮船，历时两周半，途经委内瑞拉、波多黎各和多米尼加共和国，最终到达韦拉克鲁斯。在经历了墨西哥湾 1 月的劲风洗礼后，第一次踏上墨西哥领土时，我确定自己丝毫不像一个征服者。但是，我到墨西哥的目的是研究殖民时期，我需要勇敢地决定如何展开研究。在墨西哥中部核心区的城市和镇子里，从萨卡特卡斯（北部开始的地方）到南部的瓦哈卡，人们在欧洲和美洲文化的迅速切换中感受丰富的殖民文化。在普埃布拉、特拉斯卡拉、克雷塔罗、瓜纳瓦托、莫雷利亚（当时叫巴利亚多利德）、圣路易斯波多西、萨卡特卡斯以及首都等城市，其建筑和艺术财富可与同时期的欧洲城市相媲美，而我作为一个"墨西哥学家"的经历自此开始。自那以后，很多其他的趋势开始涌现，最近的趋势是人们对北部产生了越来越浓厚的兴趣，读者们会发现北部和"北部边境"（现在美国将其描述为"美国西南部"）在接下来的页码中占据了很多篇幅。

　　这本书采取了一些重要的立场，如不将墨西哥从西班牙帝国独立出来的 1821 年作为开端，也不认为从历史的角度出发，墨西哥应被视为 1836 年至 1853 年后面积缩小了的政治实体，其间美国获得了墨西哥领土的一半。本书按照主题和时间顺序展开，但是并不试图做到面面俱到。以今日墨西哥的概览为开端，然后就其如何发展成今天的形态提出一些看法，此后，我们将回到前哥伦布时代，讨论其真实的历史起点，进而以主题和编年体相结合的方式往前推进。我所采用的历史分期更符合当代对墨西哥历史的重新解读，而不是传统的研究路径。

在尝试对历史分期进行修正的时候,我仍觉得需要作出更多的妥协。我原本希望用一个更加激进的分期来勾连传统历史学在独立(1810—1821)和革命(1910—1940)上的分歧:"动荡与分崩离析(1770—1867)","重建时期(1867—1940)",以及"一党执政时期(1940—2000)"。然而,我发现1810年和1910年的分界线无法也不应该回避。同时,我也作出妥协,将这些更加传统的转折点置于我最初更加宏观的背景之下。我认为,1867年法国武装干涉的溃败和马克西米连第二帝国的崩塌代表了19世纪重要的转折点,象征着欧洲试图在墨西哥重获统治权意图的终结,它也保证了从与美国的战争(1846—1848)中崛起的主权国家得以生存。同样,1940年和1970年成为后续的到达与离开的节点:前者开启了巩固革命变化的时期,并为三十年的经济扩张和政治稳定提供了象征性的起始点;后者为陷入三十年政治分裂和经济动荡开启了通道。当然,这些分界线也遭到了批评与修正。我希望分期问题成为当前对墨西哥(以及拉丁美洲)历史的历史学辩论的一个组成部分。

我在墨西哥和其他地方的同事和朋友们为这本书作出了贡献,虽然他们有时并未意识到许多有价值的对话对本书的成稿助益良多。何塞菲娜·索拉伊达·巴斯克斯博士(墨西哥学院)一直为我近来的诸多项目提供鼓励和支持,她也是令人振奋的批评者和讨论者。在探索殖民晚期和19世纪墨西哥历史的相关问题和议题上,布莱恩·康诺顿教授(大都会自治大学伊特萨帕拉帕校区)给我提供了巨大的帮助,不仅是在大都会自治大学召开研讨会期间,还来自在墨西哥城定期举行的三小时早餐会谈中,这些会谈广泛涉猎了墨西哥文化的不同方面。1996年3月,在墨西哥城的一家加利西亚餐馆中,我与另一部墨西哥简史的作者贝尔纳多·加西亚·马丁内斯博士(墨西哥学院)进行了记忆深刻的谈话,这场谈话使我明白了北部发展的动力机制，对我的研究视角的转变起到了决定性的作用。保罗·范德伍德（圣地亚哥州立大学）教授二十多年来始终激发我思考并提供高质量的评论。1998 年 1 月初，在重新思考与写作的关键时刻，范德伍德教授在圣地亚哥盛情款待了我。何塞·玛利亚·路易斯·莫拉学院和墨西哥历史研究中心（CONDUMEX）的图书馆为我的研究提供了舒适的环境。纽约大学石溪分校、斯特拉思克莱德大学和埃塞克斯大学的学生与同仁们帮助我进一步完善了呈现在这里的诸多观点和解读。我尤其要感谢墨西哥城的哈维尔·古斯曼·乌维奥拉和卡洛斯·席尔瓦·卡萨雷斯，他们帮助我挑选了构成本书重要内容的插图素材。

致　谢
————

首先要感谢本书责任编辑德博拉·格希诺威茨的巨大支持，以及她在剑桥大学出版社纽约分社的团队为本书第三版得以出版而付出的辛苦工作。此外，正如本书所使用的插图署名所示，我要感谢以下授权本书使用插图的机构和个人：墨西哥国家遗产委员会、国家图片资料馆、罗伯特·迈耶墨西哥收藏馆、得克萨斯大学奥斯汀分校的内蒂·李·本森拉丁美洲收藏系列中的赫纳罗·加西亚系列藏品、布鲁塞尔的皇家军事和历史博物馆以及盖蒂图片社。还要感谢墨西哥城的伊策尔·托莱多·加西亚博士和西尔韦斯特雷·比列加斯·雷韦尔塔斯博士，以及著名的历史学家和马德罗家族研究学者曼努埃尔·格拉·卢纳，他在本书撰写的关键时期为我收集图片和获得许可提供了很多帮助。本书第三版使用了由我本人拍摄的一些图片，这些图片一部分已经收入第一版和第二版书中，而另一部分拍摄于 2015 年至 2016 年间，这需要特别感谢我的伙伴和旅伴 M. A. 阿尼普金博士。

与前两版一样，第三版的第九章和第十章采用了大量来自墨西哥的全国性和省级报纸的素材。同样，总部设在伦敦的《拉丁美洲通

讯——拉丁美洲地区报告：墨西哥与北美自由贸易区》也提供了大量
关于墨西哥政治和经济议题及其最新进展的消息和评论。此外，《拉
丁美洲投资者》（伦敦）也为我了解投资者的视角以及将墨西哥置于
更大的拉丁美洲的视角中进行考察提供了重要的启示。

缩 略 语

APEC	亚太经济合作组织
BRICS	金砖国家
CIA	中央情报局
CTM	墨西哥劳动者联盟
DEA	美国缉毒局
FBI	美国联邦调查局
FSTSE	政府雇员联合会
GATT	关税与贸易总协定
MORENA	墨西哥国家复兴运动党
NAFTA	《北美自由贸易协议》
OECD	经合组织
OPEC	石油输出国组织
PAN	国家行动党
PARM	墨西哥真正革命党
PEMEX	墨西哥国家石油公司
PETROBRAS	巴西国家石油公司
PRI	墨西哥革命制度党

PRM	墨西哥革命党
UNAM	墨西哥国立自治大学
UNESCO	联合国教科文组织
UNS	辛那其全国联盟

大 事 记

公元前 2686—前 2125 年　　古埃及王国

公元前 2600—前 2100 年　　秘鲁苏佩山谷的卡拉尔金字塔和住宅群

公元前 2250—前 1400 年　　塔瓦斯科湾区的农业村落

公元前 1500—前 950 年　　　奥尔梅克早期形成时期

公元前 1200—前 300 年　　　奥尔梅克文化的繁荣期

公元前 1400—前 850 年　　　瓦哈卡山谷的铁勒斯·拉格斯和圣何塞·
　　　　　　　　　　　　　　莫戈特文化

公元前 500—前 100 年　　　墨西哥山谷的前古典时期晚期

公元前 300—前 100 年　　　墨西哥山谷最大的文化中心奎奎尔科

公元前 200—公元 750 年　　秘鲁北部的莫切文化

公元 100—600 年　　　　　　瓦哈卡中部阿尔班山文化极盛时期

公元 300—900 年　　　　　　墨西哥山谷的古典时期（特奥蒂华坎，公
　　　　　　　　　　　　　　元前 150 年至公元 700 年）；瓦哈卡山谷；
　　　　　　　　　　　　　　玛雅低地地区：公元 320 年至 790 年的雅
　　　　　　　　　　　　　　克奇兰（恰帕斯），公元 615 年至 721 年帕
　　　　　　　　　　　　　　伦克文化（恰帕斯）的高峰期，公元 850
　　　　　　　　　　　　　　年至 925 年乌斯马尔文化（尤卡坦中部）

	的高峰期；公元 100 年至 1100 年艾尔塔金文化（韦拉克鲁斯）
公元 500—800 年	拉克马达文化（萨卡特卡斯南部）的极盛时期
公元 600—900 年	瓦哈卡西部的米克斯特克文化
公元 650—1000 年	秘鲁南部的瓦里帝国
公元 750—950 年	墨西哥中部的"麻烦时代"
公元 800 年及其之后	中美洲的铜冶炼技术，1200 年后的锡和银冶炼
公元 800—1170 年	托尔特克文化时期：最大的城市中心图拉
公元 750—1100 年	奇琴伊察（尤卡坦北部）的后古典玛雅时期，9 世纪至 13 世纪末，柬埔寨吴哥文化的鼎盛时期
1250—1450 年	玛雅潘联合体（尤卡坦北部）
1160—1522 年	瓦哈卡西部和南部的米克斯特克王国；萨波特克文化后期
1150—1250 年	大规模迁徙，其中包括后来的"阿兹特克人"，主要向南迁移至墨西哥中部。1250 年，纳瓦雇佣军在查普特佩克定居
1250—1400 年	墨西哥中部城邦的军事冲突
1350—1428 年	早期阿兹特克的扩张
1370 年代	特拉托阿尼（最高首领）以宗教为基础在墨西哥谷建立的统治；1426 年起阿兹特克王国的王朝统治
1418 年	阿兹特克击败特斯科科
1428—1519 年	阿兹特克帝国第二阶段的扩张：1428 年，

	特诺奇蒂特兰、特拉特洛尔科和特拉科潘三方同盟建立
1430 年	后印加帝国从库斯克和秘鲁南部向外扩张
1458—1561 年	蒙特祖玛一世攻占米克斯特克
1502—1520 年	蒙特祖玛二世在任
1516 年	西班牙哈布斯堡王朝：西班牙的卡洛斯一世成为神圣罗马皇帝卡洛斯五世（1519—1556）
1519 年	埃尔南·科尔特斯和西班牙远征军到达韦拉克鲁斯海岸
1521 年	西班牙和印第安联军攻克特诺奇蒂特兰，西班牙通过墨西哥城开始实施其统治
1524 年	第一批方济各会修道士抵达
1531 年	胡安·迭戈见证瓜达卢佩圣母显灵
1535—1550 年	安东尼奥·德·门多萨担任新西班牙总督区总督
1530 年代	西班牙征服印加帝国
1556—1598 年	费利佩二世：西班牙及西印度群岛国王
1572 年	耶稣会士抵达新西班牙
1592 年	总督路易斯·德·贝拉斯科（小）建立印第安人高等法院
1615—1635 年	萨卡特卡斯白银产量达到顶峰
1620 年代	印第安人口骤降至 120 万左右
1635（约）—1675 年（约）	新西班牙矿业经济萎缩
1640 年代—1750 年代	宗主国势力在美洲式微
1647 年	宗教裁判所对科学著作实行严格的查禁
1649—1714 年（约）	克里斯多瓦尔·德·比利亚尔潘多：17 世

	纪 80 年代和 90 年代，新西班牙巴洛克绘画进入高峰期
1651—1695 年	胡安娜·伊内斯·德拉·克鲁斯：巴洛克诗歌与戏剧创作
1695—1768 年	米格尔·卡布雷拉：巴洛克绘画晚期
1670 年代—1790 年代	新西班牙银矿开采的复苏与繁荣
1700 年	哈布斯堡王朝在西班牙覆灭，西班牙波旁王朝第一任君主费利佩五世即位：1701 年至 1715 年，西班牙王位继承战争
1759 年	卡洛斯三世成为西班牙及西印度群岛国王
1765—1771 年	何塞·德·加尔韦斯正式访问：此后担任主管西印度群岛事务的大臣（1776—1787）
1767 年	驱逐耶稣会士
1776 年	成立内陆省（北部省份）总司令部
1789 年	西班牙港口和新西班牙之间实现贸易自由
1808 年	西班牙波旁王朝垮台
1808—1814 年	拿破仑入侵西班牙和葡萄牙，半岛战争爆发：1810 年至 1814 年，西班牙议会召开，西班牙及帝国第一个宪法体系建立
1810 年	9 月 16 日，多洛雷斯（瓜纳瓦托）教区教士米格尔·伊达尔戈领导的墨西哥独立起义爆发
1811 年	1 月 17 日，伊达尔戈和阿连德领导的起义队伍在瓜达拉哈拉附近的卡尔德隆桥溃败
1811—1815 年	方济各会神父何塞·玛利亚·莫雷洛斯领导起义

1812 年	加的斯宪法在西班牙及西班牙治下的美洲殖民地颁布
1813 年	西班牙议会废除宗教裁判所
1814 年	5 月，费尔南多七世复辟集权制并废除宪法
1814 年	10 月，墨西哥起义军颁布阿帕钦甘宪法
1815 年	莫雷洛斯被处死。1815 年至 1821 年间，比森特·格雷罗成为起义军的主要领导人
1816 年	何塞·费尔南德斯·德·利萨尔迪发表小说《癞皮鹦鹉》
1820 年	西班牙爆发军事起义，恢复 1812 年宪法，费迪南德七世的第一次专制统治结束。1820 年至 1823 年，西班牙进入第二次宪政时期
1821 年	2 月 24 日，伊图尔维德和格雷罗之间达成《伊瓜拉计划》，根据该计划伊图尔维德于 9 月 21 日率军进入墨西哥城，由此墨西哥独立，新西班牙总督辖区的统治结束
1822—1823 年	墨西哥第一帝国时期
1824 年	第一部联邦制宪法颁布。第一联邦共和国建立（1824—1835）：瓜达卢佩·维多利亚任总统（1825—1829）
1836 年	得克萨斯脱离墨西哥，成为独立的共和国
1846 年	4 月，因美国兼并得克萨斯而引爆墨美战争
1846 年	8 月，重新建立联邦制，第二联邦共和

	国（1846—1853）
1846—1852 年	卢卡斯·阿拉曼创作《墨西哥史》（5 卷）
1847—1848 年	1847 年 9 月 14 日至 1848 年 6 月 12 日，美军占领墨西哥城
1848 年	2 月，《瓜达卢佩-伊达尔戈条约》签订，墨西哥将上加利福尼亚和新墨西哥割让给美国
1854 年	3 月，阿尤特拉革命爆发，造成圣安纳政权在 1855 年 8 月被推翻
1855—1876 年	自由主义改革时期
1857 年	2 月，第二部联邦制宪法颁布
1857 年	7 月，《改革法》颁布
1858—1861 年	墨西哥改革战争时期
1858—1872 年	本尼托·华雷斯担任自由派政府总统
1861—1862 年	1861 年 12 月至 1862 年 4 月，英国、西班牙和法国三国干涉墨西哥
1861—1867 年	1862 年 4 月至 1867 年 2 月，法国干涉墨西哥
1863—1867 年	墨西哥第二帝国时期：1864 年 4 月，马克西米连和卡洛塔抵墨
1867 年	6 月 19 日，马克西米连和保守派将军米拉蒙、梅希亚在雷塔罗被处死
1867—1876 年	复兴的共和国时期
1876—1877 年	图斯特佩克叛乱，波菲里奥·迪亚斯掌握大权
1880 年	墨西哥铁路网络通过埃尔帕索（得克萨

斯）实现与美国铁路网互联

1884—1911 年	迪亚斯建立个人统治，七次连任总统
1889—1891 年	曼努埃尔·派诺创作《寒水岭匪帮》
1889—1911 年	利芒图尔担任财政部部长
1897 年	何塞·玛利亚·贝拉斯科（1840—1912）创作《奥里萨巴火山》图
1903 年	费德里科·甘博亚发表《圣女》
1906—1912 年	青年协会
1907 年	美国经济衰退，墨西哥经济受到打击
1910—1911 年	墨西哥革命第一阶段，推翻迪亚斯的统治，弗朗西斯科·I. 马德罗当选总统（1911—1913）
1910—1925 年	墨西哥成为主要产油国
1913 年	2 月，马德罗和副总统皮诺·苏亚雷斯被刺
1913—1916 年	墨西哥革命第二阶段，最终卡兰萨和奥夫雷贡击败比利亚和萨帕塔并使其边缘化
1915 年	马里亚诺·阿苏埃拉发表《底层的人们》
1917 年	第三部联邦制宪法颁布（至今仍有效）
1920 年代—1940 年代	迭戈·里维拉（1886—1957）、何塞·克莱门特·奥罗斯科（1883—1949）和大卫·阿尔法罗·西凯罗斯（1896—1974）在公共建筑上创作壁画的主要时期
1924—1934 年	最高首领统治卡列斯时期
1925 年	何塞·巴斯孔塞洛斯发表《宇宙种族》
1926—1929 年	基督派叛乱

1929 年	巴斯孔塞洛斯竞选总统失败
1929 年	马丁·路易斯·古斯曼发表《考迪略的阴影》
1929—1933 年	经济大萧条的冲击
1934—1940 年	拉萨罗·卡德纳斯任总统
1938 年	3 月 18 日，石油产业国有化
1940 年代—1960 年代后期	经济扩张时期，墨西哥城市人口数量超过农村人口
1946 年	此前的官方党国家革命党（1929—1938）和墨西哥革命党（1938—1946）改组为革命制度党，此后革命制度党的执政一直延续到 2000 年
1947 年	亚涅斯·阿古斯丁发表《山雨欲来》
1950 年	奥克塔维奥·帕斯发表《孤独的迷宫》
1953 年	胡安·鲁尔夫发表《佩德罗·帕拉莫》
1955 年	胡安·鲁尔夫发表《燃烧的原野》
1958 年	卡洛斯·富恩特斯发表《最宁静的地区》
1962 年	卡洛斯·富恩特斯发表《阿尔特米奥·克鲁兹之死》
1968 年	奥运会前夕，墨西哥城镇压学生运动
1970 年代—1990 年代	经济困难时期，1977 年至 1981 年间石油业繁荣
1975 年	卡洛斯·富恩特斯发表《我们的土地》
1982 年	长期债务危机爆发
1987 年	费尔南多·德尔·帕索发表《帝国逸闻》
1991 年	画家鲁菲诺·塔马约（生于 1899 年）去世
1993 年	2 月，墨西哥与罗马教廷之间重建 1867 年

中断的外交关系。1979 年至 2002 年间，
教皇约翰·保罗二世五次访问墨西哥。
2000 年墨西哥基督战争中的烈士封圣

1993 年	墨西哥加入亚太经济合作组织，该组织成员国包括中国、秘鲁、智利和其他 17 个环太平洋国家
1994 年	1 月 1 日，《北美自由贸易协议》生效
1995 年	墨西哥加入经合组织
2000 年	7 月，革命制度党在选举中失败，来自国家行动党的反对党候选人比森特·福克斯获胜
2003 年	6 月，国家行动党在中期议会选举中失利，革命制度党和民主革命党获胜
2004 年	原油产量在之后的几年里持续下降
2005—2006 年	许可外国公司经营海上油田
2006 年	7 月，总统选举：国家行动党的费利佩·卡尔德隆以微弱优势获胜
2008—2010 年	美国经济衰退影响墨西哥
2009 年	6 月，国家行动党在中期选举中惨败，革命制度党获胜
2010 年	5 月，卡尔德隆在对美国进行国事访问时批评了美国的毒品高消费和枪支管理松懈及其给墨西哥带来的影响，并且反对亚利桑那州对非法跨境移民定罪的做法
2011 年	外国公司作为分包商进入能源行业
2012 年	6 月，G20 峰会在墨西哥的洛斯卡沃斯

	召开
2012 年	6 月，智利、秘鲁、哥伦比亚和墨西哥缔结太平洋联盟
2012 年	革命制度党重新掌权：恩里克·培尼亚·涅托担任总统直至 2018 年总统选举
2013 年	2 月，培尼亚·涅托的教育改革方案出台
2013 年	4 月，培尼亚·涅托访问中国和新加坡。6 月，习近平访问墨西哥
2015 年	6 月，三个主要政党均在中期选举中失利，但民主革命党遭到重创
2015 年	10 月，跨太平洋战略经济伙伴协定部长会议在亚特兰大宣布接受墨西哥为成员国
2016 年	6 月，革命制度党在州和市政府的选举中失利。革命制度党第一次失去韦拉克鲁斯州州长的席位
2017 年	6 月，革命制度党保住了对墨西哥州的控制权
2017 年	8 月 16 日至 20 日，《北美自由贸易协议》的重新谈判在华盛顿特区召开
2017 年	9 月 7 日、19 日和 23 日，墨西哥的中部和南部发生了一系列带有余震的强烈地震
2018 年	2 月 16 日，墨西哥发生里氏 7.2 级地震，震中位于瓦哈卡海岸以外
2018 年	7 月 1 日，总统选举结果如下：安德烈斯·洛佩斯·奥夫拉多尔（墨西哥国家复兴运动党）

53.19％　　30 113 483

里卡多·安纳亚（国家行动党）

22.28％　　12 610 120

何塞·安东尼奥·梅亚德（革命制度党）

16.41％　　9 289 853

两个主要政党在选举中失败表明墨西哥政治可能出现新的变化

2018 年　　　　　　　新总统上台

第一章　墨西哥面面观

按照欧洲对于"新世界"的理解，墨西哥也许只是"新世界"的一部分，然而，今天的墨西哥共和国所包含的许多领土构成了古老世界的一部分。在 15 世纪末和 16 世纪前几十年之前，这个古老世界并不为其他大陆的居民所知。因此，如果我们试图去解读殖民时代和当代的墨西哥，那么我们需要对前哥伦布时期丰富而悠久的历史有所了解，并考察独特的墨西哥文明是如何在时间的长河中得以展现的。本书按照历史事件的年代和主题的顺序展开，呈现其中主要的议题和主要事件，对于具体细节深入的探讨可以去本书提供的来源广泛且不断扩充的墨西哥历史书目中体察。我强烈建议读者投身于这个十分有意义的领域。

现代的地域分界破坏了前哥伦布时期中美洲在文化和政治上的格局。比如，玛雅文明的地理范围包括了尤卡坦半岛在内的区域，尤卡坦在殖民时代包括 1535 年设立的新西班牙总督区的东南部和危地马拉王国北部区域的主要部分。如今，位于玛雅文化旧址的帕伦克、博纳帕克和雅克奇兰隶属于墨西哥的恰帕斯州，而这些地区在 1823 年前曾经是危地马拉的领土。蒂卡尔和科潘曾属于玛雅古典时期疆域的一部分，而它们现在分别位于危地马拉共和国和洪都拉斯共和国境内。玛雅文明的知识通过当代中美洲各国的首都博物馆得以广泛传播，虽然这些首都，尤其是墨西哥城，在玛雅文化最初的繁荣中几乎毫不起眼。在这个意义上，玛雅传统成为各国为其历史认同、独特性以及统治合法性背书的工具。简而言之，前哥伦布时期的世界在当前被复活，以服务于当代的政治目的。

　　前哥伦布世界崩塌之后的墨西哥历史主要分为前后两个不同的过程：一是在已有的政治主体和领土划分的基础上，基于不同的文化原则构建西班牙殖民政治和经济体系；二是从西班牙总督治下的区域建立一个现代的墨西哥民族国家。在这两个过程中，断裂与延续并存，而且相伴而行。当代墨西哥与前哥伦布时期以及殖民时期的墨西哥之间存在巨大差异，但是却又存在本质上的延续，因而我们无法仅从今天的视角书写墨西哥的历史，而应当努力回归历史本身的语境去理解历史。

　　透过历史的视角，我们借由地理和环境因素解释经济和政治发展。多元化的族裔和语言以及地区差异共同塑造了墨西哥独特的文化：一个极具包容性且充满活力的北部，多民族融合的萨卡特卡斯、圣路易斯波多西和瓦哈卡，充满玛雅风情的尤卡坦和恰帕斯，尤其是在缝隙中迸发且步履不停的国际都市——墨西哥城，这些都是多样的墨西哥文化带给我们的最直观的感受。始于 1824 年并在 1857 年、1917 年先后实施的联邦制正是墨西哥文化多样性的反映，同时也是将制度化特征赋予各省与中央、地方与各省、不同省份之间以及总统、立法机构、司法机构、州政府和市政府之间不断变化的关系的尝试。19 世纪后墨西哥的历史大体上可以被视为在以上各种紧张关系中努力寻求平衡的历史。

　　历史上的墨西哥经历了政治纷争、经济困境、外国干预和革命动乱，当代墨西哥也面临着与集团犯罪的斗争等，但是墨西哥共和国仍旧保持了主权国家的统一。即便 1846 年至 1848 年间被美国吞并领土以及 1910 年至 1920 年间爆发革命战争，都没能导致墨西哥分崩离析。占强势地位的西班牙语丰富多彩，而土著语言也顽强地存续下来，这个国家的坚韧和独特之处也得以一瞥。

主权、领土与民族感情

在西班牙殖民统治时期，墨西哥的领土向北扩张，远远超过了西班牙人在 1521 年征服的阿兹特克帝国的疆域。在秘鲁，印加帝国的首都库斯科高耸于安第斯山脉南部，而新建立的殖民地首府建在位于海滨的利马城。墨西哥的情况则截然不同，新西班牙总督区的首府正是建在阿兹特克帝国主要城市特诺奇蒂特兰的废墟之上。因此，无论是独立前还是独立后，墨西哥城的主导地位都无可挑战，也避免了像秘鲁一样出现两城相争的局面。墨西哥城坐落着新西班牙的检审庭，这是总督区最高司法机构，效仿宗主国而设立，但不同的是，殖民地的检审庭同时也是主要的行政职能和政治权力机构。

事实上，阿兹特克的北部边境曾延伸到莱尔马河，邻近圣胡安·德尔·里奥地区，距离墨西哥城北部不到两个小时的车程。但是，疆域的边界线并不等同于文化的边界。现在米却肯州境内原属于塔拉斯坎的部分领土以及位于哈利斯科州中部的公国当时并不在阿兹特克的控制范围之内。不仅如此，萨卡特卡斯州境内的拉克马达和阿尔塔维斯塔遗址证明，在未被征服的游牧民族收复这些位于北部的地区之前，这里确实曾存在过定居文化。虽然阿兹特克帝国的首都在 1521 年沦陷，其统治阶层被消灭，但是为了将这些迄今为止未被征服的地区纳入总督辖区，殖民者在很长的一段时间里将遭到顽强的抵抗。西班牙殖民者向北进入到普韦布洛印第安人所在的地区，即现今的新墨西哥州，向南进入尤卡坦、恰帕斯和危地马拉的热带森林。其中，向北扩张的动机源于中北部和北部发现了丰富的银矿。

新西班牙总督区在三个世纪中作为宗主国附庸而存在，同时也是更加广泛的西班牙王室的一部分，因此必然受制于西班牙帝国的总体要求，作为宗主国贵金属常规供应的重要组成部分。直到 19 世纪中

叶，墨西哥的银比索，或墨西哥元，都是国际贸易的珍贵货币，即使
墨西哥在 19 世纪四分之三的时间里经济状况十分糟糕。

西班牙人在征服后建立了一批具有西班牙特色的城市，有的城市
建立在印第安人定居的核心地带，如 1532 年建立的普埃布拉①和
1542 年建立的瓜达拉哈拉，这些城市成为西班牙文化在幸存的当地
居民中进一步扩张的中心据点。瓜达拉哈拉、杜兰戈、萨卡特卡斯等
城市成为向北军事扩张以及传播福音的前沿据点。向北部的扩张使得
新西班牙总督区的辖区范围远远超出前哥伦布时期各个政治实体所形
成的集群。总督区被划分为若干个"王国"，王国并不是独立的政治
实体，而是大型行政分区，其中最重要的当数新加利西亚王国，其首
府为瓜达拉哈拉，设有总督府衙，同时也是主教教区和检审庭的所
在地。

启蒙运动尤其强调重新发现和保存前哥伦布时期文化证据的重
要性，独立后的墨西哥延续了这一进程，并将其作为寻找墨西哥独
特历史经验的一部分，以此将墨西哥的历史经验与欧洲和其他拉丁
美洲国家的经验区分开来。1939 年，墨西哥国家人类学和历史研究
所（INAH）成立，这代表了在现代政府的支持下保护和传播知识活
动的重大进展。

对于独立战争的推动者们来说，墨西哥不仅上承西班牙殖民统治
下的新西班牙总督区，而且继承了前哥伦布时期的政治传统。墨西哥
最北部已经延伸至上加利福尼亚州、新墨西哥州和得克萨斯州，这些
地区在 1846 年至 1848 年的战争中被美国吞并，因而和墨西哥城之间
仅保持松散的联系，这一点与大部分北方地区一样。被称为"野蛮印
第安人"的群体占据了很多西班牙殖民者宣称拥有的领土，为了阻挡

---

　①　西班牙语全名是 *Puebla de los Angeles*，意为"天使之城"。——译者注

印第安人组织的突袭队，解决该地区的防御问题，1776 年成立了内省总司令部。殖民政府不愿或者无力为军事解决方案提供资金支持，这使得墨西哥共和国在 1824 年后继承了这一问题。1835 年至 1836 年间，得克萨斯被割让给美国，危机触发，面对盎格鲁-撒克逊殖民者从路易斯安那州以及其他地方涌入的压力，背负着沉重的殖民时期和后殖民时期债务的墨西哥政府已无力应对。

对 19 世纪和 20 世纪墨西哥的民族主义者而言，阿兹特克传统对于理解墨西哥的国家概念至关重要，而在他们看来，独立扭转了被征服的历史，并完成了复仇。墨西哥在被西班牙征服之前就已经以国家形态存在，这是挑战西班牙统治合法性的证据。墨西哥拥有不同于欧洲的文化和政治特性，因而有捍卫其主权的道德权利，这为反抗法国干涉墨西哥提供了依据。1862 年至 1867 年期间法国试图换一种方式在墨西哥重塑欧洲的统治地位。高呼抵抗法国干涉的自由派总统贝尼托·华雷斯（1806—1872）出生于南部瓦哈卡州的一个萨波特克族家庭，但他却认同阿兹特克的末代君主蒙特祖马，后者一直反抗西班牙征服者埃尔南·科尔特斯，直至战死。在改革时期（1855—1876），获得胜利的自由派将墨西哥第二帝国（1863—1867）的统治者奥地利大公马克西米连处以极刑，自由派将这一举动描述为第二次独立战争以及阿兹特克对马克西米连的祖先——哈布斯堡王朝的卡洛斯五世——的复仇，科尔特斯正是以卡洛斯五世之名将前哥伦布时期的墨西哥并入了西班牙王室。

1910 年至 1940 年之间发生的革命重新确立了墨西哥共和民族主义的象征意义，它成为自 1929 年上台以来就一党独大的国家革命党（PNR）意识形态的重要内容。阿兹特克迷思强化了革命国家的意识形态地位。事实上，获得 1990 年诺贝尔文学奖的奥克塔维奥·帕斯（1914—1998）曾提出阿兹特克金字塔是一党独大国家的标志，而一党独大体制在 20 世纪 30 年代至 90 年代的墨西哥占据统治地位。

1917 年的联邦宪法在一定程度上延续了 1857 年联邦宪法的自由主义传统，同时回应了农民和城市工人对土地所有权、劳工权利以及工作环境的关切，并试图缓解民族主义者对底土矿藏的担忧，即不应

图 1.1   上图是墨西哥城普拉多酒店里由迭戈·里维拉绘制的壁画《周日下午在阿拉梅达公园之梦》(1947) 的一部分，位于图中心位置的是第一位墨西哥革命领袖弗朗西斯科·马德罗。画作在画面构思与色彩搭配之间取得了绝佳的平衡，充满讽刺意味地描绘了过去一百年间墨西哥的历史。壁画中的人物包括年轻时的里维拉、他的画家妻子弗里达·卡罗，古巴民族主义者何塞·马蒂、波菲里奥·迪亚斯以及何塞·瓜达卢佩·波萨达创作的骷髅头之一——"卡翠娜骷髅头"。里维拉 (1886—1957) 以及与他同时期的壁画家，如何塞·克莱门特·奥罗斯科 (1883—1949)、大卫·阿尔法罗·西凯罗斯 (1896—1974) 等，站在革命的左派阵营，主张抛弃殖民时期和资本主义的遗产。他们鼓吹激进的墨西哥民族主义，以此重塑国家历史。里维拉本人认同后革命时期的墨西哥与阿兹特克文化之间的延续性。1985 年的墨西哥城地震摧毁了这家酒店，但是壁画被抢救，后迁至阿拉梅达公园西边的一家专门博物馆。（图片来自盖蒂图片社，图 640240238）

该由设在外国的私人公司控制矿物、石油和天然气等资源。1917 年
宪法至今仍然有效，2017 年举行了颁布百年的纪念活动。当前，为
了提升生产力和扩大开采范围，对能源部门投资的需求增加，这将可
能促使对宪法条款进行修订，并且通过 1938 年政府颁布的石油国有
化政策实现国家对石油行业的垄断。

与美国共处

1836 年，墨西哥失去了得克萨斯，后又在与美国的战争中遭遇
失败，并失去了墨西哥共和国超过一半的领土。此后，大量的美洲土
著居民面对的将是美国军队，而不再是实力远远落后于美国军队的墨
西哥军队。生活在两国重新划定的边界线以北的墨西哥人从此沦为外
国统治之下的二等公民，他们或被赶出自己的土地，或被限制在所谓
的"街区"，面临着不同形式的歧视。20 世纪 60 年代，奇卡诺民权
运动爆发，在美国的墨西哥裔从文化和政治两个方面捍卫自己的尊
严。与此同时，与圣洛杉矶或圣安东尼奥不同的是，在其他一些从未
被西班牙殖民的或者从未是墨西哥一部分的美国城市，随着大量来自
墨西哥、其他拉丁美洲以及加勒比地区的移民不断涌入，这些城市的
面貌将发生改变。

1853 年，墨美之间划出一条长达 3 926 公里的新的边界线，从圣
地亚哥南部出发，沿着格兰德河谷一直延伸到墨西哥湾的马塔莫罗
斯，而这片广阔的区域曾经属于同一个政治实体。尽管边界线两侧的
语言不同，但是却保留了相同的生活方式。墨西哥失去了北部的领
土，这意味着北美洲势力均衡的天平倒向了美国一边。1861 年至
1865年内战后的几十年里，美国的实力和影响力不断增强，其结果是
美国和同处一个大陆的拉美社会看待世界的视角已经截然不同。于美
国而言，美洲大陆的其他地方往好了说是无足轻重的小插曲，往坏了

说不过是一个制造麻烦的因素,因而美国将焦点转移到欧洲和亚洲。作为20世纪特别是1945年后的世界强国,美国将其注意力放到北大西洋和太平洋地区。尽管美国定期对拉丁美洲国家进行有争议的干预,但是美国整体上对该地区缺乏关注,因而美国并不了解拉丁美洲。这一分析也解释了为何美墨关系在20世纪的大部分时间里十分敏感,且这种关系一直延续到21世纪的前20年,并且由于跨国移民和毒品交易问题而进一步恶化。

从根本上讲,在墨美关系中,双方在财富和实力上是不平等的,这些不平等构成两国关系问题的根源。尽管墨西哥和美国之间有很多相似性,但两国在不同的世界中运行,而各自面对的国际形势和参照系也迥然不同。似乎两个国家都没有严肃地考虑对方,甚至可以说,墨西哥更多地思考自身的问题:它是谁?它从哪儿来?它要到哪儿去?几乎很少有墨西哥报纸会对国际事务进行广泛的报道,也极少报道美国的时事问题。恩里克·克劳兹曾说过,墨西哥在象征意义上是一座岛屿,这一评价非常到位。在墨西哥,研究美国历史的机构和专家很少,而研究欧洲和亚洲历史的专业人才也很稀缺。位于墨西哥城的国立自治大学(UNAM)设有北美研究中心,这算是值得一提的例外。当然,正如该机构的名称所揭示的那样,北美研究中心的研究对象也包括了加拿大。资源的缺乏可以在一定程度上解释这一现象,而这同样也是缺乏研究传统的结果。

1846年至1848年间的美墨战争被墨西哥人所牢记,而此后美国爆发了内战,内战的重要性压倒一切,因而很多美国人已经遗忘了两国之间的这场战争。在1997年至1998年间,墨西哥召开了一系列的研讨会,对1846年前墨西哥的局势以及战败原因进行讨论。在将墨西哥北部边境的领土割让给美国的《瓜达卢佩-伊达尔戈条约》(1848)签订之后,美国步步紧逼,要求进一步割让领土和过境墨西哥领土的权利，这引起了墨西哥国内的愤怒和抵制。由于在 1859 年拟定的《麦克莱恩-奥坎波条约》中，墨西哥在过境权上作出了妥协，因而今天任何关于该条约的讨论仍会引起敌对的民族主义的出现，这可追溯至改革战争（1858—1861）期间保守派和自由派之间的争斗。民族主义者也痛斥美军在 1847 年入侵墨西哥领土以及在1914年占领韦拉克鲁斯。在韦拉克鲁斯港口，矗立着一座纪念碑以纪念抗击美国入侵而牺牲的警校学员们，在纪念碑的不远处是立宪革命领袖贝努斯蒂亚诺·卡兰萨（1859—1920）的雕像。卡兰萨曾谴责美国总统伍德罗·威尔逊，指出美国的入侵是对墨西哥主权的侵犯。无论是对美国还是对欧洲列强，捍卫主权一直是墨西哥外交关系的特点。

　　尽管墨西哥和美国在两个世纪中关系不睦，但是并非完全没有积极的一面。19 世纪墨西哥的自由派将美国联邦共和国视为自己天然的盟友和榜样，墨西哥在墨美战争中的失败也未能改变这一看法，这正是华雷斯在美国内战前后、内战期间以及法国入侵墨西哥期间对待美国的态度。这一时期，墨西哥驻华盛顿代表马蒂亚斯·罗梅罗（1837—1898）为两国自 1859 年起保持多年的友好合作关系奠定了基础。当前，美国总统与墨西哥总统会经常会面，边境各州的州长也保持着密切的联系。两国之间最大的困难源自其地位的差异，虽然墨西哥的领土面积相当于法国和西班牙面积的总和，但对美国来说，墨西哥仍旧只是一个面积大且在北美三国中排在末位的国家而已。美国政府不能正确认识墨西哥的问题及其历史根源，一再导致对墨西哥的严重误解。费利佩·卡尔德隆总统（2006—2012）发现不得不反复就美国军方和政治高层对墨西哥的污蔑性言论进行抗议。

　　卡洛斯·萨利纳斯·德·德戈塔里总统（1988—1994）是当时极具争议性的人物，他成功地使墨西哥在 1993 年加入了北美自由贸易区（NAFTA），而此前仅有加拿大和美国加入。1994 年《北美自由

贸易协议》正式生效，协议在墨西哥遭到民族主义者以及左派人士的
强烈谴责，他们指责协议使墨西哥的农业面临巨大冲击，尤其是来自
美国的冲击。墨西哥加入北美自贸区既有经济上的原因，也有政治上
的考虑，与萨利纳斯政府放开经济并努力脱离 1910 年至 20 世纪 40
年代革命遗产的政策息息相关。

边境问题始终影响着墨美两国的关系，华盛顿将南部边界视为安
全问题，而在墨西哥政府看来，其首要的关注点是在美墨西哥移民的
地位和处境。2015 年至 2016 年间，参与美国边境巡逻的人数接近 6
万人，而其中大多数是在美墨边境。美国的边境巡逻队始建于 1924
年，2001 年成立了海关和边境特别巡逻队，其中负责墨西哥边境的
巡逻队设在得克萨斯州的埃尔帕索。此外，另有一支海军巡逻队负责
格兰德河地区。1994 年的"门户行动"开始在边境修筑围墙，以防
止非法移民从相对容易跨越的西加利福尼亚地带进入美国。边境围墙
长达 19 公里，从海上开始，一直延伸到山区，这意味着非法跨境需
要冒着巨大的生命危险，穿越植被稀少的高山或荒无人烟的沙
漠。2004 年乔治·W. 布什政府（2001—2009）通过的《情报改革与
恐怖主义预防法》提出到 2010 年将边境特勤人员的数量增加至 2 万
人。2013 年初，2.2 万名特勤人员在边境地区与国民警卫队、军队、
国土安全部和地方特勤人员合作。

2006 年 10 月，《安全围墙法案》通过，提出将隔离墙延长 1 100
公里，同时安装照明和监控拍摄装置，并在之后陆续安装了红外线夜
视仪、电子传感器和无人机等装置。边境巡逻队可以使用轻型飞机、
摩托车、自行车或者骑马抓捕非法移民。正如伦敦《金融时报》的一
名记者在 2013 年 1 月所述，从空中俯瞰，边境隔离墙更像两个敌对
国家的分界线，而不是两个和平相处的国家之间的界限。边境地区也
有私人保安公司以及地方治安团体巡逻，而图森等地的教会志愿团体

则在沙漠中搜寻，向因炎热而奄奄一息的移民提供帮助。

最早期的移民潮源于 19 世纪晚期波菲里奥·迪亚斯（1884—1911)执政期间的土地改革政策以及 1910 年革命对墨西哥北部地区的影响。20 世纪中叶，跨境移民主要受到 1942 年至 1964 年间美国"临时劳工计划"的推动，允许来自墨西哥的"湿背人"入境，最初是为了弥补战争期间美国境内，特别是加利福尼亚州和得克萨斯州农业劳动力的短缺。墨西哥革命后所实施的农业改革未获成功，因而在墨美边境以北以及许多美国城市内形成了墨西哥人聚居的村落。尽管很少被美国人以同样的视角进行比较，但是这些主要来自哈利斯科、米却肯或瓦哈卡的墨西哥人建立的社群与早期来自埃塞克斯和萨福克等郡的移民在新英格兰建立的社群非常相似。1998 年 1 月，哈利斯科成为移民数量最多的墨西哥州，150 万哈利斯科人移居到了美国，主要分布在加利福尼亚、芝加哥以及华盛顿特区等地，这些移民用 8 亿美元的汇款助力了哈利斯科的经济发展。在接下来的 20 年里，米却肯和瓜纳瓦托的移民数量迅速增加，逼近甚至超过了哈利斯科的移民总数。撇开瓦哈卡不谈，我们看到，以上三个州并不在墨西哥最贫穷或最落后的州之列。

在墨西哥，1986 年美国通过的《移民改革与控制法案》被认为是美国对墨西哥政府在中美洲问题上持有独立意见所作的一种反应。1994 年，比尔·克林顿总统（1993—2001）第一任期间，美国开始试图通过增加巡逻和建立更多围墙的方式来阻止墨西哥移民，并在次年开始实施"强硬路线行动"。在美国这样的移民国家修建隔离墙以阻止其他移民进入，尤其是 1989 年"柏林墙"倒塌后，美国的这种行为对于每一个墨西哥人来说都是难以接受的。

自 20 世纪 90 年代以来，在两个原本友好相处的邻国边境建造围栏或者隔离墙一直是具有争议的话题，建墙的诱因是墨西哥人的非法越境。移民问题是美国多次选举活动中的焦点，这在 2016 年的选举中体现得尤其明显。1998 年，美国在太平洋海岸的蒂华纳修建了金属屏障，隔离带向海里延伸 50 米，以防止墨西哥人以游泳的方式进入美国领土。2017 年 1 月 28 日，在宣誓就职后不久，唐纳德·特朗普宣布将在 1 989 英里的边境线上修建隔离墙，并要求墨西哥支付其建造费用，这遭到了墨西哥政府和公共舆论的断然拒绝。

图 1.2　墨西哥和美国边境的隔离墙（2017）。2017 年 1 月，美国当选总统唐纳德·特朗普说道："我们甚至没有边界，就像一个敞开的筛子。"2 月 28 日，在正式宣誓就职后，特朗普向参众两院发表讲话时宣布："我们将沿着南部边境线修建一道超级伟大的墙。"从很多方面来看，这道墙只是人为设置的屏障，不仅许多家庭跨越了边界，而且穿越隔离墙的过境和贸易也从未间断。在边境地区，虽然操着不同官方语言，由不同的政府管理，但这并不妨碍两边的居民有着非常相似的生活方式。此外，自 2008 年美国经济衰退以来，跨境移民的数量已经有所减少。

贩毒和洗钱活动

2008 年美国政府的一份报告指出，世界可卡因产量的四分之三都被运往美国。第二年年初，美国联邦调查局局长在参院情报委员会作证时提出，墨西哥贩毒集团的行为构成了对美国的主要犯罪威胁。中央情报局局长也持有类似观点，他指出贩毒集团内部的不同派别为墨西哥贩毒集团能够控制国际毒品贸易开辟了道路。联邦调查局认为七个贩毒集团控制了毒品的分销网络，其中以蒂华纳贩毒集团最为危险，并将其所谓的领导人列入"最需要逮捕分子"的名单。

事实证明，美国和墨西哥的联合缉毒战略常常难以贯彻下去。即便如此，美国缉毒局（DEA）与一些可靠的安全官员联合展开的缉毒行动仍在墨西哥境内继续。

在 20 世纪 80 年代末和 90 年代，贩毒集团对政治和安全体系的渗透带来了严重的问题，渗透甚至达到了最高级别。1997 年，反毒品行动的负责人赫苏斯·古铁雷斯·勒波罗将军被控为一个主要的贩毒集团提供保护。古铁雷斯被判私藏重型武器，而且显然他曾经参与了贩毒集团内部帮派间的斗争。1998 年，古铁雷斯被判入狱 13 年。此外，报纸上也经常刊登有关包括州长在内的某些政府官员被卷入贩毒丑闻的报道。比如，1998 年 1 月 23 日，联邦总检察长办公室（PGR）下令逮捕前任哈利斯科州长弗拉维奥·罗梅罗·德·委拉斯科（1977—1983），他被指控在任期间以及卸任之后一直与贩毒分子勾结。罗梅罗被关押在阿尔莫罗亚联邦最高安全监狱。据调查，他的一个同伙从开曼群岛转钱到墨西哥，并利用前台账户从事洗钱活动。同时，总检察长办公室也在调查金塔纳罗奥州州长马里奥·比利亚努埃瓦·马德里与华雷斯贩毒集团之间的关系，该集团被指控在金塔纳罗奥州活动并接收来自哥伦比亚的可卡因。

21 世纪初，奇瓦瓦和锡纳罗亚等多个州的凶杀率急剧上升。在奇瓦瓦州，每 10 万人中就有 1 人被谋杀，该州在 2010 年的总人口为 320 万。同样令人震惊的是对记者群体的谋杀，2000 年至 2015 年间，88 名记者被杀害，另有 17 人失踪。2019 年 1 月 1 日，墨西哥城的《宇宙报》称，上一年与帮派有关的谋杀案总数达到 5 630 起，相比 2007 年翻了一番；联邦总检察长办公室统计的此类谋杀案的总数略低，为 5 376 起。锡纳罗亚州大部分的暴力事件源于被称作"矮子"的大毒枭古斯曼与贝尔特兰·莱瓦兄弟之间的争斗。总检察长办公室称贩毒集团控制了大约 80 座城市，其中以米却肯州和塔毛利帕斯州最为突出。全国各地的绑架和勒索犯罪的数量不详，贩毒集团也常常参与其中，而对高级警官与有组织犯罪有联系的指控比比皆是。2014 年 9 月，在暴力事件频发的格雷罗州，伊瓜拉的 43 名师范学校学生被劫持后被杀害，而地方当局似乎也卷入了此案。据猜测，该案与两个敌对帮派间争夺鸦片和海洛因的生产和销售路线有关，伊瓜拉在这方面处于战略地位。这一丑闻给 2012 年 12 月上台的恩里克·培尼亚·涅托政府蒙上了阴影。在贩毒集团猖獗的各州，凶杀率居高不下，相较而言，曾获得拉丁美洲"绑架之都"的墨西哥城反而被认为是墨西哥最安全的城市。

天主教会的至高地位

1993 年 2 月，萨利纳斯政府重建了墨西哥与罗马天主教廷在 1867 年破裂的外交关系。华雷斯政府在 1858 年至 1860 年间推行《改革法》，宣布没收教会财产，承认世俗婚姻，主张政教分离，罗马教廷谴责这一法案且承认马克西米连为墨西哥皇帝。1873 年至 1876 年间以及 1926 年至 1929 年间，墨西哥政府与教会之间冲突严重，因而双方的关系一直处于中断状态。此外，1917 年的宪法禁止建立教士政党，并限制教会在教育中的作用。

与罗马教廷关系的恢复意味着国家政治生活增添了新内容，人们被允许在公共场合自由表达宗教信仰，这在此前一直被官方反对，并被《改革法》明确禁止。同时，反教权主义者担心教会对政治和民事事务的干预会因此死灰复燃。

外交关系恢复后，天主教高层获得了更高的地位。由于拉丁美洲以及墨西哥反教权主义的历史，教皇约翰·保罗二世（1978—2005）十分重视其在天主教中的作用。自约翰·保罗当选后不久对墨西哥的首访以来，他对墨西哥事务的关注和支持墨西哥教会的意图从未动摇过。1992 年，在罗马举行的一次庄严的基督之王的弥撒中，保罗二世为墨西哥基督战争中的烈士举行宣福礼，这些烈士是 1926 年至 1929 年基督派叛乱期间，联邦军队在哈利斯科乡下进行镇压时杀害的大约 20 名传教士和平民。在这些牺牲者中，没有任何人曾真正参加武装叛乱，约翰·保罗在 2000 年对他们封圣，他将这些人视为现代革命国家的受害者。在墨西哥教会的赞助下，在离哈利斯科高地的圣胡安·德·洛斯拉戈斯的朝圣中心不远，在圣安娜·德·瓜达卢佩村修建了新的神庙。圣安娜·德·瓜达卢佩是被封为圣徒的托里维奥·罗莫神父的故乡。1927 年，罗莫 27 岁，一支联邦骑兵巡逻队在搜寻抵抗政府颁布的禁止宗教仪式的教士及其同伙时，罗莫被从藏匿之处拖出来，并当着他妹妹的面被枪决。

长期执政的革命制度党（PRI）在 2000 年的总统选举中失利，即将上台的国家行动党（PAN）具有很强的教会元素，一时间对于国家行动党的哪一支会占据上风，形势并不明朗。然而，比森特·福克斯总统（2000—2006）上台后，商业部门比天主教右翼所希望的宗教复兴更加重要，这一点很快就体现出来了。

新政府并未试图取缔《改革法》，但国家行动党内的一部分激进人士曾企图诋毁贝尼托·华雷斯的人品及其精神遗产。墨西哥教会继续鼓吹要在小学中实行宗教教育，批评世俗化教育，谴责过于放任的性行为，并猛烈抨击《阿马罗神父的罪恶》（2002）等具有争议的影片和一些电视节目。同时，教会也强烈主张为印第安人胡安·迭戈封

图 1.3　为纪念基督派叛乱（1926—1929）中的烈士，建于哈利斯科高地的圣安娜·德·瓜达卢佩神庙。神庙位于年轻的神父托里维奥·罗莫的家中。托里维奥·罗莫 1900 年出生于哈洛斯托蒂特兰，1927 年在镇压基督派叛乱期间被联邦军队杀害。2000 年，教皇约翰·保罗二世封他为基督战争中的烈士。罗莫在民间有很多追随者，对他的崇拜已经蔓延到美国边境，包括穿过边境而未被巡逻队发现或在沙漠中迷路的移民，以及美国在阿富汗和伊拉克战争中幸存的墨西哥裔士兵。（图片由本书作者 2003 年 9 月拍摄）

圣，此人称在 1531 年曾经见证过瓜达卢佩圣母显灵。然而，不但发生在瓜达卢佩宗教社群形成之前的显灵遭到了梵蒂冈的批评，而且梵蒂冈在 1999 年末对胡安·迭戈的存在本身提出怀疑，更不用说见证圣母显灵了。

2002 年 8 月，教皇约翰·保罗二世第五次出访墨西哥。教皇抵达墨西哥后，福克斯总统做出了一个史无前例的争议性举动，他亲吻了教皇的指环，这种行为违背了整个华雷斯主义的传统。在访问期间，教皇宣布对胡安·迭戈封圣，并对两个萨波特克印第安人行宣福礼，这两个印第安人由于向西班牙殖民当局揭发印第安部落举行的秘密仪式而被杀害。尽管很多人对胡安·迭戈的封圣表示欢迎，但是总体来看，人们对教皇这两个举动的批评声音更多。

2004 年 2 月 1 日，墨西哥红衣主教里维拉发布声明，称堕胎和服用紧急避孕（"事后避孕药"）构成比贩毒更加严重的罪行，对于该声明遭到抗议，里维拉将其归因于墨西哥社会中反教权主义的残余。里维拉指出，避孕套包装应该像香烟盒那样印上一句健康警告语。里维拉谴责那些"让自己被自由教育所引诱的"墨西哥人，这是对自改革时期以来确立的世俗教育传统的批评，批评的重心在于人们缺乏对教士所教导的天主教道德律令的遵守。里维拉将当代墨西哥的弊病归咎于同性恋者、女权主义者和其他"少数派"，而同时，有个别主教也指责萨利纳斯政府推行并在此后得以延续的新自由主义经济模式。这给公众造成的印象是，教会领袖同时从左派和右派对各种形式的自由主义发起攻击，这与保罗二世时期罗马教廷的整体论调一致。

1950 年至 2000 年间，与人口总数的增长相比，墨西哥自称是天主教徒的人口比例下降。相应地，教职人员的数量也相对下降。尽管与欧洲和拉美其他国家相比，墨西哥的比例仍然较高。在总人口约为 1.15 亿的国家，教士人数达到 1.5 万左右，其中大约 2 500 人将在

2003 年进入 75 岁的退休年龄。

在墨西哥，毒品走私猖獗，主要城镇枪战问题严重，绑架和不明原因的失踪频发，凶杀率居高不下，贩毒集团与包括市和州在内的各级政府有着千丝万缕的联系，贫困问题在全国范围普遍存在，尽管有以上种种问题，教会高层却选择将同性关系作为其主要目标。墨西哥城市长马塞洛·埃布拉德（2006—2012）来自革命民主党（PRD），他确保了最高法院认可同性恋者应享有宪法规定的与异性恋者同样的公民权利的原则。2010 年 8 月中旬，红衣主教桑多瓦尔谴责了这一决定，并称埃布拉德和某些未披露名称的国际组织行贿了法院。8 月 18日，埃布拉德以诽谤罪起诉红衣主教，但是后者拒绝撤回相关声明。

21 世纪前十年，同性关系的民事合法化问题在墨西哥浮出水面，2012年重新掌权的革命制度党对此采取同情的态度。2015 年 6 月，最高法院裁定，根据 1917 年宪法第 4 条，同性结合是一项基本人权。培尼亚·涅托总统及其内政部长 M. A. 奥索里奥·钟试图将此推广至联邦政府层面。红衣主教里维拉认为这违背了基督教教义，并发起了一场被称为"十字军东征"的反同性婚姻运动，宣称婚姻只能是一个男人和一个女人的结合，而同性婚姻损害了婚姻的神圣。里维拉煽动其追随者在大城市组织抗议游行，而且得到了教皇弗朗西斯的支持。同性恋权利组织的领导人则认为，即使这场运动不是针对同性恋支持者的暴力行为，也是在煽动仇恨。与此同时，里维拉（2017 年退休）宣称，上帝已经宽恕了虐待年轻人的教士。2016 年 9 月底，一场名为"家庭捍卫者"的抗议游行在墨西哥城市中心举行，组织者原本计划号召 100 万人参加，但实际上游行人数远远少于这个数字。

当前的视角

一直以来，墨西哥国内以及墨西哥主义者中总是有一种倾向，即将墨西哥与其他地方分离开来看待，这是一种完全没有必要的偏见。虽然我们需要更多地了解前哥伦布时期社会的外部联系，这种联系可能超过我们的预想，但是征服后的墨西哥在不同程度上融入了一个更加广阔的世界。从殖民时期开始，墨西哥与外部的政治、贸易、文化交流大幅度增加。虽然独立后的几十年中出现了一些倒退，但 19 世纪后期，特别是铁路网建成后，墨西哥逐渐融入北大西洋以投资和基础设施建设为特点的资本主义世界。迪亚斯政府意在让欧洲投资者和美国投资者互补并展开竞争。20 世纪前十年的革命反对外国资本对本国经济的渗透，而卡列斯政府则需要通过重建与外国投资者及其政府的关系来稳定经济和金融体系。在本书的第八章和第十章，我们将探讨墨西哥与外部世界的广泛联系，而且是在很多方面来看都是互惠互利的联系。

在 20 世纪，人们越来越清楚地认识到，美国失去了自 19 世纪末以来在拉丁美洲拥有的霸权。我们可以将 1898 年至 1901 年期间的美西战争以及此前的古巴独立战争视为其象征性的起点。至 2010 年，美国主导地位的丧失已然不可逆转，拉丁美洲国家或者各自为政或者通过超国家组织行动，纷纷在区域之外进行活动。直到 2015 年至 2016 年严重的经济衰退和随之而来的政治危机之前，巴西似乎超越了墨西哥，扮演着拉丁美洲主要国家的角色。2012 年后，墨西哥试图恢复在拉丁美洲和其他地区的影响力，其成败与否可能取决于以下几个重要的因素：能源部门的复苏和投资多样化、生产力的提高、税收范围的扩大、制造业大规模的技术升级、教育水平的提升、极端贫困的消除以及最后但同样重要的一点，在与贩毒集团的斗争中取得胜利。

伦敦的《拉丁美洲投资者》在 2017 年 5 月刊中将 2003 年至 2013 年称为拉丁美洲的"黄金十年"，其间大多数国家都实现了国内生产总值的增长，而且严重贫困的现象得以减少。在这十年间，随着美国对拉美地区兴趣的下降，中国成为巴西、阿根廷、智利和秘鲁主要的贸易伙伴。20 世纪 30 年代至 40 年代，在成功取代英国后，美国在拉丁美洲的经济霸主地位建立，而中国在拉丁美洲基础设施以及能源领域的直接投资大大逆转了美国的霸权。在"黄金十年"中，与南美国家相比，墨西哥在很大程度上是一个例外，对与中国的贸易关系持谨慎态度。2013 年后，曾让外国投资者持乐观态度的拉美主要经济体渡过了艰难时期，而石油价格下跌严重挫伤了墨西哥的经济。石油价格直到 2016 年才开始回升，加上自这一年起与美国关系的不确定性加深，货币市场不稳定，投资热情不足。

第二章　前哥伦布时期

　　在约 1.2 万年前的冰川时代，逐猎而居的猎人很可能已经从亚洲跨过如今被称为白令海峡的大陆桥进入美洲大陆。虽然关于人类何时以及从何处跨越白令海峡的问题仍有许多争议，但上述说法已经成为解释美洲人起源极具说服力的理论。在冰川时代的末期，大陆已很难维系大规模人群的食物需求。公元前 8000 年前后，乳齿象被大量猎杀而灭绝，猎人们不得不努力在营养需求和周围环境的食物供给间寻求平衡。但是，在玉米种植成为经济基础之前的几千年中，觅食与种植业一直是同时存在的，植物的驯化需要稳定的降雨或便捷的淡水资源。同样，对于工具的需求促进了贸易路线的开拓，特别是打通了作为切割工具的黑曜石主要来源的高原地区与提供多种食物的热带低地之间的贸易路线。

　　中美洲的农业发展或许可以追溯到公元前 5500 年至公元前 3500 年之间，这比叙利亚和美索不达米亚晚了很多，后两个地区谷物的种植分别始于公元前 9000 年和公元前 8000 年。在印度河流域，公元前 7000 年前后开始种植大麦。公元前 4000 年前后，墨西哥盆地中部出现定居部落与半定居部落混合的前陶器社会，主要依靠墨西哥山谷附近广阔湖滩地带的植物和动物为生。在海拔 2 000 米左右的火山地区形成了高原地带，气候温和，雨水丰沛，为定居此地的群落提供充足的食物供应。截至目前，由种植玉米的农户构成的村庄最早可以追溯到公元前 2250 年至公元前 1400 年之间，位于南部热带海湾的塔瓦斯科。小村庄沿着河堤发展起来，饮食文化各不相同，人们使用一种叫黑曜石的黑色火山岩和玄武岩工具，圣洛伦索（前 1500—前 1350）是其中主要的中心。

奥尔梅克文化的核心地带位于帕帕罗阿潘河、夸察夸尔科斯河和托纳拉河流域。奥尔梅克文化脱胎于一个平等的农业社会，奥尔梅克早期（前 1500—前 900）发展出具有特定功能的建筑群落以及明确社会分层的都市区域。进入农业和手工业社会后，出现了具有仪式和象征意义的雕塑。虽然这些雕塑的风格更多是自然主义而非抽象主义，但在很多情况下，作品刻画的是一种精神状态而非具体的物理形态，它们都是由技艺精湛的工匠完成的。工匠们佩戴着华美的玉器、翡翠或蛇纹石，表明他们在精神状态上做好了创作的充分准备。考古学家们认为最早的人口聚居地有两处，他们在这两处发现了很多陶器制品，其中之一是公元前 1400 年至公元前 1150 年间位于瓦哈卡山谷的地区，在阿尔班山东北部的铁勒斯·拉格斯区域的 17 处永久定居点，另一处是艾特拉地区的圣何塞·莫戈特地区（前1150—前 850），位于山谷东北部的阿托亚克河上。圣何塞地区包含 18 个至 20 个村庄，很多证据表明该地区社会分级细致，并存在地区内部的贸易往来。将火蛇和美洲豹人图案用于装饰是奥尔梅克文化符号出现的标志。

公元前 900 年至公元前 500 年间，虽然墨西哥峡谷地带的湖面持续下降，但是由于中央高原人口快速增长，因而在中央高原出现了数量更多、规模更大的村庄。此外，精英群体开始出现，当地的酋长国数量开始增多，不同酋长国之间形成结盟的需求也日益强烈。与此同时，交流网络开始扩大，在前古典时代晚期（前 500—前 100），随着人口向中心城镇聚集，城市中心出现，金字塔等公共建筑开始在中心城镇建造起来。更多的森林被改造成农地，为了提高农业生产力，开始广泛使用灌溉系统。在南部的湖滩上，农业种植条件优越，促进了奎奎尔科等地崛起。公元前 300 年前后，奎奎尔科成为最大的城市中心，占地约 400 公顷，常住人口约两万人。在奎奎尔科建有一座 27 米高的环形金字塔，表面为巨石，金字塔直径长 80 米。公元前 100 年前后，火山活动摧毁了这一地区，如今在火山灰下发现了大规模的灌溉运河和 11 座金字塔的遗迹。奎奎尔科很可能是中美洲第一个城邦国家，尽管在同一时期墨西哥中部也有特拉帕戈亚和乔卢拉等城市。

在古典时代（300—900），整个中美洲地区经历了一次文化繁荣，从瓦哈卡峡谷到特奥蒂瓦坎，从低地的玛雅地区到墨西哥湾沿海区，特别是在公元 100 年至 1100 年期间被占领的韦拉克鲁斯的艾尔塔金。不断扩张的商业网络最终将高地地区、低地地区和沿海地区连接起来，由此，墨西哥西部经由中部山谷地区一直贯通到沿海地区，帕帕洛阿潘河流域向南延伸到佩滕丛林、危地马拉高原以及从恰帕斯到萨尔瓦多的太平洋沿岸地区。

奥尔梅克人

公元前 1200 年到公元前 300 年期间，奥尔梅克文化在墨西哥湾低地地区进入繁盛期。这一文化究竟是此后在不同地区发展起来的文化的基础，或只是与同一时期繁荣的其他文化平行的文化，对这一问题目前学界仍有争论。虽然奥尔梅克人似乎从未建成一个大的帝国，但是他们的政治组织、宗教体系、长途贸易、天文学以及历法都已经达到非常精密的程度。从语言上看，奥尔梅克人的语言很可能属于与玛雅语言有关的米塞-索克语。尽管奥尔梅克文化的影响遍及中南美洲，但是却找不到在墨西哥湾地区之外也具有政治影响力的证据。根据 20 世纪 50 年代利用碳十四同位素测定的结果，从公元前 1200 年开始的 600 年当中，奥尔梅克文化在不同的地区都非常繁荣。奥尔梅

克人似乎是最早建立大型祭祀仪式场地的民族。"奥尔梅克"这一名
称并不准确，它源于阿兹特克语言中对墨西哥湾南部地区的称呼"奥
尔曼"（橡胶之国）。1927 年，"奥尔梅克"首次被用于指称奥尔梅克
人。在地下沉睡了大约 2 000 年后，在当年没入的沼泽和森林中，奥
尔梅克文化曾经存在的证据慢慢浮现出来。1862 年，在韦拉克鲁斯
的圣安德烈斯-图斯科拉，首次出土了一个巨大的奥尔梅克人头像，
此后，该地陆续出土了许多斧头和玉质雕像。1925 年，在邻近帕哈
潘火山的卡特马科火山湖，弗兰斯·布洛姆和奥利弗·拉法格有了更
具决定性的重要发现，即这一地区出土的人头像是用火山爆发——从
地核开始的剧烈运动——喷射出的玄武岩圆石雕刻而成。为了运输这
些岩石，人们需要从图斯特拉山区出发，取道陆路和水路，此外还需
将岩石加工成祭祀用具的形状，这些都表明奥尔梅克人在与超自然力
量之间的互动中获得了巨大力量。

　　萨满-国王从精英阶层中脱颖而出，他们解释宇宙的奥秘、生命
的起源和人类生命的周期。由于祭拜需要组织大规模的劳动力，因而
有必要成立一个国家组织，国家通过酋长国的形式在划定的地域内行
使管辖权，其核心区域分别是兴盛于公元前 1200 年至公元前 900 年
的圣洛伦索和兴盛于公元前 900 年至公元前 600 年的拉文塔地
区。1964 年至 1967 年间，迈克尔·D. 科对前一个遗址进行了考察，
他发现圣洛伦索是建在沼泽地上的人造山峰，长约 1 200 米，山上有
许多纪念碑，还有一些小型村庄，周围神庙环绕。在 20 世纪 60 年代
的大部分时间里，阿方索·卡索和伊格纳西奥·贝尔纳尔［他曾
于 1968 年至 1971 年担任国家人类学和历史学研究所（INAH）所长］
一直致力于考察奥尔梅克遗址。贝尔纳尔指出，奥尔梅克文化与瓦哈
卡山谷早期的萨波特克文化之间存在着语言上的联系。从时间来看，
虽然特雷斯·萨波特斯被研究的时间在 1938 年至 1939 年之间，早于

图 2.1　收藏于哈拉帕人类学博物馆的奥尔梅克雕像（韦拉克鲁斯州）。雕像于 1945 年在圣洛伦索遗址中被发现，圣洛伦索遗址位于韦拉克鲁斯米纳蒂特兰的西南部、特科西斯特佩克南部。图片中的人头像与其他用玄武岩圆石雕刻的人头像一样，年代可以追溯到公元前 1200 年到公元前 1000 年间。圣洛伦索位于一个有巨大平台的山丘上，是最古老的奥尔梅克文化遗址之一。（图片由 M. A. 阿尼普金在 2016 年拍摄）

圣洛伦佐和拉文塔，但却是最后一个重要的奥尔梅克文化遗址。

　　在奥尔梅克的信仰中，万物皆有精神力量，精神力量赋予宇宙运动的动力，这正是奥尔梅克艺术试图表达的内容。苦修、节食、冥想以及放血自残等方式，是人们寻求获得精神力量的途径。例如，奥尔梅克人希冀获得美洲虎等动物的能力，以此超越人类意识，为此，他们经常食用诸如用于祭祀的鼻烟粉等迷幻药。在奥尔梅克的雕塑作品中，经常可以看到萨满处于获得美洲虎精神力的过程中。这种幻化的过程可以解释奥尔梅克文化为何广泛使用玉制面具，面具融合了美洲虎和人类的某些特点，扭曲的面部表情描绘了从一个现实转入另一个现实的过程，从而传递出一种精神迷幻的状态。栖息于丛林中的美洲虎是一种具有特别意义的生物，无论是白天还是夜晚，美洲虎都在进行游泳和猎食，因而涵盖了土地、水和空气及白天和黑夜。美洲鹰就是天空中的美洲虎，帕哈潘的标志——拉文塔的金字塔——直插天际，象征着通向天堂的路径，通过集天地特性于一体的女神，将大地和天空连接起来。有的奥尔梅克雕塑甚至描绘了一个载着人类的飞行美洲虎，有的则描绘了带翅膀的美洲虎背上驮着地球的形象。此外，在雕刻作品中，一只矛头蛇盘踞在丛林中的树上，这是一种长着花冠的毒蛇，由于它从猎物的上方而不是由底下发起进攻，兼具大地和天空的力量，因而被称为天空之蛇，即兼具雨和风特征的特奥蒂瓦坎羽蛇神的祖先。

在几乎所有的中美洲文化中，祭祀性的球类游戏都被赋予宗教寓意，这种球类游戏通常在重要遗址上建有的专门球场举行。在奥尔梅克时期，活人祭祀通过超自然力量吃人或萨满灵魂出窍化身为神圣力量的方式实现，祭祀活动和球类比赛同时举行，至少从这一时期开始，活人祭祀开始与雨神有密切关联，并且是祈雨仪式的组成部分。此外，象征着天空之蛇的羽毛或活的毒蛇也是祈雨仪式的重要标志。

自 1985 年开始，有关奥尔梅克文化的发现成倍增多。然而，人类学家围绕这一文化提出的很多基本问题并没有得到解决，如墨西哥湾区何时开始形成自给自足的农业，人口的增长如何影响社会结构的多样性，不同大小的聚居地之间有何关系，什么因素影响了文化出现的时间和地点，对资源的掌控如何影响社会地位，奥尔梅克信奉的宗教是什么，宗教信仰如何通过人们的生活方式体现出来，奥尔梅克人和其他中美洲民族之间是什么关系，奥尔梅克文化是独一无二的吗，它为何走向衰落。无论如何，奥尔梅克人的确为此后的中美洲文化提供了丰富的遗产：相信冥想、苦修以及献祭可以使人进入一个超自然的精神状态；人类可以与超越人类和物理世界之外的现实进行交流；祭祀选址反映了超自然力量对世俗文化的保护；人类不仅与宇宙力量和神灵共处，而且可以与他们具有共性；建立在降雨和农业丰收基础上的复杂的宗教体系。玛雅文化中的雨神恰克、萨波特克文化中的闪电神科西霍以及托尔特克文化的特拉洛克雨神似乎都源自奥尔梅克人的雨神。

墨西哥湾盆地肥沃的土地为奥尔梅克文明的经济繁荣奠定了基础，当地的玉米每年收割两季，动物和鱼类资源丰富，食物供给足以养活一个庞大的人群。奥尔梅克人在中美洲民族中形成的巨大声望主要归功于他们在农业上的成功。奥尔梅克文明在中美洲的广泛影响表明，在公元前 900 年至公元前 500 年间，中美洲地区的文明在宇宙观、象征方式、艺术风格以及祭祀礼仪等方面具有一定的共性，同时不同文明之间也存在区域和语言上的差异。

阿尔班山文化和瓦哈卡的萨波特克文化

阿尔班山文化从其第一个阶段（或称阿尔班山文化第一阶段 a 时期）开始——公元前 500 年至公元前 400 年间——称雄瓦哈卡地区达千年之久。阿尔班山文化的前身是胡伊特索地区的罗萨里奥时期（前 700—前 500），阿尔班山文化第一阶段的陶器、艺术、建筑设计和砖石建筑都源自罗萨里奥时期。

人口的增长带来资源分配的压力，因而需要更大规模的集中劳动力群体和更好的社会治理，以保障充足的食品来源。通过这样的方式，超越农民家庭层面进行的经济与政治管理解决了一个特定历史时期的基本需求。山谷地区的土地兼并反映了社会分层的加剧，此外，一个农业统治精英阶层开始出现。到公元前 400 年至公元前 200 年，阿尔班山文化已经完成了其国家建设的关键阶段；在公元前 200 年至公元 100 年之间（即阿尔班山文化第二阶段），明确的国家标志已经出现了，这个缓慢的过程大约延续了 300 多年。此后，在公元 100 年至 600 年间，阿尔班山文化达到最高水平。在阿尔班山文化的第二阶段，出现了书面双排象形文字，这证明在特奥蒂瓦坎或位于如今危地马拉热带雨林中的古典玛雅时期的蒂卡尔之前，墨西哥中部曾有过一个萨波特克国家。在进入"古典"时期（阿尔班山文化第三阶段 a 时期和第三阶段 b 时期）之前的几百年间，阿尔班山文化形成了城市中心区，其建筑结构、宗教信仰、社会结构以及统治水平等都达到了顶峰，人口总数预计在 1.5 万至 3 万之间，山谷地区的农业和来自其他地区的进贡构成当地主要的生活来源。

阿尔班山遗址建在海拔 400 米的山岭上的堡垒，可以俯瞰瓦哈卡峡谷三个地区。遗址上分布着带有阶梯的寺庙群，寺庙围着长方形广场而建，广场是举行公共仪式的地方。萨波特克的统治者在就任之前会参加为期一年的宗教学习，死去的统治者成为连接活人与宇宙中超自然力量的中介。在阿尔班山，分阶层的居住区与居民的社会地位互相对应。统治者阶层以及城市的上流人群约占全部居民的 2% 至 4%，他们住在用石料或黏土建造的宫殿里，实行内部通婚制，或与其他地区的贵族通婚。阿尔班山遗址的墓地属于统治者和贵族阶级的成员，墓地里存放着刻有活人脸形状的骨灰坛，有时骨灰坛外部罩着祭祀的面罩。祭祀祖先是萨波特克宗教中的重要组成部分。

在萨波特克文化中，球类游戏同样具有深刻内涵。约 40 个球场沿瓦哈卡山谷而建，已经出土的球场多建于阿尔班山文化第二阶段，不过很多球场并未出土或不清楚具体建造年代。球场的建设一直延续到很久以后，如公元 900 年至 1000 年间，即阿尔班山文化第四阶段，在特拉科鲁拉山谷的达英苏人也建造了球场。参加球类游戏的人戴着保护面罩、护膝、手套，游戏使用由乳胶制成的球。虽然球类游戏的意义尚不清楚，但游戏似乎得到了官方认可，并作为政治仪式被推广，以传达神的旨意，并以游戏的胜负来裁定不同社群之间由土地或水资源的使用权引发的争端。

图 2.2 位于瓦哈卡山谷阿尔班山的萨波特克金字塔（阿方索·卡索标记为 L）。遗址包括若干金字塔和北部的"卫城"，金字塔在当地统治者的支持下建在中心广场周围。萨波特克金字塔遗址极具特色，其建造日期也许可以追溯到该文化的鼎盛时期，即阿尔班山文化第三阶段 a 和第三阶段 b 时期（350—700）。在阿尔班山文化第三阶段 b 期，当地人口约有 2.4 万人，而瓦哈卡山谷的总人口超过 10 万人，分布在 1 075 个已知的当地社群，其中特拉科卢拉次峡谷地区的社群数量最多。在阿尔班山遗址的墓地中，最著名的 104 号墓里不仅有壁画装饰，而且在壁龛中放置着刻有人形图案的骨灰坛。（图片由本书作者拍摄）

传统的看法是奥尔梅克人刺激了阿尔班山第一阶段文化的产生，而特奥蒂瓦坎则影响了阿尔班山文化第三阶段的出现。自 20 世纪 40 年代早期贝尔纳尔开始在阿尔班山进行研究起，这一观点发生变化，70 年代和 80 年代后，人们更加认同萨波特克文化是原生的。阿尔班山与特奥蒂瓦坎的区别在于前者非商业中心，因为在瓦哈卡地区，从事城市建设以及游走在各个市场之间从事贸易活动的人住在山谷底部的村庄里。在古典时期，城市已经大大超出了早期城墙所圈定的范围。公元前 100 年至公元 100 年，在阿尔班山文化的第二阶段，领土面积达到顶峰。这一时期，城市外围共有四个区域，分别作为防御、扩张以及实现文化影响的核心区：埃胡特拉河流域和米亚瓦特兰山谷都位于一条向南延伸至太平洋地区的路线上；内哈帕通往特万特佩克湾；奎卡特兰峡谷，一个海拔为 500 米至 700 米的热带山谷，当地人采用灌溉技术生产棉花和水果。后一地区对于阿尔班山具有重要的战略意义，它控制着从特瓦坎山谷通往瓦哈卡的交通要道，即从墨西哥山谷直接通往瓦哈卡的路线。基于这个原因，萨波特克人在基奥特佩克建立了一个坚固的军事要塞，直接俯瞰奎卡特兰峡谷和特瓦坎山谷（普埃布拉）。实际上，基奥特佩克正是阿尔班山国家最北的边境。看起来，萨波特克的统治者们力图控制从墨西哥山谷出发，经由瓦哈卡，到达太平洋以及特万特佩克地峡的主要交通路线。

公元 500 年以后，随着各地的地区中心的扩张，阿尔班山权威逐渐衰落，地方的自治权不断增加。但是，乔伊斯·马库斯和肯特·弗兰纳里却将公元 350 年至 700 年间描述为萨波特克文化的黄金时代，这一时期对应阿尔班山文化第三阶段 a 时期和第三阶段 b 时期。

玛雅人

除了方济各会修道士的一些记录之外，关于玛雅文化的知识在西班牙征服后基本上消失殆尽了。1839 年至 1842 年间，约翰·劳埃德·斯蒂芬斯在其书中描写了被毁灭的玛雅城市，并配以弗雷德里克·卡瑟伍德的版画作为插图，再次激发了人们对于玛雅文化的兴趣。斯蒂芬斯和卡瑟伍德一起穿越恰帕斯的雨林地区、危地马拉的佩滕地区以及尤卡坦的热带草原。当时，在埃及发现了公元前 3000 年的文字记录，人们为古埃及的再发现而振奋，而斯蒂芬斯和卡瑟伍德的发现激发了人们对于玛雅文化的关注。1822 年，让·弗朗索瓦·商博良参照罗塞塔石碑上的平行文字破译了埃及的象形文字，这使人们意识到对玛雅文字来讲，类似解读同样重要。斯蒂芬斯和卡瑟伍德提醒人们关注在遗址中心或楼梯上发现的垂直石板或石柱，这些石板上刻有图像字符。然而，当时并没有人知道这些遗址是举行仪式的场所还是城市聚居区，也不知道发现的图像字符是否传达了某些宗教理念。1864 年到 1882 年间，人们开始尝试将这些字符转录下来，然而很明显，理解玛雅文字的钥匙已经丢失了。

尽管在 20 世纪 50 年代，被称为线性 B 的米诺文字被破译出来，但是围绕玛雅象形文字的讨论在接下来的十年中始终没有停止。当时，有人认为这些文字记录了玛雅城市的历史，对于文字的破解可能使人们还原蒂卡尔王朝（292—869）的历史。1973 年后，书面文字的破译获得突破，人们认识到象形文字代表着一种有固定语序的口头语言，因而得以辨认出动词、名词、句法和读音。由此，让学者困惑很长时间的玛雅铭文成为能够揭示特定国家统治集团历史的文本。人们从记录历史的石头、陶土、玉器、骨器或者甲壳中将一段逝去的历史恢复，对于语言的重新发现也进一步证实了玛雅文化在其一千年的历史中的从未中断。

在前古典时期（前 1500—公元 200），玛雅人发展了农业，兴建了村庄。低地森林地区的沼泽地和河堤为玉米、可可和棉花等高产作物提供了肥沃的土地。乘坐独木舟沿着翁多河、乌苏马辛塔河和格里哈尔瓦河出发，可以到达海洋。在蒂卡尔建有农业定居点，公元 600 年时，这一地区将成为古典时期佩滕省最大的遗址。蒂卡尔的主要寺庙建于公元 300 年到 800 年间。在前古典时期中期，即公元前 900 年至前300年间，社会分层加剧，此时正值奥尔梅克文化的影响处于顶峰时期。按照既定的顺序，传统的大家庭、村庄、萨满以及父权制为王权制的出现提供了条件，王权制早在中美洲的其他文化中有过先例。财富分配进一步分化，为王权制和贵族种姓的产生提供了基础，而贵族种姓与国王密切相关。国王象征着生命之树，拥有着与神和超人类存在进行沟通所需要的能力。

公元250年至900年间的古典玛雅时期可以分成三个阶段：早期，250年至600年；晚期，600年至800年；末期，800年至900年。由于没有当时的手稿留存下来，因而石柱成为获取历史信息的主要来源，现今已经破译的石柱最早可以追溯至公元199年。从古典时期早期开始，一个繁荣的长途贸易网络已经建立起来，将玛雅的低地地区与危地马拉高原以及墨西哥东南部联系起来。在一些玛雅城市里发现了源自墨西哥中部的宗教和建筑元素，如蒂卡尔的雨神特拉洛克。玛雅与墨西哥中部的历法里也能看到很多明显的相似之处。

在8世纪和9世纪间，雅克奇兰（位于乌苏马辛塔河的恰帕斯一侧）和乌斯马尔（在尤卡坦的普库克山下）盛极一时。根据记在石柱上的各代统治者的信息，雅克奇兰在公元320年至790年间快速发展，790年至810年期间走向衰落。乌斯马尔遗址有许多装饰精美的大型建筑，乌斯马尔在850年至925年间达到高峰，但是此后不久就被抛弃。普库克山的遗址是700年至900年晚期古典风格的一种延伸。帕伦位于恰帕斯的雨林地区，其有记录的历史始于431年。在帕卡尔大帝（615—683）、强·巴鲁姆二世（684—702）和坎-绪尔（702年至721年间曾在任）的统治下，帕伦的影响力达到顶峰，然而，8世纪末期，帕伦君主们的势力消失殆尽。文字历史、金字塔和寺庙记录了玛雅人在历史研究和宇宙学上的高深造诣，同时也证明了玛雅王朝统治的合法性。1841年，斯蒂芬斯和卡瑟伍德出版了

图 2.3　位于乌斯马尔的玛雅金字塔。乌斯马尔建于 10 世纪末，位于尤卡坦的普库克山区，梅里达以南，由六个主要的建筑群构成，其中大金字塔是最高的建筑，此外还有总督宫、海龟厅等建筑。乌斯马尔与奇琴伊察的建筑风格迥异，与墨西哥中部建筑特点不同。乌斯马尔的鼎盛时期出现在公元 850 年至 925 年间。（图片由本书作者拍摄）

《中美洲、恰帕斯和尤卡坦之旅纪事》一书，其中记载着强·巴鲁姆关于王权讨论的石碑再次引起人们关注，尽管斯蒂芬斯和卡瑟伍德并未破译石柱上的图像文字。帕卡尔大帝的陵墓直到 1949 年才在铭文庙中被发现。

与奥尔梅克的情况类似，为了实现对神秘力量的运用，玛雅人的宗教仪式也经过精心安排。在这些宗教仪式中，放血占据核心位置，安葬国王的过程伴随着少量的活人祭祀。在这个仪式中，萨满-国王或使用少量血滴，或使用舌头或阴茎处的流血，来察看超越物质和人类宇宙之外的神圣能量所构成的另一个现实，并与神灵和先祖进行沟通。祭祀仪式中使用黑曜石制成的刀片，它们如剪刀一般锋利，可以被很好地用来切割伤口。

然而，8 世纪之后，无论是王权的尊崇还是神灵的庇护，都不能改变玛雅城市生活和高度发达的文明走向衰落的命运。从帕伦到科潘，随着王朝的衰落，人们抛弃了巨大的纪念碑，回归到在森林地带的农耕生活。到公元 910 年的时候，南部的低地区域已经看不到金字塔神庙。由于王朝统治下城邦国家的衰落，政治精英们不再将识字作为了解这个世界的主要方式。当然，玛雅文化并没有彻底终结，而是在 9 世纪以后在北部的尤卡坦平原上复苏。

特奥蒂瓦坎

对墨西哥中部产生主导性历史影响的是特奥蒂瓦坎，它既是城市中心，也是宗教中心，在其鼎盛时期，人口超过 10 万，墨西哥山谷地区的农业是其主要的经济基础。自公元前 150 年起，特奥蒂瓦坎经历了约八个世纪的繁荣，一直持续到公元 650 年至 750 年，特奥蒂瓦坎也对之后托尔特克人和阿兹特克人的纳瓦文明产生了巨大的影响。特奥蒂瓦坎遗址位于墨西哥城东约 50 公里，占地大约 2 000 公顷。现在只有一小块区域被发掘出来，目前估计遗址内共建有约 20 座金字塔。特奥蒂瓦坎是一个多功能城市中心，而并不像此前人们所认为的那样仅仅是一个祭祀的遗址。在特奥蒂瓦坎，一条由南向北贯通的堤道将所谓的太阳金字塔、月亮金字塔以及克萨尔夸特尔神庙连接起来。公元前 500 年，特奥蒂瓦坎已经成为中美洲的都市和宗教中心，并为托尔特克人建造首都托兰（图拉，在墨西哥城北 60 公里）提供了模板，虽然托兰城市规模要小得多。同样，特奥蒂瓦坎也影响了之后阿兹特克人的都城特诺奇蒂特兰。和阿尔班山不同，特奥蒂瓦坎基于一个网状建筑规划而建成，包括约 2 000 座公寓供大部分居民居住。除了宗教功能，城市里还有作坊，体现了特奥蒂瓦坎的商业功能。

“特奥蒂瓦坎”的名称在阿兹特克语中意为“众神之宫”。事实上，我们并不知道这个城市的原名，而对于其编年史、统治者的姓名甚至语言，我们都知之甚少。似乎只是在公元 500 年后，纳瓦特尔语才成为人们的口头语言。与玛雅和萨波特克文化的情况一样，目前还没有发现与特奥蒂瓦坎相关的文本或石柱。事实上，目前找到的书面材料来自被称为“瓦哈卡”的街区，这是萨波特克的外交官或商人居住的地方。因此，我们对于特奥蒂瓦坎的管理方式几乎一无所知。在特奥蒂瓦坎似乎并未形成与玛雅文化类似的王朝崇拜，因而某些考古学家推断，特奥蒂瓦坎可能由一个寡头政权统治。

特奥蒂瓦坎当时是墨西哥中部最大的城市。自公元 1 世纪起，人口（多达 9 万人）主要集中在城市，城市人口超过周围乡村的人口。在特奥蒂瓦坎时期，大部分时间里，墨西哥山谷并无其他人口中心。城市政权不仅对墨西哥盆地实施严密控制，而且很可能统治着山谷外邻近的地域，并与墨西哥湾低地地区保持着直接的联系，但或许并不对其进行政治统治，也不垄断其商业。到目前为止，我们缺乏足够的证据来解释人口集中在城市的确切原因，尽管它可能源于一个巨大的宗教迷思。在特奥蒂瓦坎，主要的宗教主题是水以及与之相关的生活。1917 年至 1920 年间，当特奥蒂瓦坎被挖掘的时候，出土了一座羽蛇神的金字塔，时任人类学博物馆的馆长曼努埃尔·加米奥发现了羽蛇神克萨尔夸特尔和雨神特拉洛克的头像，两个神灵的头像在金字塔的六层台阶上交替出现。事实上，对于羽蛇神的信仰正是源自特奥蒂瓦坎，羽蛇神的标志在石头和壁画中随处可见。

对羽蛇神的崇拜是中美洲最流行的崇拜，这可能与当地的主食——玉米的种植有关。当种子被播种到土地的深处之后，黑暗之神和天空之神这对双胞胎的斗争也就开始了。植物的种植迫使黑暗之神意识到一年的变化周期，并且将其归还给白天。在这个意义上，地球成为一个肥沃的子宫，创造战胜了死亡。玉米之神，在科潘（洪都拉斯）的玛雅城市里被描述为一个美丽的青年，他为人类提供粮食。一方面，宇宙观和神秘世界之间存在一个明确的联系；而另一方面，自然界和人类的经验之间也存在明确的联系。羽蛇神的出现正是这两种关系共同影响的结果。

羽蛇神代表的是天堂力量和大地力量之间的结合，代表的是肥沃与再生，是精神和物质的两位一体。据神话传说，在第四太阳纪（第四个宇宙纪），奇码尔曼在没有与任何男性结合的情况下，神奇地怀孕，生下了羽蛇神。也有传说，奇码尔曼曾吞过一块珍稀的石头，因此怀上了一个儿子。

经过高度的物质繁荣与和平之后，城市影响力达到顶峰，此时一场内部危机爆发，并似乎导致了特奥蒂瓦坎的衰落，但对此目前并无明确的解释。管理体系与政治领导体系很可能已经崩溃，而国家所支持的宗教仪式也遭到攻击。在某个时候，一场大火焚毁了曾经被精美的装饰覆盖的大神庙和核心地区的房舍。8 世纪初期，特奥蒂瓦坎已然不再是一个大城市，而在接下来的 1 200 年中，被抛弃的城市只剩下正在腐烂和被风肆虐的残迹。D. H. 劳伦斯于 1923 年的 3 月份第一次抵达墨西哥，他到过正在进行重建的遗址现场。劳伦斯认为，特奥蒂瓦坎比古罗马和庞贝遗迹更加令人印象深刻，并在他的小说《羽蛇神》（1926）中写道，羽蛇神比墨西哥的西班牙教堂更富有活力。在小说中，将这个曾经消失的世界带回人们的视线中的加米奥成为书中人物堂拉蒙的原型，他试图将羽蛇神带回普通人的生活中，由此复兴古代宗教，以取代基督教。

图 2.4　特奥蒂瓦坎的羽蛇神金字塔（细节图）。墨西哥山谷历史悠久的神秘文化吸引了曼努埃尔·加米奥（1883—1960）。加米奥是 20 世纪早期墨西哥最为重要的考古学家，他的五卷本著作于 1922 年出版。加米奥曾在墨西哥师从塞利娅·纳托尔，并在纽约师从弗朗兹·博厄斯。加米奥与卡索（1896—1971）坚定地认为墨西哥起源于前哥伦布时代的文化。1952 年，卡索和伊格纳西奥·贝尔纳尔（1910—1992）发表作品，对特奥蒂瓦坎的宗教象征意义作出了阐释。（图片由 M. A. 阿尼普金拍摄）

北方

公元前 500 年前后，随着人口的增长，在杜兰戈开始出现定居生活方式。公元 500 年前后，在位于今天杜兰戈州中南部的阿尔塔维斯塔出现了查尔奇乌伊特文化。公元 200 年至 300 年期间，在现代墨西哥的北部和中部地区，从巴西奥到杜兰戈、萨卡特卡斯以及圣路易斯波多西，已经有了与南部文化有联系的定居族群。6 世纪至 9 世纪期间，查尔奇乌伊特文化在萨卡特卡斯西部的圣安东尼奥和科罗拉多峡谷盛极一时。农业灌溉和商业的发展带来了这些地区长期的繁荣。成百上千的前哥伦布时期的矿场被发掘出来，这些矿场的历史可以追溯到公元 500 年至 900 年间。矿场的发现表明采矿业并非殖民者的创新，而是经济生活的重要组成部分。发达的商业网络将杜兰戈和萨卡特卡斯联系起来，两地处于北至新墨西哥、南通墨西哥山谷的中间点，优越的地理位置赋予两地贸易中心的地位。特奥蒂瓦坎对杜兰戈和萨卡特卡斯有巨大的影响力，由于对绿松石、蛇纹石以及铜矿有大量需求，这些矿石从新墨西哥出发，经由这条贸易路线运输到特奥蒂瓦坎。当地的矿产为商品提供了原料，由此，在西班牙殖民时期的白银之路出现之前，前哥伦布时期的墨西哥已经开辟了一条横跨北部的绿松石和铜矿之路。

公元 500 年至 800 年间，在萨卡特卡斯南部的拉克马达，高山的山顶上建有众多民用和宗教建筑，查尔奇乌伊特文化在此时达到高峰。拉克马达的尖塔大厅、金字塔、球场都可以追溯到这一时期。亚当斯和麦克劳德指出，在大约公元 800 年的时候，墨西哥西部和西北部已经建有铜冶炼厂，表明随着采矿业的发展，技术得到进一步提高。公元 1200 年至 1300 年，这些地区已经可以生产锡银合金。

特奥蒂瓦坎在 8 世纪中期的衰落或许将这一地区和中央分离开

来，并由此落入被称为奇奇梅卡人的游牧部落手中。在 10 世纪的时
候，托尔特克文化在托兰（图拉）地区的兴起，意味着北部被部分收
回，这种状况持续到 12 世纪托尔特克文化衰落为止。12 世纪后，不
同类型的奇奇梅卡文化占据了莱尔马河以北的地区，即使是阿兹特克
人也未能成功渗透。

图 2.5　引道一侧的拉克马达。（图片由本书作者拍摄）

麻烦时期（750—950）

公元 8 世纪时，在几个世纪的时间里建立的主要政治体系开始衰
落，最后崩塌或被推翻。从公元 600 年至 900 年，在整个中美洲的不
稳定时期，阿尔班山文化开始衰落。尽管公共建筑慢慢变成废墟，但
是城市却未被遗弃。衰落的原因可能在于城市和河谷底部的村庄之间
对资源的竞争。河谷地区人口的增长可能引发土地纠纷，并且与城市
之间产生冲突。预期的降雨没有出现，旱灾频发，由此引发的食物短

缺给城市管理机构带来巨大压力。另外，特奥蒂瓦坎在公元700年至750年间的衰落使这一地区少了一个分庭抗礼的权力中心，在此之前，萨卡特卡斯一直通过与特奥蒂瓦坎对抗来保持其自身独立和认同。人口已经不再需要集中在瓦哈卡山谷，小规模的聚居地陆续出现，权力逐渐被分散。

在墨西哥中部，武装群体在乡村流窜。一些规模更小、更加外围的州的影响力不断增加，比如艾尔塔金（韦拉克鲁斯）、卡卡斯特拉（特拉斯卡拉）以及今天莫雷洛斯州境内的霍奇卡尔科。虽然霍奇卡尔科最终被武力攻陷，但是在公元600年至900年之间，它凭借易守难攻的地理优势而蓬勃发展。从霍奇卡尔科的主金字塔来看，羽蛇神崇拜在当地占有重要地位，此外，霍奇卡尔科还建有一个球场。

进入9世纪后，位于南部低地地区的古典玛雅时期的城市中心没落，其原因至今仍是人们争执不休的问题。遗弃城市中心或许是多种因素综合作用的结果，其中，国王和贵族之间的军事对立以及内部冲突可能是最主要的原因。在同一时期，城邦国家之间战争频发，人口增加，这些都增加了本身脆弱而复杂的农业的负担。外部的压力和内部的冲突削弱了中央政权的影响，而中央集权的影响力恰好是与森林环境进行斗争时统筹各方面所必需的要素。特奥蒂瓦坎的衰落可能也对玛雅的领土造成了影响，它减弱了主要文化中心对边境地区领土的控制。这一时期，一些半开化的族群，如居住在今天塔瓦斯科州的墨西哥湾区南部的琼塔尔人，这些操着玛雅语的族群开始掌握对贸易路线的控制权。

托尔特克人

与特奥蒂瓦坎相比，图拉所在的区域气候条件要艰苦很多，从未十分繁华，而且其控制区域也不辽阔。在特奥蒂瓦坎衰落以及讲纳瓦特尔语的人群到来之前，或许是由墨西哥北部地区迁来的移民带来了当地人口的增长。在托尔特克时期（800—1170），至少在最初的几个世纪里，图拉和西北地区的贸易一直在持续。有关羽蛇神的神话被赋予政治内涵，并且成为图拉城市内部权力争斗的一个部分。在图拉的历史上，羽蛇神与一个叫塞·阿卡特尔·托皮尔特辛的人物混淆在一起。托皮尔特辛可能是这个城市的创建者，或者是最后一个统治者（或者两者都是），他被冠以羽蛇神的名字。在前一个版本中，据说塞·阿卡特尔 940 年生于特伯兹特兰（莫雷洛斯），968 年前往图拉，但是 987 年被驱逐。人形羽蛇神的父亲是半神，即云蛇神米斯克夸特尔，他是托尔特克政权最初的建立者。人和神的两位一体成为托尔特克和阿兹特克宗教和政治的重要特点。图拉吸纳了特奥蒂瓦坎的神话，并以此实现其统治的合法性，对羽蛇神的崇拜也因此达到高峰。然而，内部的政治斗争，其中可能涉及世俗战士阶层对祭司统治的挑战，导致羽蛇神崇拜被推翻，这一结果被隐晦地解释为神被放逐。

　　胜利属于世俗的战士阶层，这一胜利通过特兹卡特里波卡的胜利表现出来，特兹卡特里波卡是生命和死亡之神，也是战士阶层的保护神。特兹卡特里波卡的主导地位带来中美洲宗教中人牲的普遍使用，并在阿兹特克时期达到顶峰。相传特兹卡特里波卡是羽蛇神覆灭的根源：特兹卡特里波卡将娼妓之神——霍奇奎特萨尔——带给羽蛇神，因为与霍奇奎特萨尔之间有了苟合，羽蛇神不得不接受被烧死的惩罚。然而，羽蛇神的心脏却从火中升入天空，化为晨星或金星。但是羽蛇神仍然是造物神，在他升入天堂之前需要先落入地狱。羽蛇神与他的双胞胎兄弟——一只叫霍洛特尔的狗——一起完成了这个过程，目的是从地狱之神那里得到第四个宇宙纪死者的骸骨。有了这些骸骨之后，羽蛇神将在第五个太阳纪重新创造新的人类，而第五个太阳纪正好对应纳瓦人生活的时代。因此，羽蛇神成为中美洲和人类关联最深的神祇，而按照纳瓦人的看法，羽蛇神和人类历史紧密关联。恩里克·弗洛雷斯卡诺认为，在 900 年至 1000 年的这一个世纪里，与上帝相关的不同形态的神产生融合。在托尔特克时代，玉米神演变成羽蛇神。

公元 1170 年前后，奇奇梅卡摧毁了游牧民族边境地区的图拉城，而后世的人们借用羽蛇神和特兹卡特里波卡的神话来解释这一历史事件。神祇之间的战争象征了托皮尔特辛和他的敌人韦马克之间的冲突，两人都被认为是神的化身。同一时期，在库尔瓦坎和乔卢拉等大城市里也发生了类似的斗争。根据传说，羽蛇神被图拉城放逐，带来奇琴伊察文化中托尔特克和玛雅文化影响的合流，羽蛇神崇拜在奇琴伊察再次兴盛起来。乔卢拉由羽蛇神专门建立，那里最大的寺庙以供奉羽蛇神的化身——风神艾维卡托——的方式来拜祭它。

后古典时期的玛雅

在乌斯马尔、帕伦、博纳帕克、蒂卡尔和科潘等古典文化破灭之后，玛雅文化进入以奇琴伊察为代表的低地玛雅时期（750—1100）。11 世纪，中美洲首次出现了尤卡坦文化的高峰，它与墨西哥中部文化之间的关系至今仍不明确。根据最近的研究，奇琴伊察在 750 年或 800 年前后开始崛起，1000 年至 1050 年成为主导尤卡坦北部的主导力量，其衰落出现在 1050 年至 1100 年左右。在奇琴伊察，羽蛇神被称为库库尔坎，人们在最大的金字塔表达对库库尔坎的崇拜：秋分时，落日会将影子落在一条与背面阶梯相连的蛇的身上，并与底部的蛇头雕像相连接。在奇琴伊察，正如圆形天文台所展示的，玛雅人在天文学上取得了很高的成就，他们对宇宙以及宇宙中的生物和人类的位置有着复杂的理解。

从地形特征来看，尤卡坦草原与早期的森林文化差别很大，而且它与外界文化间的宗教和商业联系更多。位于森林地区的玛雅文化与平原地区兴起的新国家之间并无文化边界。在尤卡坦，水取自于被称为"赛诺特"的地下湖。在艰难时期，人们将用来献祭的处女扔进水井，以此向神祈求宽恕。不同的历史环境与地理环境形成了互补，10世纪尤卡坦平原文化是麻烦时期的产物。早期文化在政治上的失败激励着人们再次尝试界定社会组织和统治权的基础。与古典时期的文化不同，奇琴伊察不仅仅是城邦，而且是帝国体系的核心，它的强大建立在联盟的基础上，这早于15世纪阿兹特克的扩张模式。城市最初起源于麻烦时期，但是其发展历程并不为人所知，因为不同于之前的森林文化，奇琴伊察的统治者们并不使用石柱和象形字来记录历史。

图2.6 奇琴伊察的金字塔（尤卡坦北部）。西班牙人称金字塔为"埃尔卡斯蒂略（城堡）"，但这里曾是库库尔坎（羽蛇神）的寺庙，位于祭祀区。虽然奇琴伊察最初由伊察人在6世纪早期建立，但是其风格和宗教仪式属于后古典时期。很多玛雅庙宇的建造都与天体运动有紧密的联系，一些庙宇的设计也与被认为是通往冥界入口的地下洞穴系统有关。托尔特克文化清晰地体现在气势恢宏的武士庙上。在球场旁边，矗立着一个头骨架（特索潘特利）。与人们的预想不同的是，似乎并没有人自托尔特克迁徙到奇琴伊察。（图片由本书作者拍摄）

部分地因为这个原因，关于奇琴伊察的统治者用了多久来建立对尤卡坦北方的主导权，我们并不知晓，更别提在其他地方了。

花瓶插画和壁画描述了战斗的场景、宫廷生活以及玛雅城市里举行的祭祀仪式。获胜的战争、繁荣的商业以及一个复杂的贵族体系是这个新的帝国城市的特点。与森林地区的玛雅国家的贵族相比，在奇琴伊察，贵族似乎能够从国王那里分享更多的权威，虽然对于这些统治阶层的来源和身份至今并无清晰的解释。

柯柯穆家族主导的邦联政体统治了玛雅后古典时期最后一个王朝，即玛雅潘王朝（1250—1450）。玛雅潘复制了奇琴伊察的建筑结构，并与东部海边城市图卢姆一样，修建围墙作为防护墙。14世纪和15世纪，一些小国成为半岛上的主要文明形态，尽管它们很快受到来自西边的阿兹特克的威胁，但是玛雅文化整体上仍旧保持了统一。

后古典时期的萨波特克人和米克斯特克人

在阿尔班山文化衰落之后，瓦哈卡地区又出现了一些规模更小的城市中心，如阿尔班山文化第四阶段（700—1000）出现在山谷东部的兰毕特耶科，坐落在今天特拉科鲁拉以西两英里的地方。其他的城市中心，比如萨奇拉、米特拉和奎拉潘，出现在600年至900年之间。大约在公元前1200年，在米特拉出现了最早的位于河边的定居点，此后，米特拉迅速扩张，一直到阿尔班山文化第二阶段（公元1世纪前后）。米特拉是一个中心城市，城市内建有重要的宗教和民用建筑，郊区建有住宅区，米特拉的经济基础来自周围区域的农业。像亚古尔一样，米特拉在阿尔班山文化第五阶段（1000—1500）开始名声大噪。许多这样小规模的城镇都从比阿尔班山文化更早的城市中心发展而来，在阿尔班山文化第二期和第二阶段a时期，这些城镇是祭祀的场所。随着山区的大型城市中心的衰落，这些小城镇逐渐繁盛。寺庙被建在金字塔的土堆上，统治阶层为了在同一阶层内部联姻而选择居住在用石头建起来的建筑内。

与此同时，在瓦哈卡西部山区的上米克斯特克也涌现了规模更小的中心，这是被称为"cacicazgos"的酋长国。与山谷地区一样，这里很早就有文明存在。这些城市中心是由贵族统治的小国，贵族拥有世袭的土地，直接控制着农业劳动力。米克斯特克位于高海拔的山谷地区，气温较瓦哈卡山谷凉爽。从规模和文化发展来看，米克斯特克并不能与圣何塞·莫戈特相匹敌，比之阿尔班山更有不足，然而，诺奇斯特兰山谷的尤库伊塔却发展成主要的城市中心，周围有很多小的定居点。位于同一个山谷地区的还有尤库尼乌达韦，它与古典时期的阿尔班山文化出现在同一时期，代表了具有明显社会分层的大型城市中心区域，城市里建有各类宗教和民用建筑，综合性的农业发展为该地提供粮食。米克斯特克坐落在墨西哥山谷和瓦哈卡之间，正是由于这个原因，米克斯特克文化明显受到托尔特克和萨波特克两种文化的影响，但同时也保留了自身的特色和语言。通过有效动员农业劳动力在梯田上种植玉米或者在战时参战，米克斯特克酋长国逐步发展起来。

在文明不断更替的公元600年至900年间，城市中心在下米克斯特克出现，该地区位于普埃布拉-瓦哈卡边境，由海拔1 000米至2 000米的亚热带山谷组成。12世纪60年代，在图拉衰落之后，米克斯特克以一种更加发达的面貌重现。米克斯特克的国王们宣称他们拥有托尔特克血统，以此强化其统治的合法性。在利用血统加强统治的合法性方面，他们比后来在墨西哥山谷出现的阿兹特克早了很多年。米克斯特克建立的第一个政权是蒂兰东戈，1030年在上米克斯特克建立，该城的规划或许模仿了图拉。米克斯特克是一个好战的山地民族，他们沿着太平洋海岸进行扩张。利用当地的米克斯特克殖民地，蒂兰东戈的统治者们在图图特佩克建立了国家，并将查蒂诺人以及居住在米亚瓦特兰和海滨之间的萨波特克人都纳入其统治之下，成为米克斯特克对瓦哈卡西部的沿海区进行统治的中心，被称为"海岸的米克斯特克"。1522 年，西班牙通过诡计和野蛮征服该地。当图图特佩克的最后一个米克斯特克统治者去世后，埃尔南·科尔特斯将当地的统治权授予了他的副手佩德罗·德·阿尔瓦拉多，此人臭名昭著，残暴成性。

在后古典时期，在诺奇斯特兰山谷佃农社区的基础上，建立了富庶的雅诺伊蒂特兰王国。在西班牙征服的前夜，它成为诺奇斯特兰最大的酋长国，控制了包括古典时期的中心——尤库伊塔在内的 25 个定居点。米克斯特克的领土为那些向他们效忠、为他们劳作或为之战斗的农民工提供保护。卡西克通过联姻巩固自身的地位，其中包括与瓦哈卡萨波特克山谷进行联姻，这给山谷地区引入了米克斯特克元素，甚至在奎拉潘建立了一个米克斯特克殖民地。公元 1280 年前后，已经有奎拉潘的本地人会说米克斯特克的语言，这一趋势被 15 世纪末和 16 世纪早期的移民进一步加强。

在阿尔班山文化第五阶段，瓦哈卡山谷的主要政治中心是萨奇拉王国。现有的证据表明，萨奇拉王国始于 14 世纪末或 15 世纪初，其首任统治者于 1415 年去世。在第四任统治者科西霍埃萨（1487—1529）统治下，萨波特克的萨奇拉将商业和政治统治扩张到地峡地区，使得特万特佩克成为第二个萨波特克首府。在进一步将瓦维人赶到特万特佩克礁湖的狭长海岸区域后，萨波特克人得以控制了地峡的盐矿，这一时期盐已经成为地区贸易中具有重要价值的商品。科西霍埃萨的儿子科西霍皮（生于 1502 年）在 16 岁时成为特万特佩克的统治者，其统治一直持续到 1563 年他去世的时候。1521 年后，西班牙征

服该地区，科西霍皮归顺西班牙殖民统治者，并于 1527 年皈依基
督教。

墨西哥中部

早在图拉衰落之前，可能由于天气的变化，大量人口从北部迁移
至墨西哥山谷，在当地形成了多元族群，并构成新的城邦国家的基
石。截至 13 世纪末期，大约 50 多个半自治的小型城市中心分散在山
谷地区，它们拥有各自的宗教中心，各族群之间边界清晰。这些城市
中心在整个阿兹特克（或更确切地说，墨西卡）霸权时代都保持完
整，而且在西班牙征服后仍未分崩离析，他们都声称来源于托尔特克
人，并由此获得其合法性。

在 1250 年之后的 100 年中，部落国家体系依然比较脆弱，而城
邦国家之间的军事敌对不断加剧。在 1400 年之前，墨西卡人仍旧只
是一个小的族群，需要依附于更强大的国家才能生存下来。

在墨西哥山谷内，城市化的加速发展要求有一个更加完善的农业
体系，为不断增加的人口提供粮食，尤其是主要城市都不能实现粮食
上的自给自足。通过灌溉和开垦田地，山区农业的生产能力得以提
高。湖边沼泽地的水被抽干，并改造为"移动花园（奇南帕）"，作
为额外的粮食种植地。其时，带轮子的运输工具还没有被发明出来，
中美洲也没有出现役畜。面对墨西哥中部不断增加的人口，必须克服
越来越多的生态和技术障碍来增加食物供应。奇南帕的建设部分（仅
仅是部分）解决了这个问题，湖底的泥土为土地提供了肥力，可以全
年种植作物。1500 年前后，特诺奇蒂特兰城的实力达到顶峰期，占
据了大约 9 000 公顷的土地，甚至修建了湖泊和运河。因为奇南帕需
要稳定的水位，尤其是 1425 年至 1450 年间，人们开始修筑堤防、引
水渠和运河，以实现对水资源的管理，并将淡水与盐水分开。特诺奇

蒂特兰的地理位置与中美洲其他城市不同，由于缺少邻近的农业腹地，因而需要周边的城市和农业地区臣服于特诺奇蒂特兰的城邦政权。

至15世纪末期，至少有12个城市人口过万，而作为首都的特诺奇蒂特兰的人口已经超过了15万人。其他的城市位于湖边，如先后被诗人国王内萨瓦尔科约特尔（1418—1472）和内萨瓦尔比利（1472—1515）统治的特斯科科。1520年至1521年间，特斯科科在西班牙人征服特诺奇蒂特兰的过程中发挥了重要作用。如果可以完整地再现中美洲在15世纪的政治史，我们便能更加清晰地理解西班牙征服成功的原因，土著国家之间不断变化的敌对和联盟关系或许是其中重要的因素。

阿兹特克人

大多数山谷地带的国家都采用了"特拉托阿尼（首领）"制度，即由地位最高的贵族担任领导者。阿兹特克人从14世纪70年代起开始采用首领制，但是直到1426年后才实行王朝体制。君权神授和世袭统治为1428年到1519年间的帝国扩张提供了政治手段，阿兹特克的统治者宣称其与库尔瓦坎人通婚后成为托尔特克人的后裔，并通过其托尔特克身份获得统治的合法性。

根据阿兹特克的传统，黄昏之星霍洛特尔指引着纳瓦人离开他们祖先的国土阿兹特兰前往墨西哥中部的应许之地，最后他们来到了特诺奇蒂特兰。阿兹特克人用战争之神胡伊齐洛波契特里取代了羽蛇神，并宣称自己是战神的使徒。由此，阿兹特克人将图拉的传统发展为自己的传统，但是也与之拉开距离，而且仍然保留着特奥蒂瓦坎的雨神崇拜。阿兹特克人在其势力所到之处，都将战神胡伊齐洛波契特里奉为创世神之一。

阿兹特克社会的顶层由受过良好教育的"皮皮尔丁（贵族）"构成的精英阶层占据，他们充当知识和历史传统的保护者。皮皮尔丁进入专门的贵族学校学习，教育通过口头或在羊皮纸、兽皮或者亚麻布上绘制图像的方式实现。在阿兹特克和中美洲的其他民族中，口头传承一直以来都是传递知识的重要途径。一群职业商人（波切特卡）构成了特诺奇蒂特兰霸权的重要组成部分，其中有些商人的贸易范围远远超出阿兹特克所控制的区域。但特斯科科等弱小盟国的商人不允许在帝国的范围之外从事贸易活动。

特诺奇蒂特兰城建于 1325 年，它源于特斯科科湖西部的一个岛屿。特斯科科湖是墨西哥山谷五湖体系中最大的一个湖泊，北部的两个湖泊处于山谷地带最干旱的地区，而南部的两个湖泊——霍奇米尔科湖和查尔科湖——则位于最富饶的农业区域。伊兹科阿特尔统治时期（1427—1440）开始修建三条长长的堤道，将特诺奇蒂特兰和大陆地区连接起来，北通特佩亚克，西连特拉科潘（塔库瓦），南接伊斯塔帕拉帕科约阿坎。由于蒸发的水量超过了降雨量，湖的面积逐渐缩小，每年 10 月到次年 5 月的旱季，乘坐独木舟无法进入北部的湖泊。特诺奇蒂特兰在人口的最高峰时居民总数达到 20 万，这个数字远远高于当时的塞维利亚，但是却对独木舟或步行的交通方式有很大的依赖。被称为"特拉梅梅"的搬运工人成为职业化的运力，这是一个由无地居民形成的世代沿袭的群体。人力在负重和运输距离等方面受到极大限制，因而这个群体的效用大大下降。由于湖泊优越的地理位置，特诺奇蒂特兰享有沿着湖边用独木舟出行的便利。重要的城市人口聚居区沿湖而成，或由其他地方迁移至湖边区域，从而能够利用这一交通工具。尽管速度上差距不大，但独木舟的运货能力比人力要高 40 倍。

从政治上来看，阿兹特克强调维护其影响力而不是进行领土的征服，它更多是一个霸权国家而不是领土帝国，在其附属国家时常发生因拒绝朝贡而进行的叛乱。阿兹特克并没有建立耗资昂贵的常备部队，因此阿兹特克"帝国"的存亡并不取决于政治的集权化，而是依赖于当地的特拉托阿尼统治下的一些贸易伙伴国家的臣服，特拉托阿尼保证了阿兹特克的文化在其势力范围之内占主导地位。整体而言，阿兹特克帝国保留了现存的政治制度，使得军队可以集中力量按照其战略安排进行扩张。在任何情况下，战争的安排都需要遵循农业周期，也就是说，战争需要在 10 月份丰收之后和次年 5 月份末开始的雨季之前进行。特诺奇蒂特兰接受所有附庸国家的朝贡，拒绝朝贡可能成为战争的导火索，阿兹特克人以这样的方式保持着对横跨中美洲中南部广阔领土的极大影响力。

从 14 世纪最后的 25 年开始，阿兹特克军队进入墨西哥山谷，其间阿兹特克人曾侵入到今天的普埃布拉和莫雷洛斯。15 世纪上半叶，阿兹特克的势力范围扩大至北部的图拉、东北部的图兰辛科和西南部的格雷罗。在伊兹科阿特尔的统治下，阿兹特克首次成为军事强国。蒙特祖马一世（1440—1469）统治时期，阿兹特克的影响力达到墨西哥湾沿海的普埃布拉和瓦哈卡北部地区。阿克萨卡特尔（1469—1481）进一步将帝国向西和向东北扩张，一直延伸到墨西哥湾沿海的图斯潘。

早期的阿兹特克政权建立在特诺奇蒂特兰、特拉特洛尔科以及特拉科潘于 1428 年建立的三方同盟基础之上，这是一个由接受朝贡的城市构成的联盟，联盟统治了墨西哥山谷及山谷外的地区。附属领土被要求承担将朝贡的货物运送到特诺奇蒂特兰的费用，如果某个市镇拒绝称臣，那么朝贡的数量就会翻倍。特诺奇蒂特兰政权的两大基本要素是接受朝贡以及使各地神庙接纳阿兹特克的神祇。实际上，朝贡制度增强了中美洲历史上传承下来的复杂市场体系。阿兹特克的扩张沿着贸易路线进行，而反过来，波切特卡则紧跟军事征服的路线，它代表着通过政治和军事手段来获得经济发展的模式。对农业区域的征服导致墨西哥山谷内一些不够强大的城邦国家在经济上不得不接受被宰制的命运，从其农业腹地的制造中心降格为大都市的主要产品供应地。另外，手工业技术也越来越集中到特诺奇蒂特兰，波切特卡从长途贸易中获得更多的原材料，特诺奇蒂特兰成为主要的制造和销售中心。

政治考量与阿兹特克的经济扩展相辅相成。从根本上讲，阿兹特克的战略就是通过恐吓或者低烈度冲突的方式来避免直接交火。后勤补给上的不足限制了定期进行全民动员的能力，阿兹特克人更愿意通过炫耀武力使对方主动臣服。通过这种方式，阿兹特克确立了统治地位。在这种方式无法奏效或当被压制的国家实施反抗的时候，阿兹特克就发动"鲜花战争"，将对手逼入防守态势，由此达到威胁的目的。似乎从 15 世纪中期开始，这类战争的目的是抓获大批战俘，以此向特诺奇蒂特兰的主要神祇进行献祭，目前对这些战争的解释尚无共识。但是，后期的阿兹特克的国家越来越喜欢大规模使用人牲，以此向掌管风调雨顺的神祇献祭。虽然人牲的政治意义目前尚不清楚，但是它反映了帝国统治者越来越意识到统治基石并不稳固，或许也表明他们认为整个帝国体系的物质基础仍受制于无法预测的天气变化。阿兹特克人继承了中美洲的宇宙观，这一观念用以防御域外文明给人类带来的各种灾难。

阿兹特克体系的薄弱环节仍然是那些不甘被驯化的国家，尤其是特拉斯卡拉，它与韦霍钦戈、乔卢拉以及位于中部山谷地区西北方塔拉斯坎的米却肯王国结成同盟。米却肯在 15 世纪末期到 16 世纪前 20 年之间一直处于卡松西国王的统治之下。特诺奇蒂特兰政权在受敌人威胁的边境地区以及没有明确效忠的地区设有驻军，如瓦哈卡山谷地区。尽管一些阿兹特克人居住在被帝国政权征服的地区，但是如果当地统治者保持效忠，阿兹特克国王并不会削弱其统治。在帝国的外围地区存在一些缓冲国，他们向帝国进贡武器，并提供军事服务。

尽管阿兹特克曾多次攻入瓦哈卡地区，并使其向帝国纳贡，但是阿兹特克从未完全控制瓦哈卡地区，对墨西哥山谷地区的征服也是 1520 年后才由西班牙征服者最终完成的。阿兹特克人的主要意图是控制从墨西哥山谷经由米克斯特克和瓦哈卡直达地峡，并通达当时主要的可可产地——索科努思科的直接线路。蒙特祖马一世曾率军越过普埃布拉中部，深入韦拉克鲁斯，一直打到米克斯特克，并在 1478 年控制了米克斯特克人的科伊斯特拉瓦卡要塞。阿维索特尔（1486—1502）将实力扩大到瓦哈卡山谷，并在 1496 年至 1498 年间攻入地峡地区。随着阿兹特克政权的崛起以及其带来的可怕影响，米克斯特克和萨波特克的统治者之间建立起一系列的临时联盟，其目的是联手排挤墨西卡或至少削弱其影响。起初，萨其拉与米克斯特克的酋长建立联盟，将阿兹特克人阻挡在山谷外面，迫使他们通过沿太平洋的海边线路前往索科努思科。萨波特克人建在奎卡特兰峡谷的瞭望塔监视着阿兹特克和米克斯特克人的动向，而米克斯特克人设在胡伊特索和奎拉潘附近的军营巩固了萨其拉的重要地位，与此同时也对其形成潜在的威胁。1486 年，联盟成功地击溃了阿兹特克人对胡伊特索的第一次攻击，但由于萨波特克人不能将阿兹特克人完全阻挡在外，因而单方面与阿兹特克达成协议，为阿兹特克军队通过峡谷提供通道。在邻近山谷的中心地区，阿兹特克人在瓦夏卡科克建立了一个定居点，在西班牙殖民时期，该地建立了西班牙城镇安特克拉（瓦哈卡）。

在 1495 年，萨波特克-米克斯特克联盟被延续，以抵御来自墨西哥山谷更大的威胁。阿兹特克人再次发起进攻，试图控制通向地峡的要道。在此之前，阿兹特克人长期试图围困位于特万特佩克河上游 1 000 米处一座名为吉恩格拉的萨波特克要塞，但是都未能成功。吉恩格拉不仅仅是一座要塞，它起初或许是后古典时期的宗教和行政中心，当地的两座金字塔和其他 80 多座建筑效仿了阿尔班山的建筑风格，此外，吉恩格拉经常与萨其拉王朝联系起来。然而，萨波特克再一次与阿兹特克达成妥协，双方约定科西霍埃萨在 1496 年迎娶阿维索特尔的女儿，此次联姻将两个统治家族联系起来。然而，蒙特祖马二世（1502—1520）在任期间，阿兹特克向南的扩张以及朝贡体制仍在继续。阿兹特克在瓦哈卡的存在带来了纳瓦人的定居点和以纳瓦人语言命名的地名出现在萨波特克人、米克斯特克人和其他族裔群体居住的地区。在西班牙入侵的前夕，瓦哈卡成为一个多民族族裔的融合体，其中不同民族的发展程度并不一致。

中美洲内部的结盟使西班牙征服成为可能，如果没有这些结盟，征服将难以实现。敌对的美洲国家试图借助数量有限但装备精良的卡斯蒂利亚士兵来实现其传统目标，就这样，特诺奇蒂特兰的统治者们建立的联盟体系被颠覆并最终解体，特诺奇蒂特兰城在政治和物质上都受到孤立。早在殖民统治建立之前的 1520 年，欧洲人带来的天花已经第一次袭击了这座城市。西班牙人带来了中世纪欧洲的三个礼物：中世纪的文化传统、基督教以及传染性疾病。这三样东西都对美洲人造成了极大的影响。欧洲人自称拥有更高的道德准则和更先进的文明，并以此为入侵美洲辩解，他们攻击阿兹特克人滥用人牲献祭（事实上却是有限的），将它作为摧毁中美洲几千年宇宙体系的理由。西班牙的屠杀非常可怕，埃尔南·科尔特斯于 1519 年秋季对乔卢拉实施的大屠杀造成约 3 000 人丧生，而 1520 年夏天，佩德罗·德·阿尔瓦拉多大肆杀戮特诺奇蒂特兰城的信徒，触发了阿兹特克与入侵者之间的全面战争。在 15 世纪和 16 世纪，中美洲经历了两次灾难：阿兹特克人的霸权和欧洲人的入侵，并经过若干个世纪才得以从这两次灾难中恢复过来（如果说它确实已经恢复）。

今天的阿兹特克人

阿兹特克人试图通过建立一个征服的网络，将权力和财富集中在特诺奇蒂特兰，这预示了在此之后的西班牙总督们会极力将政权集中在总督区。与技术上略逊的阿兹特克时期相比，在殖民时期，权力集中在墨西哥城，由此产生的影响要深远得多。尽管殖民时期与阿兹特克时期在很多方面具有延续性，但是两者的政治文化仍有很大的差异。即便如此，奥克塔维奥·帕斯在《孤独的迷宫》（墨西哥，1950）以及《后记》（1970）中都指出，阿兹特克的首领特拉托阿尼、西班牙的殖民总督和现代的墨西哥总统（实际上是蒙特祖马的继承者）之间有延续性，权力的金字塔结构反映了三种体制的威权性质。在前哥伦布时期，人类的困境以及宗教和政治结构被神化。帕斯认为，现代墨西哥政治文化也将总统制和一党（即革命制度党）专政神化了。基于这个原因，帕斯提出，始于1810年革命战争的墨西哥解放运动仍未完成。墨西哥不应以推翻西班牙殖民统治的方式完成其解放，而必须将自身从阿兹特克传统中彻底解脱出来，因为在帕斯看来，阿兹特克的影响是对墨西哥文化的侵占。按照20世纪墨西哥民族主义的理念，现代的墨西哥共和国是阿兹特克帝国的继承者，显然，帕斯的观点是与之相悖的。

1910年墨西哥革命后，拒绝承认西班牙传统带来执政党对阿兹特克文化的美化。以墨西哥城为中心的统治集团强调此前政治制度的中央集权性质（尽管1917年的宪法名义上是一部联邦宪法），并将阿兹特克文化供奉为前哥伦布时期文化的顶峰。由此，阿兹特克帝国成为现代墨西哥国家的先锋和范例。国家人类学和历史博物馆将这一视角进行了最大程度的体现，该馆是由国家资助的文物展览场所，由国家人类学和历史研究所（INAH）主办，它建于1939年，当时墨西哥刚刚经历了一个极端的民族主义时期。国家博物馆汇聚了所有前哥伦布时期文化的展品，展品按照时间顺序进行布展，并在特诺奇蒂特兰时期达到顶峰。帕斯将该建筑描述为一面镜子而不仅仅是一座博物馆。随着位于国家宫（建于蒙特祖马宫遗址）和大教堂之间的中心广场东北角的殖民时期建筑被毁，阿兹特克大神庙被挖掘出来，特诺奇蒂特兰的世界又一次展现在人们面前，并在革命制度党的统治下（2000年前）焕发出新的生机。

今天的国家博物馆造型恢宏，地理位置优越，可以被视为一个现代世界的奇观，博物馆有着属于自己的历史。在殖民时代早期，对前哥伦布时期文化的好奇促进了对美洲大陆历史真实性的确认，这与欧洲人的忽视和诋毁态度截然不同。从18世纪晚期开始，前哥伦布时期被视为美洲的"古代史"，并与埃及、美索不达米亚以及爱琴海地区等量齐观。对这一观点进行辩护——如果说不是宣传——的做法与美洲的爱国主义密切相关。一个"新阿兹特克主义"通过墨西哥启蒙运动进入独立运动的意识形态之中。如1813年，墨西哥的分裂主义者将其建立的国家命名为"阿纳瓦科共和国"，这一名称来源于其所在区域的阿兹特克语地名。1821年的独立运动赋予了新的国家"墨西哥帝国"的名字，尽管墨西卡只控制过这片广袤领土中的一部分，而且还面临着被统治地区的反叛以及其他势力的对抗。1825年，墨西哥政府专门立法批准建立国家博物馆，以集中展出前哥伦布时期的各项文物。通过这种方式，墨西哥新的国家缔造者们将前征服时期的历史融入"锻造国家"的过程中，这既是一个创造新的墨西哥国家的过程，也是塑造新的墨西哥民族认同的过程。

第三章　欧洲入侵（1519—1620）

　　15世纪，阿兹特克在墨西哥中部和南部的霸权地位使当地居民习惯了被压迫和同化，并学会了各种存活下来的技巧。现代中部山谷地区的支配地位可以追溯至前哥伦布时期，为了推翻特诺奇蒂特兰的主导地位，阿兹特克的印第安部落与西班牙征服者结成联盟，利用恰好到达美洲的陌生人为自己在中美洲内部的权力斗争中赢得有利形势。他们相信，通过这种方式可以重建一个免于阿兹特克霸凌的世界。然而，西班牙征服者所追求的目标以及采取的手段意味着特诺奇蒂特兰陷落后真正的受益者并非印第安人，后征服时代将不会是一个印第安人的权利诉求得到满足的时代，而是印第安人进一步被奴役的时代。尽管西班牙人和阿兹特克贵族所依凭的宗教基础有所不同，但是西班牙人意在取代阿兹特克贵族此前所拥有的特权地位，并且以相似的方式来治理征服的领土。西班牙人也未能预料到对印第安部落的征服在此后几十年中将会产生如此戏剧性的后果。

　　到达中美洲的西班牙人此前已经经历了两次征服，分别是始自1492年的对格拉纳达穆斯林王国的征服和同年开始的对加勒比群岛的征服。当西班牙征服者到达美洲的时候，他们几乎不知道会有何收获，脑子里充满了对宗教信仰截然不同的被征服者的先入之见。在西班牙征服美洲之前，在15世纪90年代至16世纪前十年期间发生的卡斯蒂利亚与法国的战争中，有"大舰长"美誉的贡萨洛·费尔南德斯·德·科尔多瓦所率领的军队已经展现了强大的军事实力。与此同时，卡斯蒂利亚及其东部的联盟国阿拉贡深深地卷入了地中海和西欧发生的一系列权力斗争，而意大利的介入也带来了文艺复兴的智力和艺术成果与伊比利亚半岛莫扎拉比文化的融合。自 1516 年起，西班牙进入哈布斯堡王朝的统治时期，给西班牙文化又增添了弗兰芒元素。

特诺奇蒂特兰陷落的影响

西班牙出动了炮兵和海军，经过一系列密集的战事后，阿兹特克霸权最终被摧毁，其中的细节可以在贝尔纳尔·迪亚斯·德尔·卡斯蒂略（1495 年至 1583 年前后）的"事后"描述中得到了解。迪亚斯·德尔·卡斯蒂略的著作题为《新西班牙征服信使》（1568 年写于危地马拉，1632 年第一次出版），该书出版后立即引起了读者的质疑，其中重要的原因是作者在 70 岁的高龄才着手写作该书。罗斯·哈西和休·托马斯在其最新的研究中指出，当来自埃斯特雷马杜拉的埃尔南·科尔特斯（1485—1547）带领 600 人左右的强悍部队到达美洲大陆时，当地的政治与军事局势十分复杂。在科尔特斯的带领下，西班牙人在 1504 年到达西班牙岛，经过 1517 年和 1518 年两次失败的尝试后，成功地在美洲大陆上建立了一处据点。科尔特斯成功地利用中美洲各国之间的内乱，而美洲的政治团体，在经历最初的慌乱之后，同样打算利用一支装备精良的外国军队来实现自己的目标。一支非美洲的外来势力出现在中美洲，凸显了特诺奇蒂特兰霸权的脆弱性，也为其他势力联合起来反对霸权提供了契机。西班牙的存在使得政治天平自 14 世纪末以来第一次偏向不利于特诺奇蒂特兰的一边。

与其说科尔特斯是皇家的卫士，毋宁说他是世纪之交出现的雇佣兵，他的表现更像是登上一个崭新政治舞台的独立势力。从其行事风格上来看，科尔特斯更像是尼科尔·马基雅维利在《君主论》（1513）中所描述的那种鼓吹使用武力和君王之术的家伙。即便如此，科尔特斯并未在其征服的土地上建立起个人统治的王国，他选择效忠哈布斯堡王朝的君主卡洛斯五世。1516 年至 1556 年间，卡洛斯五世既是西班牙的君王，同时也是哈布斯王朝统治的其他欧洲领土的君王。科尔特斯的敌人们将他描述成一个野心勃勃、不值得信赖的冒险家，并试图毁掉科尔特斯。在写给卡洛斯五世的五封信件中，科尔特斯试图解释自己的立场并证明其忠心。1528 年至 1530 年期间，科尔特斯亲自前往西班牙，并在托雷多的宫廷里得到君主的接见，然而卡洛斯五世并未任命他为新西班牙总督，而是授予他瓦哈卡山谷侯爵的头衔。科尔特斯最终在 1540 年回到西班牙，这时在墨西哥城（即原特诺奇蒂特兰）建立总督区已经是五年前的事情了。受法律诉讼所累，科尔特斯于 1547 年在贫困潦倒中离开人世。

科尔特斯非常幸运，他得到了一位被俘的印第安妇女的帮助，这位妇女名叫玛琳特辛，会讲阿兹特克帝国的纳瓦特尔语。当时的西班牙人称呼她为堂娜马里纳，在玛琳特辛的基础上塑造了具有象征意义的墨西哥人物形象"玛琳切"，代表着将印第安人世界出卖给欧洲征服者们的背叛者。在科尔特斯与蒙特祖马的交往中，玛琳特辛起到了关键的作用，因此由她的名字产生了"玛琳切主义"一词，它指的是出卖国家、违背本国价值观的可耻行径。玛琳切主义（或通敌）让人产生强烈的反感和负面情绪，而"玛琳切"则成为墨西哥大众文化中最重要的象征符号之一。

当科尔特斯抵达特诺奇蒂特兰时，当地统治集团内部在政治上非常脆弱，这是科尔特斯在战略上的优势。同时，特诺奇蒂特兰的敌人们以及其统治下的地区对阿兹特克政权的憎恨达到了极点，他们试图寻求反击的时机。尽管在表面上特诺奇蒂特兰的霸权地位已经达到顶峰，然而，蒙特祖马的战略失误为快速打击阿兹特克国家首脑的权威提供了机会。即便如此，对于西班牙人来说，要适应阿兹特克的作战方式十分困难，摧毁特诺奇蒂特兰仍需付出巨大努力。阿兹特克人可以切断将首都与湖岸连通起来的 7 米宽的堤道，从而达到防御的目的，这是最重要的原因。其他的原因包括：特诺奇蒂特兰的狭窄地势抵消了西班牙骑兵的作战优势；阿兹特克人在射箭技术上非常熟练；他们用石头磨成箭头制成的标枪，要比西班牙人的钢制标枪更加锐利；阿兹特克投手掷出来的飞镖可以穿透盔甲并致人于死地；投石器所发出的石头也会对西班牙人造成伤害。尽管早期欧洲人带来的疾病削弱了阿兹特克人的抵抗力量，但是他们仍顽强反抗，西班牙人及其盟友不得不步步为营，逐步完成对阿兹特克首都的征服。

西班牙攻陷特诺奇蒂特兰时，墨西哥山谷的人口似乎已经达到了当地土地资源能够支撑的上限。这一时期，山谷地区的人口密度高于宗主国西班牙，这里聚集了大约 150 万居民，而从圣路易斯波多西到特万特佩克的区域，人口预计达到 2 500 万人。前西班牙时期的农业对土地进行了密集开发，通常使用灌溉技术来提升谷物产量，而进入征服时期后，这种脆弱的生态体系被抛弃。殖民地农业在很大程度上是建立在畜牧业的基础上的，而这在前哥伦布时代的美洲几乎闻所未闻。西班牙人来到墨西哥并非抱有替一个完全异类的人群延续其农业体系的人道主义目的，他们的目标是将自己在卡斯蒂利亚熟知的生活方式搬到中美洲。在他们看来，当地土著人口在这个过程中可以作为工具被利用，从而延续西班牙的主导地位。

尽管特诺奇蒂特兰的陷落是一个非常迅速完成而且确实发生了的事件，但这并不意味着西班牙人以同样快的速度实现了对中美洲（及其北部边境）的征服。在摧毁阿兹特克的过程中，印第安人起到了配合作用，因此科尔特斯和他的军队需要考虑其盟友的利益。印第安部落使西班牙人卷入其政治斗争，这意味着西班牙人必须在由土著居民占主导的广袤地区学会生存。因此，蒙特祖马二世的帝国灭亡后，中美洲并未自动成为西班牙的领土。当地居民人口的锐减推动了该地区西班牙化的过程，但是从人口构成来看，欧洲人仍然只是少数群体。

　　起初，西班牙人希望能够替代阿兹特克的统治阶层，并且以大致相同的方式来治理他们在中美洲的领土。但是，由于人数较少，西班牙人不能将一个完全不同的秩序强加给当地人。因此，早期的西班牙殖民统治并未形成系统性的策略，只是采取了一些零星的措施，以使当地居民适应外来贵族阶层的统治，并且使征服者和最早期的定居者适应新的环境。欧洲人的入侵带来的一个确定后果是美洲人口遭遇了灭顶之灾。根据谢尔本·库克和伍德罗·博拉在 1971 年的统计，土著居民人口减员达到 95％，至 17 世纪 20 年代，土著居民人数只剩约 120 万。16 世纪大瘟疫的第一波攻击在 1520 年至 1521 年间发生，彼时，西班牙及其印第安盟友攻打特诺奇蒂特兰的战斗尚在进行中。土著居民人口数量的锐减最早出现在 1545 年至 1548 年的大瘟疫期间，到 1548 年，土著人口已经降至 630 万。此后，在 1576 年至 1581年的瘟疫期间，人口再次锐减。1568 年至 1591 年期间，人口数量从 264 万降至 137 万。因而，西班牙人最初的计划最终落空，无论从哪个数据来看，可以确定的是大规模的人口骤减所带来的后果需要进一步消化。这几乎是人类历史上空前绝后的人口减员，至 16 世纪末期，殖民体系的建立以及西班牙领土向北推进到阿兹特克帝国疆界之外，由此而产生的新现实彻底改变了中美洲的性质。

基督教的降临

　　西班牙试图使天主教成为刚刚被征服的领土上的唯一的宗教。在伊莎贝尔女王统治期间（1479—1504），西班牙的天主教已经经历了一场彻底的改革，重新确认了中世纪教义的正统性，而且强化了纪律和修行的重要性。在 1480 年之后，世俗政权的权威通过新近设立的宗教裁判所得以巩固，由此，世俗政权与教会权力形成互补。由于与王室关系紧密，主教的权威增强，并成为改革后的教会以及其他修士会的领导者。

在新西班牙，印第安人对基督教的反应各不相同，且代际差异明显。方济各修士会在16世纪20年代中期开始活动，30年代后，方济各会的胡安·德·苏马拉加担任墨西哥第一任主教。托里维奥·德·莫托利尼亚修士被人们称作最初的十二"门徒"，他参与了1531年建

图 3.1　韦拉克鲁斯州安提瓜的罗萨里奥教堂。第二次在墨西哥湾登陆时，科尔特斯继续向内陆深入，达到托托纳克文化的森波阿拉和基阿维斯兰，这些地方俯瞰着大海。科尔特斯继续南下，在今天韦拉克鲁斯港东北部的河口建造了韦拉克鲁斯的里卡镇，这是美洲大陆建立的第一个西班牙人定居点。图片上的教堂似乎是当地第一座教堂，虽然早在1512年加勒比海的圣多明各已经建有一所教堂。正是在里卡镇（即今天的安提瓜），为了实现其统治的合法化，科尔特斯召集了第一个市政议会。受特诺奇蒂特兰巨大的财富和权力吸引，科尔特斯由此地出发，朝着特诺奇蒂特兰的对头特拉斯卡拉的方向前进。（图片由 M. A. 阿尼普金拍摄）

设天使的西班牙城——普埃布拉的工作，该城位于乔卢拉附近。乔卢拉曾是供奉克萨尔夸特尔的大城市和宗教圣地。莫托利尼亚在该城南部建立了阿特利斯科修道院，他本人也成为特拉斯卡拉修道院的监护者。莫托利尼亚学会了纳瓦特尔语，其作品《新西班牙印第安人史》于 1541 年出版，他试图通过此书向世人传播有关前哥伦布时代的知识。

自 1933 年罗伯托·理查德出版《墨西哥征服精神》一书后，在过去的几十年间，关于基督教给美洲人民带来的影响，人们的看法发生了很大的变化，从最初对修士团体以及具有征服精神的教会的关注，逐渐转为将基督教在美洲的传播视为一个潜移默化的同化过程。美洲人接纳了基督教中与自己的宇宙观相符的部分，也适应了由殖民国家权力支撑的新宗教势力对他们进行压制的政治现实。对于不断到达美洲的教士阶层而言，土著宗教与他们在格拉纳达和北非所遇到的伊斯兰教明显不同，这些宗教属于"异教"。方济各会的修士们认为，土著宗教被一种邪恶势力所统治，并非真正的宗教形式。福音传播的过程并未形成对本土信仰的全面清剿，而是试图将其导向基督教的信仰。西班牙殖民地崇拜圣徒以及数量众多但形式各异的圣母玛利亚，这源于早期欧洲各种"异端"信仰的拼接以及对伊斯兰教一神教的有意识反抗，因而能够很快地适应已有的土著信仰。然而，这种适应并不仅仅意味着名称的改变，美洲的土著信仰通过融入罗马天主教体系，逐渐被纳入统一的宗教势力，该势力的重心远离美洲大陆而且源于一个完全不同的历史传统。

塞尔日·格鲁津斯基所著的《想象的征服》（1988）将被基督教同化的漫长过程描绘为一个"被西方化"过程。通过逐步压制土著文化的口头传播和绘图传统以及推广罗马的书写体系，美洲大陆终被融入西欧文化。在接下来的几十年中，殖民地文学延续了绘图传统，促进了对美洲陌生的欧洲人对美洲宗教信仰和历史的认识。同时，来自欧洲的方济各会的修士和学者们将文艺复兴晚期的诸多理念介绍到美洲大陆，欧洲从古希腊和罗马那里继承过来的文化就这样被引进所谓"新大陆"的美洲，与这些文化一起到来的还有在"旧大陆"已经取代古希腊和罗马的文化的基督教。欧洲人拒绝承认土著民族所信仰的时间周而复始的观念，他们用历史呈线性发展的观念来代替轮回观。

存活下来的美洲人不仅学会了适应新的信仰体系，而且当这些信仰与自己的目标一致时，他们懂得使精神为己所用。基督教的参照系被印第安人进行了转化，用以抵抗征服者的残暴行径和粗暴侵占。在此过程中，印第安人得到了宗教势力的支持，后者所做的是两相矛盾的事情，一方面需要削弱美洲土著宗教信仰的基石，另一方面他们致力于保护印第安人，使其不受其西班牙同胞在身体和物质上的虐待。因此，西班牙殖民政策的深层矛盾，即剥削与传递福音并存，在其实施的初期就已经显露出来。在基督教权威的影响范围之外，印第安部落尽可能地掩护和保存自己的传统，以此延续对祖先的信仰，并将阐释其宇宙观的符号系统传承下去。

少数印第安人皈依天主教，形成了亲西班牙统治的派系，印第安各部落内部产生分化，不同印第安部落对推行殖民统治的反应也不尽相同。殖民者使土著居民皈依基督教，其目的在于加强殖民者取代传统特拉托阿尼统治的合法性基础，特拉托阿尼是美洲社会组织基本单位——阿尔特佩特尔——的统治者。查尔斯·吉布森在 1952 年提到，特拉斯卡拉的印第安人对刚刚引入的基督教进行了顽强的抵抗。在墨西哥中部的外围地区，对基督教的反抗有时候非常激烈。在瓦哈卡山区，直到 16 世纪 50 年代，抵抗仍在持续，来自墨西哥山谷北部的奥托米人的抵抗持续到 16 世纪 60 年代末期，米却肯部分地区的抵抗甚至延续到 16 世纪 80 年代。

图 3.2　墨西哥城大教堂（圣母升天大教堂）。墨西哥主教区建于 1530 年，隶属于塞维利亚大主教区，第一任主教是方济各会的胡安·德·苏马拉加，他于 1528 年抵达新西班牙。1533 年，苏马拉加返回西班牙，在巴利亚多利德接受祝圣，1534 年中回到墨西哥。最早的教堂是 1524 年在科尔特斯的命令下匆忙建成的，教堂建在被拆除的胡伊齐洛波契特里神庙的遗址上。今天的圣母升天大教堂直到 1573 年才开始动工，1629 年因洪水一度暂停。18 世纪 90 年代，最后阶段的工作被交给曼努埃尔·托尔萨，此后教堂才最终完工。直至 20 世纪 90 年代，大教堂的地基仍在加固中。（图片由 M. A. 阿尼普金在 2015 年拍摄）

　　1517 年，玛雅人在海岸遇到了欧洲人，他们成为第一批遇见欧洲人的印第安人。此后，在 16 世纪 20 年代至 60 年代的几十年中，他们试图去理解已发生的一切到底是什么，他们应当如何应对来到美洲的欧洲人。与其他有着悠久文化和宗教传统的美洲土著群体一样，玛雅人试图保留自己传统的生活方式。在 1546 年到 1547 年期间发生的玛雅反抗运动中，玛雅人与西班牙入侵者的冲突达到顶点。玛雅人没能将白人入侵者驱逐出去，最终，方济各会的修士进一步加强了传

播福音的力度。1562 年，方济各会对玛雅的宗教礼仪进行了为期 6
个月的详细调查，惊讶地发现玛雅传统的信仰被完好地保存了下来。
迪戈·德·兰达修士在 16 世纪 40 年代末期到达新西班牙，在他的领
导下，方济各会决定给那些不遵守合理法律程序的顽固分子一个下马
威。许多人遭到虐待，所有能够被找到的玛雅圣典悉数被焚，这给那
些亲历这些场景的人带来了巨大的恐惧。对于方济各会的修士来说，
焚毁玛雅手稿代表着摧毁了尤卡坦各部落秘密崇拜的魔鬼，而对玛雅
人而言，这意味着对其身份以及历经若干个世纪才得以发展起来的宇
宙观的剿灭。

　　事实证明，新西班牙的基督教化是一个不完整的过程。前哥伦布
时代遗留下来的信仰和仪式在新的宗教中存续下来，并对新宗教的表
现形式产生了影响。虽然方济各会修士贝尔纳迪诺·德·萨阿贡极力
主张保留美洲本土的文化传统，但是他也认为，1531 年特佩亚克的
圣母显灵后兴起的对瓜达卢佩圣母的崇拜，是后征服时期对阿兹特克
月亮女神托南特辛崇拜的一种变通。有些情况下，月亮女神也是克阿
特利库，后者是处女怀孕后诞下胡伊齐洛波契特里的女神。1558 年
到 1569 年间，萨阿贡撰写了《新西班牙通史》，作者试图在书中为其
方济各修会的同僚们提供有关美洲本土文化的百科全书，萨阿贡还表
达了自己对这些本土文化的景仰。萨阿贡对克萨尔夸特尔信仰给予很
大关注，但他强调了这个神的肉胎凡身及其在图拉城里起到的历史性
作用。萨阿贡以这样的方式，排除了将克萨尔夸特尔视为基督教以使
徒托马斯的名义在美洲传福音的早期形式。

　　三教理事会在 16 世纪召开了一系列的会议，以确定在新西班牙
建立的教会将采用何种形式。1565 年，第二届墨西哥基督教理事会
召开，会议讨论了如何贯彻特伦托会议（1546—1563）的精神。天主
教在反宗教改革中得到重新界定，其权威性也得以重新确立，天主教

的信仰体系需要信仰者的完全认可，其要旨不仅在于个体的信仰或意识，而且在于对传统理念和仪式的集体遵从。从原则上讲，天主教与其他宗教信仰仍然是不能兼容的，而在实践上，它却能够将任何与之不构成直接冲突的元素纳入其体系之中。天主教教会的权威在原则上得以确立，而其诸多变体则在实践中得以出现。因此，一方面教会致力于废除阿兹特克的宗教仪式；而另一方面，它却鼓励当地的土著部落集体表达宗教信仰。由此，土著生活方式逐渐通过基督教的体系得以表达，其方式包括节日庆祝、城镇命名等。基督教的影响仍然是模糊的，尽管被广泛传播，但却流于表面，既宽容又苛刻。

　　一个至关重要的印第安人组织体现了人们对官方强制推行基督教信仰的抵制，同时也是对传统仪式的坚持，这就是印第安村落中的兄弟会。类似的兄弟会组织在西班人中同样存在，但是后者得到了官方的许可，并按照西班牙的模式运作。印第安人兄弟会则经常需要隐晦地表达对西班牙宗教规范的抵制。在征服所造成的冲击被感受到后，这些印第安人团体的出现，反映了殖民社会的基层中另一种本土化的生存模式。本土人口急剧下降，而西班牙人的侵占和压迫无时不在，由此产生的恐惧造成本土人群的道德危机，正是在这样的背景下出现了印第安人的兄弟会组织。这种宗教上的抵抗致力于巩固遗留下来的印第安信仰，并将这些信念锻造成一种足够自洽的信仰，从而在 16 世纪下半叶已经变化了的环境中重塑本土认同。非常重要的是，印第安团体并不经常受到教区传教士们的控制。此外，当地用于商业用途的常见语言并非西班牙语，而是相应的土著语言。这些团体在 17 世纪的发展过程中，巩固了本土社群原本脆弱的认同感。

　　早期在新西班牙地区的传福音活动主要由常规修士团体承担，主要包括方济各会、多明我会和奥古斯丁会。截至 1560 年，这三大教派控制了大约 160 户家庭，共计 800 名信徒。1572 年秋天，圣伊格纳

图 3.3　位于墨西哥城马德罗大道上的方济各会教堂内部。现在的教堂只是之前的一个侧堂，时间可以追溯至 19 世纪 10 年代，由于地面不断下沉，不得不多次重建。作为方济各会在新西班牙总督区的总部，整个教堂在 1855 年至 1876 年的自由改革时期被拆除。教堂侧面的入口也是现在的教堂的主要入口，在门口台阶下方有一面建于 18 世纪 60 年代的外墙，上面装饰着一幅圣弗朗西斯接受圣痕的画。（图片由 M. A. 阿尼普金在 2015 年拍摄）

修斯·洛约拉创建的耶稣会的早期成员到达新西班牙；次年，墨西哥城的主要耶稣会机构，圣彼得和圣保罗神学院成立。宗教裁判所已于前一年在新西班牙成立，但是它对印第安人并无管辖权。西班牙征服美洲半个世纪后，宗教裁判所才在美洲得以成立，这并不表明此前这里的管理很放松，因为在此之前，宗教裁判所的职能已经完全由各任主教履行了。宗教裁判所建立后，掌控了包括西班牙语和本土语言在内的印刷文字。天主教传教士数量持续上升：从 1580 年的 1 500 人增加到 1650 年的 3 000 人。然而，传教士的注意力更多集中于修道士和在俗教士的内斗、不同教会内部和教会之间的斗争以及教会和信众之间的斗争，因而无力顾及印第安人。

印第安人的制度和西班牙委托监护主

与秘鲁的印第安贵族一样，墨西哥的印第安贵族试图从推翻帝国等级制度中获得好处。自 1557 起，如果印第安人酋长——西班牙语为"卡西克"——皈依天主教，他们便能得到皇家的庇佑。随着印第安人口的下降，印第安酋长的权力基础逐渐式微，他们在新西班牙的影响力也不断下降，但他们依然是西班牙人进行殖民统治所偏好的工具。与秘鲁不同的是，进入 18 世纪后，当地的贵族并未作为一个政治团体存活下来。阿兹特克世界的特拉托阿尼传统发生了变化，只要有人能够在当地进行有效的治理，并能为无力自保的人群在面临更大威胁时提供保护，这个人就能成为新的领主。

西班牙征服过程是由个人完成的，这一特征意味着征服者的利益优先于西班牙国家的利益。在王权成功地建立管理机制之前，个人与政府之间首先达成协议，由个人对被征服的民众施行管理。按照这一协议，委托监护制体系在 1521 年后由西班牙属加勒比海群岛移植到新西班牙。每一个委托监护人或者特别委托人实行对印第安群体的托管，并且承诺对其进行基督教化，从而得到被管理人群的劳动服务和贡赋。这一过程中并不涉及土地的转让，印第安人并非委托监护人的财产，而只有王室才是印第安人的"领主"。征服者将这一制度强加到已有的印第安贵族制度上，委托监护制度被认为是对征服壮举的合法回报。实际上，征服者获得了一支人数众多且不用支付报酬的劳动力队伍，这些劳动力为资本的积累做出了重大贡献。

当王室于 1523 年试图禁止委托监管制度的时候，科尔特斯提出反对，辩称是他们把印第安人从其本土统治者的压迫下解放出来。很快，王室面临委托监护人渴望成为新西班牙领土上的世袭贵族的问题。即便如此，王室成功地在 1526 年实现了对特诺奇蒂特兰的管辖，1528 年禁止对 300 人以上的印第安土著群体实施委托监护制，并最终在 1529 年将科尔特斯赶出墨西哥山谷，条件是授予他瓦哈卡山谷侯爵的头衔和几块零星的土地。

在整个 16 世纪 30 年代，委托监护人制度是王室至高无上的权力面临的重大挑战。在墨西哥山谷地区仍有大约 30 块委托监护区，控制着大约 18 万进贡者。委托监护制非常强大，阻止了 1542 年至 1543 年间《新法律》的实施，该法律试图将委托监护制限制为监护者一人终生拥有，并阻止皇家官员拥有这一权力。16 世纪 50 年代，只有王室才有权确定进贡标准的原则得以确立。由此，委托监护人制度的延续以及殖民地印第安人劳动力的性质成为核心问题，尤其是在 40 年代银矿被开发之后，这一问题更加突出。委托监护人的影响力随着人口减少和皇家政策的干预而不断式微，1566 年殖民者的阴谋被挫败，王室成为墨西哥山谷的库奥蒂特兰最富有的委托监护人，此后这一制度被彻底摧毁。

为争夺劳动力控制权进行斗争和为保证公平对待被征服人群而进行道德战斗，这揭示了西班牙作为早期现代国家的优点和缺点。自 1529 年建立第二检审庭以及 1535 年设立总督制度以来，西班牙王室的权威稳步增长。检审庭是典型的卡斯蒂利亚制度，是中世纪晚期王室司法权威的主要体现形式。伊莎贝尔女王通过卡斯蒂利亚检审庭来钳制贵族阶层的自治权力。总督府则是典型的阿拉贡制度，它是中世纪阿拉贡-卡斯蒂利亚帝国在地中海外围区域代替国王行使权力的制度。在西印度群岛，从新西班牙开始，这一制度的设立主要服务于卡斯蒂利亚王国，即贯彻王室的权威，并整合王室的领地。事实上，新西班牙总督本身就成为重要的权力机构，它拥有一个法院，汇聚了当时的重要人物，并且有广泛的支持者。新西班牙的首任总督安东尼奥·德·门多萨（1535—1550）出身于卡斯蒂利亚最显耀的家族之一，该家族成员长期在军方和外交部门担任要职。设立检审庭的部分原因是为了限制总督的行为，并在必要的时候追究其责任。通过各治理机构之间的互相牵制，远在欧陆的王室得以保持主导地位。检审庭和总督署都直接向西印度群岛委员会负责。作为西印度群岛的主要法院，检审庭充当了本地司法机构和西印度群岛委员会之间的协调机构，后者是高级上诉法院。与伊比利亚半岛的检审庭不同的是，设在美洲的检审庭同时拥有行政和立法权力，并且在需要的时候充当总督区的顾问委员会。总督殉职或者替换人选尚未任命之前，法院可以作为"检审地方长官"履行最高职权。

在 16 世纪 30 年代至 50 年代期间，按照私人控制的委托监护制度设立的城镇和地区官员（包括王室领地的地方长官"corregidores"和领主领地的地方长官"alcaldes mayores"）不断增加，这些官员行使皇家司法权和行政权。此前，王室在卡斯蒂利亚利用地方行政官以保证其在城镇地区的权力，在王室与海外领地贵族之间长期的冲突中，行政官是王室的传统盟友。在西印度群岛，这些官员更加倾向于牵制地方委员会的政治自治权。西班牙帝国所面临的金融危机意味着王室需要直接控制税收，这解释了为何宗主国坚决阻止美洲的市政委员会设立西班牙议会那样的代表机构，并阻止其派遣代表进入卡斯蒂利亚议会。

至 16 世纪 70 年代，仅墨西哥山谷地区就有 15 个地方长官所辖的王室领地。在新西班牙地区，总共有 155 名王室领地和领主领地的地方官员。米克斯特克的例子可以帮助我们更好地理解这一政治机制：米克斯特克在得知特诺奇蒂特兰陷落的消息后不战而降，1524 年科尔特斯把米克斯特克分成约 20 个委托监护区。虽然在征服前夕，米克斯特克酋长数量仅为 12 个左右，但这一数量大致与委托监护区的数量匹配。即便如此，从 1531 年起，王室开始限制委托监护区的发展，主要方式是设置特波斯科鲁拉王室领地地方长官辖区，并于 1550 年在仍具有重大的政治和经济意义的雅诺伊蒂特兰设置领主领地地方官辖区。在地区层面设立皇家官员同样也削弱了印第安贵族在当地的影响力。1528 年至 1531 年期间以及 1548 年，米克斯特克发生了两次叛乱，均以失败告终，此后，总督区政府强化了西班牙的权威，酋长国不断推行西班牙的制度，其中包括天主教的宗教体系等。与新西班牙的其他地区一样，人口的下降成为最为重要的因素，1520 年至 1620 年的一百年中，上米克斯特克的人口从 35 万降至 3.5 万，人口数量直到 1675 年后才开始回升。

西班牙的存在与印第安人的生存

人口急剧下降，受此影响最大的地区难以形成对欧洲人持续和大范围的抵抗。然而，在已落入新西班牙管辖范围内的区域，一旦从欧洲入侵的最初震惊中恢复过来，印第安文化就展示出强大的生命力。文化上的同化使得印第安人可以通过殖民地法院从事诉讼活动。西班牙人将权力中心建在印第安人聚居区，包括墨西哥山谷、普埃布拉和瓦哈卡等地。既不同于建在秘鲁利马的新西班牙区，也不同于保留了大部分印第安特色的印加帝国的首都库斯科，墨西哥城从特诺奇蒂特兰的废墟中崛起，因而可以说，自 14 世纪早期建立以来，墨西哥城始终充满生机。在特诺奇蒂特兰陷落至第一任总督抵达的 14 年中，墨西哥城实际上成了征服者的城邦国，吸纳了许多印第安人，与卡洛斯五世的帝国之间维持着松散的臣服关系。

查尔斯·吉布森考察了科尔特斯的盟友——特拉斯卡拉人如何接

受西班牙主宰美洲的现实。虽然特拉斯卡拉并未如特诺奇蒂特兰一般
被征服，但同样败给了西班牙人，后者的统治完全改变了特拉斯卡拉
人的境地。殖民统治当局最终与特拉斯卡拉人达成妥协，殖民当局发
现自己的愿望受到当地现实的限制，而特拉斯卡拉人也学会了如何在
新的体制下生存。西班牙人对于新西班牙的管理方式并无统一设想，
不同的治理者、宗教势力、委托监护人以及地主之间的分歧为剥削印
第安人提供了空间。与在其他地方类似，在特拉斯卡拉，西班牙的殖
民统治方式充满了明显的矛盾。使特拉斯卡拉融入西班牙世界最早是
由第一批方济各修士完成的，他们试图保护当地人，使其免受 15 世
纪 90 年代之后加勒比群岛居民曾经遭受的灾难。在宗主国和总督府
的支持下，方济各修士会采取和平的手段向特拉斯卡拉人传福音，用
罗马天主教的《圣经》对其进行教化，并教他们掌握西班牙语技能。
但是，对于当地的印第安人来说，需要先消化这些新事物对经历了若
干世纪变迁的本土文化的影响，对于能够接受的部分，如宗主国的制
度以及有利于民族利益的事物，他们悉数接收。整体来看，在特拉斯
卡拉，16 世纪 30 年代和 40 年代，印第安经济仍然有相当大的自由空
间，特拉斯卡拉并未成为西班牙人主要的定居区域。最初，印第安人
的社会结构也能够保持完整，然而，到 16 世纪末期，特拉斯卡拉被
殖民的程度日益提高，印第安人口数量的下降进一步加剧了这一趋
势。总督府剥夺了省自治权，而西班牙的地主阶层和作坊主也开始对
劳动力施加压力，本土贵族失去了对劳动力的控制。

　　吉布森于 1964 年展开更大规模的研究，对西班牙统治给墨西哥
山谷纳瓦人带来的影响进行了分析。研究表明，印第安人对西班牙的
入侵反应非常复杂。山谷地区比西班牙其他任何地区的人口密度都更
大，欧洲人带来的疾病本已经给当地人口带来巨大影响，西班牙人的
存在打破了资源均衡，使这一情形变得更糟。最根本的因素在于征服

后的几十年中，农业耕地被破坏殆尽，西班牙在墨西哥山谷地区的殖民统治建立在极端恶化的环境中。进入 16 世纪后，当地独特的环境决定了不同族裔间关系的发展。西班牙给人口剧减的印第安社会所带来的压力主要集中在土地、劳动力和进贡体系上。

卡斯蒂利亚的城镇组织模式被引入美洲世界，土著部落生活的重心在殖民地的印第安村庄（*pueblo*），这个词比英文的"village"的含义要广泛很多。西班牙人用这个术语来翻译纳瓦特尔语中的"阿尔特佩特尔"一词，后者表示在其管辖范围内有一些附庸的小领主领地。这样，前哥伦布时代的"阿尔特佩特尔"将当地的政治机构与领土范围进行了结合，政治机构要么由世袭的领土（卡西克），要么由一群被称作"长老"的群体治理。但是殖民地的村镇并非印第安村镇制度的简单延续，它是基于欧洲制度的一种崭新的制度，目的在于将散居的当地居民聚集到一个政治单元中来，从而更好地进行传福音、管理以及征税。殖民地的法律承认村镇作为土地拥有者的地位，而在实践中，村镇也成为纳贡的基本单位。就这样，村镇的政权地位得到保障，村镇也被紧密地融入殖民体系中。印第安村镇不仅拥有土地所有权，而且建立了免受西班牙人干预的自治制度，因而获得了生存以及内部自治的方法。相应地，前哥伦布时期的土地、宗教和族裔身份聚合体都被转移到村镇，用殖民地的术语讲，村镇就是"印第安人共和国"。卡斯蒂利亚试图用欧洲的方式来理解印第安的管理体系和领土分区方式，然而，这种方式是独一无二的。因而，本土贵族治理下墨西哥山谷的聚居地成为该区域的主要村镇，这些村镇大约由 50 个前征服时代的土著头领所管辖，虽然主要村镇与附属村镇的关系有所变化，但是却是殖民时期的长期特色。

在殖民时期，西班牙的很多习俗以及思维模式逐渐渗透到纳瓦文化中。最初，很少有印第安人愿意放弃自己的母语。整个殖民时期，遗嘱、公共文件以及团体账目仍然由专业的土著抄写员完成。此外，西班牙法院经常在处理有关印第安人的案子时雇用传译者，有关民事、宗教和庄园管理的事务也都采取类似的做法。1992 年，詹姆斯·洛克哈特的一份创新性的研究发表，他指出纳瓦人语言的变迁揭示了西班牙文化对土著人心理影响的程度。在征服后时期，墨西哥山谷地区的新一代纳瓦人适应了西班牙语的文字表达，而在 1545 年至 1565 年期间书面文本出现，为现代人研究这一问题提供了路径。洛克哈特发现，在 1519 年至 16 世纪 40 年代初的征服后早期阶段，由于日常交流一直保持在最低的水平，几乎没有文化调整发生，只有受洗仪式上给受洗者加上基督教名字等细小的变化。但是，在接下来的一个世纪，印第安语言确实经历了重要的变化，如吸纳西班牙语中的名词以及受到西班牙语词义影响等方面。这一时期，开始使用罗马字母书写纳瓦特尔语，但是纳瓦特尔语的发音和句法结构并未发生改变。洛克哈特将这些变化归因于交流中中间人和传译者的介入。从 17 世纪中叶开始，随着个体之间接触的大规模发生，西班牙语中的动词、习语、句法和发音等元素不断快速地融入纳瓦特尔语。这一研究揭示了土著部落的参照系是如何在被征服后依然留存了一个多世纪，与此同时，纳瓦人也从西班牙人那里吸纳了对其生存有用的元素。

经过暴力征服以及此后征服者和委托监护主对印第安人的压迫之后，西班牙教会和王室对西班牙在美洲统治的道德合法性非常敏感。德拉斯·卡萨斯对这些恶行进行了激昂慷慨的抨击，由此触发了 1550 年到 1551 年期间的巴利亚多利德大辩论。1550 年，王室在检审庭体系内设立印第安事务总检察官职位，旨在听取对奴役印第安人和强制劳动等问题的控诉。菲利普二世在任期间致力于在全帝国范围内保持高标准的治理，但是由于欧洲战争以及战事给西班牙的经济体系带来的压力，这一想法很难实现。新西班牙管理层不断传出腐败的消息，这使得国王决定任命大主教以及宗教裁判总检察官佩德罗·莫亚·德·孔特雷拉斯——1583 年至 1585 年期间曾担任临时总督——担任总督区全权巡视官兼总检察长，由此莫亚开启了一场革除庸官的运动。

西班牙人对土地的兼并

整体而言，殖民地法庭支持农民拥有自给自足的农地以及最低限度的地方自治权。1592 年，总督小路易斯·德·贝拉斯科（1590—1595）建立了印第安人高等法院。王室、殖民地法院和印第安社群联合起来，为印第安村镇及其财产提供一定程度的保护。至少在理论上，王室能够在保护印第安人的财产权和劳动自由与西班牙业主的利益之间达成平衡，并由此对精英阶层的权力进行限制。西班牙殖民政府通过在农民群体和西班牙地主之间充当调停者的方式来保证其权威。因此，这两种土地所有权——通常也代表着两种生活方式——共同存在，尽管有时候并不和谐，这种情况贯穿整个殖民时期并且一直延续至 19 世纪。

印第安人跨越阶层差异团结起来，共同反抗西班牙掠夺印第安人的土地，这种掠夺危及印第安人的经济前景和文化认同。农庄是殖民地的私有产业，同时也是从事多样化生产的基本单位。16 世纪末之前，西班牙一直非常关注农村地区的农庄。"农庄"一词并不包含其规模的大小，来自部落的印第安人可以通过个体的方式在农庄的土地上耕作，而不需要变成农场雇工，也不虞失去其部落内的身份。这种方式在 16 世纪 80 年代已经出现，而在人口下降的时期，成为印第安部落和私人地产之间争夺劳动力的重要表现形式。在殖民晚期，墨西哥山谷约有 160 个农庄，但不同农庄在规模和重要性上不尽相同。

人口的下降加快了西班牙人兼并土地的速度。17 世纪初期，王室政策的重心由保护印第安人及其土地所有权转向承认西班牙人的私有土地权力。人口的急剧衰减削弱了教会的物质基础，教会收取农业收成的十分之一作为税收，而这是教会收入的主要来源。作为被教皇委员会认可的美洲教会恩主，王室也抽取部分什一税。1575 年，大瘟疫发生，给印第安人带来巨大灾难，此后的十年是大瘟疫后的关键时刻。尽管印第安人自己的出产被免征税，但是他们在西班牙人土地上的劳动成果仍然会被教会和国家抽税。1550 年至 1574 年期间，在墨西哥、米却肯和瓜达拉哈拉教区，什一税翻了两至三番，但是此后急速下跌。自 16 世纪 70 年代中期开始，农业财富大幅度下降，在上述三个地区尤为严重。

1577 年，受西班牙政府的指示，新西班牙总督区通过地区官员收集辖区内相关方面的重要信息，并在 1578 年和 1582 年期间编写了一系列被称为"报告"的文书，其中有 168 份留存了下来，详细记录了 415 个印第安村庄的情况。这些报告揭示了被征服的印第安人如何看待与传统的隔绝以及由于人口减少而产生的绝望心情。在报告中，受访的印第安人认为强制劳动、采矿工作、强迫移民、营养不良以及无法求助于以往的神祇等因素导致了他们的绝望。与秘鲁的情况一样，印第安人也把基督教的强制传播与大量人口死亡关联起来。尽管传统习俗不再像在前哥伦布时期一样具有上层建筑的角色，但仍然在印第安人的日常生活中保存下来，由信仰治疗者（巫医）通过一个不为殖民当局察觉的隐秘网络将传统习俗传承下去。

疆域的推进与拉锯

整个北部区域并无定居的美洲人群体，这意味着与中部和南部的印第安人核心区相比，北部社会的流动性更大，而且更加灵活。中北部和北部是奇奇梅卡人的边疆，是阿兹特克帝国从未降服的游牧印第安人控制的区域。降服这一地区的印第安人的任务落到西班牙人身上。门多萨总督率领一支由五百名西班牙士兵和五万名印第安盟军组成的队伍，进入到如今瓜达拉哈拉境内，去扫平向北突进的障碍。在交锋激烈的米克斯顿战争（1541—1542）中，阿尔瓦拉多完成了他的目标，成功打通新西班牙的北部边境。这一事件的直接后果就是在萨卡特卡斯发现银矿，并于1546年建立了西班牙城市，新的工业中心成为横跨北部高原巴西奥，并直达墨西哥城的皇家白银高速路的起点。随后，被称为"要塞"的定居点和军事据点沿着这条道路建立起来。然而，由于高速路仍然经常遭到萨卡德科印第安人的进攻，故而萨卡特卡斯地区仍然是个战争区域。鉴于这个原因，在1560年至1585年间，西班牙人和其核心区域的印第安盟友发起了一次联合战争，试图征服不愿臣服的印第安人，这一战争被称为奇奇梅卡人战争。截至1591年，小维拉斯科已经确立了对从萨卡特卡斯往北的产银区控制权。在特诺奇蒂特兰陷落之后的很长一段时间里，西班牙人仍然进行着对北部地区的征服战争。对于居住在中心区域的人而言，征服新西班牙是在1519年到1521年之间迅速发生的，但是实际上这一过程又花了70年才完成。

从1540年7月至1542年4月期间，弗朗西斯科·巴斯克斯·德·科罗纳多指挥军队进行了一次远征，将格兰德大峡谷的边界向北推移到今天的新墨西哥境内。西班牙人看到的并非他们想象中的城市，而是一百多个印第安人定居区，这些村镇构成十几个松散群体，语言各异，大部分位于河流冲积平原的边缘地区。和周围地区的流动民族不同，他们是定居的群落。印第安村镇中的土著人穿着棉布衣服，种植玉米和其他基本作物，制作陶器，居住在坚固的梯台式房屋里。在14世纪至17世纪期间，当他们与西班牙人邂逅之时，似乎正处于文化繁荣时期。最初，西班牙人的闯入并不受欢迎，原因是西班牙对当地的食物供给构成压力，因此双方产生了许多冲突。西班牙人直到1581年至1582年才再次出现，这是西班牙人进行的第一次远征，此后又发动了四次远征，这些征伐随着1598年西班牙统治的确立而结束。

同时，西班牙人于1596年建立蒙特雷，以此巩固其在东北部的地位。事实上，这代表着自16世纪40年代由巴西奥征服所开启的进程的终结。此后，北部的发展经历了一个与前西班牙时期的中部和南部的定居文化截然不同的历史过程，并见证了两个完全不同的新西班牙的出现。中南部的传统区域是西班牙进行文化移植的目的地，它与北部的"新"疆域迥然不同。在北部，西班牙人的侵入以及定居者对此进行武装反抗，最终成为必然发生的事情。即便如此，西班牙人也将印第安人从中部的定居点迁到北部边境，如特拉斯卡拉人成为科阿韦拉早期的定居者。

尽管王室宣称拥有北部及北部边境的广大领土，西班牙人却从未实现对当地的完全征服。印第安人通过有效阻挡西班牙人的前进路线，或者通过重创西班牙人、削弱其影响力或者减少领土的方式来反击西班牙人。拉美边境地区的地缘政治是一个复杂而长期的过程，这一过程到目前为止都还未被完全理解。西班牙人最终未能将其势力有效地拓展到这一广袤地区，而当地印第安群体所面临的压力，都有助于解释西班牙在19世纪中叶未能保住北部边境的原因。在很多方面，对北部领土进行的历史解读缺失了一个重要环节，即有关这一问题中的主要角色——所谓的"野蛮印第安人"——的书面记录材料匮乏。

第四章　新西班牙（1620—1770）：
西班牙殖民统治与美洲社会

　　自 16 世纪起，美洲成为大西洋世界秩序的一部分。美洲的每一块领土都与其宗主国以及世界市场形成特定联系。西班牙在美洲的两块主要领地——新西班牙和秘鲁——之所以重要，其原因在于它们都是世界上主要的白银生产地。在欧洲现代史的早期，作为与亚洲贸易的主要外汇，白银的需求量巨大，始终处于供不应求的状态。17 世纪 90 年代后，墨西哥的白银产量超过了秘鲁。在 19 世纪 70 年代白银价格暴跌之前四百年左右的时间里，墨西哥为世界市场提供了大量白银。

　　17 世纪 40 年代之后，西班牙的国际地位大幅度下降，其美洲领土在很多方面都处于放任自流的状态。殖民地收入的大部分仍然留在美洲领地，用于满足内政预算和防卫需求。从经济上来看，在 17 世纪，尤其 20 年代跨大西洋贸易衰退之后，帝国中心逐渐远离西班牙宗主国。尽管西班牙努力开发美洲资源，但是它在欧洲的地位大不如从前。然而，这并未增加美洲领地的政治独立意识，因为帝国的政治中心仍在西班牙，而当时也缺乏与宗主国分离的动机。

西班牙与帝国：商人、金融家和市场

　　历史学家，尤其是那些从欧洲主义者的视角审视伊比利亚与美洲关系的历史学家，一直都很关注 17 世纪中期欧洲衰退时美洲的反应。似乎直到 1635 年至 1640 年，新西班牙的经济才由于内部原因而衰

退，并在 60 年代逐渐复苏，1675 年后从经济衰退中摆脱出来。西班牙的历史学家们认为卡斯蒂利亚的财富低潮点出现在 17 世纪 50 年代至 90 年代期间。虽然皮埃尔·肖尼主要关注大西洋贸易模式，但此后学者们也讨论了美洲领地内部市场的增长和表现，当时内部交通线路和销售中心的主要功能是服务于殖民需求。

在 17 世纪的新西班牙，形成了一个难以清晰界定的社会结构，其中包括若干重要角色，尤其是出身于较低社会阶层的批发商人。新西班牙的社会结构特点是，占据关键地位的人并非土地所有者（当然，他们仍具有主导性社会影响力），而是商人兼金融家，他们通过主导大西洋贸易和垄断进口来积累资本。在商人兼金融家群体中，传统和现代的商业模式并存，联姻和私人关系仍然是巩固商业利益的主要方式。通过经济活动的形式，子侄以及其他亲属、"弟兄们"和朋友在从首都到乡间的广阔地界上构筑了一些巨大的利益网络。一般而言，他们自己并不收购地产。如此大规模的活动需要与殖民当局建立密切的联系。

1592 年，西班牙在墨西哥设立领事馆，体现了新西班牙在商业上的重要性。在接下来的两个世纪中，领事馆主导着新西班牙的经济生活，并建立了一个用于裁决商业纠纷的法院，法院主要由来自巴斯克各省以及桑坦德的西班牙商人组成，他们与检审庭和总督府关系十分密切。领事馆、检审庭和教会机构代表了西班牙殖民统治的核心力量。17 世纪 40 年代至 18 世纪 60 年代，在宗主国衰落的漫长时期里，这些机构的存在使得殖民体系仍能正常运转，当然随着墨西哥现实情况的变化，它们也经历了重要的变革。与总督府和法院一样，这些机构设在墨西哥城，体现了首都在新西班牙政治版图中的主导性地位。这些机构以不同的方式将墨西哥幅员辽阔（而且仍在不断扩张）的各个地区联系起来。17 世纪，西班牙王室不断向领事馆施压，要求它提供贷款和捐赠，用以支付西班牙维持在欧洲的地位所需要的花费。然而，领事馆并未屈从于这些压力，这进一步揭示了帝国政权的脆弱。由于缺乏有效的财政官僚机制，在 17 世纪后半叶和 18 世纪上半叶的某个时期，王室将墨西哥城的销售税征税权力外包给领事馆，使其成为一个征税机构。包税的做法自 17 世纪 20 年代开始实施，一直延续至 1753 年。

西班牙实力的收缩凸显了内部市场和殖民地之间贸易的重要性。与巴西和秘鲁不同的是，墨西哥既是大西洋世界的一部分，也是太平洋世界的重要角色。事实上，菲律宾的殖民化和传教事业并非直接由西班牙完成，而是通过墨西哥来实现的。从 16 世纪 60 年代末一直到 1813 年，每年马尼拉大帆船从阿卡普尔科的新兴港口出发，通过太平洋，将墨西哥的白银运往与中国进行贸易的转运港口马尼拉，以换取从广东运来的中国丝绸和瓷器。宗主国政府试图对货运量和货运周期进行限制，理由是白银主要运往欧洲，而亚洲贸易改变了白银原本的主要航线。与此同时，16 世纪 90 年代至 17 世纪 30 年代期间，王室颁布一系列法律，试图限制新西班牙和秘鲁之间的贸易，并在 1631 年至 1634 年期间再次颁布法令，彻底禁止两地贸易，阻止秘鲁的白银进入马尼拉贸易体系。尽管宗主国的目标并不一定能完全实现，但其意图一直是推动海外领地与西班牙进行直接交易（在得到许可的情况下），而不是海外领地之间进行交易，更不能与敌对的欧洲国家进行交易。实施贸易禁令的最终结果是墨西哥城的商人们丧失了太平洋贸易的控制权，在危地马拉和尼加拉瓜的小型港口活动的走私分子控制了贸易线路。

实际的商业联系有时会突破政策的限制，在 17 世纪 20 年代至 18 世纪 20 年代盛极一时的墨西哥与委内瑞拉的贸易就是重要的例子。可可贸易经由马拉开波运往韦拉克鲁斯，取代 17 世纪 30 年代贸易禁令颁布之后由瓜亚基尔北上到太平洋沿岸的贸易航线。在咖啡开发之前，可可是主要的大众饮品，需求量巨大。委内瑞拉的种植园主可以用可可来交换墨西哥的白银，以此提升其对制成品（尤其外国制成品）的进口能力。虽然这种做法与帝国的严格规定相冲突，但是国力虚弱的宗主国政府并无能力对其进行制止。1728 年，王室最终采取的解决方案是设立特许垄断公司——加拉加斯公司，并由来自吉普斯夸的巴斯克商人控制，其目标是将可可贸易从新西班牙直接导向伊比利亚半岛。

采矿业

虽然 17 世纪 20 年代采矿业持续繁荣，总督府的税收达到最高峰，但是一个长期的整体下行趋势已经开始。在 1630 年至 1660 年期间，衰退已经开始，不同地区的衰退模式也不尽相同。萨卡特卡斯仍是主要的生产区，在 1615 年至 1635 年间迎来生产高峰期，1631 年刚刚开始开采的帕拉尔（奇瓦瓦）的产量则在 17 世纪 30 年代达到高峰。萨卡特卡斯所面临的主要问题是矿场状态不佳，而非缺乏人手。此外，西班牙的大西洋贸易整体陷入衰退，17 世纪 20 年代之后，与秘鲁的份额相比，新西班牙在跨大西洋贸易中所占的份额也面临下降。由于新西班牙本土生产能力不断提高，殖民地对西班牙商品的需求锐减。同一时期，面对荷兰、法国和英国的巨大威胁以及海洋安全状况整体堪忧的现状，美洲和菲律宾的防卫成本上升，总督府将更大份额的白银收入截留在新西班牙。新西班牙通过将白银铸成货币的方式来规避殖民地对白银的垄断，并得以直接进入国际市场，铸银走私是大西洋贸易的重要部分。1660 年，殖民政府估算未经征税的白银比登记的白银货运量高出三分之一。

新西班牙快速适应了土著人口严重下降带来的影响，这是新西班牙对西班牙产品需求量下降的主要原因。至 17 世纪 20 年代，印第安人口锐减至 120 万人。西班牙庄园取代印第安部落，成为主要的食品来源地。为了弥补人口下降带来的问题，新西班牙采用不同的劳动制度。到 17 世纪中叶，从事采矿业的工人主要由自由的带薪劳动者构成，而不再是从前村镇派遣的劳动者或负债的工人。在新西班牙，早期使用黑人奴隶的做法并未产生持续影响。位于土著人主要聚居地以北的萨卡特卡斯，在资本和劳动力方面能够较好地适应新形势，因而该地享有重要地位。白银在各个领域都很重要，萨卡特卡斯生产区域的繁荣使其对总督辖区的经济具有重要影响力。

经济复苏始于 17 世纪后半期。1671 年至 1680 年以及 1691 年至 1700 年期间，墨西哥的矿产量约上升 30%。经济复苏的重点区域之一是萨卡特卡斯城北部的松布雷雷特。17 世纪 90 年代，矿业总产值达到了 50 751 914 比索，这一数字略低于 1611 年至 1620 年间的 53 646 127 比索。17 世纪末期，新西班牙的白银产量超过秘鲁，一跃成为世界最大的白银供给国。在 1695 年至 1699 年间以及 1805 年至 1809 年间，世界最主要的两个白银生产国的产量差距加大，新西班牙的白银产量年均增长率为 1.7%，而同期的人口年均增长率为 0.5%。货币铸造总值从 1695 年至 1699 年间的 1 960 万比索，增加到 1805 年至 1809 年间的 1.22 亿比索。17 世纪 90 年代，巴西东南部的米纳斯吉拉斯省黄金大丰收，再加上已有的新格拉纳达和西非的黄金供应，世界市场呈现出黄金大繁荣的景象。黄金大繁荣一直持续到 18 世纪 20 年代中期，直接带来白银价格的上升。

关于白银复苏的时间分期以及采矿业对其他经济部门产生的影响，目前尚有很多争论。从矿业真实产值的增长来看，18 世纪上半叶的增长速度高于下半叶的速度，而瓜纳瓦托的矿业城市巴西奥的地位也在 18 世纪不断上升。新西班牙的最高生产率出现在 1695 年至

1699 年和 1720 年至 1724 年间，达到了年均 3.2％。18 世纪 20 年代初期，平均年产值为 1 000 万比索。经过之后的衰退期，1740 年至 1744 年间和 1745 年至 1749 年间，年均增长率再次升至 4.1％，18 世纪 40 年代末期的年均产值为 1 200 万比索。经过此后 20 年的波动，矿业生产高速发展，并一直持续到 18 世纪 90 年代中叶。18 世纪 70 年代和 80 年代，白银产值达到 1 600 万至 2 000 万比索。1785 年至 1786 年的生存危机期间，白银产量突降。在国际冲突和国内持续通胀的影响下，1795 年至 1799 年以及 1805 年至 1809 年间，白银生产的增长率下降至 0.1％。

图 4.1　瓜纳瓦托的银矿之城。虽然这幅水彩画是英国画家丹尼尔·埃哲顿在 1840 年绘制的，但这座建于 1554 年的城市在过去的几十年并没有发生太多变化。1741 年，城市人口共计 4.8 万，1803 年增加到 7.1 万。瓜纳瓦托省在 1793 年的人口总数为 397 924，是总督区城市化程度最高、种族构成最多样的省份。1793 年，毛纺城圣米格尔的人口总数已经接近 2 万人。（图片由墨西哥城的罗伯特·迈耶墨收藏馆授权本书使用，由阿德里安·博德克拍摄）

诸如 1701 年奇瓦瓦的白银储藏等新矿藏的发现，将墨西哥边境进一步向北部推进。奇瓦瓦在 18 世纪上半叶的经济增长中起到了重要的作用，1703 年至 1737 年期间，当地白银产值高达 6 000 万比索，相当于总督辖区总值的四分之一，其中的部分原因可能是萨卡特卡斯地区反常的表现。在 1725 年至 1765 年间，在墨西哥所有重要生产中心中，萨卡特卡斯是唯一发生减产或停滞的区域。奇瓦瓦的圣欧拉利亚的银矿成为扩张的中心，其兴起推动了 1718 年圣费利佩镇的建立。正如在其他地方一样，白银吸引着新西班牙境内其他区域的人口向北迁徙。谢丽尔·马丁提出新西班牙核心区域之外社会关系的流动性，他指出"在殖民时期，墨西哥的社会历史处处体现出社会边界的持续调整"，这一点在北部尤其明显。

矿场主们很少将投资局限在昂贵且不稳定的采矿业上，而是选择将投资分散到包括农业、金融业和工业在内的多种产业中。他们与商业金融投资者关系密切，后者不仅充当担保人，而且也是借贷者和投资者。考虑到商人的首要身份是欧洲商品的进口商，因而这种关系非常符合逻辑。商人实际控制了新西班牙进口商品的市场价格，主要通过银矿开采出来的白银进行支付。虽然采矿业主要与出口贸易有关，但是由于对本地和周边区域的投资需求，采矿业对国内经济具有深刻影响。此外，矿业产出是商品采购所需的流通手段，既包括国内商品的采购也包括国际范围的采购。

地方经济与商业网络

并未受其显而易见的殖民地身份的影响，新西班牙可以生产各种纺织品。宗主国西班牙的工业最迟在 16 世纪 90 年代陷入衰退，因而并不能满足殖民地的需求。此外，外国商品和西班牙产品一起，取道塞维利亚和加的斯的贸易路线涌入殖民地，逐渐形成一个小规模的奢

侈品市场。美洲出产的商品主要用以满足本土需求，其中手工制品和
家用产品占主导地位，尽管这些产品的生产集中在特定的区域，特别
是普埃布拉-特拉斯卡拉地区、巴西奥、米却肯、瓜达拉哈拉、瓦哈
卡的城市地区和某些山谷及高地地区的村庄（比如比利亚尔塔）以
及墨西哥城及周边区域。粗羊毛制品通常在被称为"obraje"的纺织
品作坊生产。1604 年，普埃布拉已经建有 35 家这样的作坊。

西班牙殖民者将羊毛引入当地传统的棉纺制作工序中。与此同
时，商业资本进入纺织业，来自西班牙的移民工匠和土著纺织工人得
以扩大生产量，以主要满足西班牙裔及其他人群的需求。印第安部落
的本族服装一直是自己制作，有几个村庄专门生产固定类型或编织风
格的产品，然后通过当地的市场网络进行交易。瓦哈卡高地的比利亚
阿尔塔村成为棉布的主要供应点之一，棉布是用从墨西哥湾腹地的低
地村庄运过来的原材料生产的。比利亚阿尔塔村出产的纺织品远销至
中北部的采矿区。西班牙商人通过地区行政机构介入纺织业的原材料
生产、制造以及分销三个环节。虽然在 18 世纪面临着日益增大的商
业和管理压力，但是本地的生产商并未完全丧失其自主性。

西班牙的主要创新之处在于建立了被称为"obraje"的封闭式羊
毛制品作坊。随着中北部西班牙殖民城市的建立以及采矿区的出现，
羊毛制品作坊应运而生，其生产方式最初源于委托监护地的廉价劳动
力和正在兴起的畜牧业经济之间的结合。作坊的技术水平仍然不高，
但廉价劳动力使西班牙生产者得以积累足够资本，从而维持作坊的运
营。虽然这些作坊能够一直满足殖民地的产品需求，但并不能将其视
为现代制造业的基础。与采矿业的情形一样，几乎没有或很少有投资
者将兴趣集中在制造业；相反，他们广泛参与购买土地、从事商业或
投资矿业等各种活动。在 18 世纪重要的纺织品作坊城镇克雷塔罗，
作坊经营者往往也是土地拥有者和城市市政议员。在克雷塔罗以北，

巴西奥地区的几个城镇是当地的纺织业中心，生产不同类型的毛纺织品，其中圣米格尔与阿坎巴罗是两个主要的纺织业地区。

17 世纪 80 年代至 18 世纪 30 年代期间，普埃布拉的农产品和工业制品失去了中北部市场，让位于巴西奥和瓜达拉哈拉地区不断崛起的新产区。17 世纪末期仍为萨卡特卡斯提供商品的普埃布拉，此时已无法用其产品来交换白银。地区经济的萎缩对整个农业部门产生冲击，尤其是阿特利斯科、韦霍钦戈和乔卢拉等主要的小麦产区，但是该地的主要玉米产区特佩阿卡直到 19 世纪中叶仍在扩张。由于面临来自克雷塔罗毛纺业的竞争，普埃布拉的绒布制造业快速衰落。随着绵羊养殖业向北转移，巴西奥从畜牧业转向种植业。从原材料的成本来看，克雷塔罗比普埃布拉更具优势。鉴于以上因素以及农业生产率低，普埃布拉从 18 世纪 40 年代开始向棉花制造业转型。除此之外，省内的生产商也更容易进入墨西哥湾和太平洋沿岸的两大棉花种植区。

18 世纪中叶，女性占主体的手工业和国内棉花生产从业者使普埃布拉重新赢得了墨西哥城的市场，甚至扩大到更北部地区的市场。普埃布拉棉花制造业的发展刺激了韦拉克鲁斯中部低地地区原材料的生产。通常情况下，新西班牙纺织品产量增加是对跨大西洋贸易不利环境的回应。盖伊·汤姆逊认为，自 18 世纪 40 年代开始，跨大西洋战事重燃，这或许使得主要聚集在韦拉克鲁斯的进口商再次将资金投向新西班牙境内的纺织制造业。类似的情形在 18 世纪 80 年代初再次出现，并在 1795 年后更加明显，虽然技术落后的新西班牙纺织业受到来自欧洲北部和西部机械化纺织业越来越大的竞争压力。

西班牙私人庄园的巩固

16 世纪 90 年代至 17 世纪 40 年代期间，在曾经人口稠密的整个中部区域，西班牙私人庄园得到加强。印第安人口不断下降，在 1620 年至 1640 年间达到历史最低值，这构成新的土地所有制形成的部分原因。由于很多西班牙私人庄园的土地收购都没有法律形式，因而王室推出被称为"composición"的常规化程序，通过这一程序，总督政府将颁发法律认证，而交易方需要缴纳一定费用。程序的实施在 17 世纪 40 年代达到高峰，以这样的方式，私人庄园夯实了在农村地区的基础，而一百年前在这些地区占主导地位的是土著农民社群。

新西班牙的社会和经济既不是由互相隔绝或完全自主的小块农地构成，也并非由主要面向国内的大庄园主导。近期的研究表明，市场化导向是影响经济组织的主要因素，这一导向甚至使农业或者纺织业得以延续前资本主义时代的劳动关系。西班牙的私人庄园和土著农民社群都与土地以及人口缓慢增长的城镇密切相关。很多时候，当地的生产都面向对食品、服装和耕畜有巨大需求的采矿业。正如我们曾经看到的那样，复杂的国内贸易网络在很多层面上起作用，这些网络将广袤的领土连接起来。

在新西班牙中部的很多庄园，存在着不同的劳动组织形式。已经与印第安部落脱离了关系的永久性劳动者在庄园里拥有自己的住所，他们每周获得定量的玉米作为其部分酬劳。西班牙殖民法认定这些工人在法律上是自由的，检审庭在实际审理案子时也通常支持这些工人选择工作的自由。但是，重要的问题并不是住在庄园的工人们对雇主的负债问题，而是饱受压力的雇主经常无法履行对工人的经济义务。与此同时，各种临时工以及来自村庄的季节性工人完善了庄园的劳动力结构。

在从普埃布拉的谷物产区向北，一直延伸到巴西奥地区的广袤领土上，庄园是主要的西班牙土地所有制形式。在普埃布拉省和墨西哥省，即墨西哥中部的大部分地区，土著部落依然十分强大。17 世纪后半叶，随着人口逐渐复苏，土著社群的适应力不断增强。在更南部的瓦哈卡省，印第安社群是占绝对优势的土地拥有者。在瓦哈卡山谷、埃胡特拉山谷、上米克斯特克以及南部的地峡等地区都出现了庄园，但是除了地峡地区以外，这些地区的庄园往往比较贫瘠，所有权也经常变更。

西班牙私人庄园最突出的特征是产权不稳定，遗产继承法律成本高昂是最主要的原因。除此之外，不稳定的天气状况、生产成本和营销成本高昂使得利润很低，唯一的例外是位于墨西哥和普埃布拉中部峡谷下面的制糖庄园。整体而言，庄园的主要收入来自跨大西洋商贸或者银矿经营，谷物种植业获利甚少。

畜牧养殖业主要面向城市市场、矿区社群或羊毛纺织业，因而比谷物种植业的情况要好，这解释了为何私人庄园会向北逐渐扩张到圣路易斯波多西、杜兰戈和科阿韦拉，农业从未在这些社区的土著社群占主导地位。18 世纪 30 年代至 19 世纪初，阿瓜约侯爵的领地不断扩大，面积达到葡萄牙领土面积三分之二的大小。阿瓜约家族将他们的北部产业委托给管理者经营，安排武装分子驻防，以防备印第安人的进攻。阿瓜约家族依靠墨西哥城内的收入就可以生活，他们在城里拥有四座宫殿般的宅邸。该家族专事绵羊养殖业，拥有超过 20 万头绵羊，他们将羊肉供应给首都，并将羊毛卖给纺织品作坊。阿瓜约于 1682 年被授予爵位，但其家族开始收购土地的时间最早可以追溯至 16 世纪 80 年代。1734 年，通过联姻，阿瓜约家族与圣佩德罗·德尔·阿拉莫伯爵建立联系。伯爵有 190 万公顷的绵羊养殖场，其核心区域在杜兰戈境内。17 世纪后半叶，北部地区大庄园的出现是对中部地区经济和人口变化的回应。18 世纪，巴西奥地区由畜牧业生产转向谷物种植业，也进一步凸显了这种联系的重要性，北部的庄园和城镇成为该地区在 18 世纪蒸蒸日上的经济和社会发展的经济腹地。

印第安社群

在这一漫长的历史时期，从前的印第安社会转化为一个具有殖民地特征和西班牙-梅斯蒂索特征的文化，这一时期最大的特点是领土向北扩张，超出了前哥伦布时期的疆域。在新西班牙的核心区域，当地的印第安社群学会了与西班牙人的庄园共存，两者通常互相依存。从殖民时期的相关档案来看，庄园与农民村庄之间在土地、劳动力、水权等方面争执不断，然而日常记录则更多反映了它们之间的合作关系，而不是冲突。殖民地的法律档案也表明，庄园养殖的耕牛会侵入农民们耕作的土地，或者庄园的管理者们对印第安工人进行语言上或身体上的攻击，但是，在播种和收获时节，私人庄园却常常需要依赖来自村庄的劳动力。不仅如此，村民们也需要额外的收入来支付需要上交给帝国政府的贡品、教会会费以及维持自身宗教信仰的成本。

在殖民地的经济体系中，印第安社群既是生产者也是消费者。他们经常主动参与贸易，以应对经济和市场的压力，这些压力推动了当地商业活动的繁荣，同时也促进了劳动力的流动。很多村落的男性和女性村民都既是手工业者，又从事农业生产。在这些村落，由于村民们所从事的活动多样，相当程度的货币化已经形成，而其社会分工的程度也超过人们的想象。信贷是通过分派制来完成的，其中既有主动信贷，也有被动信贷，由帝国的地方官员充当非正式的商人兼金融家间的中介。地方官员常常试图垄断地方商业，由此来压低收购价格，提高供货的成本，他们千方百计地想要通过设计借贷和债务的框架来约束印第安生产者。这些建立了自己关系网络的地方官员，与其说是殖民国家体系的一部分，毋宁说是当地权力架构的一部分。因此，并不能将他们描述为总督政府体系中毫无权力的人群，界定这些地方官员需要从他们与其供养者（商人兼金融家）的关系以及与受其支配的当地民众的关联出发。帝国政府一方面在道德上有保护印第安部落的义务；而另一方面，出于经济上的需求，需要将农民和手工业生产者融入更加广泛的经济体之中。对于具有强大手工业和商业传统的印第安社群来说，他们并不需要外来者垄断其产品的销售。主教和高级地方官认为强制手段是滥用权力，但是为强制政策辩护的人则故意贬低印第安社群的经济能力，从而为控制印第安社群提供合法性依据。

新西班牙的巴洛克文化

16 世纪末至 18 世纪初，被称为巴洛克主义的艺术和建筑风格在中欧和南欧风行一时。几十年后，这种艺术风格在西班牙和葡萄牙的美洲殖民地达到巅峰。在巴西和新西班牙，18 世纪后仍在建造巴洛克风格的重要建筑物，这一风格在新西班牙具有深刻而持续的影响。巴洛克艺术试图将互相对立的状态和经验整合在一起，这是一种建立在道德与非道德、性感与禁欲、年轻与老迈之间的张力之上的平衡。巴洛克艺术偏重宗教性的主题和建筑风格，与其说它反映了触发意大利文艺复兴的古典主义的影响，毋宁说是古希腊时期表现主义的映射。与此同时，巴洛克艺术的观念和风格随着天主教改革或反宗教改革而发展起来，反宗教改革强化并丰富了传统教义，其中包括将圣餐视为一种祭献、教士阶层作为信徒与上帝的中介、信仰圣母玛利亚、圣母玛利亚与圣徒的代祷作用、宗教生活的精神价值以及大众化和集体性宗教祭拜和朝圣的功效，等等。

随着对这些意识形态和象征符号的信仰不断扩散，将那些偏离信念的人边缘化甚至消灭的做法都成为可以被接受的事情。1640 年，葡萄牙试图打破西班牙哈布斯堡王朝的联盟，这使得葡萄牙裔的"加密犹太人"遭到怀疑。1492 年，不愿意皈依天主教的犹太人被逐出西班牙，1537 年被逐出葡萄牙。面对顽固的王朝联盟，葡萄牙的新天主教徒开始到西班牙的美洲殖民地寻找商业机遇。1642 年，在短短的三四天内，150 人被捕，随后宗教裁判所举行了一系列审判，其中很多被怀疑是"犹太教徒"的被捕者其实是在新西班牙从事主要活动的商人。1649 年 4 月 11 日，新西班牙上演了最大规模的信仰审判，12 名被起诉者先被勒死，然后尸体被焚烧，1 名被告被活活烧死。许多"重新皈依"的幸存者都被递解到西班牙。经过一系列的揭发以及随后的逮捕行动之后，依据 1497 年天主教女王伊莎贝尔通过的法律，皇家刑事法庭指控 14 名不同社会和族裔背景的人为同性恋，并判处火刑，所有的判决都在 1658 年 12 月 6 日这一天实施。从这些判决来看，某些行为曾广为流传，并且长期存在，这说明墨西哥城与当时其他的大城市一样，存在一个活跃且多样化的地下世界，当局对此却几乎毫不知情。当时，政府试图逮捕 123 人，但 99 人成功逃脱。在欧洲的基督教国家，公开处以火刑并非罕见，其目的主要是向公众宣示教会和国家共同实施对个人行为的控制权，个人自由的重要性并未纳入其考虑之中。1660 年 10 月、1673 年 11 月以及 1687 年类似的事情再次发生，其中，1673 年 11 月，7 人被焚致死。这些令人不快的事件展示了天主教君主制的另一副面孔。

晚期哥特式教堂的代表有韦霍钦戈（普埃布拉）的方济会修道院或雅诺伊蒂特兰（瓦哈卡）的多明我会修道院，这些建筑都建有拱顶的中堂。之后，在新西班牙建造的教堂和大教堂都主要为巴洛克风格。在墨西哥的中部和南部，巴洛克建筑在外部装饰上也经常采用本土工艺。巴洛克风格的教堂包括颜色鲜艳且装饰繁多的玛利亚·托南辛特拉大教堂（普埃布拉）、金碧辉煌的瓦哈卡多明我会修道院和普埃布拉的圣母玫瑰院。托南辛特拉大教堂位于前哥伦布时代乔卢拉神庙附近，村子以"托南辛特拉"命名，在纳瓦特尔语中的意思是"母亲所在的地方"。通过将圣母玛利亚融入这座村子的名字当中，基督教的福音派试图传递出在当时的语境中只有圣母玛利亚才是真正的母亲的理念。该教堂是圣母崇拜的圣堂，圣母以圣灵感孕的形象呈现。如同其他情况一样，从很早开始，墨西哥的天主教就具有明显的处女信仰倾向，同时，玛利亚的人性和无性（充满恩宠）之间的矛盾以及母性和处女之间的矛盾非常清晰。

新西班牙的巴洛克绘画不仅受到塞维利亚和马德里的西班牙画派的影响，而且广泛吸纳了包括提香和鲁本斯等人在内的欧洲绘画的特点。绘画凸显宗教题材，但在选择天主教信仰和教义之时，作品更加强调西班牙美洲的特色，其中对圣灵感孕和圣母升天的关注就是很好的例子。早期的画家，如何塞·罗德里格斯·华雷斯（1617—1661）的画作表现了天主教在反宗教改革中的胜利。尼古拉斯·罗德里格斯·华雷斯（1667—1734）及其胞弟胡安·罗德里格斯·华雷斯（1675—1728）的画作体现了塞维利亚画派的巴托洛梅·埃斯特万·穆里略（1617—1682）的微妙影响。罗德里格斯·华雷斯兄弟是 1722 年在墨西哥城建立的美术学院的核心成员，学院的成立印证了总督区首都丰富的文化生活。何塞·德·伊瓦拉（1685—1756）来自瓜达拉哈拉，通过与美术学院建立联系，他的绘画才能得以充分展现。

克里斯多瓦尔·德·比利亚尔潘多（约 1649—1714）以其惊人的产量将新西班牙的巴洛克艺术在 17 世纪 80 年代和 90 年代推向高潮。比利亚尔潘多自 17 世纪 70 年代开始绘画，创作生涯迁延五十余载，他得到了墨西哥重要大教堂的资助，其中以墨西哥城和普埃布拉的大教堂为代表。此外，比利亚尔潘多也赢得了主要教会以及几个大家族的支持。比利亚尔潘多绘画的主题反映了在他生活的时代人们在宗教上的执念，即圣灵感孕、圣母升天（画家的好几幅画作都选择了这一主题）、三位一体、圣餐、耶稣受难（1700 年至 1714 年为墨西哥城的方济各会修道院所作）以及圣徒的生活（如同样在 1700 年至 1714 年间为特伯特索特兰的耶稣会修道院创作的描绘圣伊格纳修斯·洛约拉生活场景的油画）。16 世纪 80 年代，画家创作了《天主教堂之凯旋》，画作的两个核心母题分别是圣彼得的两把交叉钥匙和祝圣后圣体发光的景象。1695 年前后，比利亚尔潘多创作了一幅有关墨西哥城中心广场的作品，辉煌庄严，细节细腻，不仅呈现了广场侧面的大教堂和总督官邸以及作为背景的火山，而且还描绘了商人们的货摊和农妇售卖的成堆蔬菜和水果，画中清晰描绘了当时的人们乘坐的马车和服饰。画作中可以看到鲁本斯和苏尔瓦兰对画家截然不同的影响。

胡安·科雷亚（1646—1739）也受到了欧洲巴洛克风格以及鲁本斯绘画的用色和明暗处理的影响。科雷亚是与比利亚尔潘多齐名的新西班牙的顶尖画家，他的绘画作品也选择了相似的题材，如 1675 年至 1681 年期间为阿瓜斯卡连特斯的圣迭戈修道院创作的《圣弗朗西斯生活场景》、1681 年为阿兹卡波特萨尔科修道院的圣母玫瑰堂创作的《圣母生活场景》。与比利亚尔潘多一样，科雷亚也为墨西哥城大教堂的圣器室创作了作品。

1750 年后，新西班牙最著名的画家是出生在瓦哈卡的米格尔·卡布雷拉（1695—1768）。早年的卡布雷拉默默无闻，但 1740 年后，他的作品在克雷塔罗大受好评。卡布雷拉是黑白混血的孤儿，在曼努埃尔·鲁维奥·伊·萨利纳斯担任大主教期间（1749—1756），卡布雷拉成为墨西哥大主教区的官方画师。卡布雷拉的作品出现在首都、特伯特索特兰（祭坛碎片，1753—1757）、克雷塔罗（圣罗莎·德·比特沃修道院的祭坛绘画）以及萨卡特卡斯、圣路易斯波多西和塔克斯科（圣普里斯卡教堂的祭坛绘画，教堂本身就是墨西哥巴洛克艺术的典范）等地的矿区。卡布雷拉深受塞维利亚画派的画家穆里略的影响，他受雇主所托创作过许多宗教题材的作品，也绘制了大量总督和贵族的肖像画。由于卡布雷拉画作的需求量极大，他不得不争分夺秒地进行创作。1753 年，卡布雷拉在墨西哥城建立并管理第二个美术学院。他对当时正在形成中的瓜达卢佩圣母传统作出了很大贡献，这从他在 1756 年出版的《美洲奇迹》中可见一斑。

17 世纪 40 年代和 50 年代，宗教裁判所扼杀了早期对教学大纲进行改革使其与当代欧洲的影响保持同步的努力。教学改革的主要人物是迭戈·罗德里格斯修士（1596—1668），他曾在 1637 年担任墨西哥皇家教廷大学的数学和天文学系主任，他利用自己的职位将伽利略和开普勒的科学观念介绍到墨西哥。在长达三十年的时间里，罗德里格斯倡导利用科学来改变物理世界，把神学和玄学与科学研究分开。以罗德里格斯为核心建立了一个小型团体，他们在私人家庭进行半秘密集会，讨论新观念。然而，17 世纪 40 年代，政治氛围不断恶化，宗教裁判所对罗德里格斯团体产生怀疑，对他们展开的调查和审判一直持续至 17 世纪 50 年代中期。1647 年，宗教法庭发布禁令，对科学书籍进行查禁，科学书籍被快速地隐藏起来。1655 年 7 月，宗教裁判所责令墨西哥城的六家书店将其书单全部上交审查，并实行罚款和逐出教会的制裁。

殖民时期出现了两位墨西哥最重要的知识分子，分别是卡洛斯·德·西根萨·伊·贡戈拉（1645—1700）和胡安娜·伊内斯·德拉·克鲁斯（1651—1695）。1751 年，在胡安娜去世很多年后，卡布雷拉为她创作了肖像。西根萨在 1662 年至 1668 年间是耶稣会士，后被逐出该组织。此后，西根萨对世俗世界进行探索，自 1672 年起担任墨西哥皇家教廷大学的天文学和数学系主任，一直到 1694 年。西根萨利用教职向亚里士多德的思想发起挑战，他认为这一传统是现代科学方法的桎梏。西根萨从未撰写重要的科学或哲学著作，却在当时有非常重要的影响力。他鼓吹一个克里奥尔"祖国"理念，即将阿兹特克而不是欧洲视为墨西哥的古代，这种观点影响了18世纪诸如耶稣会士弗朗西斯科·哈维尔·克拉维赫罗（1731—1787）等思想家。此外，西根萨也推动瓜达卢佩圣母崇拜。他的作品包括大量的小说创作，如《印第安的春天》（1668）、《西方的天堂》（1684）和《阿隆索·拉米雷斯的不幸》（1690）。西根萨根据自己的亲身经历记录了1692年6月8日发生在墨西哥城的骚乱，在这次事件中，暴雨导致粮食价格上涨，而政府应对失措，从而导致骚乱爆发。

受到西班牙诗人及剧作家洛佩·德·维加（1562—1635）、佩德罗·卡尔德隆·德拉·巴尔卡（1600—1681）以及诗人路易斯·德·贡戈拉（1561—1627）等人的影响，胡安娜成为墨西哥顶尖的巴洛克风格诗人。她出生在墨西哥省的一个大庄园，父亲来自巴斯克，母亲是墨西哥人。胡安娜是私生女，她从小就展现出惊人的才华，很早到墨西哥城学习拉丁文。年仅14岁时，胡安娜成为总督夫人的随从，加入曼塞拉侯爵（1664—1673）的总督幕僚队伍。然而，胡安娜的优秀引起了教会道德评论家的注意，他们施加压力，迫使胡安娜加入修道院。1667年，胡安娜加入赤足加尔默罗修会，这个决定毁掉了她的健康。两年后，她离开修道院，在圣热罗姆修会布道。虽然胡安娜在总督幕僚团队的工作结束了，但她成功地延续了自己的研究，并发表了大量作品。胡安娜的作品广泛流行于总督府、西班牙语世界的各大城市以及马德里的勋贵家族。虽然胡安娜的作品受到不能攻击教会的限制，但却比以往任何时代都更能激起20世纪人们的兴趣。正如奥克塔维奥·帕斯在《胡安娜·伊内斯·德拉·克鲁斯：信仰的陷阱》（墨西哥城，1982）一书中所展示的那样，帕斯是胡安娜最忠实的歌颂者。胡安娜的诗歌充满智慧，有时类似于探讨心灵和外界关系的话语。她创作了很多爱情诗歌，在心灵的欲望和灵魂的高尚之间达

图 4.2　胡安·德·米兰达的画作《胡安娜·伊内斯·德拉·克鲁斯的肖像》。这是已知历史最悠久的胡安娜的肖像。该画是否为 1680 年至 1688 年期间创作的原作目前尚有争议，有人认为这幅画是另一位画家于 1713 年创作的复制品。画作现藏于墨西哥国立自治大学（UNAM）的校长室。1730 年，卡布雷拉曾根据米兰达的作品绘制了一幅坐着的胡安娜的肖像画。两幅画作明显都以图书馆为背景。（图片由墨西哥国家遗产委员会授权本书使用）

成平衡，其中的典型就是她最具原创性的诗歌《初梦》。该诗大约写于1685年，通过描述一个不受指引的灵魂在梦中环游不同的半球，阐述诗人自己的思想发展历程。通过德国的耶稣会士阿塔纳斯·基歇尔（1601—1681），胡安娜大量吸收了文艺复兴时期的隐逸主义和新柏拉图主义的传统。她的作品中有三分之一是为剧院而作，既关注宗教内容，也涉及世俗主题。胡安娜作为作家和学者的经历反映了殖民文化的张力与局限。虽然胡安娜努力通过科学与实验来获取更多的知识，但她并未意识到在反宗教改革世界以外欧洲知识的快速发展。作为女性，尤其是一个修女，她在教会中的上司将她的成就视为对其世界观的冒犯。胡安娜的神学造诣很高，然而她的巨大声望却是在世俗文学而不是在宗教中获得的。在1691年的一封著名的辩论书简中，胡安娜不遗余力地捍卫追求世俗学习和女性受教育的权利。

墨西哥大主教弗朗西斯科·德·阿吉亚尔·伊·塞哈斯（逝于1698年）是一名来自加利西亚的苦修派厌女者，他极力禁止剧场表演、斗牛以及斗鸡游戏，并决心扭转被他视为教纪松弛的现状。虽然遭到阿吉亚尔的反对，但胡安娜却在墨西哥和马德里都有强大的保护者。然而，1692年至1693年，随着胡安娜的保护网坍塌，她的命运开始改变。普埃布拉的大主教转而反对她，而她在耶稣会中的告解神父——此人一直担任宗教裁判所的审查官——也催促她放弃文学和知识追求，转向一种在他看来更具神性的生活。出于修女对教义的遵从，胡安娜同意了这些要求。1693年，胡安娜签署了几份忏悔书，并宣布放弃她的藏书、数学仪器和乐器。1695年，在对自己施加了严厉的惩罚后，胡安娜死于疫病。作为一个聪慧而才华横溢的女性，胡安娜不得不遭受多疑寡恩和禁欲主义男性的道德压力。关于教会人士对胡安娜的禁言，还有很多问题尚未得到解答。帕斯认为胡安娜是教会内部政治斗争以及1692年骚乱余波的受害者，这次暴乱最后的平定者并非总督而是大主教。大主教的权势得以巩固，加之当时的宗教热潮，他得以成功地将被他视为骄傲且有反叛之心的人物的影响力彻底消除。

圣母崇拜

新西班牙最核心的崇拜是对圣母的崇拜，这种崇拜通过圣灵感孕得以体现，而圣灵感孕反过来又解释了玛利亚为何得以升入天堂。虽然 1845 年教皇才钦定圣灵感孕的信仰是获得救赎的必要条件，但其实早在 1760 年教皇就认可了该信仰的重要性，并宣布无罪受孕圣母为西班牙及西印度群岛的保护神，此后瓜达卢佩圣母的信仰得以广泛传播。威廉·泰勒曾经提出，在 17 世纪和 18 世纪，瓜达卢佩圣母并不像某些历史学家所认为的那样，与原始的民族主义相关，而是与奇迹见证有关联，早季尤其如此。至 17 世纪中叶，官方教会已明确接纳瓜达卢佩崇拜。名叫米格尔·桑切斯的世俗教士，在他于 1648 年用西班牙语出版的作品中，第一次将瓜达卢佩崇拜描述为一种特定的克里奥尔崇拜，这一崇拜从而得以在神学上变得自洽。次年，该书的纳瓦特尔语版出版。在桑切斯的著作中，天启圣母取代了立在仙人掌上的阿兹特克秃鹫的形象。印第安人的瓜达卢佩圣母崇拜源于圣母与托南特辛的显而易见的关联，印第安人假借圣母玛利亚来崇拜托南特辛。对圣母玛利亚的崇拜源于西班牙，而从 16 世纪后半叶的新西班牙起，圣母玛利亚在拉丁美洲有了崇拜者。1737 年，对于瓜达卢佩圣母的祈祷成功阻止了墨西哥城伤寒病的传播，这一事件似乎是瓜达卢佩圣母崇拜的转折点。自此，尽管特佩亚克从 18 世纪初起成为主要的朝圣之所，但新西班牙地区的瓜达卢佩圣母崇拜明显增加。瓜达卢佩信仰在 17 世纪经历了融合和成熟，这一过程显示了巴洛克时代留给现代墨西哥的精神传统。与远在大西洋另一边且肉眼凡胎的西班

图 4.3 位于瓦哈卡的孤独圣母教堂。孤独圣母在瓦哈卡深受崇拜,圣母教堂最初于 1582 年建在一个修道院的所在地。如今看到的教堂建筑可以追溯至 1682 年,1690 年教堂接受祝圣。教堂位于独立大道与莫雷洛斯大道之间,在中心广场以西的地方。(图片由本书作者拍摄)

牙国王相比，瓜达卢佩圣母属于一个永在的精神世界，她成为墨西哥的女皇，这是 19 世纪中期自由派改革运动致力于消除的文化遗留。

新西班牙曾经被描绘为圣母玛利亚的领地。瓜达卢佩圣母崇拜最早源于墨西哥中部，此后墨西哥各地出现了圣母崇拜的多种表现形态，并修建了圣母教堂或圣殿。瓦哈卡的孤独圣母、特拉斯卡拉的奥科特兰圣母、瓜达拉哈拉的萨波潘圣母以及克雷塔罗的普埃布里托圣母都是众多圣母崇拜中的一部分。从 18 世纪中期开始，瓜达卢佩信仰开始发展，并通过在首都受过训练的教区教士传播至墨西哥城以北的各大城市，这些地区也是印第安人特色最不明显的地区。

在新西班牙时期及其之后建立的墨西哥，人们高度信仰圣母，这引发了许多问题。有人将其与玛琳特辛进行了类比，这是两个截然不同的女性象征，或同一人物的两个侧面，这一点与前哥伦布时期神的二元性相类似。研究墨西哥集体心理的评论家们认为，墨西哥大众有以圣母为代表的母亲情结。玛利亚成为由玛琳特辛出卖给科尔特斯的"祖国"的救赎者。如今，对墨西哥认同的任何界定都终将导向瓜达卢佩圣母崇拜。童真-母性崇拜部分解释了巴洛克时代对现代墨西哥文化构建产生的影响。此后，瓜达卢佩圣母崇拜对界定墨西哥民族主义产生了重大影响，后者是抗衡外来威胁的强大力量。

易受攻击的北部及北部边境

自 16 世纪 30 年代西班牙第一次入侵以来，西北部亚基人的抵抗将西班牙人进一步深入美洲大陆的时间延缓了百年之久。17 世纪 10 年代，耶稣会士到达这一地区。最初，他们与 3 万亚基人达成协议，并在索诺拉河谷地带建立了 50 多个用以传教的村落。由于耶稣会士反对充当生者与逝者之间灵媒的印第安萨满，他们遭遇了印第安人的敌意。在马德雷山脉周边，欧帕塔人成为西班牙的盟友。此后，耶稣会士进入皮马人和帕帕戈人的领地，一直来到阿帕切领地的边境地区。大阿帕切地区东起得克萨斯的科罗拉多河，西至希拉河，宽 750英里，纵深 500 英里，是北部边境沙漠的核心地带。从语言上看，阿帕切人构成统一的民族，其中可以细分为西部的奇里卡华人、东部的梅斯卡莱罗人、利潘人以及其他族群。但是，阿帕切人的周围被敌对民族环绕，包括控制着水牛平原的卡曼切人和新墨西哥的普韦布洛人。对阿帕切人的憎恨使得普韦布洛人将住所修成要塞形状。西班牙人在 16 世纪 90 年代突破奇奇梅卡边境之后，抵达阿帕切边境。

在北部，面对潜滋暗长的西班牙势力，印第安人的反应时而暴力、时而平和，不同的反应主要取决于具体的生存策略。印第安人发动起义的目的在于恢复边境地区的平衡，以应对土地流失以及殖民者、军事要塞和传教活动对当地自治和文化认同的威胁。对于西班牙殖民者而言，为了获得土地和矿场所需要的劳动力，和平是必须的。但是，他们经常通过暴力手段来将这种和平强加给印第安人。殖民者团伙侵入印第安人的领土，实施报复行动或抢夺奴隶和牲畜。边境的界限经常发生变化，两边的冲突非常激烈；毫不妥协的战争带来的破坏与传教士文化的价值观构成了冲突。1616 年，特佩瓦人与包括塔拉乌马拉人在内的奇瓦瓦地区的印第安部落结成联盟，一起反抗西班牙殖民者以及早期的耶稣会传教势力。印第安人根据季节搬迁家园，这对宗教和文化都产生了威胁，因而传教士们试图将半游牧的印第安人变成永久性的定居者。从 17 世纪 30 年代起，耶稣会士开始在塔拉乌马拉人中建立传教组织，采取让印第安人在他们的土地上耕种的方式为传教活动提供农业基础。

在 1646 年、1650 年、1652 年、1689 年以及 1696 年至 1697 年，奇瓦瓦西部发生了一系列塔拉乌马拉人的起义。起义击退了西班牙人对马德雷山脉的侵略，也摧毁了很多当地的耶稣会传教点。塔拉乌马拉人是一支半游牧部落，但他们深受西班牙殖民者的影响，强化了自身的抵抗力。塔拉乌马拉人擅长伏击，他们建造的防御工事抵消了西班牙人最初凭借火器和马匹所占据的优势。他们同更北部的地区进行牲畜贸易。塔拉乌马拉地区位于北纬 26 度和 30 度之间，占地大约 5 000 平方英里。印第安人的最后一次起义摧毁了 7 个传教点，并且进入索诺拉和锡纳罗亚，使这一地区在接下来的几十年中免于遭受西班牙人的侵占。

1680 年，普韦布洛人爆发大规模起义，大约 380 名西班牙殖民者和 21 名方济各会的教士在起义中被杀死，2 000 名殖民者和被归化的印第安人幸存者沿着格兰德河向南逃跑至埃尔帕索地区，1659 年耶稣会士在这里建立传教区。普韦布洛村落起义的根源是劳动力分配的冲突、对印第安人的虐待以及腐败官员的恶行等。除此之外，在此之前，方济各会的教士攻击印第安人的仪式，借此推广天主教的宗教仪式。1661 年，他们禁止印第安人跳土著舞、戴面具以及使用羽毛祷告，并且不顾当地人的愤怒，破坏了大量的印第安人的面具。即使在起义被镇压之后，印第安人的仪式和官方的天主教仪式（在很多方面受到当地仪式的影响）都是并存的。直到 1692 年，西班牙的政权才再次尝试征服这一地区。

17 世纪 80 年代后，在整个北部边境和西北部地区，无论是庄园、矿场、要塞或传教点，当地人明确反对任何西班牙的存在。梅斯蒂索混血人也参与了普韦布洛人的起义，这次成功起义的余波蔓延至塔拉乌马拉地区，影响了 1689 年以及 1696 年至 1697 年期间的起义。印第安人起义的诉求主要是保护被西班牙人威胁的宗教仪式、寻求村落的自治和土地的使用权，并谋求与此前并不邻近的部落之间结成同盟。这些起义并非部落的反叛，而是由印第安人领袖组建的反抗同盟。在普韦布拉和塔拉乌马拉的起义中，起义人群通常夹在两个社会中左右为难，不能明确地回应处于困境中的本族人的需求。面对耶稣会威权文化带来的表面上的安全以及印第安人的萨满巫师对正常生活很快就会恢复的承诺，印第安人常常陷入混乱与分裂，无所适从。

1683 年，索诺拉阿拉莫斯矿场被发现，这一时期，当地的西班牙人口已经达到约 1 300 人。这里成为耶稣会教士进一步向北推进的中转站，最后一次推进发生在 1685 年至 1700 年间，他们在皮马人的领地上建立了 25 个传教据点，其中包括圣克鲁斯河上的圣哈维尔·德尔·巴克和圣阿古斯丁·德尔·图森。1853 年，这两个城镇作为哥斯登购买计划的一部分被并入美国。1697 年，耶稣会士在下加利福尼亚州建立了洛雷托圣母传教点，在这个非常不适宜人居的半岛地区建立了第一个并不牢固的据点。

1687 年，宗主国政府试图在东北部的科阿韦拉设立总督职位，以此加强西班牙的控制，总督府位于蒙克洛瓦，与杜兰戈分开。17 世纪 90 年代，面对印第安人的敌意，西班牙边境开始加强戒备。尽管面临法国可能从路易斯安那向西渗透的危险，北部地区急切需要西班牙力量的存在，但该地的抵抗导致得克萨斯定居点一直到 1716 年才建立。1718 年，圣安东尼奥·德·贝克赛尔建立。佩德罗·德·里维拉准将在 1727 年对 23 处要塞进行了军事视察；1729 年，王室敕令颁布，宣布对边境地区进行重组，尽管此后并没有采取具体措施。得克萨斯仍然是西班牙北部边境地区人口最为稀少的区域。

18 世纪初期，印第安游牧民族对整个北部地区的侵扰愈加严重。卡曼切人从落基山脉南下，驱使阿帕切人穿过得克萨斯平原，进入新墨西哥地区。他们一方面在陶思市场上进行交易，另一方面对佩科斯和加利斯特奥进行血腥袭击。尽管阿帕切人 1692 年在弗龙特拉斯（索诺拉）已经建立一个要塞，但始终在欧帕塔人和皮马人的边境构成威胁。1725 年至 1726 年，在索诺拉的沿海地区发生了一次大规

模的塞里人暴乱，30 年代和 40 年代在下加利福尼亚爆发的两次暴乱
实际上剥夺了当局对半岛地区的控制权。索诺拉地区的形势进一步恶
化。1740 年，大部分亚基人与马约人联合起来，将西班牙殖民者驱
逐出境。暴乱覆盖了横跨亚基人和马约人居住区域以及富埃尔特河的
广阔区域，并一直延伸至锡纳罗亚河流域。印第安人的敌意源于政府
试图改变传教点村镇实行的土地所有制度和进贡比例，同时，耶稣会
士将劳动力束缚在传教土地上，对其施加繁重的工作，却并不给予任
何报酬。亚基人要求自由出售农作物、佩带自己的武器以及获得在矿
场工作的自由权力。1740 年至 1742 年期间爆发的叛乱破坏了西北部
耶稣会传教士的信誉。1748 年，塞里人叛乱再次爆发，并得到了皮
马人和帕帕戈人的支持，暴乱一直持续到 50 年代。

至 1760 年，墨西哥北部的总人口达到 23.36 万人，其中印第安
人口不足半数。在印第安人中，5.4 万人住在索诺拉，4.715 万人居住
在新比斯卡亚。北部和北部边境地区在 18 世纪中叶后仍处于混乱
之中。

政治过程

由于西班牙宗主国日益羸弱，因而美洲大陆的国家与社会之间的
关系处于持续的变化中。皇家官僚体系越来越服务于殖民地精英阶层
的利益。17 世纪，本土寡头在政治上占据主导地位，这表明在殖民
社会的最顶层，其核心是官僚机构与商业-金融精英间的关系。总督
政府和检审庭越来越寻求与本土的精英达成利益共谋。总督政府有时
甚至会面临安全危机，例如，在 1624 年和 1692 年的城市暴乱中，总
督官署成了被攻击的对象。最高层级的机构和个人之间的冲突甚至会
导致政治控制暂时失灵。

宗主国曾在 17 世纪 40 年代作出短暂努力，试图重新确立其主导

作用，然而却造成了影响深远的政治矛盾。处于矛盾旋涡中心的是普
埃布拉的主教胡安·德·帕拉福斯·伊·门多萨（1600—1659），他
是费利佩四世的宠臣奥利瓦雷斯伯爵-公爵（1587—1645）的门生。
奥利瓦雷斯的政策不仅给西班牙增加了财政压力，而且使帝国压力大
增，因而遭到反抗或消极应对。自 1624 年开始强制推行的《军备联
盟》试图最大限度榨取王朝各个地区的财政缴纳，以此维持西班牙的
帝国势力。1598 年，西班牙和尼德兰联合王国的战争暂时中断，两
国在 1621 年重启战端。在接下来的几十年中，荷兰战舰时常袭击西
班牙的商船并侵扰其美洲殖民地。与荷兰的战事触发了 1640 年加泰
罗尼亚和葡萄牙的叛乱，此时正是帕拉福斯抵达新西班牙的时
候。1643 年，奥利瓦雷斯下台，帕拉福斯的地位摇摇欲坠。他专注
于普埃布拉主教区的事务，并在 1643 年至 1646 年期间三次造访该地
教区，试图亲自了解当地宗教以及村庄的情形。帕拉福斯认为世俗教
士比宗教神职人员更加重要，他将普埃布拉的大批教区世俗化，由此
土著居民进一步受到外来的影响，也促进了附近庄园土地上自发劳动
力的壮大，推动了经济的发展。帕拉福斯批评宗教神职人员，认为他
们垄断了主教辖区最富庶的教区，世俗教士却没有稳定的工作。帕拉
福斯也批判耶稣会教士，然而，17 世纪，耶稣会是新西班牙地区拥
有绝对宗教和文化影响力的团体，帕拉福斯的立场最终导致他下台。
耶稣会士已经成为总督辖区最为富裕的土地拥有者，他们拥有的地产
名义价值高达 400 万比索。帕拉福斯过于激进，他甚至对耶稣会本身
的存在提出了质疑。此外，1640 年，帕拉福斯出任新西班牙派遣将
军，两年后任担任总督。在此期间，他极力主张加强帝国统治，导致
墨西哥爆发了该世纪最严重的冲突。以上种种因素带来新西班牙政治
体系的动荡，最终帕拉福斯在 1649 年被召回。

西班牙王室疯狂地寻求资金，费利佩二世在任期间开始卖官鬻

爵，而且范围不断扩大。以这样的方式，美洲人可以获得高级地方长官职位，并且逐渐建立霸权地位，这完全有违即将在 1680 年至 1681 年获得批准的《印第安人法》。与此同时，几个出生于西班牙的高级地方长官通过联姻的方式，在其辖区领地上建立了自己的产业，再一次违背了法律的精神。最初，检审庭是卡斯蒂利亚专制主义的捍卫者，现在却逐渐成为服务于驻拉丁美洲利益团体的机构，无论这些利益团体来自西班牙还是来自美洲。位于墨西哥城的总督辖区法院同样反映了这些利益团体的诉求。

只要宗主国仍然比较羸弱，就可以说实际控制着新西班牙的是墨西哥城，而并不是马德里政府。当然，这并不意味着西班牙已经丧失了对其海外领地的控制权。王室的权威从未受到重大挑战，法庭和政府之间的亲密关系确保了教权对皇权的支持。此外，敌对国家对西班牙美洲领土长期的威胁也使得殖民地与西班牙半岛之间保持联系至关重要。然而，重要的现实是派驻在当地的西班牙人和美洲本土人有处理自身问题的自由。西班牙的殖民体系经过美洲现实的本土化修正之后，为新西班牙主要利益团体的立场提供了合法性。在世俗和教会语境中，一系列复杂的联系和依存关系从有权有势的人向下层拓展，一直覆盖到社会的贫穷人群。

尽管这些趋势一直持续到 18 世纪 60 年代，但是宗主国政府缓慢启动了一次费时耗力的改革，对西班牙以及整个帝国的政府架构和操作方式进行调整。这个过程始自 17 世纪 90 年代，彼时作为世界大国的西班牙刚刚经历了最糟糕的十年。西班牙王位继承战争（1700—1715)后，法国波旁王朝在西班牙建立其旁支，改革的力度得以加强。1718 年，费利佩五世（1700—1746）试图在伊比利亚半岛建立法国式的监政官制度，但是这种中央集权制的架构直到 1739 年之后才得以巩固。宗主国试图通过一系列的行政和商业改革措施，使西班牙成为一个更加有效的殖民政府，这些措施为卡洛斯三世（1759—
1788)统治期间进一步改革措施的推出奠定了基础。1720 年，政府对美
洲贸易的税收进行合理化改革。1742 年，获得许可证的商船得到授权，
可以经由大西洋贸易路线与秘鲁进行贸易。1727 年，新西班牙建立了
哈拉帕市场，推动跨大西洋产品在更大范围内进行销售。

图 4.4　墨西哥城的瓷砖之家。这所房子曾是地位显赫的奥里萨瓦山谷伯爵一家的住
宅，建于 1793 年。建筑外墙上普埃布拉风格的蓝色和白色瓷砖是后来加上的。1627 年
西班牙王室授予这个富有的家族奥里萨瓦山谷伯爵的爵位。通过通婚和商业往来，奥
里萨瓦山谷伯爵家族与其他贵族家庭保持着密切的联系。住宅位于市中心黄金地段的
马德罗大街上，这里汇集了很多贵族家庭的豪宅。1917 年，桑伯恩兄弟购入"瓷砖之
家"，用于扩大家族的餐厅和商店经营。（图片由 M. A. 阿尼普金在 2015 年拍摄）

　　在新西班牙内部，总督政府启动了一系列措施，并在此后产生了
重大影响。首先，1733 年，王室接管了对皇家铸币的直接管辖权，
将黄金和白银货币的制造集中化，这项政策开启了终结私人和公司租

赁王室职能和税收权的漫长过程。18 世纪 40 年代，总督大雷比利亚希赫多伯爵（1745—1754）收回了墨西哥城及领事馆管理的邻近地区的销售税征收权。雷比利亚希赫多的策略表明，波旁王朝试图重新控制对皇家税收的管理权，以此来增加收入，该措施的直接意义在于帝国内部的国家机器将被进一步扩充，宗主国政权将更加有效。这些政策的实施呈现了宗主国政府管理风格的改变，反映了西班牙对于帝国的性质和目的的观念出现转变。尽管在方法和实施手段上并不一致，但波旁王朝的政策已经开始打破西班牙和印第安人之间以及美洲殖民地内部的平衡。

第五章 动荡不安与分崩离析
（1770—1867）

在西班牙的殖民统治下，新西班牙总督区变成一个脆弱而分裂的墨西哥共和国，与此同时，一个相对比较富庶的社会发展起来。这一过程是如何发生的？它有什么意义？这些问题在相关的历史研究中不断引起争论。在 1821 年之前，新西班牙是一个疆域辽阔的西班牙帝国体系的组成部分。宗主国政府关注的中心是整个帝国的利益，而不是其中任何特定部分的利益。西班牙政府支持墨西哥的矿业，这在短期来看对墨西哥的投资者有利，但这种支持最终是为了推进帝国的而非墨西哥的利益。采矿业是一个利益巨大的产业，而在人口复苏时期，农业的利润很容易被抵消掉，因而政府和投资者并不重视农业发展。

西班牙自身也构成帝国体系的一部分。在 18 世纪 80 年代和 90 年代，面临着越来越激烈的国际竞争，很显然宗主国已没有足够的资源来长久地维系帝国的庞大开支。面对 18 世纪 90 年代至 19 世纪初战争带来的压力，西班牙金融体系崩溃，宗主国不得不加大对墨西哥财政部部长的压力。1796 年后，西班牙更加依赖墨西哥的补贴来维持其摇摇欲坠的地位。1808 年，西班牙波旁王朝的政治破产开启了美洲重组的历程，而这一历程最终导致了 19 世纪 20 年代西班牙帝国在美洲大陆的全面崩溃。

墨西哥独立运动是这一时期的高潮事件，但是，它只是代表了一个持续发展的变革过程，即墨西哥由欧洲国家的殖民地领土向内部分化的主权国家的过渡，这个主权国家在充满威胁的外部世界面前战战兢兢、步履维艰。尽管从政治角度来看，独立无疑意味着与过往历史的分割，但是 1760 年至 1795 年间的波旁王朝改革和 1855 年至 1867 年间发生的旨在使新生国家得以存续的自由改革运动之间更多却是延续的关系。

1800 年以前，新西班牙统治了北美次大陆的领土。与此形成对照的是，1836 年至 1853 年间，墨西哥被一个不断扩张的美国夺走了它从殖民时期的总督区继承而来的半壁江山，而 1862 年至 1867 年间，又遭到当时被视为欧洲主要军事强国的法国的武装干预。有的历史学家在探讨墨西哥的命运扭转时，谈到了 19 世纪前 75 年的“墨西哥衰落”。如果我们要讨论衰落，那么这种衰落应当是相对于 1800 年至 1870 年间美国作为一个大陆强国的崛起而言的。

在 1795 年至 1821 年期间，作为一个拥有实际政治权力的实体，新西班牙总督区走向衰落，而直到 1821 年至 1867 年间，墨西哥人依然未能找到一个可持续的替代性政治组织形式，围绕上述时期展开的历史学研究仍试图寻求解释这一问题。在本书中，1867 年被视为一个时间的终结点，它代表着能够导致国家分裂或被占领的外部威胁事实上已经被消除，同时向外部世界表明独立的墨西哥主权国家得以幸存下来。虽然这个国家已经被削弱，但它意识到国家的认同以及靠自身内在的力量在一个危险的世界中生存的能力。法国军事干涉的失败，导致墨西哥第二帝国的解体，而帝国的成立原本是为了促进法国顺利地进行干预，墨西哥暂时避免了再次被欧洲宗主国征服的命运。在此之前，1846 年至 1848 年间，美国给墨西哥带来了惨痛的军事失败。然而，无论是在抗击美国还是在反抗法国干涉的战争中，墨西哥内部的政治斗争从未停止。1867 年共和国的复兴也未能终结内斗，反而进一步加剧了内斗。

第一部分　新西班牙的高潮与毁灭（1770—1821）

是不断扩张的经济还是扭曲的发展？

18世纪人口复苏和经济增长带来新西班牙财富的增长，并为其增添巨大活力。1762年至1804年，墨西哥的白银产值从1 200万比索增加到2 700万比索。事实上，18世纪采矿业的繁荣出现在该世纪的前几十年，而不是后几十年。为了给矿主们提供帮助，宗主国政府将水银和弹药的价格减半，免征采矿和冶炼设备的销售税，并对高风险率的投资实行税费减免。但是，表面上的扩张和看起来开明的措施却充满了各种不确定性。除了受政府政策的影响，采矿业的发展更多地受制于国际经济市场的需求。宗主国政府试图利用18世纪墨西哥采矿业的复苏来增加税收，目的始终是增加财政收入，而不是出于对经济整体平衡的考量。如何通过增加税收或更有效率地征税以实现税收收入的增加，成为马德里衡量墨西哥经济表现的标准。帝国的这些考量在"波旁王朝改革"和西班牙开明君主制时期具有重要地位。

在18世纪90年代，墨西哥城已经有了世界上最大的造币厂。王室收入从1712年的300万比索增加到18世纪90年代的2 000万比索。在1770年和1820年间，墨西哥通过公共和私有账户出口了大约5亿到6亿比索的白银，占墨西哥白银产量的绝大部分，结果是世界上最大的白银生产国多次面临流通手段短缺的难题，并在19世纪前十年成为一个大问题。1792年后，货币出口最终超过了注册的铸银的数量。仅1802年至1805年间，新西班牙就出口了9 670万比索的白银，相当于自1799年以来铸造的所有白银数额，其中大部分白银通过公共账户出口，反映了王室金库对于整体经济的抑制性作用。到世纪末，采矿业已严重依赖于政府的扶持以及其他资源对采矿业的补贴。

图 5.1　墨西哥城矿业学院内部。这张照片复制了一幅 1841 年绘制的院内天井的版画。1797 年至 1813 年，最初在曼努埃尔·托尔萨的带领下，建造了矿业宫，这体现了新西班牙对采矿技术的关注达到高潮。建筑位于塔库瓦街，矿业宫的新古典主义建筑风格是墨西哥启蒙运动的突出特点。矿业学院第一任院长福斯托·德·埃尔胡亚尔是当时最重要的采矿专家之一。（图片由罗伯特·迈耶墨收藏馆授权本书使用，由阿德里安·博德克拍摄）

与此同时，从获取资源的途径来看，由于天气变化无常，新西班牙的农业基础仍然比较脆弱。新西班牙经济和社会体系中的矛盾最终导致了在世纪末的几十年中各种危机不断加深。在西班牙殖民统治崩溃时期（1820—1821），新西班牙的经济、社会、文化和政治因素之间的关系并不明朗，这使得各界对本章所涉及的较长历史时期的解释不尽相同。

新西班牙殖民晚期的社会和经济差异

最近的研究已经构筑了对新西班牙殖民晚期的整体叙事，揭示了一个被巨大的财富分配差异以及地区差异日渐削弱的富庶社会。西班牙企业在整个新西班牙地区的影响力扩大，这与大众对社会关系管理的看法产生了冲突。西班牙人的民族矛盾和种族歧视使这些经济和文化差异进一步恶化。埃里克·范·杨指出，当地城市拥有引人注目的巴洛克式的建筑物，但大街上却乞丐流连，远郊盗贼盘踞。与此同时，受过教育的精英阶层致力于传播欧洲启蒙思想，农民阶层则坚守其传统的生活方式。大部分历史学家都认为，世纪末的经济正向着危机的方向发展。社会冲突发生在工资水平停滞而人口增长的时期，人民生活水平不断恶化，这在某些地区尤为严重。

　　一个由商人形成的小圈子主导了18世纪新西班牙的主要经济活动。商人们常常明目张胆地炫耀个人财富，这种行为将他们与殖民社会的其他阶层区分开来。很多大商人来自西班牙，他们的主要经济利益和家庭关系都在新西班牙境内。1768年，安达卢西亚人佩德罗·罗梅罗·德·特雷罗斯被授予蕾格拉伯爵称号，此人自1742起凭借在邻近帕丘卡的雷亚尔德尔蒙特开发银矿而发家致富。众所周知，在蕾格拉伯爵的矿场，劳资矛盾非常尖锐。1766年到1767年间，伯爵为了减少劳动成本，试图剥夺劳工在每个班次结束后享有部分矿石的传统权利（这被称为"partido"），此举触发了大规模罢工，多丽丝·拉德将其描述为两种价值观的碰撞。皇权的仲裁者——弗朗西斯·德·甘博亚——既是墨西哥检审庭的领导人物，也是采矿法律事务的权威，他竭力为矿工申诉。正是因为他的缘故，总督府中的保守派人士安东尼奥·玛利亚·布卡雷利（1771—1779）也支持工人的权利。尽管一开始蕾格拉伯爵被迫妥协，但后来又与其他银矿主合谋，再次试图减少矿业成本，导致殖民后期矿区的劳资关系始终处于紧张状态。自18世纪40年代起，蕾格拉伯爵一直在克雷塔罗政府任职，他以100万多比索的价格购买了五处耶稣会庄园后挪作他用，将其改造成酒庄，向墨西哥城供应龙舌兰酒。此外，蕾格拉伯爵还与墨西哥贵族联姻。

　　在 18 世纪 80 年代和 90 年代，来自巴斯克地区的移民在萨卡特卡斯的采矿业的复苏中扮演了重要角色。在当地主要的矿场主中，有两个名叫法戈亚加的亲兄弟。科洛内尔·弗朗西斯科·曼努埃尔·法戈亚加是土生土长的墨西哥城人，他凭借萨卡特卡斯的矿产发家，并在 1717 年成为阿帕尔塔多侯爵。法戈亚加兄弟住在墨西哥城，他们在 18 世纪 80 年代投入巨资，但是由于松布雷雷特的巴贝利翁银矿发生洪灾，法戈亚加兄弟赔得精光。1792 年，兄弟俩从皇家的第五税中获得喘息之机，第五税旨在帮助当地恢复生产。一年后，矿场开始蓬勃发展，这使得总督政府质疑减税的做法是否明智。通过将收益用于对弗雷斯尼略和萨卡特卡斯的企业的再投资，截至 1805 年，法戈亚加兄弟控制了超过 350 万比索的流动资产，两人都建立了庞大的王朝，并与圣地亚哥伯爵家族、托雷斯·德·科西奥伯爵家族和阿尔卡拉兹伯爵家族进行联姻。1772 年，弗朗西斯科·曼努埃尔与比利亚乌鲁蒂亚家族联姻成功，他的妻子是哈科沃·比利亚乌鲁蒂亚和安东尼奥·比利亚乌鲁蒂亚的胞妹，这两人分别是墨西哥城和瓜达拉哈拉检审庭的执法官。哈科沃·比利亚乌鲁蒂亚在 1808 年首都的自治运动中起了重要作用。弗朗西斯科·曼努埃尔的儿子和侄子们也在 19 世纪 10 年代的政治变革中发挥了重要作用，其中，第二任阿帕尔塔多侯爵在 1813 年到 1814 年间成为西班牙议会的墨西哥替补议员，并出席了 1821 年的马德里议会。

　　在科阿韦拉，桑切斯·纳瓦罗家族在 1805 年前控制了横贯科阿韦拉的牧羊地，总面积达 671 438 公顷，并在 1840 年购买了阿瓜约侯爵家族的所有产业。与阿瓜约家族不同的是，纳瓦罗家族对所有产业实行直接管辖。纳瓦罗家族在墨西哥城的生意伙伴是西班牙商人加夫列尔·德·耶尔莫，此人是领事馆的重要成员，还负责将纳瓦罗家族的产品拿到市场上销售。在 1808 年 9 月西班牙人发动的试图阻止总督区自治趋势的政变中，耶尔莫是其中的中心人物。截至 1815 年，桑切斯·纳瓦罗的财产估值达到 1 172 383 比索。

社会最顶尖阶层的奢华生活与大部分人的艰难讨生形成对照。新西班牙的农业仍然要经受各种生存危机的考验，这些危机对普通人的生计构成了威胁。气候波动以及食物供给不足导致减产。基础设施基本上无法应对被加诸其上的压力，生存危机进一步影响了整体经济。谷物价格在 1713 年至 1714 年、1749 年至 1750 年、1785 年至 1786 年以及 1808 年至 1809 年多次上涨，并影响到了其他食品的价格。在瓜纳瓦托的矿区，冶炼和提炼部门使用了大约 1.4 万头骡子，因而需要大量的玉米为这些骡子提供食物。在 1785 年至 1786 年和 1808 年至 1809 年的两次食物危机中，矿区和巴西奥地区的食物短缺情况比中心峡谷地带更加严重。然而，在不同的地区，由于土壤类型以及采取的救助措施的不同，食物短缺造成的影响也并不相同。墨西哥中部峡谷以及米却肯的中央高原地区能够获得低海拔地区的补给，然而矿区却相隔遥远。虽然圣路易斯波多西在 1785 年至 1786 年间遭受灾难性打击，但是很快得到复苏，此后，1788 年到 1789 年期间再次遭受食物短缺问题，而 1791 年至 1792 年期间圣路易斯波多西实现粮食大丰收。1808 年至 1809 年间，干旱袭击了主要的牧牛区，玉米价格飙升。在圣路易斯波多西和萨卡特卡斯，玉米价格保持在 40 里亚尔，而在墨西哥城价格却降到了 30 里亚尔。1785 年至 1786 年间，灾难再次袭击整个巴西奥地区，尽管在 1809 年和 1810 年，瓜达拉哈拉中部地区受到的影响要小于之前灾害带来的影响。在今天莫雷洛斯州的产糖区，1809 年至 1810 年间的食物短缺也带来严重影响。与 1785 年至 1786 年间的情形类似，矿区遭受了食物短缺带来的最恶劣影响，而 1809 年至 1810 年间水银的缺乏更加剧了问题的严重性。

食物短缺造成的社会和政治影响仍有待讨论。食品短缺与暴乱之间并无天然的关联。虽然 1785 年至 1786 年之间的生存危机比 1808 年至 1809 年间的危机更为严重，但前一次危机并未导致起义，而后一次危机后却爆发了 1810 年暴乱。当然，人口流离失所可能为叛乱提供了温床。两次危机的最大区别在于后一次危机只是多重危机的一部分，其中既有长期的影响，也有短期的因素，包括 1808 年西班牙波旁王朝覆灭以及 1808 年至 1814 年半岛战争引发帝国危机的影响。

西班牙宗主国与帝国的重组

只要西班牙帝国的上层建筑能够存活下来，那么墨西哥自身的利益就不可能被列入优先考虑事项。相反，墨西哥的资源和利益始终要服从于帝国的战略，因而，本应用于加强防御和安定北部边境的资源被用以支撑整个帝国体系。除此之外，战时西班牙的经济需求使其更加依赖美洲的供给。从 18 世纪 60 年代中期至 19 世纪 10 年代，随着这些压力不断增加，新西班牙的社会和经济矛盾日益加深。新西班牙用白银货币强势支撑起西班牙的国际地位，而这种地位仅靠伊比利亚半岛的资源是无法维持的。

1761 年至 1763 年，英国在加勒比地区和菲律宾对西班牙的殖民统治带来威胁，波旁王朝重启费利佩五世在 18 世纪初开始的改革，推出各项防御措施，并推行强化宗主国和殖民地政治和商业联系的政策。对于马德里的帝国政府来说，新西班牙是其面临巨大风险的辖区之一。1764 年，胡安·德·比利亚尔瓦率团抵达新西班牙，试图在当地建立一支殖民地的民兵组织。由于经济长期不景气，西班牙帝国无法负担组建一支职业军队开赴墨西哥或在当地建设军队的费用，于是转而寻求它最有钱的附属国来解决问题。1776 年，马德里政府拒绝接受花费 130 万比索以建设一支包含 1.3 万名士兵的常备军的建议。一般而言，常备军的花费需要通过常规税收来负担，而西班牙政府打算向新西班牙总督区的市政委员会收费，以此支持当地民兵组织的开销。

财政问题是波旁王朝后期殖民政策的核心，作为最富庶的殖民地，新西班牙的税收压力与日俱增。1765 年至 1771 年，何塞·德·加尔韦斯（1720—1787）对新西班牙进行正式访问，来自宗主国的财政压力进一步加大。事实上，这种"访问"本身也只是系列措施中的一部分。比如，1733 年，西班牙王室确定了铸币垄断权；1774 年，布卡雷利再次确立了王室对征收销售税的控制权。加尔韦斯对于墨西哥的农业或工业没有任何兴趣，他的主要关注点是如何增加王室的收入，并拓展出口业务，达成这两个目标需要对总督辖区的官僚机构进行加强和扩充。1790 年，总督雷比利亚希赫多手下有五个政府秘书部门为其服务，而在 1756 年之前，只有区区两个部门，仅有 30 名工作人员。

1768 年，加尔韦斯提议在整个帝国范围内建立新的省级管理机构，这一建议直到 1786 年加尔韦斯成为主管西印度群岛事务的大臣时才得以生效。设立监政官制度的初衷是为了加强帝国团结，加尔韦斯建议取消总督政府（并顺势取消墨西哥法院），转而由马德里通过监政官直接管理新西班牙。马德里和墨西哥城的传统主义利益集团成功地推翻了这一激进提议。1786 年，《皇家监政官条例》颁布，监政官制度正式确立。然而，这仍旧是一个妥协的方案，总督政府仍具有强大的权威，任何与其观点相冲突的改革措施全部被取消。加尔韦斯致力于将 17 世纪法国的行政管理原则与 18 世纪晚期自上而下的改革相结合。面对墨西哥的现实，开明君主制很快就破产了。尽管布卡雷利以财政紧张为借口反对监政官制度，延误了这一制度的实施，而总督曼努埃尔·安东尼奥·弗洛雷兹（1787—1789）也直接表示反对监政官制度，但总督小雷比利亚希赫多伯爵（1789—1794）对新的管理架构给予全力支持。监政官体系的主要成功在于重组后的行政架构征税能力增强，失败之处主要在于地区层面，新的低一级的地方长官将代替原先以王室领地的地方长官和领主领地的地方长官为核心的经济和商业体系。由于王室无法给新的官僚队伍支付满意的薪酬，因而很多传统的陋习死灰复燃。到 1795 年，总督重新获得经济控制权，而马德里政府内部的政治斗争也使得试图修复监政官体系的最后努力在 1803 年彻底破产。

在美国独立战争（1776—1783）中，西班牙与法国共同支持北美殖民者，受此影响，宗主国政府在 1788 年决定拨出 150 万比索的预算来维持一支人数达 1.1 万的民兵部队，另有 6 000 人的正规军队（在和平时期）作为支援。然而，18 世纪 90 年代，总督政府内部对承担防卫职责的最佳方式产生了分歧。雷比利亚希赫多认为墨西哥财政部应当负担常规军的花费，因为税收收入在 1769 年到 1789 年间翻了一番。雷比利亚希赫多极力主张加强帝国控制的集权化改革，他不赞成将殖民地的民兵作为主要的防卫力量。到 1792 年，常驻军队和地方民兵力量的花费已经涨至 280 万比索。总督布兰西福特（1794—1797）却反其道而行之，推进组建地方民兵的计划。此外，西班牙帝国的整体规划也给墨西哥的资源配置构成巨大压力，宗主国政府从新西班牙调派三个步兵团保护路易斯安那（1763 年从法国手中获得）、古巴以及圣多明各。同时，墨西哥财政部被要求每年支付 300 万比索，作为补贴负担上述地方以及其他加勒比边远地区的防卫成本。布兰西福特很清楚西班牙参与反对法国革命（1793—1795）的军事斗争需要付出的代价，因而他于 1794 年至 1795 年间从墨西哥的税收中拨出 1 400 万比索汇给西班牙。

帝国庞大的开销意味着永远不会有足够的金钱在新西班牙境内维持一支足够强大的军队。截至 1795 年，西班牙王室优先考虑的都是加勒比海地区的防御问题，英国是这一地区最大的威胁。在 1796 年至 1808 年的战争中，西班牙先后与大革命时期的法国政府和拿破仑时期的法国政府结盟，其间英国对新西班牙发起进攻的可能性很大。因此，西班牙需要额外资金来负担 1797 年至 1798 年间在韦拉克鲁斯腹地设置应急驻军的支出。150 万比索的高额成本导致驻军在 15 个月之后被解散。1806 年至 1808 年间，驻军重新设立，然而政府为此付出更高的成本，引发巨大争议，以至总督最后决定放弃港口的防御。

殖民地的财政体系越来越依赖于额外的收入来负担其成本，1796 年至 1808 年的战争最终拖垮了这一体系。不管是否出于自愿，矿业公司承担了大部分的支出，其直接的政治后果是总督区政府被迫与在波旁王朝的改革中受到不利影响的特权阶层达成妥协。财政崩溃是导致西班牙在墨西哥的统治解体的主要因素，但这一因素在很大程度上被忽略了。19 世纪 10 年代爆发的军事冲突大大加速了新西班牙的财政崩溃。1791 年，皇家财政部门的债务为 1 390 万比索，而在外战和内战的影响下，1815 年的债务上涨至 3 750 万比索。1810 年暴乱爆发之前一度行之有效的政府财政体系崩溃了，这意味着独立后的墨西哥将继承一个已经消耗殆尽的财政体系以及高筑如山的内部债务。

商人、市场和工业

和平时期从事进口贸易的商人们在战时转向制造业。商人们一向喜欢投资纺织业和采矿业，欧洲进口的中断使得商人们对国内市场的兴趣大增。进口商了解市场，并可以将生产和需求结合起来。在普埃布拉的棉纺业领域，投资拓展至墨西哥海湾的原材料供应区。18 世纪末期，通过向生产部门提供信贷的方式，一小群批发商逐步垄断了城市及周边产区对经销商和纺织商的棉花供应。瓦哈卡地区的情况与之相似（但范围更广），两地的商人-借贷者将王室派驻各地的管理者作为中间商。通过与墨西哥湾沿海地区的赶骡人合作，商人们将原棉运往普埃布拉。

18 世纪 90 年代至 19 世纪早期，普埃布拉的棉花工艺已经达到顶峰。仅在城市里，纺织业雇用了超过 20％的人口。城里的商人们为手工业者提供借贷，而这些手工业者将成品返给商人们，然后销售到各地。虽然一小部分投资者和分销商从中获利甚多，但是整体来看，墨西哥纺织业的技术水平仍旧比较低下，而在此时，一次影响深远的重大生产流程革新正在欧洲西北部展开。尽管宗主国当局并不希望看到殖民地的制造业繁荣，但他们无力延缓这一趋势。1767 年、1794 年和 1802 年，王室三次通过立法手段，对西班牙半岛的棉花出口施行免税政策，其目的在于将原材料供应从新西班牙的产业转移至加泰罗尼亚的相关产业。

在新西班牙境内，瓜达拉哈拉在 1803 年后超过普埃布拉，成为产值第一的棉纺生产地。瓜达拉哈拉拥有通往科利马沿海原材料产地便利的交通条件，1763 年后，瓜达拉哈拉的纺织业蓬勃发展。18 世纪 70 年代以前，大多数纺织品都从欧洲或者巴西奥的产棉区进入墨西哥中部、北部和西部。19 世纪初，由于实施了地区性的进口替代制度，大部分纺织品实现了本地化生产。尽管用自有设备进行生产的个体工匠掌控着作坊，但手工业生产力的提升更多地归功于商业资本，而不是技术革新。很多手工业者绕开已经式微的行会监控，在自己的家中使用简单的纺织设备从事纺织业生产。与普埃布拉一样，瓜达拉哈拉同样容易受到欧洲竞争的影响。19 世纪 10 年代，英国的纺织业开始借道太平洋的圣布拉斯港，通过牙买加和巴拿马地峡打入瓜达拉哈拉的市场，导致该地最大的职业群体，即纺织手工业者群体，在1821年独立后的地位变得不再稳固。

截至18世纪末期，在新西班牙仍然有39家作坊运作，这些作坊的年产值达到64.8万比索。1797年至1799年间，新西班牙开放中立贸易，1805年后又再度开放，这是政府为了绕开英国的海军封锁而实施的临时性措施。然而，技术更加先进的社会所生产的制成品被允许进入新西班牙，这给本地工业带来负面影响。在1805年之后，普埃布拉的棉纺业已无法继续扩张。1807年至1820年间，从事西班牙布匹贸易的分销商的数量从34家降到9家。在19世纪前二十年的困难时期，巴勃罗·埃斯坎东和埃斯特万·德·安图尼亚诺等韦拉克鲁斯的商人将业务转移到普埃布拉，试图以此带来该省纺织制造业的多样化。从根本上讲，纺织业的主要问题仍然是技术上的落后。

北方和最北方持续存在的问题

波旁王朝的措施致力于解决北方和北部边境的遗留问题。资源缺乏、持续的财政紧张以及马德里和墨西哥城的内部政治分歧，种种因素结合起来，使得对处于危险中的北方领土进行重组的努力难以奏效。在殖民末期，政府所作的决策——或是没有决策——最终导致了墨西哥共和国在1836年到1853年之间失去其北部边境的领土。

北部地区完全与墨西哥城的总督政府分离开来，西班牙也并未在北部地区设置新的政治实体以改变北部和边境地区在国家政治体系中的边缘化地位。然而，与监政官制度一样，北部省份总司令部的设立也是一次不彻底的改革。

1765年，宗主国政府任命高级陆军军官鲁维侯爵对20座要塞的情况进行视察。第二年，鲁维侯爵从萨卡特卡斯北上，经过杜兰戈和奇瓦瓦，到达埃尔帕索，然后继续向北，经由格兰德河到达阿尔乌凯克和圣达菲。鲁维对各地防御体系缺乏协同作战的现状感到震惊，也为政府对当地及要塞里的居民进行各种横征暴敛而感到愤怒。他向上级报告了各地士气低落的情况，建议将分散的要塞进行集中，构建一条从加州湾延伸至墨西哥湾并包含 15 个防御点（尽管圣达菲也包含在内）的防御带。王室对此作出回应，并于 1772 年颁布《边境要塞管辖条例》。即便如此，18 世纪 70 年代，纳瓦霍和卡曼切部落不断在新墨西哥地区活动，而阿帕切人深入奇瓦瓦和科阿韦拉两地并发动袭击，边境地区一直不太平。布卡雷利担心边境地区防御的成本太高，因而建议将军队集中到新比斯卡亚和科阿韦拉的内线防区。即便如此，当局还是未能阻止 1775 年至 1776 年阿帕切-塔拉乌马拉联盟建立，因而也未能打破土著部落的优势地位。

与此同时，加尔韦斯率领一支部队向索诺拉进发，这是自 16 世纪以来最大规模的一次远征行动，目的是当塞里和皮马人再次挑起冲突时，西班牙人能够完全控制局势。此次远征也试图在上加利福尼亚地区建立西班牙的军事影响，这是对英国和俄罗斯在太平洋北部沿海不断向前推进作出的回应。

加尔韦斯建议对北部各省的行政管理进行彻底调整，1769 年，王室采纳了他的建议，在北部地区建立直接向国王负责的总司令部。然而，由于宗主国政府的内部分歧以及来自布卡雷利在墨西哥城的坚决反对，这一计划一直拖到 1776 年才开始实施。这一年，卡洛斯三世任命加尔韦斯为主管印第安事务的大臣，同年，特奥多罗·德·克罗伊克斯（1730—1791）成为内陆省的第一任总司令官。克罗伊克斯是前任总督的侄子，也是一名出色的陆军指挥官，他的职业生涯始于瓦隆卫队。但是，新机构与总督政府之间的关系自一开始便模糊不清，而布卡雷利既反对总督署的财政支出，又反对缩减军队规模。内陆省总司令部的管辖范围包括索诺拉、锡纳罗亚、新比斯卡亚、科阿韦拉、得克萨斯、新墨西哥、加利福尼亚以及后来的新莱昂和新桑坦德，这些地区在司法事务上仍需服从于瓜达拉哈拉的检审庭。1792年以后，在总司令部所在的奇瓦瓦设置第三个检审庭的计划并未实现，当时的奇瓦瓦无法成为一个重新焕发活力的商业或政治中心。克罗伊克斯在1778年建议加尔韦斯将内陆省份分成两个独立的管辖区，然而这个提议未付诸实施，同时，总司令部在十年中一直处于分裂状态，并且不受总督政府的管辖。

在北部边境，塞里人、皮马人、欧帕塔人、亚基人、马约人和阿帕切人的活动越来越频繁，给边境居民带来许多生命和财产损失，克罗伊克斯面对的问题正是如何在这一背景下组建一支有效的防御部队。由于西班牙即将介入美国独立战争，殖民政府在1779年7月暂停了对土著部落的进攻，远在欧洲的西班牙帝国的意志再一次压倒新西班牙内部的局势。然而，西班牙殖民者对科罗拉多河和希拉河交汇处的尤马部落的农业体系进行了军事干涉，被激怒的尤马部落发动起义。1780年至1781年间，尤马人将所有的传教士、殖民者和军人都驱逐出其领土。由于尤马人此后一直没有被重新征服，因而索诺拉和加利福尼亚之间的陆地通道在整个殖民时期一直未被打通。克罗伊克斯的继任者哈科沃·乌加特·伊·洛约拉（1786—1790）需要应对阿帕切人的挑战，乌加特是一名参加过1740年至1763年欧洲战争的老兵，并曾在索诺拉和科阿韦拉担任州长。如果想彻底解决新西班牙的边疆问题，要么选择击退侵入科阿韦拉的阿帕切部落，要么与他们达成某种形式的妥协。西班牙人在1784年至1785年间发起的军事进攻以失败告终。乌加特最初与阿帕切的敌人卡曼切人和纳瓦霍人结成联盟，与索诺拉和新比斯卡亚的奇里卡华人以及利潘人达成停战协议，然后与希莱尼奥人进行了战争，后者与他们的皮马和帕帕戈盟友一起在 1784 年袭击了图森要塞。在 1790 年至 1810 年之间，和平战略被证明是相对比较成功的。

虽然英国人在 1763 年至 1783 年间从西班牙手中暂时夺走了佛罗里达，但是与欧洲大国的干涉相比，印第安人在北部和北部边境的抵抗对西班牙殖民统治构成的威胁更大。西班牙人仅在北部各省保留了一个软弱无能的政治组织。虽然帝国内部实施了贸易自由化政策，但殖民地的商业建立在韦拉克鲁斯和墨西哥城的基础上，这使得问题变得更加复杂。从其自身的角度来说，墨西哥城里的总督政权坚决阻止在整个北部地区建立单独的管理机构，并反对加强严重缺编的北部驻军，在那里，一支 3 000 人的军队需要防守整个边界地区。最终，总督弗洛雷斯在 1787 年得到皇家授权，建立两个不同的司令部，一个负责管辖东部省份，而另一个则负责西部省份，但是两个司令部都需要对总督政府负责。1793 年，西班牙王室改变主意，将两个司令部进行合并，联合状态一直延续至 1813 年议会宣布恢复此前的分治政策。1810 年，墨西哥中部爆发动乱，迫使当局在关键时刻将大量人力和资源从北部抽调至动乱区域，最终，战乱蔓延至整个北部地区。

宗教危机与民众的感知

新西班牙内部的宗教危机体现在不同的层面：人民认为西班牙宗主国政府及当地的代理人已经背离了传统做法，因而加剧了社会各阶层的憎恨。格鲁津斯基认为，由王室任命的大部分西班牙主教使得"巴洛克教会"被"启蒙教会"完全压制。

宗教问题使人们的观点两极分化。在某种程度上，墨西哥宗教危机反映了在启蒙运动、法国大革命和早期自由主义的影响下，18 世纪末和 19 世纪初发生的普遍性危机。在新西班牙，社会和文化因素结合起来，使第一次大规模的群众动员变得可能。1810 年的动乱由米格尔·伊达尔戈神父（1753—1811）领导，他在人口众多且充满活力的瓜纳瓦托省的多洛雷斯教区担任牧师。1810 年的起义范围之广、强度之大，令总督政府措手不及。

1700 年的王朝更替促使国家加大税收的力度，并开始压缩教会的势力范围。西班牙王室和梵蒂冈之间的关系暂时破裂，此后，1737 年和 1753 年，签订两次宗教协定，反映了世俗政权对于宗教势力的权力优越感。"王权至上论"在 1765 年到 1808 年之间达到顶峰，其间，不断加码的政府压力使教会的豁免权受到越来越多的限制，而教会的收入和财产也不断被纳入王权的管辖范围之内。大主教弗朗西斯科·洛伦萨纳（1766—1772）和主教弗朗西斯科·法维安·伊·富埃罗（1765—1773）是波旁王朝晚期王权至上主义主要的鼓吹者。这些政策反映出在竞争激烈的欧洲，作为一个强大的帝国，西班牙不得不承受巨大压力。与此同时，启蒙时期的很多观念已经传入新西班牙，这些观念并不一定是非正统的，更不是反基督教的，但从 18 世纪中期开始，启蒙思想确实引发了对传统教育方式和教学大纲的批评。由此，传教士分裂成"现代化派"和"传统主义派"。新的观念进一步增加了教会的压力，虽然这些压力并不具有颠覆性。

1767 年，政府驱逐了 500 名耶稣会士，其中大多数是墨西哥人，这引起了新西班牙跨阶层的广泛抵制。耶稣会士致力于瓜达卢佩圣母崇拜，他们也是克里奥尔精英阶层的后代就读学校教师的主体，同时还是修道院里的听告解神父以及世俗玛利亚兄弟会的推动者。驱逐耶稣会教士由西班牙殖民当局强加给新西班牙的克里奥尔群体，产生了严重的道德后果，半岛天主教高层与大众教会之间的裂痕不断加深，前者仍然受到王权的庇佑，而后者却已经看到了分道扬镳的前景。

卡洛琳教会的主教们极力反对当时流行的宗教显灵和狂热崇拜，他们对这些"迷信"和"宗教狂热"进行攻击，殖民政府与普通大众

图 5.2 米格尔·伊达尔戈神父（1753—1811）的肖像画。安东尼奥·赛拉诺的这幅画作可能于 1830 年后开始创作，画中的伊达尔戈身披肩带，若有所思。在这名神父和 1810 年革命领袖的画像中，身后的墙上挂着一幅瓜达卢佩圣母的画像。在国家宫的 1810 年起义者画廊中陈列着华金·拉米雷斯在 1865 年为伊达尔戈神父的画像，画家试图凸显伊达尔戈作为政治家和墨西哥共和国创始人的形象，然而伊达尔戈两者都不是。在 20 世纪的壁画家的笔下，伊达尔戈以一个革命的复仇者的形象出现，如何塞·克莱门特·奥罗斯科在 20 世纪 30 年代的创作中，描绘了暴力冲突中手持火把的伊达尔戈的形象，这幅壁画位于瓜达拉哈拉政府大楼的楼梯上方的墙壁上。1960 年至 1961 年期间，胡安·奥格尔曼（1905—1982）在查普特佩克城堡进行壁画创作，在其作品《独立日壁画》中，画家将伊达尔戈描绘为一个民族主义的革命者。（图片来自德阿戈斯蒂尼图片库，盖蒂图片社）

之间的隔阂进一步加深。尽管这些批评主要关注宗教游行、朝圣、对圣徒和圣母的崇拜以及在印第安村落里的集体宗教仪式，但是频繁的千禧年运动反映了大众深深的不安。起义的宗教根源是新西班牙的大众文化，它远远超过了通常由征税、征兵、放牧和饮水、土地疆界或者工资水平引发的争执。

宗教上的不满情绪与潜在的教士领导层结合起来，将大众的力量导向反对殖民秩序的斗争。来自西班牙的神职人员主宰着墨西哥教会的命运，居住在总督区的 4 229 名在俗教士大部分都生活贫困，一个充满怨恨的下层教士阶层发现不仅他们晋升的前景被阻挡，而且物质生活环境也由于波旁的财政措施进一步受到不利影响。米却肯教区被证明是滋生教士愤怒情绪的沃土，在 1810 年暴乱发生之时，曼努埃尔·阿瓦德·伊·凯波（1751—1825）是当地的候任主教，他于 1799 年提出反对宗主国政府削减教会的豁免权，并且警告说当地有发生革命的可能。他指出，尽管教士阶层可以享受特权，但在他的教区里有八成的教士生活贫困。在阿瓦德·伊·凯波看来，任何降低教士特权地位的行为都有可能削弱教士阶层对殖民政权的忠诚度，而对于殖民制度而言，这些教士对于下层人民的精神生活有着巨大的影响力。在波旁王朝晚期，宗主国政府的政策忽视了在美洲领土上生活的下层教士的社会作用。最终，起义爆发，表明大多数人已经——或表面上或暗地里——与殖民当局以及构成殖民政权基石的西班牙主教团分道扬镳。参与了这次暴乱的美洲教士们发现，自己被卷进了一个产生了深远影响的运动，而他们自己很难控制这场运动。

全方面加深的危机

在新西班牙最富有活力的地区，不断加深的危机感在 19 世纪初期成为社会底层人民的普遍心态。1810 年暴乱爆发的直接原因是巴西奥和瓜达拉哈拉中心地区的特殊情况，而与此形成对照的是，圣路易斯波多西的乡下在当时并未成为暴乱的中心。在巴西奥地区，人口增长以及对玉米种植的轻视部分导致了社会底层的生活水准进一步下降。结构性的变化使得农村地区的穷人们更加依赖拥有产业的精英们，类似的转变也发生在与巴西奥粮食经济密切相关的纺织业和采矿业中。在瓜达拉哈拉的中心地区，生产小麦的庄园的商业化农业的扩张似乎威胁到村庄里的玉米种植者，而在城市里，他们也不得不与日益增强的无产阶级竞争。这样的感受通常发生在村庄和庄园之间长期的土地和劳动纠纷之后，它解释了暴乱发生在 19 世纪 10 年代的瓜达拉哈拉湖盆地区的原因。

在巴西奥地区外围，各村落对殖民政府无力阻止当地生活状况恶化的趋势感到绝望，这种不满情绪蔓延开来。然而，居住在庄园里的工人们凭借其与领主的侍从关系拥有较为稳定的生活，他们有住房，而且得到领主支付的一部分玉米口粮作为工作报酬。如果庄园雇工所受到的待遇处于可以忍受的范围之内，庄园主就不会因为担心不断逼近的叛乱分子而放弃地产逃亡，这种侍从关系就有可能在 19 世纪 10 年代的暴乱之后保留下来。因此，面对叛乱分子的袭击，庄园主们有可能组织起来反抗，尤其是当他们被殖民政府过度逼迫的时候。

在 1795 年到 1808 年间，墨西哥城的殖民政府意识到自身在经济上日益衰退，在政治上也逐渐被孤立。1805 年至 1810 年间，在中北部的重要城市——巴利亚多利德、圣路易斯波多西、萨卡特卡斯和瓜达拉哈拉，统治阶层内部的冲突使社会动荡带来的冲击更加严重。在社会矛盾激化以及 1808 年帝国内部出现危机的背景下，上述因素加剧了政治失控的危险。

革命的企图与 1810 年代的动乱

1808 年 9 月，总督政府的执政合法性崩溃，这成为 1810 年暴动的直接导火索。三百年来，在新西班牙首次出现没有任何一个政府——即使是西班牙宗主国政府——能够毫无争议地获得治下公民的拥护，这种局面使政治代表性的问题变得空前重要。18 世纪 70 年代，波旁王朝的改革首次引发了政治代表性问题。1808 年春天，法国推翻了西班牙的波旁王朝，因而总督何塞·德·伊图里加拉伊（1803—1808）面临着选择，到底应该承认伊比利亚半岛上的哪个政权以及与墨西哥的哪个派系结盟。伊图里加拉伊选择支持一系列由墨西哥精英阶层组成的委员会，以此决定新西班牙的政治前途，而无须考虑任何西班牙的政权。如果这个过程成功实现的话，它本可以使墨西哥成功完成从西班牙专制统治走向内部自治的和平转变。然而，1808 年 9 月 15 日晚上，来自西班牙半岛的精英阶层发动政变，墨西哥的自治以及寡头式的立宪主义被抛弃了，政变推翻了伊图里加拉伊的统治，而主要的自治主义者也被捕入狱。

半岛人的政变摧毁了殖民政府统治的合法性，同时也阻止了墨西哥城的精英们在反对专制主义和西班牙牙人的统治中起到领头作用。主动权落到了各省以及其持异见的底层教士、初级民兵指挥官以及某些行业的成员手中，究其原因，并非国家制度的崩坏，而是殖民统治集团合法性的丧失，这也是墨西哥独立运动有别于西班牙的南美殖民地独立运动的特点。在南美的西班牙殖民地，控制权一开始便掌握在首都的精英和民兵指挥官手中。1808 年到 1810 年间，多重危机产生的影响将墨西哥推向更深的革命。

在墨西哥的历史上，1810 年的暴动以及此后的起义都是非常特别的现象，它们并非简单的农民起义，而是自一开始就具有整体性的

特点。对西班牙人的憎恨以及宗教信仰被侵犯的情感构成了 1810
年 9 月开始的起义的主要意识形态。伊达尔戈并没有听取他的亲密战
友的劝告，而是呼吁群众动员起来，将瓜达卢佩圣母作为推翻西班牙
在墨西哥城统治的精神指导。克里奥尔人对伊比利亚半岛统治的愤恨
并不像人们对社会动乱的恐惧一样强烈。

　　尽管绝对不是一种破坏性的崇拜，但是瓜达卢佩传统代表了墨西
哥的宗教认同，它从 17 世纪中叶慢慢发展而来。从宗教维度来看，
它反映了千禧年运动的目的，即向社会不公现象进行突发性的集体暴
力攻击，以此纠正错误的行为。比如，范·杨曾指出，伊达尔戈起义
的最初影响源自 "一种世界出了问题且外在的现实已不再符合农村人
的道德秩序的根本认识"。

　　在拉丁美洲，墨西哥起义的与众不同之处在于其民众动员的程
度、持续时间以及其对当地生态的深度影响。墨西哥革命产生了广泛
的社会和经济错位。底层社会团体如何认知墨西哥革命？他们参与或
拒绝支持墨西哥历史上第一次大规模农村起义的动机何在？这些都是
当前研究的课题。比如，在新西班牙中部，地方社群组织在很大程度
上仍然完整，这是殖民体系中一个不可或缺的部分。来自庄园的竞争
日益减弱，地方社群能够更好地控制土地和劳动力。地方社群没有支
持 1810 年的暴乱，即便当 10 月叛乱分子抵达墨西哥峡谷上方的高地
时亦是如此。这种漠然的态度有助于解释为何叛乱者逐步丧失信心，
同样解释了 10 月 30 日和 11 月 7 日起义军在十字架山战役和阿库尔
戈战役的失败。在圣路易斯波多西，这里的社会结构不同于巴西奥地
区，招募的民兵成为阿库尔戈保王派军队的核心力量。

　　在经济和社会动荡的时代，在为执政公正性而举行的起义中，作
为个体而不是团体的本土教士发挥了重要作用，并且成为其中的领导
力量。保王派的军队指挥官，如瓜达拉哈拉的何塞·德拉·克鲁斯指

责当地的教士，尤其是米却肯教区的教士，为反叛情绪提供了宣泄的途径。泰勒认为有或许十二分之一的教士参与了19世纪10年代的暴乱，特别是来自中部和西北部、太平洋沿岸的"热土"以及今天墨西哥州的高原地带这三个地区。

内陆城市战略地位不足，中部地区政治地位不高，总督政权却并未在1810年的叛乱中垮掉。最值得一提的是，殖民政权并未由于各种问题而失去对军事力量的控制。这些要素都使得新西班牙的情况不同于1789年法国大革命时期以及1911年墨西哥革命时期的情形。虽然宗主国西班牙在战争中被击败，1808年经济上彻底垮掉，1808年至1814年间伊比利亚半岛爆发内部冲突，然而新西班牙总督政权却未在1810年至1820年的十年间垮掉。何塞·玛利亚·莫雷洛斯神父（1765—1815）用一支更有效率的军队来代替伊达尔戈时期军纪松散的乌合之众，并将"热土"地区作为军队的基地，这导致他最终未能实现在1811年至1813年间控制普埃布拉和墨西哥中部山谷的主要意图。由于无法彻底打垮保王派军队，暴乱者们采取了建立另一个政府的政治战略，力图挑战总督政府的合法性。然而，这一战略也失败了，部分原因在于运动的领导和支持依赖于当地的部族和酋长。事实证明，暴乱者们并不能将地方性的暴乱转化为总体性的政治革命。因此，长远来看，最初滋生暴乱的省级中心最终走向了破灭，地方酋长们有限的眼界以及与地主们（如果酋长自己不是地主的话）频繁的联系阻碍了他们从全国视野和社会视角看待问题。

各地的现实与暴乱领导者的整体社会评价相矛盾。莫雷洛斯与他周围的支持者们展望进行一场双重革命，即从西班牙统治中获得独立的革命与国内取消种姓差别的革命相结合。通过1813年召开的奇尔潘辛戈议会以及1814年制定的阿帕钦甘宪法，他们试图创建一个法律面前人人平等的共和宪政体系。在某种意义上讲，这是对1812年

图 5.3　彼得罗尼诺·蒙罗伊创作的何塞·玛利亚·莫雷洛斯神父（1765—1815）的肖像画（约 1865）。与同时期伊达尔戈的肖像画一样，画家采取的视角是将其描述为政治家而不是革命家，尽管在这幅肖像画中保留了头巾和马靴等革命者的特色服饰。作为一名运筹帷幄的指挥官，1811 年至 1814 年间，莫雷洛斯寻求将不同的叛乱团体和平民支持者联合起来，在试图为叛乱活动提供有效的政治形式上发挥了重要作用。1815 年，莫雷洛斯战败，被捕后被解除了神职，后被处决。

西班牙宪法的回应，该宪法在自由原则的基础上建立了君主立宪制。然而，暴乱本身已经分裂成不同地区的派系，并失去了在全国境内的政治主动权。莫雷洛斯的领导奠定了一个原则，为处于更有利情况下的其他领导人提供参考。1815 年莫雷洛斯被处死后，比森特·格雷罗（1783—1831）试图确立自己的领导权，他一直努力捍卫莫雷洛斯的原则，直至 1831 年被保守势力处以合法但有失公正性的死刑判决。此后，来自太平洋腹地的酋长胡安·阿尔瓦雷斯（1790—1867）是莫雷洛斯和格雷罗传统的追随者。

西班牙的宪政实验

除了在微观层面上激发的愤怒之外，还有两个现象值得注意：一是墨西哥城的精英致力于将殖民时期的专制主义国家转变为具有自治权的宪政国家；二是各省的精英们试图削弱中央集权的总督政府的权力，提高地区权力中心的地位。1808 年 9 月进行的第一次自治实验突然中止，导致中部地区的领导权丧失，为各省的精英们提供了机会。然而，精英们也并未彻底击垮民兵力量，因而只能求助于民众动员，这种做法进一步引爆了已经濒于沸腾的怒火，并在两次粮食歉收之后将暴力骚动释放出来，给社会和种族冲突提供了自由的通道。这一过程以及在尝试革命的过程中建立独立的墨西哥主权共和国是历史研究最初的焦点。随后，关注点又转向保王派军队如何遏制暴乱的方式上，而事实上保王派的军队在这个过程中也被消耗殆尽。这一因素也是非常重要的，因为它揭示了西班牙最终如何失去帝国版图中的北美部分。关于精英们在这些事件中的表现至今还少有著作涉及，其中可以一提的是比尔希尼亚·古埃德亚对墨西哥城"瓜达卢佩人"的研究，该研究一方面直接聚焦于描述首都精英群体对莫拉雷斯领导下的暴乱所持的谨慎态度，另一方面分析了精英阶层试图通过 1812 年西班牙宪法所确定的程序获得政治进步的企图。

在蒂莫西·安娜看来，"1810 年至 1814 年期间，通过设立议会和制定宪法，西班牙进行了议会和宪法改革试验，其首要的结果是向美洲人民揭示了他们作为殖民统治对象的本质特征"。"已经很明显的是，加的斯议会和宪法对于解决美洲的危机几乎没有帮助。"解释这一现象的部分原因在于"宪法的最大弱点在于……它将帝国作为一个整体进行对待"。事实上，很多美洲人更倾向于拥有在帝国内的自治权力，而不是彻底的独立，西班牙的制宪主义者并未能有效地解决美洲问题，这一点至关重要。加的斯议会提议的单一制宪政主义的中间道路（不允许美洲进行自治）最终将西班牙的美洲领土进一步推向分裂主义的道路。

从美洲领土与宗主国西班牙关系的视角来看，上面的解释非常正确。但是，1812 年宪法的另一个维度是其产生的内部影响。宪法将城市作为社会和政治组织的基石，并确立了印第安人和西班牙裔人（尽管将"种姓"身份和黑人排除在外）在法律上的平等关系，宣布废除"印第安人共和国"，以此建立基于宪政的市镇-议会，这些规定在 19 世纪对墨西哥产生了持久影响。议会规定根据人口变化增加自治市的数量，通过自由选举放开自治市数量，选举将更多的社会-族群纳入其中。地方议会的数量急剧地增加，尤其是在瓦哈卡等印第安人口占多数的地区以及在普埃布拉、墨西哥、特拉斯卡拉和米却肯等拥有大量土著人口的州。地方议会获得了之前的殖民政府所拥有的权力，对城市自治权力的拥护成为争取大众政治权利的一致口号，并一直持续到 20 世纪 10 年代的革命时期。

但是，城市的自由化也带来了其他的影响。宪法确立了法律面前人人平等的经典自由主义的原则，由此，"印第安人"作为一种单独的"类别"已经不再存在，而是成为一个毫无差异化的整体"公民"

的一部分。他们丧失了西班牙殖民法律的保护,印第安的城市向所有的社会-族裔群体开放,因而其他群体可以获得对农民资源的控制权,城市内部的权力斗争成为贯穿整个世纪的大部分地方冲突的根源。

1814年至1820年,费尔南多七世(1803—1833)恢复专制主义,政治上的新进步被一笔勾销。然而,1820年波旁王朝的专制主义崩溃,年轻一代的西班牙军队指挥官宣布恢复1812年宪法。1820年9月,宪法制度在新西班牙被如数恢复,新西班牙的48名当选议员中有44名在1820年至1821年举行的马德里议会中获得席位,其中包括卢卡斯·阿拉曼(1789—1853)和洛伦索·德·萨瓦拉(1788—1836)等人。但是,议会迟迟未在美洲问题上采取行动,来自半岛的反对阻碍了美洲想要扩大帝国架构以及代表性基础的努力,其结果是任何想要维护西班牙帝国东西半球统一的努力都很快走向失败。1821年6月,墨西哥议员提议将议会代表分为三个部门,分别代表新西班牙、中美洲和南美洲北部以及秘鲁-智利-布宜诺斯艾利斯,其中每个部门由一名由王室任命的管理者(可能是一位王室成员)管理各自的议会和最高法院。然而,马德里政府认为该倡议违背了宪法规定。至1821年6月30日议会休会的时候,只有23名墨西哥议员留了下来。

在新西班牙内部,发生在1812年至1814年间的事件在1820年之后起到了更加戏剧性的效果。随着权力被下放给地方官员,制宪城市的数量迅速增长。与此同时,鉴于各省对小型选举委员会的需求不断扩大,1813年至1814年间确定了6个省级代表团,其数量成倍增长:1821年,整个总督辖区境内有8个省级代表委员会;1822年底,这一数量增加为9个(含新墨西哥);而到1823年,一共有23个省级代表委员会。最初设立省级委员会的目的是希望其成为宗主国政策的执行机构,而事实上它们成了各省精英观点的代言人。权力从殖民政府逐渐向地方以及各省分散，这反映了全国对波旁王朝行政体系所作出的具有深远意义的反应。

殖民国家被彻底推翻（1820—1821）

墨西哥城总督政权的解体带来政治真空的出现，精英们试图通过填补真空来实现其传统目标，即在整个帝国内部获得有限代表权和自治权，被选中的是名声不佳的阿古斯丁·德·伊图尔维德上校（1783—1824）。1820年，总督胡安·鲁伊斯·德·阿波达卡，即贝纳迪多伯爵（1816—1821）恢复了上校的军事指挥权。伊图尔维德来自米却肯的首府，并在当地与一个富裕的商人和地主家庭成功联姻。1813年至1816年间，伊图尔维德曾是莫雷洛斯在巴西奥地区的主要军事对手，但后来因被指控贪污以及行事骄横跋扈，被革除军事指挥官的职位。与1808年的情形不同的是，墨西哥城的精英现在拥有一支军事武装。伊图尔维德与地方省份的军事指挥官协同作战，采取周边省份包围墨西哥城的战略，而这正是莫雷洛斯在1811年至1814年间未能成功实施的策略。伊图尔维德战略的成功具有两个先决条件：一是他得到了大部分出生于西班牙的军事指挥官的支持，他们参与了保王派和起义军的战斗，具有丰富的军事经验；二是仍未退出战斗的酋长们的配合，例如格雷罗。然而，上述人物的参与产生的是广泛却矛盾重重的运动，而且运动一旦取得成功必然会解体。西班牙出生的教会阶层也选择支持伊图尔维德，其原因在于对马德里自由派主导的议会所采取的教会政策心存忌惮。

1821年2月24日，伊图尔维德制定伊瓜拉计划，提出在新西班牙建立一个基于广泛共识的联盟，从而为在西班牙的王室架构内确立墨西哥的国家认同提供平台。伊图尔比德所带领的三大保证大军（独立、统一和信仰）在1821年9月进入墨西哥城。新的政权尽可能保留旧的体制，从根本上反映了墨西哥城的精英试图与大部分保王派结成联盟，重塑中央权力，以停止恢复 1812 年宪法以来权力迅速下放至各地区以及社会更低阶层的趋势。由于此次运动的主要动力来自精英阶层内部，其自治主义的目标（正是表面矛盾的两个目标——独立和统一——背后的现实）很明显源自 1808 年。一种有限制的立宪主义形式被设计出来，它可以保证精英阶层长久地把持国家权力。

第二部分　新生主权国家的失败与成功（1821—1867）

自治、帝国与分裂主义

1821 年 8 月，议会代表胡安·德·奥多诺胡与伊图尔维德签订《科尔多瓦协议》，确立了新西班牙在西班牙帝国内部以及波旁王朝治下的自治权。自治之后，新西班牙的政体形式被称为墨西哥帝国，由费尔南多七世以帝王的身份统治墨西哥，当费尔南多七世不能履行职责时，则由其弟堂卡洛斯担任墨西哥帝国的君主。通过这样的方式，墨西哥城而不是马德里，将成为西班牙疆土中的核心，正如 1808 年至 1821 年间里约热内卢成为葡萄牙-巴西王室治下的疆土中心一样。如果被否决，墨西哥的议会将从诸多欧洲王室中指定（或者实际上是寻找）一个王室统治帝国。与此同时，在王室缺位的情况下将组建摄政府以行使行政权。包括 1812 年加的斯宪法在内的已有的法律都将继续有效，直至新成立的墨西哥城的议会颁布新的宪法。

1822 年 5 月，伊图尔维德成为墨西哥帝国的皇帝，称阿古斯丁一世。新政权将中央集权的帝国与宪政体系结合在一起，最高临时执政委员会的首要任务是召开制宪议会，以此确立新政体的架构，其原则是根据人口数量实行代议制，代议制由加的斯议会通过间接选举的方式实现。然而，伊图尔维德与联合政府内传统主义派的盟友们并不喜欢加的斯议会的自由主义的思想，而是寻求建立某种更有利于精英阶层的有限的法团式代议制。最高临时执政委员会也宣布并不受制于 1812 年的宪法。当议会于 1822 年 2 月开会的时候，议会宣布将主权归于自身，这一方面削弱了伊图尔维德的权力，另一方面也打击了各省想通过参与对主权的实施来提升自身宪法地位的渴望。议会与行政机构之间的冲突在 1822 年春天加深了。政治中枢的不稳定很快就为各省提供了建立联邦制国家的机会。在这个关键时刻，安东尼奥·洛佩斯·德·圣安纳与反对伊图尔维德皇帝的反对派结盟，这是他在墨西哥政治舞台的第一次重要亮相。

墨西哥寻找可行的宪政解决方案的努力

1824 年 10 月，第一部联邦制宪法颁布，联邦制的核心是中央政府保留对地方利益的协调功能，以此平衡各地区之间的制度差异。1823 年至 1824 年间，各地区地位显赫的精英（在其各自的军事拥护者支持下）与 1823 年 3 月墨西哥第一帝国崩溃后残余的中央政府间的矛盾爆发。由于地方精英缺乏民众支持，因而 1824 年联邦制建立后，中央政府得以强制推行一个分权的妥协方案。对 19 世纪墨西哥政治史的解释常常得出地方和国家之间存在两极对立的假设，其依据是对地方和国家权力的维护削弱了在国家层面形成合力并形成国家意识的可能性。第一联邦共和国拒绝建立一个按比例向国家政府纳税的有效体制，这为上述观点提供了佐证。但是，这种抵制行为产生的原因之一是各省对伊图尔维德试图维持一个过于中央集权化的殖民政治体系感到担忧，另一个原因是各省担心一个财政健康的中央政府将导致各个地区再次被中央政府压制。正在形成中的墨西哥联邦制的优势在于人们相信这个国家不是由中央强加于各地区的模式，而是由墨西哥不同地区的人民自愿建立的，而过度的中央集权被视为导致不稳定的原因。

图 5.4　安东尼奥·洛佩斯·德·圣安纳将军（1794—1876）的版画。圣安纳在 1833 年至 1835 年、1841 年至 1844 年、1846 年至 1847 年以及 1853 年至 1855 年四次担任总统，人们对他的评价仍有争议。圣安纳曾因为在 1829 年击败西班牙入侵而被称颂，也因为在 1836 年失去得克萨斯以及在 1847 年被入侵的美国人击败而被咒骂，又曾因为在 1838 年对第一次法国武装干涉采取的行动而被称赞。1842 年至 1844 年以及 1853 年至 1855 年，圣安纳两次试图建立独裁体制，均以失败告终。圣安纳来自韦拉克鲁斯，在当地以及普埃布拉和墨西哥城都有很多的追随者。虽然整体而言圣安纳并不可靠，但是他的性格富有魅力，并且得到了一支强大部队的支持。起初，在联邦主义者和中央集权主义者之间摇摆不定的圣安纳完成了击退极端主义者的使命。作为一个强势的政治人物，圣安纳在墨西哥的政坛多次上台。（图片来自盖蒂图片社）

　　1827 年至 1828 年间，维系联邦共和国各团体之间的政治矛盾通过武装冲突的方式展现出来。1828 年总统选举中失败的一方通过武装干涉推翻选举结果，这些号称支持宪法原则的人第一次赤裸裸地侵犯宪法。地方和中央之间的猜疑以及社会和族裔矛盾结合起来，共同颠覆了新生的主权国家建立长期宪法体系的首次尝试。在独立和改革之间的阶段，政治行为的特点不是军事干涉，而是由政治家邀请军事领导人帮助实现其特定的政治目标。

　　1836 年至 1846 年间，国家的不稳定是实行中央集权制的政治家们集中关注的议题，他们的目标是寻求教会和军队的支持，以此加强中央集权制度。这种想法被证明过于乐观，因为在 19 世纪 40 年代中期，刚刚经过由独立战争引发的危机，教会的权威仍然在重新建构的过程中；同时，自 1823 年第一帝国垮台后，军队四分五裂，首领之间互为仇敌。1838 年，圣安纳成功抵御了法国的军事干涉，但代价是失去了一条腿。

　　19 世纪 40 年代和 50 年代，聚集在圣安纳周围的军官们试图重建一支统一的国家军队，然而，政府的财政状况以及圣安纳本人作为政治家和军事将领的命运起伏使这一目标遭到挫败。中央集权主义者们认为，不稳定的因素主要有两个：民众过度参与政治过程以及全国性征税基础的力不从心。然而，中央集权主义者推行的直接征税措施却进一步激化了民众的不满情绪。

　　中央集权制政权着手限制政治过程中民众的参与程度，提高收入门槛和限制城市代表是这一时期的两个重要特点。与此同时，颁布了两部中央集权制的宪法，即 1836 年的《七部法律》和 1843 年的《组织基础法》，要求废除在 1824 年创建的联邦制度，建立省级治理制度，各省省长由总统任命。一个省级管理体系将其辖区的各地集中起来，而各地则由国家管理架构中更低一级的地方长官管理。然而，由于 19

图 5.5　1838 年的圣安纳与韦拉克鲁斯保卫战。由于墨西哥未向法国支付赔款，引发争端，法国试图在 1838 年 11 月至 1839 年 3 月期间对软弱和分裂的墨西哥进行惩罚。一支法国舰队轰炸了圣胡安·德·乌卢阿的近海要塞-监狱。因 1836 年失去得克萨斯而遭受屈辱的圣安纳，从处于内陆的庄园赶来与法国人作战，但未能阻止法国人占领韦拉克鲁斯港。墨西哥不得不支付赔款，但圣安纳的名誉得以恢复，并于 1841 年再次上台。（图片由得克萨斯大学奥斯汀分校的内蒂·李·本森拉丁美洲收藏馆授权本书使用）

世纪 40 年代中期的财政问题以及民众的大规模抵抗，省级治理最终垮掉了。军事分割、派系斗争以及地区两极化摧毁了圣安纳试图在 1844 年第一次建立独裁的企图。马里亚诺·帕雷德斯·伊·阿里利亚加将军试图建立一个超越党派和派系之争的威权制度，这被认为是某种君主制的前奏。1846 年，与美国的战争爆发，阿里利亚加将军的尝试也化为泡影。

金融与经济

1822 年，政府的开支超出税收达 400 万比索之多。税收总额仅达到殖民晚期总额的一半，而支出却大大超出了 1810 年的水平。军队规模翻了一番，达到 3.5 万人，军队支出占预算总额的很大一部分。大规模预算源自严峻的防御需求，直到 1823 年，在韦拉克鲁斯的边境外仍然驻扎着一支西班牙军队。西班牙仍控制着古巴，无意承认墨西哥的独立，并于 1829 年将一支军队运至墨西哥，试图对其重新占领，但是这次行动以失败告终。此外，美国在 1819 年占领了西属佛罗里达，美国南方各州的棉花种植规模不断扩大，盎格鲁美国深入得克萨斯东部，这些都使得美国成为墨西哥潜在的威胁。独立的墨西哥并没有准备好应对这些危险。帝国政府从殖民政府那里继承了一笔高达 7 600 万比索的债务，其中包括 1 000 万待支付的利息。1822 年，政府支付了其中 4 500 万的债务。1824 年至 1825 年间，政府从一家名为戈尔德施密特的伦敦商业银行以及巴克利、赫林和理查德森公司处借得两笔贷款，增加了新的外债。在 3 200 万比索的贷款中，墨西哥最后只收到 1 760 万比索，扣除的款项为银行佣金和其他的管理费用。这些贷款反映了共和国的危险处境，它未能使刚刚建立的政府摆脱 1824 年 10 月之后的经济困境。韦拉克鲁斯和坦皮科海关收入的三分之一需要被预留下来，用以偿还外债。英国的债券持有人非常欢迎在墨西哥赚钱的机会，他们将这个国家视为一个自然禀赋优异的白银产地。但是，到 1827 年，联邦政府已经无力支付其伦敦债主的利息，结果是债券持有人此后再也没有得到赔付。他们在伦敦专门成立了一个债权人委员会，以敦促英国政府为其提供帮助。

在国际银行界看来，与大部分拉丁美洲国家一样，墨西哥被认为已经丧失了信用。而政府的内债令人恐怖地上涨。1828 年前后，开始出现通过抵押未来海关收入向商人们借贷的做法。由于税收的主要来源是对外贸易，政府规避了系统性的直接税收在政治上的争议。税收问题仍旧是第一联邦共和国以及此后的中央集权制共和国核心的财政问题。首要的问题是一个潜在富裕的国家，虽然早已取得独立，却日益变得贫困。无论何种意识形态的政治家们，他们都将注意力集中在教会财富问题上，尤其是墨西哥教区和普埃布拉教区的高收入问题。

19 世纪 30 年代，金融状况严重恶化。1832 年至 1835 年间，政府暂停支付公共雇员的薪水，转而以债券的方式发放。1833 年至 1834 年间，政府开支高达 1 600 万比索，而税收总额还不到 1 300 万比索。第一届自由派政府考虑将教会收入转到政府口袋中，这导致政府于 1834 年 4 月垮台。1835 年至 1836 年间，联邦体系彻底崩溃。各州政府的取消使得经济大权集于中央政府一身。1835 年，中央集权制政权用由国家控制的弗雷斯尼略银矿的一半作为抵押，向商人财团借贷 100 万比索：其中包括曼努埃尔·埃斯坎东在内的 36 名商人组建了一家公司，为该矿正式投产作好充分准备。

得克萨斯危机导致 1835 年至 1836 年间爆发冲突，然而，圣安纳当局最初只能组织 3 500 名能够进行战斗的战士。维持军队的高成本使得政府并不能拥有一支规模足够大且能快速动员的军队。圣安纳不得不组建一支 6 000 人的临时军队，用以攻打得克萨斯的叛乱分子。得克萨斯的丢失使新墨西哥位于危险境地，此后，与法国的冲突爆发，直接导致 1838 年对韦拉克鲁斯进行海上封锁，试图重新夺回北方的行动也被击溃。圣安纳在 1836 年的圣哈辛托战役中被山姆·休斯顿的得克萨斯军队俘虏，而法国的第一次干涉后，他得以重返政坛。

1836 年至 1846 年间，中央集权政权的财政措施旨在解决这些遗留下来的问题，然而，从长期来看，问题并未得到解决。尽管在 1837 年，墨西哥所欠英国的债务利率被定为 5%，但是未付利息仍然继续累加。截至 1839 年，仅预算赤字一项就达到 1 600 万比索。1835 年

至 1840 年间，政府更换了 20 任财政部部长。政府继续在很大程度上
受拥有雄厚资本充当借贷方的进口商的支配。1842 年，政府全面推
行人头税，由此触发主要农产区和土著居留地的一系列起义。到 19
世纪 40 年代末期，自 19 世纪 10 年代暴乱以后的最广泛的民众动员
风起云涌。

在何塞·华金·德·埃雷拉第二次担任总统期间（1848 年 6 月
至 1851 年 1 月），16 位财政部部长先后上台，曼努埃尔·派诺是其中
最有才能的一位。1848 年 7 月墨西哥遭遇败仗后，派诺估计墨西哥
的内债和外债合计将达到 5 630 万比索。自 1821 年来，作为政府主要
收入来源的海关收入的 26％ 已经被用来偿还债务。即便如此，政府
已经拖欠军方和公共雇员 2 500 万比索。1850 年至 1851 年间，派诺
重组全国财政系统，对城市及农村的所有不动产按照其价值的 5％ 征
税。与此同时，政府尝试对 1824 年以来产生的英国债务进行重新谈
判。1828 年至 1851 年间尚未清偿的外债使得政府背负了沉重的负
担，进一步限制了政府在财政上的机动空间。1851 年签订的《道尔
公约》开启了支付英国债务利息的阶段，虽然为期并不长。1853 年，
在圣安纳最后一次掌权后，政府支出预计超过 1 700 万比索，其中军
队花费高达 850 万比索。政府的主要人物阿拉曼去世后，政权快速解
体，国家财政状况进一步恶化，而最初曾支持该政权的企业家们的梦
想也最终破灭。

国家经济状况极度糟糕，而通过暴力方式频繁进行的政权更迭也
给人们带来政局不稳的感知，这使得外国观察者们认为可怜的墨西哥
人无法作为独立国家的人民管理自己的事务。外国外交官对墨西哥的
负面看法在档案中随处可见，而欧洲国家正是以此为基础制定对墨政
策。然而，墨西哥在很多方面比看起来的要富裕很多，也要稳定得
多。首先，作为主要的出口产品，白银在 19 世纪上半叶有着强劲的

国际需求。根据墨西哥代理商巴林兄弟的估计，1826 年至 1851 年间，合法的白银和黄金的出口值达到年均 800 万比索，而非法的出口或许更高，因而总值达到 1 800 万比索。1860 年，官方统计的贵金属生产总值达到 2 400 万比索，与殖民晚期的最高产值持平。

　　与美国的战争（1846—1848）和墨西哥最北部的丧失

　　1846 年至 1848 年间，与美国的战争爆发，构成自 1835 年得克萨斯起义开始的一个漫长过程中最戏剧性的部分，这一过程直至 1865 年美国内战中南部邦联战败以及 1867 年墨西哥第二帝国崩溃才彻底结束。这是北美大陆国家实力重新调整的过程，美国压倒墨西哥的局面从此形成。尽管它的缘起可以追溯到 1803 年收购路易斯安那和 1819 年西班牙失去佛罗里达，但直到 19 世纪 30 年代墨西哥人才认识到美国领土扩张的全面影响。1848 年的《瓜达卢佩-伊达尔戈条约》确认了墨西哥失去得克萨斯、新墨西哥和上加利福尼亚的事实。由于受到对 1848 年欧洲革命的传统看法的影响，人们并未真正认识到这些事件的历史意义。如果像 A. J. P. 泰勒所观察到的那样，这一系列事件构成一个转折点，中欧未能超越转折点，而在北美大陆上，转折点被成功地跨越了。1846 年至 1853 年间，墨西哥丧失了整个北部边境，美国不但进一步索要下加利福尼亚、索诺拉和奇瓦瓦等地的领土，还要求穿过墨西哥领土直达太平洋的交通权利，这一状况一直持续到 1860 年。实际上，《瓜达卢佩-伊达尔戈条约》之后的十年，美国政府和私人企业向墨西哥施加了巨大的压力，迫使墨西哥作出妥协。来自美国的压力在墨西哥改革战争期间（1858—1861）达到顶点，并在 1859 年的《麦克莱恩-奥坎波条约》中得到了极致体现。

　　墨西哥和美国之间的战争源自美国国会于 1845 年 6 月通过的一项法案，该法案要求将得克萨斯并入美国。7 月 4 日，得克萨斯共和国接受了这一法案。埃雷拉当局命令帕雷德斯·伊·阿里利亚加带领一支 7 000 人的队伍北上，但是后者无视命令，留在圣路易斯波多西，以便伺机推翻政府。鉴于国内令人绝望的财政状况、毫无军事准备以及分裂的政治局面，埃雷拉试图避免战争。墨西哥政府甚至打算承认得克萨斯的独立，尽管这时已经错过了最好的时机。1845 年 12 月 31 日，帕雷德斯推翻埃雷拉的统治，与美国的关系进一步恶化。然而，新的集权政府显然更关注国内冲突，对于美国南方各州为兼并墨西哥领土而制造的摩擦，政府的应对并不及时。1845 年 3 月上任的詹姆斯·K. 波尔克的民主党当局正是代表了这样的一种趋势。在此期间，扎卡里·泰勒准将率领的部队于 3 月初推进至布拉沃河一带，意欲威胁马塔莫罗斯。虽然这一行为在文献中并没有得到太多的评价，但是它是对 1836 年墨西哥边境线的一场精心策划的侵犯。根据 1836 年的美墨边境线，两国的北部边境应该是在努埃塞斯河上，而不是南进到布拉沃河。

1846 年 4 月 25 日，墨西哥军队发起了穿越布拉沃河的行动（严格来说，军队仍在墨西哥境内活动），以消除对北部河港的威胁。在 5 月 8 日和 9 日的帕洛阿尔托战役和雷萨卡德拉帕尔瓦战役中，马里亚诺·阿里斯塔（1802—1855）试图将泰勒的部队堵在布拉沃河以北的地区，但未能成功。在这两场战斗中，美国炮兵部队首次重创墨西哥步兵。战争的失败致使墨西哥彻底失去努埃塞斯河和布拉沃河之间的塔毛利帕斯省的土地。美国政府认为这片领土是 1845 年已经并入美国的得克萨斯共和国的一部分，虽然从历史上看它从未属于得克萨斯，在该区域的行动为美国在 5 月 11 日宣战提供了一个蹩脚的借口。5 月 17 日，墨西哥从马塔莫罗斯进行了一次灾难性的撤退，军队从最初的 4 000 人减少至 2 600 余人。事实上，该地已经被阿里斯塔抛弃。墨西哥国会在 1846 年 7 月 7 日警告美国，宣称将会驱逐进犯的军队，虽然国会最终并未宣战。

这场战争很快就导致灾难性的后果。上加利福尼亚的局势不断恶化，截至1846年，北部和南部之间的内战已经迫在眉睫。蒙特雷和圣弗朗西斯科是上加利福尼亚北部的两个要塞，然而两地很快便落入美军手中。最终，罗伯特·F.斯托克准将在8月3日占领了洛杉矶。斯蒂芬·W.科尔尼上校率领一支850人的军队，从利文沃斯堡（堪萨斯）出发，取道圣达菲之路，8月17日，州长曼努埃尔·阿米霍最终将新墨西哥州交到这支部队手中。12月12日，科尔尼占领了加利福尼亚最后一个重地：圣地亚哥。战火在洛杉矶地区重新燃起，但是1847年1月8日，反抗被彻底摧毁。在新墨西哥州的陶思，爆发了反对美军的起义，将美国的全面占领推迟到2月初。就这样，自16世纪中期以来通过艰苦卓绝的斗争才获得的北部地区，在短短的几个月中全部失手。

东北部边境的失守使整个国家面临被入侵的危险，蒙特雷成为美国进攻的目标。严峻的形势带来了帕雷德斯政权的覆灭，8月6日，马里亚诺·萨拉斯将军掌权墨西哥城，直接带来1836年至1846年执政的集权制共和国的终结，新政府根据1824年宪法恢复了联邦制度。在一场墨西哥并未获得胜利的战争中，政治架构的变化使国家进一步陷入不稳定。巴伦廷·戈麦斯·法里亚斯和圣安纳之间的合谋使得后者再一次作为国家的拯救者重掌大权。圣安纳于9月28日奔赴前线，而此时，蒙特雷已在五天前经过激烈巷战后落入美军之手。不仅如此，另一支美军自1846年10月起开始在奇瓦瓦和科阿韦拉活动。

圣安纳委任戈麦斯·法里亚斯管理墨西哥城，自己则将圣路易斯波多西作为大本营。11月16日，泰勒的部队占领了萨尔蒂约。圣安纳计划在1847年初重新夺回这座城市。2月初，一支2.1万人的军队从圣路易斯波多西出发，试图将美国军队驱赶出科阿韦拉的州府。然而，行军条件十分艰苦，士兵开小差时有发生，最后部队减员至 4 000 人。2 月 22 日至 23 日，在安戈斯图拉（又称布埃纳维斯塔）战役中，泰勒再次利用炮兵拦截了圣安纳的军队。由于战死、伤病以及走失，圣安纳的军队损失惨重，不得不率军撤回圣路易斯波多西，而余部也在撤退的过程中损失了一半兵力。

尽管墨西哥遭受了领土损失和军事上的失败，但是战争自 1846 年 4 月起一直持续了 10 个月，墨西哥也并未被最终击溃。战争再度持续 7 个月，直至 1847 年 9 月墨西哥城被占领。考虑到墨西哥力量的薄弱，这场战争持续时间很长，然而，领土上的结果遮蔽了其历时很长的事实。长时间的战争给美国的三支侵略军带来了较大的损失，美军在战争中的损失要超过 1862 年至 1867 年间法国军队在干涉战争中付出的代价，而这一事实也没有在历史文献中得到广泛承认。美国投入了总计 104 556 人的常规军和志愿军，而其中 13 768 人在后来被称为"墨西哥战争"的战斗中失去生命，死亡率在截至目前美国参与的战争中位列第一。因此，这场战争在美国国内带来了巨大影响，尤其是对于共和党而言。共和党内一名冉冉上升的人物——亚伯拉罕·林肯——强烈地反对这场战争，其理由是这场战争完全是为了南方的利益。这解释了为什么在 1848 年的《和约》中墨西哥并未再次失去领土，也解释了为什么尽管从美国的战略设计和美国南方的物质利益需求都有此要求，但美国并未像在 1903 年占领巴拿马运河地区那样试图占领及兼并特万特佩克地峡。

墨西哥拒绝了美国的媾和提议，由此双方在韦拉克鲁斯开辟了第二战场，美军试图由此攻下墨西哥城。这一过程持续了七个月，温菲尔德·斯科特的炮兵部队对韦拉克鲁斯进行了五天轰炸，彻底击溃了这个海港城市的士气，而中央政府也在经济上和军事上彻底抛弃了韦拉克鲁斯。1847 年 3 月 28 日，韦拉克鲁斯投降，美国得以开辟第二前线。一支大约 1 万到 1.2 万人的部队在东部前线仓促组建起来，然而，在 4 月 17 日至 18 日的戈多山一战中，受高地、热带气候以及黄热病的影响，军队未能成功阻击美军。美军的突破导致哈拉帕陷落，巴伦廷·卡纳利索将军无情地抛弃佩罗特要塞，同时也致使普埃布拉在 5 月 15 日被美军占领。与美军的战争最终得以延伸到墨西哥峡谷，而在此之前，这场战争似乎与 1835 年至 1836 年间的得克萨斯战争并无二致，只发生在遥远的北部地区。与韦拉克鲁斯不同的是，首府在 1829 年至 1838 年间并没有受到任何外国的攻击，而现在却面临着被击败和占领的危险。在墨西哥的历史上，首都的政客们不得不见证由他们的内讧和失败所带来的严重后果。

8 月 19 日和 20 日，在墨西哥城周边的帕迭尔纳和楚鲁巴斯科，尽管墨西哥人占据防守优势，而且军队在数量上占上风，但是仍然失败了，这也预示了墨西哥最后的溃败。8 月 23 日达成的停火协议为美国最初的和谈提议提供了机遇，9 月 1 日，美国提出将新的边界设置在布拉沃河，这意味着墨西哥彻底失去新墨西哥和上加利福尼亚，同时美国获得穿过特万特佩克地峡的永久权力。墨西哥拒绝了这些条件，双方的冲突在 9 月 7 日再次爆发。紧接着，9 月 8 日和 12 日，墨西哥在莫利诺-德尔雷伊和查普特佩克遭遇惨败，在查普特佩克一战中，美军长达 13 小时连续轰炸一个部分由军事院校的学员把守的要塞。第二天，美军进入墨西哥城，圣安纳于 9 月 6 日辞职，次日，抵抗正式终止。

和后来抗击法国干涉的战斗不同的是，面对美军的入侵，参与作战的人员几乎全部为部队，并没有大规模的民众参与其中。相比 1808 年至 1813 年半岛独立战争中西班牙对法军的抗击以及 1862 年后在墨西哥发生的华雷斯派抵抗法国人的战斗，在美墨战争中没有出现民众反抗，对此还有很多问题有待讨论。1846 年至 1847 年的战争暴露了墨西哥军官团体的无能、军队武器的落后以及后勤保障的无力。此外，美军的炮兵部队在战争的各个阶段都发挥了关键性作用。

图 5.6　1847 年 9 月 14 日，美国军队进入墨西哥城。反复的政治分裂、直接征税引发的民众抵制、后勤保障的不足、战术的失误以及缺少弹药等是墨西哥在战争中败给美国的原因。战争的主要原因在于美国国会宣布吞并得克萨斯，而墨西哥仍认为得克萨斯是该国的一个省。实际上，美国的扩张主义是这场战争的实质。（图片由墨西哥城的罗伯特·迈耶墨收藏馆授权本书使用）

1848 年 2 月 2 日，《瓜达卢佩-伊达尔戈条约》签订，部分地满足了美国对墨西哥最北部领土的觊觎。此后，贯穿 19 世纪 50 年代的是美国对于奇瓦瓦、索诺拉和下加利福尼亚的领土要求，以及要求穿越墨西哥领土到达太平洋沿岸海港和穿过特旺特佩克地峡的交通权力。在新奥尔良的商业利益的驱动下，1847 年 8 月 24 日至 9 月 7 日期间，两国曾短暂停火，美国要求获得过境权以及被允许建设公路、铁路或横跨地峡运河，但这些诉求并未被加入最终的和约条款中。这一问题在 1853 年 12 月签订的《拉梅西拉条约》中再次被提出来，根据哥斯登购买计划，美国从墨西哥购买了位于希拉河以南的图森。过境权问题则为 1859 年的《麦克莱恩-奥坎波条约》提供了基础。

自墨西哥独立以来，特万特佩克地峡仍然是一个边界区域，在整个美墨战争期间，特万特佩克基本没有任何防御。当地居民的不满引发严重动乱，这使得瓦哈卡政府在 1847 年 2 月后最终失去对地峡南部的实际控制权。但是，尽管美国曾攻入邻近的韦拉克鲁斯和普埃布拉，却从来未曾侵入瓦哈卡。虽然瓦哈卡州政府始终很担心，但美军从未试图在战争中夺取地峡。攻下墨西哥城之后，美军结束战争的渴望就很明确了。

即便如此，仍需要近 5 个月的时间才能实现最后的和平。关于这场战争，仍有待讨论的问题是：为什么墨西哥并未失去比 1848 年更多的领土？答案或许在于美国国内战争的影响、不断加深的政治分歧（尤其是南部和北部之间）、战争中严重的伤亡情况等。此外，美国人也意识到剩余的领土目标可以通过其他方式得到实现。

持续的社会动乱

19 世纪 10 年代的暴乱并未解决任何新西班牙的社会冲突问题。在独立之后的 50 年中，暴乱反复出现。在 19 世纪 10 年代的动乱中，农村起义与全国性的重要政治动乱之间的密切关联已经非常明显，两者间的关联在 40 年代和 50 年代反复出现，同样也发生在 20 世纪 10 年代的革命期间。正是这种相互关系使得 19 世纪的起义不同于殖民时期的叛乱，也揭示了比传统所认为的更强的国家凝聚力以及农民政治意识的觉醒。在权力内部出现了精英阶层的分化，伴随着中央和地方之间的对立以及地区首府和地方的对立。在 19 世纪 40 年代至 50 年代期间，民众的反抗达到了自暴乱爆发以来的最高峰。美墨战争发生在墨西哥内部矛盾激化的时期，战争使局面进一步恶化。

　　在农村地区的抗议中，由土地引发的冲突比在殖民时期产生了更为重要的影响。在殖民时期，最常见的冲突主要是由税务负担和滥用管理权引发。农民阶层的韧性可以从其对社群传统和城市自治的保卫中看出来。无论是在动乱时期，还是在 19 世纪 20 年代末期、40 年代和 50 年代，农民都参与了跨阶层的联盟。在某些省份以及特定的形势下，农民也主动构建社群内部或超出其社群的联盟。实际上，叛乱的经历拓宽了农民的视野，其结果是 19 世纪的社会运动常常包含多阶层的联盟以及更加明显且议题广泛的政治意图。1842 年后，农民抵抗在整个中心峡谷的南部地区蔓延开来，从特拉帕一直延伸至河奇拉帕之间，然后扩展至瓦哈卡的米克斯特克。1847 年，南部地峡因土地所有权和盐矿发生了冲突，并在之后演化成武装冲突。同一年，在尤卡坦的产糖区爆发了迁延几十年的"种姓战争"。米克斯特克发生的农民直接行动在当地也被描述为"种姓战争"，战争一直持续到 19 世纪 50 年代早期；1847 年至 1849 年间，在韦拉克鲁斯的沿海地区，由于地契和庄园侵占而发生的冲突使图斯潘、帕潘特拉以及韦胡特拉的局势一触即发；在墨西哥峡谷北边的图拉，1847 年至 1848 年发生了一场大规模的起义。1847 年 8 月，格尔达山脉地区爆发起义，并蔓延至克雷塔罗、伊达尔戈、瓜纳瓦托等地，这些地方在 19 世纪 10 年代都曾发生过激烈的暴乱，暴乱影响到圣路易斯波多西的南部区域。为了遏制此次起义，政府组建了一支 3 000 余人的武装力量，然而在经过美墨战争的失败后，这将是一项非常艰难的任务。

　　19 世纪 40 年代经历了自 10 年代以来最广泛的民众动员，两者之间的差别是在 1854 年至 1855 年的阿尤特拉革命前，并不存在任何国家层面的领导者。1844 年后，在全国以及各州范围内，精英阶层之间的冲突变得严重，为此类社会运动产生巨大影响力提供了契机。1847 年的战败揭示了社会的整体混乱局面以及军队的无能。面对战败和国内动荡的局势，阿拉曼借机提出恢复君主制度，他指出君主制在总督府治下曾给墨西哥带来稳定。面对艰难的国家形势，阿拉曼于 1849 年建立了保守党。

冲突的主要来源集中在以下几个方面：对地方政府的控制、选举权的普及、公民的权利、对政治过程的参与以及中央和地方的关系，所有因素结合在一起，最终导致阿尤特拉起义的爆发。阿尔瓦雷斯对农民自治运动深感不安，他利用这次动乱来构建一个利益联盟，以击溃图谋建立中央集权独裁统治的圣安纳。自 1854 年 3 月起，由各种力量组成的联盟发动革命运动，并于 1855 年 8 月逼迫圣安纳下野。

从本质上讲，阿尤特拉革命是一场南部的民众运动，中北部和北部的政治大佬并未参与其中，因而运动并未获得动力。参与运动的很多人，比如在新莱昂和科阿韦拉活动的圣地亚哥·比道里（1808—1867），他们完全独立于早期阿尤特拉起义者而行动，并追求自己的革命目标。阿尔维拉斯自 19 世纪 40 年代起从沿海地区向北一直扩大自己的影响力，最初担任运动领导人的时候，他在自己的势力范围内活动，实际充当着村庄社群和墨西哥城政府之间的一个中间人。1846 年，联邦制国家重新建立，三年后设立了格雷罗州，由阿尔维拉斯担任第一任州长，阿尔维拉斯的权力由此得到承认。1862 年至 1869 年，阿尔维拉斯的儿子接替他担任州长。

改革时期（1855—1876）与贝尼托·华雷斯的崛起

自由主义的改革运动对墨西哥的天主教传统构成直接挑战。挑战分为几个阶段，每个阶段挑战的强度与其遭到的抵抗强度密切相关。对教会而言，改革运动在 19 世纪 30 年代和 40 年代墨西哥教会重建之后才得以开始。天主教会对 19 世纪 20 年代中期和 30 年代初开始在全国范围实施的措施感到恐慌，由此引发了对墨西哥的天主教认同和政教高度融合关系的争论。天主教报刊在 19 世纪 40 年代末期兴起，包括《十字架》（1855—1858）在内的报刊对自由派思想进行了异口同声的讨伐。同样，保守党也将捍卫处于危险境地的宗教信仰作为主要议题。

自由改革的立法先例不仅可以在西班牙议会于 1810 年至 1814 年以及 1820 年至 1823 年采取的诸多措施中找到，其共同的根源是致力于减少天主教会影响的欧洲启蒙运动。改革立法主要发生在 1855 年至 1860 年间，其中，1857 年 2 月，墨西哥第二部联邦制宪法颁布。随后，在 1861 年至 1863 年间以及 1867 年后，自由派在两次内战中战胜保守派，进一步推动了改革措施的实施。

阿尤特拉革命代表了各种力量的广泛联合，虽然自由派参与其中，但其内部分裂成温和派和极端派，这种分裂至少可以追溯至 19 世纪 30 年代。温和派代表着天主教徒和保守派之间的桥梁，其关键人物是伊格纳西奥·科蒙福特（1812—1863）。科蒙福特是一个退役的民兵上校和普埃布拉的庄园主，并在 40 年代早期担任特拉帕的地方长官。尽管自科蒙福特担任阿卡普尔科的海关官员以来，一直与阿尔瓦雷斯交往甚密，但是他也将一些温和派的人物拉入到阿尤特拉联盟中来，其中包括瓜纳瓦托的政客曼努埃尔·多夫拉多（1818—1865）以及来自保守党的将军费力克斯·苏洛阿加，后者来自奇瓦瓦一个显耀的庄园主家族。1855 年 10 月至 12 月期间，阿尔瓦雷斯主导的临时政府建立，极端自由派的掌权使得联盟瓦解。出生于克雷塔罗的托马斯·梅希亚将军（1820—1867）在抗击美国的战争中崭露头角，他以保护墨西哥天主教认同的名义站到政府的对立面，并在格尔达山脉领导起义。格尔达山区成为梅希亚作战的根据地，在接下来的八年里，他发起了一系列攻打自由派政府的战役。贝尼托·华雷斯（1806—1872）逐渐从这些政治分歧和军事冲突中崛起。

图 5.7 本尼托·华雷斯（1806—1872）。在几乎所有的照片中，华雷斯都是庄重而阴郁的形象，这与圣安纳等军事人物照片的华丽形成鲜明对照，华雷斯对圣安纳持鄙视的态度。画中呈现了华雷斯作为共和国美德的化身与捍卫者的形象。作为出生在瓦哈卡高地格拉陶村的萨波特克人，华雷斯主张将印第安人作为公民纳入自由宪法的公民体系，他认为这是推动社会进步的方式。华雷斯是一名有谋略的政治家，在瓦哈卡等地区拥有一群忠诚的盟友，因而能够战胜无论是保守派还是自由派的对手。虽然华雷斯的权威建立在 1857 年的联邦宪法之上，但 1867 年后他仍寻求加强行政和中央权力。（图片由得克萨斯大学奥斯汀分校的内蒂·李·本森拉丁美洲收藏馆授权本书使用）

　　尽管第一条改革政令被视为温和措施，却进一步加深了国家潜在的分裂。1855 年 11 月，华雷斯政府颁布法令，试图使教会的特权服从民法的规定，而不是完全剥夺这些特权。1847 年至 1852 年间，华雷斯曾担任瓦哈卡州州长，并且曾在阿尔瓦雷斯的政府中担任司法与宗教事务部部长，他是民法权力至上的主要鼓吹者。墨西哥城的大主教拉萨罗·德拉·加尔萨（1785—1862）谴责民法，认为民法是对教会的攻击。1855 年至 1856 年间，在普埃布拉发生了教士叛乱，政府的和解政策遭到破坏，为了迫使各省屈服，一次全方位的军事行动爆发。

　　1856 年 6 月 25 日颁布的法律由财政部部长米格尔·莱尔多·德·特哈达（1812—1861）提出，与《华雷斯法》相比，《莱尔多法》更具争议性。《莱尔多法》试图将教会和印第安社群的集体性产业转为私人所有，整体而言这对现有的佃户更加有利。此项法令有两个目标：一是将到目前无法让渡的土地推向市场，以此鼓励土地开发；二是通过政府对这一过程征税，增加政府的税收收入。然而，这些目标过于理想主义，很多因素都未能考虑到，如动荡的政治局面、可能遭到强烈反对、投机分子伺机而动以及所涉程序的复杂性。很快，内战发生，财政问题成为重中之重，由此，自由派试图促进一个数量众多而且活跃的小业主阶层发展的目标夭折。法令并未对如何分配出售前的财产作出规定，因而法律的颁布导致许多新的利益群体出现，他们强烈地反对这种局面的倒退。

　　截至 1856 年底，评估和销售的财产总额总计约 2 050 万比索。莱尔多本人认为在这一阶段，被转移的财产不到教会合法财产价值的一半。然而，教会的产业主要分布在城市，由自由主义政客们购得。受到《莱尔多法》冲击最大的并不是教会，而是数量庞大的农民社群，他们对自由主义政策的态度取决于所能预见到的好处和不利之处，而这又取决于地方的自由派政权何时贯彻法令以及如何联合其他势力保

护法令的实施。有着私人或家族拥有土地使用权传统的社群可以从
《莱尔多法》的实施中获利，尤其是当他们已经很好地融入市场经济
的情况下。但是，该项法令的完全贯彻被 1857 年至 1867 年间的十年
战争打断。1858 年 1 月至 1861 年 1 月期间以及 1863 年 6 月至 1867
年 7 月期间，自由派下台，出售教会或社群财产过程被中断。

科蒙福特认为 1857 年的宪法削弱了中央的施政能力，将有效的
权力转让给各州州长，这种观念导致了 1857 年底温和自由政府的解
体，在中央-核心地区，军队将一个保守政权扶植上台。按照宪法规
定，华雷斯作为最高法院的院长有继任权。在自由派控制的区
域，1858 年 1 月，由极端自由派与北部和中部各州州长组成的联盟
承认华雷斯为临时总统。米格尔·米拉蒙（1831—1867）、莱昂纳
多·马尔克斯（1820—1913）以及仍控制着中心地区的梅希亚等保守
派的将领不断击败自由派的军队，但 1858 年 5 月至 1861 年 1 月初，
自由派仍旧在韦拉克鲁斯建立了政权。

1859 年 7 月，韦拉克鲁斯的自由派政府在莱尔多的压力之下重
启改革措施。7 月 2 日通过《教会财产国家化法令》，明确了出售教
会财产和国家糟糕的经济形势之间的关联。政府对当时教会财产的估
值在 1 亿到 1.5 亿比索之间，考虑到自波旁王朝以来教会财产的损
失，这个估价可能过高。另外，自由派政府对教会财产的估算常常包
含了教会建筑以及诸如圣器这样的财产。莱尔多寄希望于得到一笔美
国的贷款，并以出售没收的财产作为担保，但是未果。早在韦拉克鲁
斯政府的法令颁布之前，在哈利斯科、米却肯、新莱昂和塔毛利帕斯
等州，反对教会的州长们已经各自实施了相应的措施。然而，最后从
销售获得的收入却是令人失望的。1856 年，墨西哥出售财产的收入
仅为 100 万多比索。在此后的一段时间里，直到法国干涉时期自由派
再次失去对墨西哥城的控制权，通过出售财产，墨西哥政府的收入仅

为 1 000 万多比索。截至 1910 年，收入总额也仅仅只有 2 300 万比索。

此后颁布的一系列法律进一步限制了天主教会在社会中的作用。1856 年 4 月 26 日，取消宗教誓词的民间认同。1857 年 4 月 11 日，《伊格莱西亚斯法》颁布，剥夺各教区征收一系列传统费用的权力，回应了各地对教会施加的财政压力的抱怨。7 月 23 日再次颁布法令，规定婚礼在法律上是一种民事协议，当然，法令并没有允许离婚及允许离婚双方有权再次结婚。7 月 28 日颁布的法令规定设立民事登记处，登记人们的出生、结婚和死亡，而华雷斯本人也恰逢其时地为自己的新生儿子进行了注册。自 8 月 11 日起，宗教节日的数量被削减，同时引入了一些世俗节日，以纪念全国性的重要事件。自由派政府禁止在宗教领地之外举行宗教庆典，并且要求教堂敲钟的时间安排必须服从警方的管制，公共场合也不得穿着教士服装。1860 年 12 月 4 日，自由派政府颁布法令，明确提出宗教自由，这与宪法对天主教机构排他性问题秉持中立的立场是一致的，为在墨西哥进行新教传福音提供了可能，这是 1861 年暂时重新掌权以及 1867 年后最终上台的自由派政府乐意看到的。

不同于 1824 年的宪法，1857 年 2 月颁布的宪法并未承认天主教为国教。天主教会早已被华雷斯和莱尔多的立法激怒，立即提出反对意见。在大主教佩拉希奥·拉瓦斯蒂达（1816—1891）和米却肯主教克莱门特·德·赫苏斯·蒙吉亚（1810—1868）的领导下，主教们提出宪法是对天主教的攻击，是试图用基于国外模式的世俗主义来取代他们所理解的天主教社会。教会和教士们中的能言善辩者要求捍卫墨西哥从西班牙殖民时期继承的天主教认同。与此同时，他们反对人民主权的自由主义教义，支持教会拥有产业以及掌控教育和私人道德的权力。1859 年 8 月 30 日，蒙吉亚撰写《主教们的宣言》，以此向改革法律发起进攻。

　　莱尔多试图在与美国谈判《麦克莱恩-奥坎波条约》的同时获得美国贷款，这对于保守派十分有利。1859年4月6日，华雷斯政府得到了美国的承认。自由派认为这离承认两个北美共和国更近了一步，因而将其视为一次政治上的胜利，而保守派认为这是一次卖国行径。由于墨西哥城的保守党政权不愿作出更多领土上的妥协，因而美国政府取消了对墨西哥城保守政权的承认。保守党警告说自由派的外交政策会导致进一步的领土损失，甚至会使墨西哥被美国彻底压制。莱尔多、奥坎波以及华雷斯对于这一批评十分敏感，因为它有可能伤害自由派事业的民族主义标签。虽然1859年12月签订的《麦克莱恩-奥坎波条约》未向美国作出更多的领土妥协，但是在通向太平洋海港和横跨特万特佩克地峡的过境权上作出让步。这个协议挫败了美国政府的扩张战略，但由于1860年至1861年美国国内政治局势的恶化，协议从未生效。

　　自保守派在1860年12月军事上失利之后，自由派恢复了对首都的控制，而保守派的游击队伍仍活跃在乡下。米拉蒙打赢了大多数的战役，但是却输掉了最后的决战，他被流放到哈瓦那，后转往欧洲。但是，马尔克斯仍然比较活跃，梅希亚也在位于格尔达山区的根据地活动。一小撮君主制度的拥护者流亡欧洲，并在保守派的支持下与拿破仑三世谋划，企图通过外国军事干涉的方式在墨西哥建立君主制。

　　华雷斯在自由派控制的地区已经以临时总统的身份执政三年，1861年3月，他赢得多数选票，第一次当选为共和国的总统。但是，华雷斯的当选未能终结政党内部的派系分歧和私人怨恨。在宪法政府恢复后，敌意在政治进程中蔓延，国会与行政当局对立、各州州长与中央政府对立。内部矛盾削弱了在内战后背上沉重外债利息负担的国家政府。1851年，债务高达9 000万比索，1861年降至8 200

万比索。欠英国债券持有人的未偿债务在 1861 年达到 5 100 万比索，占总体债务的大部分。

与此同时，美国南部诸州分裂，并于 1861 年 2 月建立南部邦联，美国的支离破碎给墨西哥带来了严重影响。首先，并不清楚南部邦联是否打算继续其向南扩展的传统，从而危及墨西哥的利益，或者打算终结这一做法。在墨西哥脆弱的北部边境，叛乱州的存在影响了边境与墨西哥城的中央政府之间的关系。由此，出现了许多建立"马德雷山脉共和国"的讨论，共和国可能由北部与独立的得克萨斯共和国相关的各州构成，并将新墨西哥州纳入其中。这些观念在阿尤特拉革命中获得了支持，其时，东部和北部的各州发起起义，反对正在破裂的圣安纳的独裁统治。比道里曾经在 1856 年将科阿韦拉并入新莱昂州，并计划对从彼德拉斯内格拉斯到马塔莫罗斯的布拉沃河地区实施联邦海关征税方案，他仍然有意或无意地主导了地区主义者对华雷斯当局的反抗行动。

干涉时期（1862—1867）

1861 年 7 月 17 日，华雷斯的联邦政府试图控制各州州长征收的税收，其中包括河港的税收以及墨西哥湾和太平洋沿岸海港的税收。在北部边境面临威胁的时候，政府此举的目的在于加强其经济控制力。然而，这项法令包含一个停止利息支付的措施，即两年内暂停支付外债。欧洲列强的经济利益已在内战中遭受损失，他们认为墨西哥政府是以此为借口展示其武力，因而逼迫墨西哥兑现其承诺。1861 年 10 月，英国、法国和西班牙签订了《伦敦三国协议》，由三国共同占领以韦拉克鲁斯为起点的主要港口的海关，迫使墨西哥兑现债务支付。为了应对欧洲军事干涉的威胁，华雷斯政府无暇专注于其两个主要执政目的，即确保宪政体系和改革法令的施行以及稳定北部边境的局势。

面对欧洲国家的干涉，华雷斯成功地从国会获得特别权限以捍卫国家主权。1862年10月和1863年5月，国会再次让渡权限。叛国法令将用以惩戒与欧洲干涉势力合作的人，其中，1862年1月25日颁布的法令产生了最为深远的影响，该法律规定与干涉军进行勾结的人将由军事法庭审判并处以死刑，且政府不能为这些人提供豁免。这一法令为华雷斯政府处理干涉事务奠定了法律基础。1867年6月，马克西米连、米拉蒙和梅希亚均依据该法令被处以死刑。

1861年4月，美国内战爆发，为法国谋求在墨西哥的政治战略提供了可能。另外两个欧洲国家意识到法国想要干涉墨西哥内政并强行实施政权更迭的意图，1862年春天，两强退出墨西哥战事。1862年4月以后，法国对墨西哥发起单边干涉，拒绝承认前一年华雷斯当选总统的选举结果，并在墨西哥强制推行法国政府认可的制度。这样，墨西哥或将落入法国的帝国范畴，尽管其方式不如印度支那和阿尔及利亚直接。起初，法国的目标与墨西哥流亡者的目标是一致的，他们希望废除根据1857年宪法建立的共和国，转而建立一个在欧洲王储控制下的君主制国家。被选中的候选人是费迪南·马克西米连大公，他是奥地利皇帝弗朗西斯·约瑟夫的弟弟。马克西米连在1858年至1859年间担任伦巴第的总督，观念比较自由，他曾经到过巴西，而巴西的莱奥波尔迪娜女王也是哈布斯堡家族的后裔。实现这一计划的前提是法国必须先征服墨西哥以及墨西哥的保守派会有效地配合法国。然而，法国的军事谋划未能从1846年至1847年间美国在墨西哥战场的战事延误以及大量伤亡中吸取教训。

1862年5月5日，法军在普埃布拉城外战败，首府的陷落往后推迟了一年。军事上的失败阻碍了拿破仑三世建立君主制的计划。莫雷洛斯的私生子胡安·内波穆塞努·阿尔蒙特（1803—1869）以保守党主要人物的身份，随着干涉军回到墨西哥。阿尔蒙特曾参加 1835 年至 1836 年的得克萨斯战争，并曾在 1839 年至 1841 年间以及 1846 年早期担任战争部部长。他的目的是利用法国干涉军的支持，建立一个保守党的政权。根据拿破仑三世于 1862 年 7 月 3 日给弗雷元帅的密诏，法国将支持一个由各派有才能的人组建的温和派政权，这排除了保守派主导政府的可能。1863 年 6 月，法军占领墨西哥城，华雷斯政府不得不转移至圣路易斯波多西。从 1863 年夏天一直到 1866 年秋天，法军和墨西哥的帝国军队向外突进，努力控制了所有主要城市和港口。1863 年后，法国的军事优势迅速崩溃。法国政府过于低估了征服墨西哥的难度。出于政治上和经济上的原因，拿破仑三世仅派遣了一支约 2.7 万人的远征军前往墨西哥，这相当于拿破仑一世派往伊比利亚半岛兵力的十分之一，而西班牙的国土面积仅为墨西哥的一半。法国派往墨西哥的兵力包括法国外籍兵团的战士和北美洲来的辅助军队，此外，保守派军队余下的战力作为其补充，而来自比利时和奥地利的志愿军也加入这一阵营。即便如此，帝国军队也从未能占领农村地区，而防御不善的城市也多次易手。

　　不好的兆头是，自 1823 年 3 月阿古斯丁一世倒台以来，墨西哥的王位一直处于空位。马克西米连得到了他的妻子——比利时国王利奥波德一世的女儿卡洛塔——的支持，而在墨西哥保守派和君主派的游说下，他认为自己将成为墨西哥的保护者。一个最初由阿尔蒙特和拉瓦斯蒂达主导的摄政委员会建立起来，试图在新国王夫妇抵达墨西哥之前树立起权威。然而，法军的指挥官阿希尔·巴赞（1811—1888）不停将摄政委员会推向极端，目的是实现拿破仑三世的秘密政策，即将保守派边缘化，为一个温和派政权扫清道路，并为它赢得任何愿意与帝国站在一边的人的支持。巴赞在战争中积累了丰富的作战经验，如阿尔及利亚战争、西班牙的第一次卡洛斯战争（1833—

1840)、克里米亚战争（1854—1856）以及1859年法奥在意大利的战争。他把这种广泛的经验应用到墨西哥的战争中，在那里非正规作战将是其典型的战斗形式。

马克西米连和卡洛塔直到1864年6月才抵达墨西哥，此时邦联军队的战败已经为期不远。尽管法国从未承认南部邦联，但是拿破仑三世在墨西哥的战略是建立在美国武装斗争持续进行的基础上的。帝国军队已于1864年末到达得克萨斯边境，并与南部邦联保持密切联系，邦联甚至为了绕开北方联邦的封锁，将马塔莫罗斯作为其棉花的出口通道。与此同时，华雷斯派往华盛顿的部长马蒂亚斯·罗梅罗（1837—1898）持续不断地努力，动员美国民意反对墨西哥第二帝国。然而，即便是在1865年邦联失败后，美国政府也更加重视与法国的关系，而不是与墨西哥共和国的关系，因此从未向华雷斯派提供物质支持。虽然有武器通过私下交易跨越边境，但是在墨西哥问题上，法国和美国都没有冒险使双方关系破裂。

在干涉战争时代（1862—1867），华雷斯从来没有放弃国家的领土。他视自己为共和国的化身，虽然转战各地，但从未被赶出这个国家。1865年至1866年间，华雷斯部被阻在布拉沃河上的北方的埃尔帕索（即后来的华雷斯市），但华雷斯与他的两位部长——塞巴斯蒂安·莱尔多·德·特哈达（1823—1889）和何塞·玛利亚·伊格莱西亚斯（1823—1891）——始终坚信，无论多么困难，为了捍卫国家主权，他们一刻也不能离开墨西哥的领土，也正是这样，帝国政府不能宣称它是唯一代表墨西哥的合法政府。尽管共和阵营面临各种问题，但是华雷斯拥有科阿韦拉和米却肯等北部和西部众多州长的支持，其中最值得一提的是来自奇瓦瓦的路易斯·特拉萨斯的支持。1864年至1868年间，华雷斯曾在奇瓦瓦度过了他流放生涯的大部分时间，而在这期间，特拉萨斯开始了他最终主导奇瓦瓦政治和经济生活的升迁之路。通过这些北方的政治和军事联盟，华雷斯成功地击溃了比道里的势力，并于 1864 年占领蒙特雷。

(a)

(b)

图 5.8 （a）马克西米连皇帝 （b）卡洛塔皇后
在一个越来越不利的环境中，拍摄和绘制了很多皇帝夫妇的照片和画像，以尽可能传播两人的形象。在查普特佩克城堡的历史博物馆，可以看到皇帝和皇后身穿皇室长袍的画作，这与共和党领导人的朴素着装形成鲜明对比。（图片由墨西哥城的罗伯特·迈耶墨收藏馆授权本书使用）

　　马克西米连政府的政策自一开始就充满矛盾。保守派将他带到墨西哥，但马克西米连本人有着自由主义倾向。很快，由于他遵循哈布斯堡的政权高于教权的理念以及对宗教宽容的支持，而与天主教会产生隔阂。他拒绝完全废除 1856 年和 1859 年的购买教会财产的法律，而是试图使那些购买国有化财产的人与帝国政府站到一边。墨西哥帝国的政策引起教皇庇护九世（1846—1878）的不满，而教皇在此之前曾谴责过墨西哥的改革法律，因而，教皇撤回教廷大使，并阻止教会与墨西哥签订政教协定。财政上的混乱无序是帝国彻底垮台的重要因素。墨西哥的经济状况是最初欧洲干涉的借口，而 1864 年 3 月 23 日拿破仑三世与马克西米连签订的《米拉马尔条约》却迫使墨西哥支付法国企业的成本，其结果是帝国政府持续向欧洲的银行寻求财政支持，其中包括伦敦的巴林银行。

马克西米连以这种方式将保守党排挤出去。自 1860 年 12 月开始，保守党人作为一个整体失去了势力，直到 1866 年末才再次执掌政府，当时整个帝国已经接近崩溃。马克西米连将行政大权交于愿意与改革中的帝国合作的温和派和自由派手中。保守党的三个主要的人物——阿尔蒙特、米拉蒙和马尔克斯——都被派往欧洲。前总统米拉蒙（1860）很显然有极大的政治野心，构成对帝国潜在的威胁。马尔克斯 1859 年曾经在塔库瓦亚谋杀自由派的犯人和医疗工作者，因而声名狼藉。米拉蒙和马尔克斯直到 1866 年才再次被召回国，当时法军已经逐步撤退。从 1864 年末到 1866 年，梅希亚成为墨西哥帝国事实上的军队指挥官，而他并不具有控制全国的政治野心。

马克西米连自一开始便试图使其政府与法军之间保持距离，尽管他的政治生命依赖于后者。皇帝的意图在于创建一支自主的墨西哥帝国的军队，最初他寄希望于支持他的奥地利和比利时的志愿者，希望通过他们组建帝国的军队。1867 年末，法国军队彻底撤出墨西哥之后，法国人对马克西米连充满敌意，他不得不转而依靠米拉蒙、马尔克斯和梅希亚等人。不断增加的战争成本、欧洲的政治危险、国内的反抗以及美国政府的反对促使法国最终决定放弃干涉。尽管巴赞的远征军队并未在墨西哥被击败，法国军队的撤退实际上表明了在大城市以外的地区要实现有效的占领是不可能的。拿破仑三世曾希望在墨西哥取得一次代价较少的速胜，他却并不准备为绥靖政策的有效实施而付出政治和军事上的代价。但是，巴赞未能成功说服马克西米连将墨西哥交给正在撤退的法国军队接管，马克西米连放弃了最初要建立自由主义君主制的想法，转而与保守派重新形成联盟，准备背水一战。

图 5.9　1867 年 6 月 19 日，马克西米连、梅希亚和米拉蒙在克雷塔罗被处决。关于这一场景的描绘有很多，其中包括爱德华·马奈创作的三幅油画。上图重现了行刑的真实场景，虽然对三个人已知的体貌特征的还原度不够。图片的力量在于场景的戏剧性。为了纪念这一事件，奥匈帝国政府出资兴建了一座小教堂。今天，一座巨大的华雷斯雕像竖立在钟山上。卡洛塔皇后于 1866 年前往欧洲，为摇摇欲坠的墨西哥帝国寻求支持。后来精神失常的卡洛塔皇后于 1927 年在比利时去世。

主要的自由派指挥官，马里亚诺·埃斯科韦多（1826—1902）从北部、波菲里奥·迪亚斯（1830—1915）从东南部发起攻击，分别于 1867 年 5 月和 6 月攻占克雷塔罗和墨西哥城，最终实现了对帝国的完胜。华雷斯决定将被关押在克雷塔罗的马克西米连、米拉蒙和梅希亚交由军事法庭，并依据 1862 年 1 月 25 日法律的严苛条文进行审

判。尽管辩护律师呼吁根据宪法对被告进行民事审判，但是 1867
年 6 月 19 日清晨，三名犯人在克雷塔罗城外的钟山上被执行死刑。
将马克西米连等人处死，意在严重警告企图干涉美洲各共和国事务的
欧洲王室。由一群梅斯蒂索混血士兵构成的行刑队，在墨西哥中部的
一座小山上，将神圣罗马帝国卡洛斯五世的后裔、奥地利哈布斯堡王
朝的君主处死，这一事件的象征意义让所有人印象深刻。1847 年 1
月，美墨战争期间，华雷斯担任瓦哈卡国民议会的议员。一个不太为
人所知的事情是在这期间，华雷斯加入了共济会，他在其中的代号就
是威廉·退尔。墨西哥共和派将击败奥匈帝国的过程描述为自 1821
年从西班牙独立后的重洗国耻，它代表着墨西哥（按照 1853 年之后
的疆域）作为一个主权国家而存在，同时也给美国发出一个强烈的信
号，令其不要再试图蚕食墨西哥的领土。

　　华雷斯是一个狡诈而残酷无情的政客，他深知应当如何等待时
机，他曾经安然度过每一次试图将他拉下马来的阴谋，并在抵抗法国
的干涉和抵制建立帝国时起到核心作用。通过在自由主义的州长们以
及从温和派到激进派的党内人士之间纵横捭阖，华雷斯成功地将他的
敌人逐个解决掉。以埃斯科韦多和迪亚斯为首的军事指挥官始终如一
地支持华雷斯，这使得华雷斯得以在 1867 年上半年对帝国发起最后
的致命一击。1867 年之后，保守党作为墨西哥的一个政治势力基本
瓦解。但是，该党在 1848 年至 1867 年期间的许多历史至今未得到解
释。在 1911 年至 1913 年期间建立的国家天主教党之前，没有任何一
个有天主教倾向的党派曾经在选举中获得足够的支持。这意味着墨西
哥的未来将取决于获胜的自由党人，他们在 1867 年之后将坚定地全
面贯彻改革法。然而，1867 年的胜利与其说是确认了宪政制度，毋
宁说是代表着民族主义的胜利。就像复兴的共和国政府（1867—
1876）很快就发现的那样，战争年代激化了行政当局和立法机构以及

中央和地方之间的对立。从战争年代崛起的地方以及亚地方权力中枢对中央政府的自由主义形成挑战，它们致力于维护从各省和民众的视角对改革斗争进行解读。1867 年 8 月，急于通过改革宪法来加强中央权力的华雷斯和莱尔多发现，他们面临着极大的怀疑和广泛的反抗。自由派阵营长期存在的分裂最终削弱了为稳步推进 1857 年的宪法条款而作出的努力。

第六章　重建时期（1867—1940）

　　几十年前，美国经济学家克拉克·雷诺兹曾提出，现代墨西哥经历了三个经济快速发展的时期，分别是 1770 年至 1795 年、1880 年至 1907 年以及 1946 年至 1970 年。在第一个阶段，资本是从新西班牙内部催生的，投资主要来自居住在墨西哥的西班牙商人与投资者。在第二个阶段，国外投资对于刺激经济增长起到了决定性作用，尤其是在出口领域。正如我们将在接下来的一章中看到的那样，最后一个经济快速发展阶段是革命后时期政治经济发展的结果，墨西哥国家在其中承担了更加重要的作用。从 19 世纪 80 年代开始，墨西哥经济（以及拉美经济）进一步融入国际体系，其主要的推动力是北欧工业化国家和正在经历工业化的国家以及美国。对工业原材料和热带作物的需求为海外投资带来强有力的刺激。因此，资本输入国面临着非常急迫的需求，它们需要加快港口、交通和银行设施的现代化过程，以此改善落后的基础设施，这些压力也反过来对国内的政治稳定提出了要求。

　　改革时期的余波影响了 19 世纪末和 20 世纪初墨西哥的经济结构。1880 年至 1910 年间，墨西哥的工业有了巨大的发展，但直到 1940 年墨西哥仍旧是以农业为主的国家。即便如此，深刻的社会变革已经开始启动，这将最终改变城乡人口的分布状况。可以说，19 世纪末期墨西哥某些经济部门融入资本主义世界的代价是大众生活质量的下降。在出现某种社会动荡的地区，农民起义爆发，盗匪猖獗。最臭名昭著的土匪之一叫埃拉克里奥·贝尔纳尔，他在 19 世纪 80

代横行于西拉马德雷山脉的矿区。1910 年之后，墨西哥革命的主要议题是应对更加紧密地融入世界市场所带来的社会冲击，而 20 世纪 80 年代中期之后，随着"新自由主义"经济政策的实施，这一问题又再次出现。

自 1880 年开始，直到 1907 年经济衰退带来广泛影响，墨西哥经济在三个领域实现了扩张：采矿业的多元化、热带出口作物的发展以及以纺织业为首的一系列国有产业占领了国内市场。然而，与此同时，墨西哥人口在 1877 年至 1910 年间从 970 万上升到 1 510 万，这一增长对一个不太完善的农业经济结构构成了新的压力。虽然工业部门取得了令人瞩目的进展，但是截至 1910 年，至少有 64％的墨西哥劳动人口仍然从事农业生产。事实上，这一比例在 1877 年的时候仅为 60％。此外，高达 77％的文盲率阻碍了技术的应用，也延缓了劳动人口向熟练工人转化的速度。

19 世纪 80 年代至 20 世纪初，全国范围内的严重政治问题导致墨西哥在 1910 年至 1911 年间已经处于一场革命中。国家政府内部的政治分歧使得政权结构相当脆弱，并面临来自各个层次的民众动员所带来的危机。墨西哥独立 100 周年纪念活动造成了一个虚假的表象，而其背后的政治问题和社会断裂被部分地遮掩起来。20 世纪政权的交接问题未能得到很好的解决，这为始于迪亚斯政权时期的政治分化提供了直接导火索。

墨西哥在 20 世纪 10 年代的革命冲突中失去了 100 万人口。供应链的断裂以及持续的军粮征募带来 1914 年至 1915 年间的重大食物危机。1915 年 6 月，首都出现了抢夺食品的骚乱，营养不良和饿死事件随处可见。1918 年，玉米的产量远远低于 1900 年至 1910 年间的水平，而大豆产量也仅为 1910 年的 60％。1918 年至 1919 年间，只有 12％的矿场和 21％的加工厂仍然在运营。到 1920 年前，食品价格不断上涨，而工资水平却维持在 1910 年的水平，更加糟糕的是，世界市场银价和铜价持续下跌。墨西哥石油产业呈现一片繁荣景象，由于其地理位置在墨西哥湾沿岸和地峡地区，远离革命战争，基本没有受到影响，因此石油产业成为经济收缩和困难时期国家出口创汇的主力。

1920 年后，解决食品供应问题的难题被留给了革命政府。此外，革命期间爆发了大规模的农民动员，革命政府也必须解决土地所有权问题。20 世纪 30 年代，墨西哥革命面临着协调扩大食品供应和重新分配土地给农民的难题。革命催生了一系列互相关联的问题，比如，在农业部门内的劳动力组织和将政府信贷提供给重建的社群，由此，有组织的农业生产者和后革命时代政治进程的关系问题的重要性得以凸显。

事实证明，重建是一个长期的过程，其效果直到 20 世纪 40 年代中期之后才得以显现。其时，墨西哥经历了 30 年的快速发展期，正是在这几十年中，墨西哥首次成为一个城市化的国家。迪亚斯时期的经济发展为这一时期的经济扩张奠定了很多基础。从很多方面来看，1910 年至 1940 年间，革命的直接影响是阻碍了经济发展，甚至将国家推回到暴力和动乱的恶性循环之中。但是，革命带来的社会和政治变革将之前受到遏制的能量释放了出来，由此为进一步的经济发展创造了有利的条件。正如我们将在下一章谈到的，20 世纪 40 年代，国内和国际环境结合在一起，推动了墨西哥的快速发展，这一现象被描述为"墨西哥奇迹"。

第一部分　自由派共和国：宪政主义或个人统治（1867—1911）?

1867 年，自由派改革运动取得胜利，推动了墨西哥民族主义在官方集团内的蓬勃发展，其中，特别要提到伊格纳西奥·阿尔塔米拉诺（1834—1893），他呼吁建立独特的民族文学，以对抗占主导地位的欧洲模式。但如何实现这一主张并不明确，特别是在该世纪的最后十年，重要的文学创新者仍然来自欧洲。文化民族主义仍然只是一系列对国外模式作出的自相矛盾的反应，在这一运动中，一小群文学家与本族文化的局限性进行着斗争，他们对如何界定一个明确的"墨西哥"的表现形式并无明确的想法。即便如此，阿尔塔米拉诺在 1869 年创办的文学报纸《文艺复兴》引领潮流，致力于将战争后不同意识形态诉求的作家们聚集在一起，从而推进民族创造性的复苏。阿尔塔米拉诺是土著居民，出生于蒂克斯特拉（格雷罗），他也是激进的自由派和小说家。他的作品《克莱门西娅》（1869）被认为是最早的现代墨西哥小说之一。何塞·玛利亚·贝拉斯科（1840—1912）是墨西哥最著名的风景画家，他吸收了欧洲的绘画传统，并使之适应墨西哥的特殊环境，从而使作品更加恢宏、更加戏剧化。19 世纪 70 年代至 90 年代，贝拉斯科的画作主要描绘墨西哥山谷的风光，其中包括对早期铁路的描绘。在 20 世纪 20 年代至 40 年代期间的壁画运动中，最著名的代表是革命民族主义者迭戈·里维拉（1886—1957），里维拉将贝拉斯科视为对其产生了重大影响的先辈画家之一。另一名画家是何塞·瓜达卢佩·波萨达（1852—1913），他的版画以亡灵节（11 月 2 日）为主题，通过骷髅和骨骼，讽刺无处不在的死亡这一令人厌恶的事情。在迪亚斯政权晚期，波萨达成为财阀制度的主要批判者。

　　华雷斯一直强调国民教育的重要性，然而，19 世纪 60 年代至 70 年代期间，政府财政捉襟见肘。自由派和保守派之间的斗争持续了十年，致使教育改革计划被拖延。国立预科学校于 1868 年初正式招生，在 1921 年至 1922 年间，里维拉在该校的墙上绘制了最早的几幅壁画。加维诺·巴雷达（1818—1881）担任该校首任校长，任期 12 年。在 1867 年后，巴雷达倡导墨西哥版本的法国实证主义，强调科学和实用主义比宗教和传统学科更加重要。自由派的思想家把墨西哥的落后归因于宗教和传统学科教育。在巴雷达看来，墨西哥的历史由三个阶段构成，分别是宗教时期（西班牙殖民统治时期）、形而上学时期（自由改革运动时期）以及实证主义时期（即将到来的和平与进步时期）。尽管 1877 年至 1878 年间以及 1910 年至 1911 年间，教育占国家总预算的份额翻番，达到略低于总预算 7％的水平，但用于军队和警察的预算一直保持在 22％的水平，而这一比例相比之前的 42％已经降低很多。

图 6.1　西拉特拉尔特佩克火山，前景为一辆蒸汽火车（1878）。韦拉克鲁斯至墨西哥城铁路路线的勘测始于 1856 年，然而，十年内战接踵而至。铁路最终于 1872 年 12 月完工，并于 1873 年 1 月 1 日正式通车。横跨梅特拉克峡谷的桥高 84 英尺，由九根铸铁柱支撑。著名的风景画画家何塞·玛利亚·贝拉斯科为这座桥绘制了许多著名的画作。现藏于墨西哥城现代艺术博物馆的大幅油画作品以奥里萨巴火山为背景，该画是 1897 年在工作室复制的一张早期现场视图。（图片来自德戈斯蒂尼图片库，盖蒂图片社）

经济扩张

　　重建经济的尝试始于第二帝国崩溃之后。尽管墨西哥和英国在 1867 年至 1884 年间并未建立外交关系，但是 1870 年，华雷斯政府承认了总共高达 6 650 万比索的对英国的外债。这笔外债必须以某种方式进行偿还。与此同时，墨西哥经历了流通手段持续短缺的时期：1870 年，铸币总额达到 2 400 万比索，但是需要出口 2 100 万至 2 300 万比索以支付进口商品的费用，这不仅限制了国内购买能力，而且阻碍了民族工业的发展。据 1872 年至 1873 年间担任财政部部长的罗梅罗估算，该财政年度的预算赤字达到 720 万美元，而政府收入仅为 1 590 万比索。

　　受中央和地方、行政部门与立法部门以及民间和军方的关系带来的内部冲突困扰，复兴的共和国（1867—1876）几乎未能稳定经济。至 1880 年时，墨西哥面临一系列经济困难：在银价不断下跌而矿产愈发多样化的时期，如何减少对稀有金属出口的过度依赖？如何刺激国内的工业生产？如何开发新的生产区域？如何减少年度财政赤字并改变贸易不平衡现象？如何支付数额庞大的外债？如何建立一个基础广泛的教育体系，使其能够提高识字率并培养熟练的工人？1883 年至 1884 年间，曼努埃尔·贡萨莱斯政府（1880—1884）曾经尝试重新谈判外债并恢复墨西哥的资信，然而并未成功。这一努力在 1884 年至 1888 年间，由华雷斯的小舅子、财政部部长曼努埃尔·杜博兰实现。1885 年，在恢复与英国的外交关系后，墨西哥成功地与英国就债务转化进行谈判，商定由新成立的墨西哥国有银行利用韦拉克鲁斯的海关收益来偿还英国债务。墨西哥政府与伦敦的债券持有者于 1885 年达成协议，同时获得德国布雷克罗德银行价值 1 050 万英镑的贷款。最终，1888 年，新债券的发行标志着墨西哥重新回归国际信贷市场。1890 年，墨西哥再次获得总额达到 600 万英镑的德国贷款。

    大约在 1880 年后，经济的加速发展带来了广泛的社会和政治影响，尤其是从索诺拉到新莱昂各州快速发展，其中，蒙特雷的崛起发生在贝尔纳多·雷耶斯将军（1884—1909）担任州长期间。自 19 世纪 80 年代开始建设的铁路网络，不仅第一次将全国市场联系起来，而且帮助政府实现了对全国领土的控制。1873 年至 1910 年间，铁路总里程数从仅有 472 公里增加至 19 025 公里，铁路扩张的高峰期发生在 1882 年。1880 年之后，墨西哥的铁路网络通过埃尔帕索与美国铁路网实现连接。铁路系统的发展使得政府向开发公司作出更多的妥协，增加了就业机会。但是，与此同时，在发展的假象之下，不断上升的地价对铁路规划沿线的农民地产带来压力，触发了大量的农村动乱。铁路的扩张对整体经济产生了深刻的影响，推动了 1895 年至 1910 年间国民生产总值的增长。政府意识到基础设施的重要性，并在 1891 年设立专门的交通与公共工程部，地址位于旧城中心边上殖民时期矿业学校的对面。铁路的重要地位也引发了所有权的问题，并在 19 世纪末期成为一个重大的政治议题。

    卡洛斯·帕切科将军 1839 年出生在奇瓦瓦，他是一名参与了改革战争、干涉战争以及 1876 年暴乱的退伍军人，在他的领导之下，铁路的建设持续推进。帕切科在 1881 年至 1891 年间担任开发部部长，他为此后近 30 年的经济发展打下了基础。铁路网络由核心地带扩展到美国边境，为墨西哥提供了新的原材料供应地，对提高苦苦挣扎的全国纺织业的棉花生产起到了至关重要的作用。韦拉克鲁斯湾和太平洋沿岸地带在殖民时期曾是主要的棉花供应地，这一地位一直维持到 19 世纪 70 年代。80 年代所修建的中央铁路打通了贯穿杜兰戈和奇瓦瓦州的拉古纳地区，该地受到纳萨斯河水的灌溉，拥有长达 6 000 公里的棉花地。位于冲积平原上的玉米地原为贫穷的分成制佃农所拥有，现在卖给了棉花种植者。1888 年，一家名为特拉瓦里略的合资公司收购了 4.4 万公顷的土地，很快该公司由于供水问题与当地的土地所有者发生冲突。拉古纳地区在 1888 年到 1895 年间成为墨西哥发展最快的农业地区，1880 年至 1910 年间，该地农业人口增长了十倍，达到 20 万，其中大部分为来自墨西哥中部的移民。拉古纳地区劳工的生活现状为 1910 年的革命奠定了广泛的群众支持。

棉花产量的迅速增长降低了墨西哥对进口纤维的依赖程度：原棉在初级进口产品中的比重从 1888 年至 1889 年间的 45％下降至 1910 年至 1911 年间的 22％。全国纺织品产量也经历了快速扩张，尤其是在 19 世纪 90 年代，纺织业得到了来自墨西哥国内以及国外的大规模投资。工业化推动了城市化的发展：墨西哥城、普埃布拉和瓜达拉哈拉等传统的纺织业中心都得到了大规模的发展，其中奥里萨瓦（韦拉克鲁斯）和蒙特雷的发展最引人注目，后者通过铁路与拉古纳地区连接起来。托雷翁既是拉古纳地区的主要城镇，同时也是冶炼中心，在 1910 年前的 20 年中，当地人口从 2 000 人猛增至 3.42 万人。据估计，墨西哥的纺织业技师数量从 1895 年的 4.1万人降至 1910 年的 8 000 人，而纺织工业工匠的数量在同期由 1.9万人上升至 3.6 万人。而在其他的工业活动中，手工生产基本上未受到很大影响。

经济的扩张增加了国内市场对西北欧和美国的进口技术的需求，然而，在白银出口价值下降的时期，从国外进口技术被证明代价高昂。因此，墨西哥主要通过增加人力而非采用新的科技来提升纺织业的产量。尽管 1910 年至 1911 年间，机械进口占墨西哥进口总量的 9％，而棉花进口也从 1888 年至 1889 年间的 31.5％下降到 2.8％，但是生产率水平仍基本维持稳定。由于工人的教育设施整体匮乏，因而熟练劳动力非常稀缺。

采矿业的迅速发展进一步凸显了北部各州在经济上的重要性，弗朗索瓦－哈维尔·格拉指出，北部各州的矿产量占总产量的75％。1907年，在采矿业被经济衰退影响之前，投资总额从1892年的175万比索上升到1907年的1.56亿比索。大部分投资来自国外。1877年到1903年间，世界银价近乎腰斩，受此影响，墨西哥传统的出口产品白银遭受重大打击。随着主要国家在1873年后转向金本位，国际上对作为流通手段的墨西哥白银的需求量下降。但是，稀有金属的出口仍然在扩大：1877年到1910年间，稀有金属出口总额从2500万比索上升至8100万比索。即便如此，自19世纪90年代初开始，工业和可燃性金属产量上涨，截至1910年至1911年，稀有金属只占到矿产产值的54％。采矿中心不断北移，萨卡特卡斯、圣路易斯波多西、索诺拉和科阿韦拉在迪亚斯统治末期成为主要的矿产区域。

距墨西哥城1000公里的蒙特雷一跃成为东北部主要的商业和工业中心，这与美国内战后经济的扩张息息相关。就像在墨西哥的其他地区一样，有很多商人-金融家出生在国外，他们提供了资本，其中最著名的人物之一是伊萨克·加尔萨。加尔萨1853年在蒙特雷出生，他入赘到萨达家族，成为该城最重要的商业网络的头领。加尔萨·萨达家族主导了啤酒产业，在19世纪90年代把外资排挤出去，并在20世纪20年代合并了三家大型酿酒厂。20年以前，玻璃产业从普埃布拉和墨西哥城转移至并没有玻璃制造传统的蒙特雷。1909年，加尔萨·萨达家族创办了韦德雷拉·蒙特雷玻璃厂，玻璃厂建在库奥特莫克啤酒厂附近，基础资本为120万美元，并于次年开始投产。加尔萨·萨达家族也掌控着拉丁美洲第一家制钢厂——蒙特雷钢铁厂，工厂于1903年开始生产。但是，在1929年之前的几十年中，工厂高炉的生产水平从未连续两年超过其设计产能的 50％，直到 20 世纪 30 年代，铸钢厂才首次以设计产能 80％ 的水平进行生产。

图 6.2　1903 年的蒙特雷钢铁厂。蒙特雷钢铁厂自 1903 年开始运营，该厂由墨西哥和国外资本联合投资，建于 1900 年，钢铁厂进一步推动了自 19 世纪 80 年代开始的蒙特雷的快速工业化进程。分别建于 1854 年、1872 年和 1874 年的三家纺织厂也在该市及其周边运营。酿酒厂在 1890 年开张；紧随钢铁厂之后，水泥厂和玻璃制品厂分别在 1905 年和 1909 年开张。煤矿床位于蒙特雷北部，并横贯科阿韦拉边境区域，特别是在格兰德河畔的彼德拉斯内格拉斯。图中的钢铁厂现为一个工业园区的核心组成部分，图中的背景为希拉山（"马鞍山"）。（图片由本书作者提供）

三位财政部部长——罗梅罗、杜博兰和何塞·伊薇斯·利芒图尔（1854—1935）——为最终实现墨西哥金融形势的稳定作出了贡献。1893 年 5 月，利芒图尔接替罗梅罗入主财政部。1895 至 1896 财年，政府收入为 5 050 万比索，支出为 4 000 万比索，成功实现了预算盈余，这一巨大成功一直延续至 1905 至 1906 财年。1904 年至 1905 年，贸易额维持顺差，其中金属占出口的 50％ 以上。在 1905 年的货币改革中，利芒图尔推动墨西哥加入金本位体制，使墨西哥保持了十年稳定的金融局势，其初衷是在世界主要国家中为墨西哥共和国争得一席之地。结果，当出口价格下跌，而进口价格——尤其是机械产品价格上升之后，贸易状况恶化。在此背景下，1907 年纽约证券市场崩盘，受国际价格趋势影响，墨西哥经济体中的现代化部门遭到巨大冲击。同年，灾难性的粮食歉收进一步加深了社会剥夺的程度。1908 年至 1909 年，粮食产量复苏，但是对于工业发展来说，这是灾难性的两年。为了度过此次危机，利芒图尔被迫再次寻求国外贷款。

在迪亚斯时代，墨西哥的国外和国内债务急剧增加，尤其是在 1890 年之后，债务从 1896 年的 1.932 亿比索上升到 1911 年的 5.897 亿比索，其中 4.41 亿是外债（包括铁路贷款），这已经考虑了 1905 年的货币贬值。大部分外债并非用于购买军事设备（这部分通常会被忽略），而是用来对基础设施进行现代化。但是，1899 年至 1910 年间，利芒图尔通过债务转换降低利率，成功地将支付债务的成本从 1895 年至 1896 年间占正常收入的 38％降至 1910 年至 1911 年间的 23.7％。国际社会对墨西哥仍持有较高的信心，债务水平保持在可控范围之内。此外，直接投资的总体水平也远远高于贷款的总额。

1907 年的经济衰退影响了经济的稳定局面，并在 20 世纪 10 年代的革命冲突中不断恶化。虽然 1911 年墨西哥获得来自纽约的贷款，并在 1913 年至 1914 年间在英国发行三次债券，但 1914 年的墨西哥仍无力偿还外债。这十年中发生的政治崩盘和内战损害了自 19 世纪 80 年代以来在经济上所取得的诸多进展。截至 1919 年 12 月，国家债务增加至 7.22 亿比索。这些问题都将留给普卢塔科·埃利亚斯·卡列斯（1924—1928）政府来解决。在很多方面，利芒图尔的继承者将是 20 世纪 20 年代的财政部部长们。

领地的权力和农村世界

各地的土地情况并不一致，在正在快速发展的北部，劳动力的流动速度远远高于传统主义盛行的南方。在南方（尤其是在瓦哈卡），印第安农民社群仍然控制着大部分土地。在科阿韦拉、杜兰戈、索诺拉、奇瓦瓦以及新莱昂等北部各州，人口增长比共和国的其他地方要快很多，国内移民是人口增长的主要原因。在墨西哥中部，农民的失地情况在迪亚斯统治时期相当严重，但是这种情况并非处处皆然，也并非一向如此。高达 20％的农业人口生活在庄园，而且庄园通常建在最好的土地上。在莫雷洛斯等州，制糖产量的迅速增长给农民对土地、劳动力和供水的控制带来巨大压力。在圣路易斯波多西等北方各州，雇佣劳动逐步取代农村的债务奴役制度。在中北部的某些地区，如在哈利斯科、阿瓜斯卡连特斯、瓜纳瓦托以及克雷塔罗等地，农场主作为一个极具活力的农村中产阶级涌现，在庄园势力比较薄弱或者完全缺失而农民社群早已被农场主阶层所取代的地区尤其如此。

最大规模的土地仍被奇瓦瓦的特拉萨斯家族集中掌握。路易斯·特拉萨斯（1829—1923）在华雷斯时代建立了强大的王朝，在迪亚斯统治时期之前一直与国家政府保持密切联系。迪亚斯忌惮特拉萨斯的地方权力，因而在当地扶持特拉萨斯的对手，使特拉萨斯在 1884 年至 1903 年间卸任州长之职。特拉萨斯家族的活动范围涉及畜牧饲养业、银行业以及商业信贷等领域。截至 1910 年，特拉萨斯家族坐拥 15 处产业，面积总计 200 万公顷，并拥有 50 万头牛以及 25 万只羊。奇瓦瓦和得克萨斯的畜牧业有很多共同之处。在奇瓦瓦州，中等阶层正在形成，他们发现自己的期望被特拉萨斯家族的垄断给阻断了，他们将美国的政治民主和生活方式作为其理想的模式。跨境交流成为日常生活中的常规部分。与墨西哥中部和南部的定居农民社群不同，奇瓦瓦拥有半工业基础，生产形式多样，充满活力。在西部山区，顽强的塔拉乌马拉人的存在使当地的印第安传统得以很好地保存下来。

与18世纪的墨西哥一样，这一时期农业危机纷至沓来。1891年和1892年，庄稼连续两年歉收。更加糟糕的是，在1910年之前的几十年前，与人口持续增长相反的是粮食产量的降低，如玉米产量从1877年的270万吨下降到1907年的210万吨。因而，在粮食短缺的年代，如1896年至1897年和1900年至1901年间，国家不得不从国外进口粮食，尤其是在1909年至1911年粮食歉收频发的时期。在白银价格下降的时期，食物同样需要靠进口，这进一步威胁到利芒图尔在1893年后竭力稳固的金融体系。当世界上多数国家的食品价格下降时，墨西哥的食物价格却上涨，1900年至1910年间食品价格上涨了20％。在这十年中，玉米的价格指数从100上升至190。同样，与1809年至1811年生存危机期间一样，地区差异明显，北部矿区各州是遭受最严重影响的地区之一。在工资水平相对滞涨的时期，由于粮食供应问题，全面的通货膨胀开始出现。在中部地区，村庄土地的流失使得生存危机带来的冲击进一步恶化。

"波菲里奥和平时期"并没有给农村地区带来和平。在圣路易斯波多西州，在1879年至1883年间，为了夺回被庄园侵占的土地，并要求获得在市政权力机构中的代表权，位于潮湿的瓦斯特卡地区的村庄曾爆发起义。特皮克的社群要求实行有效普选制，并推行自由的城市选举，类似的情形也发生在墨西哥中部各地。雷耶斯镇压了圣路易斯波多西的农民起义，他认为对农村起义以及横行乡里的盗贼的镇压是实现现代化的先决条件。此后，在1889年至1893年间，爆发了遍布奇瓦瓦至科阿韦拉各地的起义，起义源于对立集团之间的权力争斗，并且在格雷罗和韦拉克鲁斯地区伴有其他运动。这一时期，起义的根源主要是经济形势的不景气，起义的性质都是局部性的。

　　西北部采矿业的复兴再次给索诺拉的亚基人带来压力。在 19 世纪，印第安人的生存策略包括与国内互相竞争的政治派系之间达成战略同盟。事实上，至 19 世纪 70 年代，亚基人成功地在亚基河水系富庶农业的基础上建立了一个自治共和国。1887 年后，觊觎土地的开发公司介入，由此触发了一场旷日持久的游击战争。州政府和联邦政府的军队遭遇挫败，随之而来的是 1895 年的暴力镇压以及将亚基人俘虏递解到南部热带庄园的政策。即便如此，到 1900 年之前，全州总人口为 22 万，其中亚基人约 3 万。1899 年以及 1902 年至 1905 年间，亚基人的反抗爆发，多达 5 000 名的联邦士兵参加战争。递解政策在 1904 年后成为通行做法，并在 1908 年达到高峰。至 1908 年，四分之一至一半的亚基人都由铁路运出本州，其中很多人被运往尤卡坦的劳动力密集的龙舌兰种植园，作为玛雅人劳动力的补充。另外一些人则穿过边境，到达亚利桑那。迪亚斯政府视亚基人为进步与文明的敌人，对其实施暴力镇压的政策。而在亚基人看来，联邦政府无权改变其生活方式并剥夺他们的土地。在政府与亚基人的战争中，关键性的人物是拉蒙·科拉尔（1854—1912），他是 1887 年至 1900 年间索诺拉重要的政治人物。迪亚斯时代对亚基人问题粗暴的解决方式导致了 1913 年后亚基人与阿尔瓦罗·奥夫雷贡的革命部队达成合作。找到亚基人问题的解决方案将是此后墨西哥革命的领导人需要面对的问题。

　　艾伦·奈特对墨西哥革命的研究表明，"源于农民们的不公平感而形成的起义对 1910 年至 1920 年之间的民众革命起到了至关重要的作用"。正如在 19 世纪 10 年代的革命运动中一样，民众运动的背景是长期积压的地方性愤怒情绪，通过地方性和全国性的领导集团，逐渐演变成更大范围的运动。在整体性革命爆发前的几十年中，经济的加速变革进一步激化了地方问题。在这两种情况下，权力中枢所爆发的政治危机为民众的动员铺平了道路。然而，两者从性质上来看有很大的差别。虽然在 19 世纪 10 年代，土地使用、水权以及庄园上的农民劳动力等因素导致了冲突的产生，但是在 20 世纪 10 年代，这些冲突产生的影响更大。从 19 世纪 90 年代开始，土地和劳动力问题成为引发社会冲突最主要的因素。在 1910 年革命之前的几十年中，正在经历现代化进程的部门与传统的农民认同之间的鸿沟日益扩大。

波菲里奥·迪亚斯统治下的政治实践

1876 年，在图斯特佩克起义中，迪亚斯根据"有效选举：不连任"的制度或运用 1857 年宪法的条文，驱逐了莱尔多，这一做法贯穿了 1867 年以来自由派阵营内部所有的抗议活动中，也使迪亚斯备受运动中激进派的青睐。这些激进派或"纯粹主义者"自 1863 年起已经失势，他们对华雷斯和莱尔多充满怀疑，是波菲里奥的忠实追随者。在迪亚斯的第一届任期（1876—1880）里，他得到了国家以及党派内部广泛的支持。罗梅罗再一次成为财政部部长，曾经在 1857 年至 1861 年间担任哈利斯科州长的激进派将军佩德罗·奥加松成为战争部部长，无神论者伊格纳西奥·拉米雷斯（1818—1879）入主司法与基督教事务部。在迪亚斯的第一届任期里，19 世纪 70 年代自由派运动分裂为三个派系，此后，迪亚斯内部高层仅得到微弱支持。迪亚斯背后的主要人物是他的亲密朋友和伙伴、瓦哈卡人胡斯托·贝尼特斯（1839—1900）。贝尼特斯曾在干涉战争期间担任迪亚斯的秘书，并在 1871 年至 1876 年迪亚斯发动的两次起义中担任首席顾问。贝尼特斯已经有了个人的追随者，并可以在众议院得到多数派的支持。人们普遍认为——尤其是根据 1876 年的"不连任"原则——贝尼特斯将在 1880 年接任迪亚斯。然而，迪亚斯上台之后旋即寻求摆脱贝尼特斯的庇护。

图 6.3　波菲里奥·迪亚斯总统（1876—1880、1884—1911）。和华雷斯一样，迪亚斯也来自瓦哈卡。迪亚斯是白人和印第安人的混血血统，他崛起于军队而不是司法界。在法国的武装干涉中（1862—1867），迪亚斯在全国范围赢得了声誉。他统治墨西哥政治生活长达 35 年，曾七次连任总统：1884 年、1888 年、1892 年、1896 年、1900 年、1906 年和 1910年。虽然 1857 年的联邦宪法仍然有效，但迪亚斯利用宪法的局限性，从 1884 年起建立专制的个人统治，直到 1911 年 5 月革命爆发后被迫下台并离开墨西哥。"再选主义"成为 1910 年革命的中心议题。1912 年，埃米利奥·拉巴萨（1856—1930）在他极具影响力的著作《宪法与独裁》中对迪亚斯政权进行了批判。（图片由得克萨斯大学奥斯汀分校的内蒂·李·本森拉丁美洲收藏馆授权本书使用）

迪亚斯需要从所有的可能的群体中得到支持，其调和政策实现的重点在于第一个阶段。莱尔多与墨西哥天主教的冲突令政府在 1877 年 1 月发表声明，称新政府将不再迫害教会。重要人士——无论之前的信仰如何——发现可以和当局达成协议，尽管没有哪个派别、团体或党派被允许与其他组织进行联合。1877 年至 1879 年间，当局使用暴力摧毁了在韦拉克鲁斯和锡纳罗亚等州的莱尔多运动。在 1877 年迪亚斯发给韦拉克鲁斯州长路易斯·米耶尔·伊·特兰的电报中，迪亚斯授意使用暴力镇压起义，这导致 9 人在未经审判的情况下被处以死刑。另外，在一次为了纪念特皮克人投降的宴会上，军事将领杀害了卡西克首领。这两次事件成为迪亚斯第一个任内最大的两个污点。

1880 年依稀可以看出迪亚斯时代即将出现的趋势。是年，迪亚斯并未指定贝尼特斯或者其他部长为继任者，而是选择了一个没有任何政治操守的军事将领继承自己的位子。显然，迪亚斯并不信任贝尼特斯，因而并未在 1884 年其总统任期结束之时将政治权力交回给他。迪亚斯与贝尼特斯的决裂被支持者们视为背叛，此后他们称迪亚斯为"背信弃义的迪亚斯"。曼努埃尔·贡萨莱斯将军在自由党中并无根基，在改革战争时期他曾是保守党人。贡萨莱斯的位置完全依赖于"老兄"迪亚斯对他的支持，由于贡萨莱斯的介入，迪亚斯的事业在两次叛乱中得到拯救。贡萨莱斯就任总统初期，看上去一切都很顺利。著名的华雷斯主义者伊格纳西奥·马里斯卡尔（1829—1910）被任命为外交部部长——他在这个位置上一直待到去世，而迪亚斯本人则担任发展部部长。赫罗尼莫·特雷维尼奥将军（1836—1914）是贡萨莱斯忠实的追随者，他曾在比道里领导下的新莱昂州的国民卫队任职，之后担任战争部部长。特雷维尼奥与东北部结成联盟，因为贡萨莱斯本人正是来自马塔莫罗斯（塔马利帕斯）。

1880 年的政权交接是墨西哥自独立以来第二次和平权力过渡。

然而，看起来具有重大进步的权力移交不过是一个掩盖了更深层次花招的遮羞布：迪亚斯的意图是 1884 年贡萨莱斯再将政治权力交回给他。但是，1881 年 5 月，迪亚斯在担任部长仅 6 个月后宣布离职，目的是与贡萨莱斯政府保持距离，从而创造条件以阻止贡萨莱斯连任。

迪亚斯本人是否有一个关于发展的清晰看法是存疑的，他与自由派的技术官僚没有任何关联。技术官僚派的先驱是米格尔·莱尔多·德·特哈达。技术官僚的影响在塞巴斯蒂安·莱尔多当政时期得到充分体现，其中以曼努埃尔·罗梅罗·鲁维奥（1828—1895）等人的崛起为代表。罗梅罗·鲁维奥在塞巴斯蒂安·莱尔多的政府担任外交部部长及内阁主要成员。在改革时期，罗梅罗·鲁维奥家族通过与塔毛利帕斯的激进派州长胡安·何塞·德拉·加尔萨（1826—1893）的联系，在没收教会财产的过程中发财致富。莱尔多下台之后，罗梅罗·鲁维奥在美国度过政治低谷，但在 1880 年再次以参议员的身份回到墨西哥。然而，迪亚斯迟早需要将他的政权建立在最能为他提供扎实执政基础的人之上，19 世纪 80 年代后，莱尔多式的技术官僚开始以个人身份回归政治生活。

罗梅罗·鲁维奥变得越来越保守，而他的家人则皈依了天主教。1883 年 12 月，53 岁的迪亚斯与 19 岁的卡门·罗梅罗·鲁维奥（卡门丽塔）结婚。迪亚斯显然很迷恋她，但是我们如果同意迪亚斯后来的政敌何塞·洛佩斯·波蒂略·伊·罗哈斯的看法的话，迪亚斯唯一的激情就是获得政治权力。应当强调的是：他追求的是权力，而非个人财富。卡门丽塔是虔诚的天主教徒，她嫁给了一个正在老去但是却充满活力的共济会成员，一个曾经的激进分子。婚礼在墨西哥城举行，大主教拉瓦斯蒂达主持了婚礼，而大主教本人曾对改革持批评态度。一个自由派将军和一个曾流亡的高级教士之间的相聚源于有一半英国血统的教士欧洛希奥·希洛主教（1847—1922）。希洛曾在兰开夏郡的斯托尼赫斯特耶稣学院就读，在罗马教皇庇护九世时期，希洛接受了僧侣教育。希洛利用自己对拉瓦斯蒂达大主教的影响，促成了教会和国家之间的暂时妥协。此后，希洛升任主教，并在1887年成为瓦哈卡的大主教。尽管墨西哥政府拒绝允许"红衣主教"这一称号在墨西哥使用，但是，1901年希洛本可以成为美洲第一个被提名为红衣主教的人。

迪亚斯和卡门丽塔在美国度过了他们的蜜月，卡门的英语十分流利。在美国，这对夫妇受到王室一般的待遇。

与此同时，波菲里奥派开始抹黑贡萨莱斯当局，把金融不稳定归咎于当局，尤其是有关铁路贷款的非正常状态。在1884年的总统竞选中，迪亚斯顺利地再次当选。即便如此，1885年，针对贡萨莱斯的对抗仍在继续，众议院指责他对公共资金使用不当，只有迪亚斯能够启动的诉讼程序摧毁了贡萨莱斯的政治生涯。

个人统治的建立（1884—1911）

在迪亚斯的第二任期内，即1884年至1888年间，他开始建构独裁统治。马里斯卡尔和帕切科保留了之前的职位，杜博兰领衔财政部，但是显然这一时期的主要人物已经变成罗梅罗·鲁维奥。作为内政部部长，罗梅罗掌控警察部门，监督各州州长，并且管理联邦议会。与此同时，迪亚斯安排忠诚的波菲里奥派担任州长职务，以便将贡萨莱斯的支持者们清除出去：特奥多罗·德埃萨（生于韦拉克鲁斯，1848年）在1892年到1911年间担任其家乡的州长；穆西奥·马丁内斯担任普埃布拉州长；马丁·贡萨莱斯（生于瓦哈卡，1839年）在1894年至1902年间主政瓦哈卡。印第安后裔普罗斯佩罗·卡乌安茨上校是一个忠实的波菲里奥派，且不构成任何潜在的威胁，在波菲里奥执政期间，卡乌安茨一直担任特拉斯卡拉的州长，这个阶段也因此被称为"繁荣时期"①。在新莱昂州，雷耶斯在 1885 年 12 月至 1909 年 11 月间担任州长。雷耶斯对新莱昂州的有效治理使其权威不断增加，这引发了迪亚斯日益增加的忌惮。

格拉认为，至 1880 年代中期的时候，政治体系已经成为"一个由不同类型的故交和效忠者构成的金字塔，其塔顶就是总统"。迪亚斯将此前的各种网络整合在一起：地方和地区层面的个人效忠成为国家层面政治团结的基础。大多数到目前为止仍拥有自主权的卡西克都被替换了，而所有潜在的军事对手也都被中立化了。所有这些层次和团体之间持续的工作关系对于政权的生存至关重要。在构建个人化政府早期，迪亚斯仍然是通过直接控制的方式实现的。作为一个来自瓦哈卡的墨西哥人，迪亚斯经历了从地方到省级政府的逐步晋升，因而深谙墨西哥最基层的运作方式，而这是那些住在墨西哥城里的知识分子和政治人物难以明白的。

选举仍然在举行，但是忠诚的州长们控制了选举。在 1885 年至 1886 年间，行政当局开始了一场控制新闻记者的行动。为了让《自由党报》《观察者报》及其他持异见的媒体闭嘴，政府采取了贿赂以及政府资金资助的手段。1886 年 6 月，政府采取行动，迫使许多记者穿越边境逃入美国境内，而在那里他们将受到墨西哥领事馆的监视。1887 年 10 月 21 日，任人摆布的国会通过了总统和州长可以连任一届的法案，对 1857 年宪法中第 78 条和第 109 条提出修订，但却与帕洛·布兰科（1876 年 3 月 21 日）对图斯特佩克计划的修订精神背道而驰。因此，许多最初支持图斯特佩克起义的人都走向对立面，在媒体上指责当局违背了不得连续连任的原则，1876 年至 1884 年的后

---

　　① 普罗斯佩罗·卡乌安茨的西班牙语原名 *Próspero* 意为"繁荣的"，因而普罗斯佩罗担任州长的时期"Prosperato"有"繁荣时期"的意思。

图斯特佩克时代终于结束了。特立尼达·加西亚·德拉·卡德纳是当局的主要反对者之一，他曾于 1876 年至 1880 年间担任萨卡特卡斯的州长，并在 1880 年的总统选举中成为候选人。1886 年 11 月，特立尼达·加西亚在病重时被候任总督和萨卡特卡斯的政治首领刺杀，这一事件被认为是迪亚斯政权主要支持者们的阴谋，因为他们有潜在的犯罪动机，而人们也认为迪亚斯应承担道德责任。

1884 年至 1888 年间，内阁中个人之间的敌对阻碍了团结，强化了总统的地位，也预示着 1888 年实现约定的权力更迭不会太顺利。全国范围内的和解政策掩盖了内阁成员之间根深蒂固的矛盾。迪亚斯鼓励罗梅罗·鲁维奥、杜博兰和帕切科成为潜在的继任者，这种相互敌对使得所有人都出局了。此外，由于罗梅罗·鲁维奥是迪亚斯的岳父，因而并不能独立地谋求继任。其结果是，1888 年迪亚斯再次站出来，根据 1887 年修正案的条款进行连任选举。危险的反对者们都被暗杀了，如哈利斯科的前任州长拉蒙·科罗娜将军以及《世界报》的编辑伊格纳西奥·马丁内斯将军，前者死于 1889 年，后者于 1891 年在得克萨斯边境线上的拉雷多殒命。这些都是特例，当局通常的做法是引诱和收买，而那些不愿配合的人将遭到不断的侵扰。

罗梅罗·鲁维奥的影响依旧很强大。他通过其私人秘书同时也是政权中的重要人物之一的罗森多·皮内达（生于胡奇坦，1885 年），将一群二三十岁且雄心勃勃的年轻人聚集起来，作为他的私人谋士，其中的几个人是巴雷达的学生。这种情况一直持续到 1895 年罗梅罗·鲁维奥去世。总的来说，这个团体希望在保持政治稳定和经济发展的前提下继续专制政体。皮内达负责监督官方报纸《公正报》，该报由拉斐尔·雷耶斯担任主编，并与越来越边缘化的反对派展开了一场论战。《公正报》向知识分子提供发表作品的空间，由此将他们吸引到政府的立场上来，推动了曼努埃尔·古铁雷斯·纳赫拉（1859—1895）和萨尔瓦多·迪亚斯·米龙（1853—1928）等著名诗人的出现。报纸采取低价策略，挤垮了竞争对手们，使其逐渐退出舞台。

1888 年，迪亚斯第二次当选后，反对派杂志《家庭日报》遭受迫害。该刊成立于 1881 年，主编菲洛梅诺·马塔（1845—1911）是媒体自由的坚定支持者。马塔本人曾 30 次被关进监狱。丹尼尔·卡夫雷拉（1858—1914）在 1885 年 8 月创建了讽刺性报纸《海獭之子》，据说在 1895 年报纸停刊之前，卡夫雷拉曾被投入监狱 300 次。波萨达在 1887 年迁往墨西哥城后，他的版画也出现在这张报纸上。

1892 年，技术官僚们建立了自由联盟，这是一个精英团体，专门为迪亚斯的第三次连任造势，其主要人物是皮内达和胡斯托·谢拉·门德斯（1848—1912）。后者曾担任《自由报》（1878—1884）的编辑，该报拥护强大的政府，鼓吹技术进步。谢拉是 1857 年宪法的批评者，他成为迪亚斯政权晚期最重要的知识分子，并在 1905 年至 1911 年间担任教育部部长。在其位于塔库巴亚的居所里，每周日下午举行茶话会，更恰当地说是想法相近的人们之间的非正式谈话，这些谈话可能推动友谊的产生，也可能造成激烈的争吵，这里为文学青年和想要谋职的人们提供了会面的场所。利芒图尔是法国移民的后代，他的父亲是国有化教会地产中的投机商，利芒图尔支持自由联盟。组成该团体的重要人物还有瓦哈卡州长埃米利奥·皮门特尔（1903—1910）、银行家华金·卡萨苏斯、奇瓦瓦州的银行家和制造业商人恩里克·克里尔（生于奇瓦瓦，1854 年）以及巴勃罗·马塞多。克里尔是路易斯·特拉萨斯的女婿，是墨西哥最大的富豪之一。

图 6.4   1900 年代末威特曼·培生（考德雷勋爵）在韦拉克鲁斯港口的
工程。韦拉克鲁斯是墨西哥面向大西洋的港口，波菲里奥·迪亚斯将韦拉
克鲁斯港口设施的建造委托给当时处于行业领先地位的建筑公司——培生
父子建筑公司。其时，培生已经参与了墨西哥的石油开采活动，他在墨西
哥城拥有一所房子。培生亲自监督韦拉克鲁斯港口的建造，跟随他的还有
首席工程师约翰·布罗迪。培生和布罗迪两人的雕塑都出现在港口的墙
上。在迪亚斯统治晚期，培生与墨西哥的政治领袖关系密切，他也是科尔
切斯特（埃塞克斯）的自由党议员（1895—1910），培生在议会中的保守
党对手称他为"墨西哥议员"。（图片由 M. A. 阿尼普金在 2016 年拍摄）

自由联盟的大本营在墨西哥城，正在步入现代化的商人们构成该组织的主体，而在地方各省，该组织的根基就要弱很多。自由联盟创建的目的在于再次将自由党建设成一个国家政党，并且利用这个政权进行改革。他们的设想包括政治过程的重新开放、新闻自由的复兴、司法改革以及有限民主形式的确立。1892年，自由联盟表达了对法治而不是终身任职的总统的个人最高权力的支持。但是，他们遇到了迪亚斯的阻挠，迪亚斯怀疑该党的真实意图是为罗梅罗·鲁维奥提供政治支持。因此，政治改革的愿望破灭了，迪亚斯再次连任，政治体制没有丝毫改变。迪亚斯并未实行"开明专制"，对记者和编辑的审判一直持续到19世纪90年代。技术官僚们被轻蔑地称为"科学派"，他们变成一群仰赖迪亚斯鼻息的管理者群体。

第三次当选为1892年12月20日的宪法修正案奠定了基础，这一修正案移除了1887年宪法只能连任一次的规定，因此恢复了1857年的立场，1857年的宪法对连任的问题只字未提。由此，总统可以无限期连任的口子被打开了。当局对媒体的压制仍在持续。1893年至1894年间，《民主报》和《共和国监察者报》遭到政府的查禁。《共和国监察者报》历史悠久，自19世纪40年代以来一直是坚定的自由派报纸。1896年，在全国波菲里奥派的支持下，迪亚斯成功地第四次连任。但是，连续性的假象被政权内部不断加深的帮派主义拆穿，对于日渐疏远的"科学派"的敌意导致了19世纪90年代以雷耶斯为核心的反对派系的出现。

日益严重的政权交接问题

很明显，迪亚斯集团未能解决权力更迭的问题，这是1910年墨西哥政治崩溃的主要原因。1893年，关于雷耶斯将参选的谣言开始盛行，1896年再次兴起，当时雷耶斯曾经短暂地在战争委员会担任国务大臣。1898 年，迪亚斯似乎考虑选定利芒图尔为继承人，并在 12 月前往蒙特雷争取雷耶斯的同意。但是，阻挠利芒图尔继位的并不是雷耶斯，而是司法和公共教导部部长华金·巴兰达（生于梅里达，1840 年）。巴兰达提出，作为一个外国人的后代，利芒图尔不能够合法履行总统的职责，显然这一观点是错误的。然而，迪亚斯放弃了可能引发争议的想法，并再一次——第五次——连任。在试图调和政权内部愈演愈烈的分裂无果后，迪亚斯将雷耶斯提拔为战争部部长（1900—1902）。由于迪亚斯忌惮下属发动军事政变，因而刻意忽视军队不断恶化的情况，雷耶斯上台后开启了一场众望所归的军队改革。但是，雷耶斯的政策引起了科学派的怀疑，他们声称雷耶斯在建立自己的政治基础，为接手政权做准备。科学派与其新盟友联邦区州长科拉尔——也是雷耶斯的个人宿敌——联手，这导致雷耶斯被解职，军队改革政策也由此结束。因此，当时的墨西哥并未像其他拉丁美洲大国一样，在欧洲军事顾问的帮助下对武装力量进行重组和职业化建设，其结果是，如果发生外来干涉或者大规模的内部冲突，联邦军队将承受很大的风险。

1900 年至 1904 年之间，科拉尔进入政权核心，但是他并不是一个具有全国性影响力的政治人物，而且此前在首都也寂寂无名。1904年，科拉尔担任内政部部长，占据了此前罗梅罗·鲁维奥的核心地位。克拉尔是雷耶斯派的眼中钉，雷耶斯与科拉尔有嫌隙，1880 年至 1883 年，在克拉尔的家乡索诺拉州发生的亚基战争中，作为西北部军事指挥官的雷耶斯与科拉尔结下仇怨。科拉尔与银行业和开发商的利益有很深的牵扯，他宣扬印第安人总是随时准备进行抵抗的论调，提出需要积极地发动战争来驱赶印第安人，使他们不要再占有该州最好的农业土地。

政权交接问题不断恶化，这使得迪亚斯在 1904 年将总统任期（延长一次）延长至六年，因此其任期直到 1906 年才结束。与此同时，他督促国会通过宪法修正案，允许恢复 1847 年曾被取消的副总统职位。取消副总统职位可能是科学派的杰作，其理由是副总统的传统职能是推翻总统，但一直以来迪亚斯对此并不赞同。由于没有继任者获得一致同意，1906 年，迪亚斯第六次连任；而这一次，颇有争议的科拉尔作为副总统候选人参加选举。

在迪亚斯第五次和第六次连任期间，在主要的大城市出现了反对连任的社团。大部分人的意见是严格遵守 1857 年宪法的各项准则，并恪守 1876 年的有效选举和不连任的原则。与此同时，在经济最发达的部门，劳动关系不断恶化，1906 年至 1907 年间，在卡纳尼亚（索诺拉）的制铜业和布兰科河（韦拉克鲁斯）的机器化棉花厂爆发了长久的大规模罢工，这些都表明当局与产业工人群体中相当大一部分人的利益产生了背离。在这样的背景下，马贡·弗洛雷斯兄弟曾试图组建一个反对派的自由党，1906 年他们将其纲领极端化，把工人阶层的不满也纳入其中。

权力继承问题悬而未决凸显了政治权力交接的重要性。长期的不确定性使当局的核心变得不稳定，而各省的权力中心也像 1810 年时那样处于危险的境地。顶层的固化使得整个统治集团的合法性受到威胁，最终革命成为实现权力更迭的唯一方式。不幸的是，迪亚斯集团的下台只能在整体性危机的背景下发生，而不是通过和平的方式得以实现，这表明只有在经济和社会动荡的时期，政权才能实现向公开政治的过渡。在 20 世纪初，政权更迭的国内社会和经济条件已经开始出现。

1908 年至 1909 年，雷耶斯的支持率达到顶峰，但是为了避免站到迪亚斯政权的对立面，他拒绝参加 1910 年的选举。然而，雷耶斯的支持者走上街头与波菲里奥派斗争。1908 年 5 月，在两次总统选举期的中间点，迪亚斯宣布他将参加第七次选举连任，并选择科拉尔作为副总统候选人。而三个月前，迪亚斯在《克里曼采访》中发表声明，不再寻求连任。迪亚斯宣布再次连任的举动使得领导人的继位问题更加尖锐。

雷耶斯阵营的无能推动了弗朗西斯科·马德罗（生于帕拉斯，科阿韦拉州，1873 年）领导的反连任运动的诞生。马德罗是科阿韦拉州的大地主埃瓦里斯托·马德罗（1828—1911）的孙子，埃瓦里斯托是曾任科阿韦拉州州长的比道里（1880—1883）的盟友，也是新莱昂银行的创始人。1889 年后，迪亚斯在马德罗家族的家乡扶植亲科学派的势力，马德罗家族在政治上被边缘化。科学派在全国的主导地位也阻止了贝努斯蒂亚诺·卡兰萨在 1908 年获得州长位子的企图。次年，马德罗发表《1910 年的总统继任》一书，号召墨西哥实行宪政民主。马德罗在书中指出军国主义是这个国家的首要敌人，在这一点上，他认同华雷斯传统。但是，在 20 世纪第一个十年，"军国主义"的主要批评者正是科学派，他们急切地希望通过这样的方式搞臭雷耶斯。考虑到马德罗家族和利芒图尔的友谊，这种立场并不让人觉得惊讶，但却表明虽然马德罗主义和雷耶斯主义都认同波菲里奥统治时期的经济成就，并致力于在此基础上寻求更大的进步，但双方存在巨大的分歧。马德罗支持通过选举的方式实现政治权力在公民势力之间的和平过渡，然而，在 19 世纪的大部分时期里，和平过渡并未出现在墨西哥政坛，在 20 世纪的前十年里也并无太大差别。

然而，迪亚斯将军即将实现第七次连任，在 1914 年完成其第八个任期的可能性与解决权力过渡问题的渴望产生冲突。1909 年 5 月，马德罗建立反连任中央社团，由多次入狱的记者马塔担任社团的秘书。此外，创始成员还包括何塞·巴斯孔塞洛斯（1882—1959）和路易斯·卡夫雷拉（1876—1954）。巴斯孔塞洛斯是青年协会文学圈子里的一员，而卡夫雷拉是为《家庭日报》撰稿的记者，也是丹尼尔·卡夫雷拉的侄子。革命时期，马德罗社团的成员们获得了全国性的声誉。当局决定将雷耶斯从政坛清除出去，这逼迫雷耶斯派不得不聚集在马德罗身后，卡兰萨就是其中一员。1909 年 12 月，已经被剥夺军事大权的雷耶斯辞去新莱昂州州长的职位，并被迪亚斯派往欧洲执行一项军事使命。迪亚斯集团从来没有担心过马德罗主义，科学派甚至因为他们的反雷耶斯立场而支持他们。然而，在总统选举的前夜，越来越强大的反连任联盟在墨西哥城召开会议，这一举动促使政府在 1910 年 6 月初取缔了这次运动，并在蒙特雷逮捕了马德罗。在马德罗被囚禁在圣路易斯波多西的一个多月里，迪亚斯和科拉尔连任总统和副总统。

从财产所有者以及自 1880 年以来经济发展受惠者的角度来看，中央的不稳定和即将爆发的军事斗争都将为一直以来被有效的政治体制压制的不满情绪提供释放的渠道。一种警觉感弥漫在社会的精英阶层中，他们害怕自己将不再受到迪亚斯集团兼具操纵和有选择的镇压的方式所庇佑，而群众动员似乎将会危及自 19 世纪 80 年代以来取得的现代化成果。这样的担忧情绪在整个精英阶层弥漫，无论是波菲里奥主义者，还是革命的忠诚者。基于这个原因，20 世纪 10 年代在各州和全国先后崛起的新的势力团体坚决地遏制或压制民众运动，目的正是为了保留和扩展他们从臭名昭著的波菲里奥政权继承的经济发展的成就。为此，需要建立一个强大的且重新组建的国家政权。各省渴望财富的势力展开激烈的权力斗争，并试图对新生的国家施加垄断性的统治。

问题与解释

在 1867 年至 1884 年间，墨西哥的政治体制相对比较开明。虽然保守派和教士阶层并未直接参与，但是在自由派运动内部，为了增强自身的影响力，不同派别及其观点不一的领导人之间存在着激烈竞争。媒体公开对政府进行批评和嘲讽，新闻记者也并没有被官方力量收买。但是，仍然有两个问题非常突出，即总统政治权力的和平过渡以及国家和州的行政部门明显试图控制选举过程的趋势。由于未能解决这些问题，"复兴的共和国"在 19 世纪 70 年代中期面临转折点。此后，连任问题成为政治领域内的一个核心议题，特别是在 1900 年之后，个人独裁性质的波菲里奥·迪亚斯政府确实无法解决权力过渡的问题。19 世纪墨西哥的自由主义未能建立起一个有效的代议制政府形式，这一点在 1884 年至 1911 年间十分明显。虽然重新确定了改革时期的自由主义宪政原则以及联邦制结构，但是政治进程却日益威权化和集权化，当局对连任制度的滥用使其能将任期永久化。如果没有政治体系的封闭化以及当局对 1857 年宪法制度的破坏，连任本身可能不会导致危机。1909 年至 1911 年间，由连任问题引发的危机爆发，当政治体制自身崩溃之后，没有任何国家机构能够控制局面或提供稳定局面的因素。

1910 年至 1914 年间，迪亚斯在 1876 年夺取大权之后拼凑起来的体系彻底崩溃了。墨西哥政治过程的分崩离析为迪亚斯统治时期提供了真实证据，其影响甚至长达几十年。经济现代化和各项统计数字的上涨部分地掩盖了其对宪法的颠覆以及政治体系的逐步封闭。参与现代化进程的精英阶层呈现出一片欣欣向荣的景象，因而其成员们不太可能会以宪法为由挑战统治阶层。结果是，在 1907 年的经济衰退期间，最发达的部门受到的影响最大，一个政治发展停滞、各项制度失效的社会暴露于世人面前。

拉丁美洲的史学研究经常将墨西哥政权和南美洲的政权联系起来，以此解释一个常见的术语——"寡头政府"，但这样的看法忽略了墨西哥和其他拉丁美洲大国之间实质性的差别。在其他地方，寡头体制意味着权力在经过选举而上任的总统之间转移，有时候也在不同的党派或团体之间转移。尽管无论从什么意义上讲，这样的做法都是不民主的，但是却避免了权力的自我固定化以及由此带来的权力交接危机。在阿根廷，1912 年后，民众组织强迫政府公开政治过程，这导致了主要反对党——激进党——在 1916 年的选举中获胜。即便是在宪政传统远不如墨西哥悠久的秘鲁和玻利维亚，两国在 19 世纪 80 年代中期至 20 世纪 20 年代并未经历过重大的政治和社会动荡。此外，南美洲的大部分国家都经历过与墨西哥相似的经济增长。南美的经历本身表明了独裁（迪亚斯政权所表现出来的）并非发展的必要前提。

　　将墨西哥与拉美国家进行比较，可以揭示迪亚斯统治时期采取的政治措施所产生的深远影响。在墨西哥实行代议制政府的实验始于 1855 年，但是 1884 年后被中断。这种制度本身不是完美的，也有诸多局限性，1884 年之后既不是要对其进行改革也不是使其起作用，而是彻底取缔代议制实验。很多评论家根据其自身的判断对迪亚斯集团（至今仍有很多争议）进行评论，当时为当局辩论的人们声称，1857 年的宪法是无法执行的，墨西哥人民还没有准备好接受一个代议制政府，或者说根本无法建立一个代议制政府，因而在他们看来，专政对于发展是必要的，华雷斯和莱尔多试图无限延长其任期，这些都为迪亚斯政府打下了基础。此外，他们还指出只有迪亚斯能够保持国家的统一。即便如此，墨西哥曾经出现过许多卓越和有才干的人物，如马里亚诺·埃斯科韦多、马蒂亚斯·罗梅罗、伊格纳西奥·巴亚尔塔和曼努埃尔·杜博兰等，他们都足以胜任总统的职位。迪亚斯政权并不是源自墨西哥的历史条件，也不是简单的巧合，而是最高层作出的决定。由此，在改革时期墨西哥曾经是拉丁美洲政治发展的先驱，现在却逐步回落到不先进的社会形态。19世纪70年代至20世纪30年代之间，委内瑞拉经历了诸如安东尼奥·古斯曼·布兰科、西普里亚诺·卡斯特罗和胡安·比森特·戈麦斯等全国性考迪略独裁统治的政府形态。在被丹尼尔·科西奥·比列加斯称为"波菲里奥统治"的时期，墨西哥人民被剥夺了自殖民时期结束以来获得的微薄的宪法权利。1808年开启的墨西哥宪政实验最终被扼杀。政治实践不取决于对宪法的尊重，而是取决于与迪亚斯将军的私下交易，这样的程序违反了华雷斯所倡导的宪政公平的基本理念。

在整个1880年到1900年间，迪亚斯政权的特色一直是缺乏统一性。自由党内部的分裂使之不能形成统一的官方意识形态，显然排除了该党成为政府垄断党派的可能性。如果这一点能说明什么的话，它意味着该政权实行的是个人独裁道路。从后来迪亚斯政权阐释者的观点来看，不管是受到拥护者还是批评者的影响，该政权都被界定为"现代化的""发展主义的"或"实证主义的"。自1877年开始，直至1907年经济衰退期间，统计数据表明经济有了大幅度的发展。如果说经济体或其中的某些部门实现了现代化，政治体系却未实现现代化。迪亚斯构建了一个个人化的威权体系，这个体系的风格大于其实质。当迪亚斯政权体系在1911年突然瓦解的时候，没有任何机制或政治传统足以替换它，并防止国家陷入混乱。

迪亚斯政权的遗产，不管是从经济的角度还是从政治文化的角度来看，都被证明是墨西哥独有的经验，其影响贯穿了整个20世纪。迪亚斯时代所作出的决策影响了墨西哥革命过程中以及革命后诸多事件的结果。1884年至1911年间，迪亚斯完成了伊图尔维德和圣安纳未能做到的事情。从这个意义上来看，迪亚斯政权并不是华雷斯和莱尔多政府的延续，而是与之前的道路分道扬镳的实践。墨西哥的立宪派们软弱无能，四分五裂，他们无力阻止迪亚斯政权的建立，或者说他们本身就是迪亚斯的支持者。但是，在 1909 年至 1911 年，立宪派在推翻迪亚斯政权的过程中起到了重要的作用。在干涉时期，政治体系以一种在 1867 年复兴的共和国期间从未有过的方式被封闭起来，参议院和众议院陷入瘫痪，各州州长逐步被收买，媒体自由崩溃，反对派的政治家和记者们被追捕，甚至被处死。

迪亚斯政权推动的现代化趋势使得人们认为当代墨西哥应当始于这一特定时期。从经济的角度来看，确实如此。从正面来看，我们认为当代墨西哥的源头在于改革时期，这一时期人们试图界定公民权利的定义，并为建立代议制政府打下了基础。从负面来看，可以说迪亚斯政权为 20 世纪的墨西哥政府打下了基础，20 世纪的墨西哥政府呈现出强烈的中央集权倾向（实行联邦制）、不受限制的行政主导权、看起来执政党可以无休止地重新当选的趋势、对公民权利的频繁践踏、无力建立一个民众可以有效参与的政治文化以及私人交易和个人庇护制度的流行。迪亚斯时代彻底消除了改革时期取得的成果，并恢复了威权制度与治外法权制。

第二部分　革命体系：国家权力还是民主化（1911—1940）？

革命的影响

从政治角度来看，1910 年至 1911 年的革命是从自由派阵营中的立宪主义运动开始的。一些关键议题源于 1867 年自由派的胜利，这些议题在复兴的共和国时期已经出现：总统权力的扩张、中央集权的增强以及总统连任，同样重要的还有 1871 年至 1876 年期间提出的"有效选举"的议题，这一问题在当时仍有意义，它构成了墨西哥反专制主义运动的核心部分。

然而，马德罗主义代表了与 19 世纪墨西哥的自由主义截然不同的趋势，其基本原则是宪政式民主本身，而不管到底是哪个党派或者派系在自由选举中赢得大权。对于波菲里奥派而言，专制主义能将基层教士赶出决策层。对于 19 世纪 50 年代激进自由派的继承人而言，这一结果却会带来有组织的天主教团体窃取大权的危险。19 世纪后半叶，意大利、西班牙和法国的自由派可能有同样的担忧。尽管马德罗本人并非天主教徒，但是作为从未实现的墨西哥民主的"使徒"，他已经准备好接受这种可能性，其假设是天主教徒掌权后，他们并不会毁掉曾经将他们推上权力宝座的民主制度。然而，极少有革命者赞同这一看法。马德罗的立宪主义超越了 19 世纪的反宗教主义，它明确扬弃了改革时期在宗教问题上的政治极化。马德罗在 1911 年至 1913 年的总统任期内，重新开放了政治体系，与复兴的共和国时期相比，这一时期的政治基础更加广泛，新成立的国家天主教党在选举中的成功为此作了很好的注脚。

格拉曾经认为墨西哥革命并不是爆发于卡纳尼亚等新近发现的先进采矿中心，而是在小型组织（如矿井、农场和村庄）和大企业（如矿业公司或庄园）交会的地方爆发，快速的结构变化在这些地区引发激烈的冲突。格拉所指的是奇瓦瓦州，该州曾在 1907 年的经济衰退中损失惨重。另一个冲突的源头是当时受到质疑的选举，比如莫雷洛斯和科阿韦拉的选举。此外，在莫雷洛斯，当地的农业已经和不断扩大的制糖业产生了冲突，农村地区的领导权被埃米利亚诺·萨帕塔所把持。早在迪亚斯政权早期，萨帕塔家族已经在当地具有十分显赫的地位。在莫雷罗斯，革命阵营联合的原因可以归结为激进的庄园扩张和由科学派控制的国家机器的结合。

商人和中间商——比如亚伯拉罕·贡萨莱斯或者帕斯夸尔·奥罗斯科——在北部获得了官方马德罗派的领导权。与此同时，1911年 12 月，马德罗当局成立国家劳工办公室，并于 1912 年 7 月颁布法

令，规定实行国家最低工资、每周 6 天工作制以及每年 15 天年假制
等制度，以此向城市劳工示好。同一年，世界工人之家成立，其主要
成员来自印刷工人、有轨电车司机、铁路工人、石匠、裁缝和制鞋工
人。在像墨西哥这样的国家，重工业仍旧较弱，因而世界工人之家的
成员较少来自这一领域。在无政府主义-工团主义的基础上，世界工
人之家成为工会活动的中心。

1913 年 2 月，马德罗被刺，在墨西哥建立政治民主的努力被终
结了。贝努斯蒂亚诺·卡兰萨（1859—1920）在担任科阿韦拉州长期
间，对马德罗的各项目标都持反对态度。1913 年 3 月 26 日，卡兰萨
发布了瓜达卢佩计划，宣布反对在推翻和刺杀马德罗行动中担任核心
的维多利亚诺·韦尔塔将军（1845—1916）所建立的反革命政权。瓜
达卢佩计划得到了索诺拉州和奇瓦瓦州的支持，但是，该计划丝毫没
有提及农业和社会议题。起初，韦尔塔政权（1913 年 2 月 18 日
至 1914 年 7 月 15 日）得到除了美国之外所有大国的支持，反革命政
权的成员包括许多有才华的人，为国内和国外的商人提供了很好的前
景。但是，该政权面临两个主要问题：这一政权的来源是什么性质？
其领导者的人格魅力如何？其中第一个问题将革命冲突推向了一个新
的暴力阶段。

第二个问题预示着政府凝聚力的丧失。韦尔塔是一个精于算计的
政客，他得到了德国和日本的支持。事实上，德国大使保罗·范·辛
慈甚至建议向墨西哥提供军事援助，其条件是如果欧洲发生战争，墨
西哥停止向英国运送石油。德国的幻灭很快就浮出水面：大使向德国
首相特奥巴登·冯·贝特曼·霍尔维格汇报说，韦尔塔"主要在酒馆
和饭馆里召开内阁会议。由于没有人知道他到底在哪里，这在某种程
度上保护了他，使他免于被暗杀"。

墨西哥革命在美国带来了比较复杂的反应。美国对于迪亚斯当局

图 6.5　1911 年弗朗西斯科·I. 马德罗（1873—1913）与革命首领们。马德罗来自科阿韦拉的一个庄园主家庭，其家族从事棉花种植和经商，并与银行利益团体有关联。虽然马德罗满心希望在墨西哥建立一个行之有效的宪法制度，举行有效的选举，定期更换政府，但他无意破坏迪亚斯时代取得的经济进步。在 1909 年至 1910 年间，马德罗的反选举运动使他成为反迪亚斯（自 1876 年以来一直当政）政权的核心。在迪亚斯第七次连任后，1910 年 11 月 20 日，马德罗无奈地呼吁武装暴动。马德罗于 1911 年 11月上台担任总统，1913 年 2 月被刺杀，作为一名备受争议的总统，他未能升级革命活动。照片中，马德罗坐在一群革命将领中间，两边是亚伯拉罕·贡萨莱斯和帕斯夸尔·奥罗斯科。照片拍摄于 1911 年 5 月 10 日攻下华雷斯市前夕。（图片来自卡萨索拉档案馆，由墨西哥国家图片资料馆授权使用）

晚期的经济民族主义倾向不满，因而最初支持的对象是马德罗。然而，面对不断高涨的社会冲突，美国大使亨利·莱恩·威尔逊怀疑马德罗当局控制局面的能力，因此转而支持反革命力量。他在多大程度上参与了暗杀马德罗的阴谋至今仍是一个未解之谜。莱恩·威尔逊两面三刀的行为引发了激烈的反美情绪。

　　在墨西哥，通过宪政选举出的政府被推翻，这一事件和伍德罗·威尔逊上台的时间重合。作为民主党人，威尔逊认为其前任罗斯福与塔夫脱所推行的是一种干涉主义政策，因而试图改弦易辙。威尔逊对

图 6.6　1913 年，联邦士兵在抗击革命军的战斗中，托雷翁（科阿韦拉）。与拉丁美洲其他的主要国家（甚至是小国）的军队不同，墨西哥联邦军队在世纪之交并未经过改革和现代化建设，这使得奇瓦瓦和莫雷洛斯等关键州成为大型武装叛乱的潜在策源地。迪亚斯对贝尔纳多·雷耶斯等陆军指挥官的忌惮使他忽视了武装力量的建设。当马德罗革命爆发的时候，在国土面积相当于法国和西班牙面积之和的墨西哥，只有 1.4 万名战士可以进行战斗。与此形成对照的是，在 19 世纪末期，意大利军队拥有大约 21.5 万名士兵。（图片来自卡萨索拉档案馆，由墨西哥国家图片资料馆授权使用）

马德罗的被刺表示谴责，并在道义上支持韦尔塔政权的反对者。韦尔塔在 1914 年春与德国接触，美国因此封锁韦拉克鲁斯，以防止德军到来。美国战舰在韦拉克鲁斯的意图不明，因而与韦尔塔政权之间爆发了激烈冲突，最终导致了 4 月 21 日美军在韦拉克鲁斯登陆。威尔逊认为，命令美国海军占领韦拉克鲁斯港是为了帮助立宪军对抗韦尔塔。然而，在墨西哥国内，竞争集团团结起来，一致谴责美国侵犯墨西哥的国家主权。卡兰萨援用了华雷斯政府于 1862 年 1 月 25 日颁布的反对欧洲干涉的法律。美国海军登陆时遭到炮击，造成 19 人死

图 6.7　正在与人交谈的贝努斯蒂亚诺·卡兰萨。与马德罗一样，卡兰萨也来自科阿韦拉，他的父亲曾支持华雷斯。卡兰萨最初是雷耶斯的追随者，后来无奈地选择支持马德罗。1911 年至 1913 年间，卡兰萨担任科阿韦拉州州长。马德罗被刺之后，卡兰萨担任立宪军的"第一首领"，尽管他作为立宪主义者的资历并不深。卡兰萨是萨帕塔和比利亚的反对者。1917 年 5 月 1 日，根据同年颁布的宪法，卡兰萨就任总统。由于总统继任问题，卡兰萨与阿尔瓦罗·奥夫雷贡的部队发生矛盾，1920 年 5 月 21 日，卡兰萨被刺杀。与其说卡兰萨是革命者，不如说他是民族主义者，他对国外的经济利益以及美国的政治压力非常警惕。1915 年之后，卡兰萨授权将以前的政府从农民手中夺得的土地归还，但是在他任内劳资关系整体上恶化了。（图片来自卡萨索拉档案馆，由墨西哥国家图片资料馆授权使用）

亡，72 人受伤。作为回应，美国军舰炮击韦拉克鲁斯，致 126 人死亡，95 人受伤。最终，美军在 12 月 23 日从韦拉克鲁斯撤退，除了洗劫了韦拉克鲁斯的街道之外，一无所获。

　　威尔逊总统出于好意，想要帮助墨西哥的立宪军，结果却发现自己陷入一团可怕的混乱中。他对有关卡兰萨的消息感到不快，而且他不相信德国的卡兰萨支持者们。因而，威尔逊选择支持曾是盗匪的潘乔·比利亚（1878—1923）在墨西哥争夺权力。然而，1915 年，比利亚被打败，支持比利亚的政策并没有派上用场，尤其是欧洲的战事为德国人在墨西哥算计美国人打开了方便之门。10 月 19 日，威尔逊承认卡兰萨政权，而此时美军主力沿着墨西哥边境进行了布防。

革命内部的权力争斗

至 1913 年的时候，1909 年至 1910 年间形成的革命领导层已经分崩离析。1914 年夏天，韦尔塔政权垮台，一个全国层面的政体不复存在。实际的军事指挥权由身处战场的首领掌控，尤其是被各省级的首领掌控，这与 19 世纪 10 年代爆发的起义——1814 年莫雷罗斯被俘之后的情形一致。在这两个时期，并不存在统一的目标，不同革命运动的意识形态基础常常是根据社会需求和政治空缺而临时确定。

随着正式国家权威的崩溃以及联邦军队的溃败，革命首领们成为政治裁决者。至少在 1920 年后，没有任何革命首领能控制全国的领土，这为自发召集民众动员以实现具体的或本地的目标提供了空间。从革命一开始，核心的议题之一就是倡导宪政的领导人与国内农民和民众运动的关系。1914 年之后，焦点转移到革命首领们与民众运动之间的关系问题上：各个革命首领是如何看待民众动员的？是对民众动员进行合理利用还是欺骗利用？是收编民众动员还是抵消其影响？

外国公司主导北部的采矿业引发不满情绪，卡兰萨阵营中的经济民族主义情绪高涨，这种民族主义弥补了卡兰萨运动初期欠缺的社会革命目标。被称为"第一首领"的卡兰萨和他的支持者们并不寻求逆转波菲里奥统治时期的经济进步，而是对其进行进一步的加强和推进，尽管并未将拥有土地和垄断行业的精英吸纳进来，尤其是最著名的特拉萨斯-克里尔利益集团。自一开始，卡兰萨运动中就鲜有农民、自由村民以及庄园雇工的参与。

　　比利亚原名多罗特奥·阿朗戈，19 世纪 90 年代曾是一个土匪。1910 年至 1911 年间，比利亚加入了马德罗运动。弗里德里希·卡茨曾这样描述比利亚："他是社会革命家与 19 世纪考迪略的复杂融合体。他拥有社会革命家的情怀（至少在比利亚主要的兴趣所在地：奇瓦瓦、杜兰戈和科阿韦拉），但是他的治理方式却类似于 19 世纪典型的考迪略的统治方式。"比利亚并未建立任何的政治组织作为权力的基石，而是通过一个复杂的恩庇侍从网络来管控军队。自 1913 年 3 月开始，比利亚控制了奇瓦瓦的大部分地区。比利亚的"北方军"一度是最强大的革命军队，1914 年，当比利亚的权力处于顶峰时期，他控制了约 4 万人的军队。比利亚的主要支持者更多是庄园雇农，而非庄园主。

　　从很多方面来看，比利亚运动代表了地方和民众对庄园势力支持 1912 年反抗马德罗政府的奥罗斯科起义和 1913 年胡尔塔政变的回应，因而其目的是推翻各州的庄园势力。事实上，1913 年 12 月 21 日，比利亚颁布的土地征用令并未涵盖对土地所有者的赔偿。19 世纪 90 年代和 20 世纪初，失地的农场主们被排挤，并在 1907 年至 1909 年遭遇粮食歉收，由此他们加入了比利亚的队伍。奇瓦瓦以及其他北方州拥有很多养牛的牧场，这些牧场不能被进一步分割，尽管之前的军事殖民者——19 世纪 80 年代的阿帕奇战争后的老兵们——仍致力于寻求更多的土地。在城镇地区，面对采矿业和林业衰退导致的失业，比利亚的军队常常需要为这些地区提供粮食。无论如何，被征用的牧场为比利亚的军事行动提供了基础，革命的州政府管理着其中三分之二的土地，这些土地供革命运动使用，常常作为军队在州外作战的场所。比利亚也得到了来自拉古纳地区的农民们的支持，他们的土地被用来种植棉花。此外，在圣路易斯波多西，庄园里的农业工人们生活无着，他们也选择支持比利亚。

与埃米利亚诺·萨帕塔（1879—1919）在中南部领导的革命相比，比利亚运动的社会基础更加广泛。萨帕塔运动在本质上仍是一个以农民为主体的游击运动。约 200 人至 300 人的萨帕塔主义者组成的团体在农闲季节活动，而在种植和收获季节又回到村庄从事生产活动。萨帕塔运动在莫雷洛斯的产糖区以及普埃布拉南部快速发展，并在格雷罗和特拉斯卡拉引起强烈反响。截至 1913 年 1 月，萨帕塔主义者们摧毁了超过半数的莫雷洛斯的蔗糖作物。

对于种植园主们来说，幸存下来的马德罗政权使他们看不到任何收回土地的可能，因而他们急于用军事手段来解决国家的问题。他们欢迎韦尔塔的政变，但政变却使得农村地区的运动进一步升级。1914 年至 1915 年，萨帕塔运动处于鼎盛时期，人数增加至 2 万左右，控制了莫雷洛斯、特拉斯卡拉、普埃布拉的南部和西部、格雷罗北部以及联邦区的南部。1911 年，萨帕塔主义者提出阿亚拉计划，并在两年后颁布农业法，推行全面的农业改革，以牺牲私人财产为前提，维护失地农民社群的利益。这场农业改革的弊端在于它主要解决的是印第安人高度集中的地区的问题，即莫雷洛斯、普埃布拉、特拉斯卡拉和墨西哥州等萨帕塔运动的核心支持地区。约翰·图蒂诺曾贴切地评价道："在墨西哥历史上最为普及和最广泛的农业动员的支持下，比利亚和萨帕塔控制了墨西哥大部分的疆域，占领了墨西哥城，并且在 1914 年末主导了被称为'会议'的政府。"在阿瓜斯卡连特斯，他们未能够就一个长期的政治解决方案达成一致，而主动权被以卡兰萨为核心的联合政府夺走。

在索诺拉，崛起的首领们开始给卡兰萨运动打上自己的印记。索诺拉的革命首领不是来自农民或者工人，而是来自半农村半城市地区庄园管理层中的低中产阶级、小商贩、作坊工人或者学校教师，他们反对大地主和波菲里奥政权的精英阶层。对于阿尔瓦罗·奥夫雷

图 6.8　1914 年，萨帕塔的军队在墨西哥城桑伯恩兄弟的"瓷砖之家"用早餐。萨帕塔来自莫雷洛斯的村庄安内内库尔科，他的家人早期是迪亚斯的支持者。家乡不断恶化的生存环境使萨帕塔很早就踏入政途。1909 年，他被选为村议会主席。萨帕塔支持马德罗的革命，1911 年 5 月 19 日，经过浴血奋战，萨帕塔的游击队占领了首都附近的库奥特拉，这次事件被认为是对当权者的重大打击。萨帕塔主义的阿亚拉计划（1911年 11 月）提出了基本的农业改革目标：将被庄园夺走的土地归还农民、将土地重新分配给农民；恢复城市自治和政治自由。萨帕塔主义者在 1915 年 8 月被奥夫雷贡的军队赶出墨西哥城。1919 年 4 月 10 日，萨帕塔被刺身亡。（图片来自卡萨索拉档案馆，由墨西哥国家图片资料馆授权使用）

贡（1880—1928）、普卢塔科·埃利亚斯·卡列斯（1877—1945）以及他们的伙伴们，如阿道夫·德拉·韦尔塔（1881—1955）、本哈明·希尔、巴勃罗·贡萨莱斯以及萨尔瓦多·阿尔瓦拉多来说，革命为他们提供了进入国家政治领导层的机会，使他们得以按照自己的利益需求重塑经济和社会结构。革命首领们并不拒绝波菲里奥时期的经济发展，只是要求对其进行控制。除了石油行业之外，他们不反对国外投资，也不急于减少墨西哥与世界资本之间的联系。按照卡兰萨的传统，他们支持世俗化的社会和教育体系，并继承了改革时期激进自由派的雅各宾式的反教权主义，但是立宪主义和农业社会革命并不是他们的强项。革命首领影响力的高峰与 1924 年至 1934 年间卡列斯对墨西哥政治的长期主导重合。

图 6.9　比利亚坐在墨西哥城总统宫的总统座椅上，身边坐着萨帕塔。1914 年，比利亚已于一年前得到美国的承认，他控制了墨西哥北部大部分的领土。比利亚的军队与来自莫雷洛斯的萨帕塔主义者达成战术联盟，他们一起影响了阿瓜斯卡连特斯会议（1914 年 10 月 10 日至 11 月 13 日）的结果。这次会议将卡兰萨从革命军的领导层清除出去。1914 年 12 月，比利亚和萨帕塔的军队联手，占领了墨西哥城，但他们无法建立一个替代的领导层。此后，奥夫雷贡的军队剿灭了大部分比利亚的队伍，并将比利亚限制在其地方控制区域。1923 年 7 月 20 日，比利亚在帕拉尔被刺身亡。

　　1914 年的阿瓜斯卡连特斯会议反映了革命势力之间的深度分歧。比利亚派和萨帕塔主义者的暂时结盟源于对卡兰萨的强烈反对。在卡兰萨阵营内部，有人提出了瓜达卢佩计划的附加条款，由曾在 1912 年鼓吹通过强制性购买手段推行改革的卡夫雷拉汇编，并于 1915 年

1月6日在韦拉克鲁斯发行。根据整个革命运动中体现出来的农业需求，附加条款对此前的计划进行了修正，这是卡兰萨阵营请求农民阶层支持的一次迟到的示好。卡兰萨首次提到将大型地产进行分割，并恢复农业用地。此外，承诺对城市工人的工作环境进行改善，这反映了奥夫雷贡与卡兰萨派在战术上的结盟。八个被称为"红色军营"的工人团体被组织起来，驻扎在由立宪派军队控制的城镇中，与奥夫雷贡的部队配合。1914年至1915年间，世界工人之家派遣了7 000名士兵与这些部队作战。城市工人的支持构成了立宪联盟反对比利亚派和萨帕塔主义者的重要组成部分。但是，对于卡兰萨、奥夫雷贡和卡列斯而言，农业改革并不是他们的中心目标，只是其进行操纵和压制的工具，以借此团结自治农民团体以及其革命联盟中的主要力量。

奥夫雷贡的部队是击退民众运动的主要力量。截至1915年1月，他击退了萨帕塔主义者，从而控制了墨西哥城、普埃布拉和特拉斯卡拉。同年7月，奥夫雷贡将萨帕塔主义者全部赶出联邦区。4月6日至7日和13日在塞拉亚展开的两场决定性的战役中，比利亚的骑兵遭到奥夫雷贡军队布置在战壕中的机枪射击，比利亚的军队被彻底击溃。奥夫雷贡的胜利使得卡兰萨的立宪军队得以控制墨西哥城和主要的政治进程。

1917年宪法

鉴于人们对1857年宪法的批评，新宪法强化了总统和中央政府相对于各州政府的权力。1917年宪法注重社会方面的规定，这使得其中强化国家权威的部分容易被忽略，然而这部分内容很好地解释了在20世纪剩下的时间里行政权力的主导地位，这正是1857年宪法极力避免的。1915年对人民军队的胜利为卡兰萨、奥夫雷贡和卡列斯重建一个强有力的国家铺平了道路，国家的权力核心是总统，他将在塑造后革命时代政治制度的过程中起主导作用。

　　1916 年至 1917 年间，在克雷塔罗举行的制宪会议围绕四个主要议题展开：农业改革、底土矿藏的法律地位、军民关系以及政教关系，这四个议题应当置于阿瓜斯卡连特斯会议失败的背景下来讨论。1917 年的宪法反映了卡兰萨联盟内部意见的多样性。与 1917 年俄罗斯的十月革命不同的是，工人和农民的联盟（由一个先锋政党领导）并不会取代占主导地位的中产阶层的领导权。参加克雷塔罗会议的 209 名代表有来自采矿业和纺织业的工人、教师、小商人和地主，他们是三四十岁识字男性群体的典型代表。约翰·拉瑟福德曾这样描述由粗野的北方人组成的革命团体来到墨西哥中部腹地的场景："黑压压的一群人，他们身穿卡其布衣服，头戴宽檐大帽，脚蹬马靴，佩带着左轮手枪和子弹带，四处掠夺财物。"这样的描述有一定的道理，因为北方的领导者并不仅仅想要改变中部墨西哥源自殖民时期的西班牙和天主教的特点，而且试图通过掌控政治权力来实现个人物质利益的提升。

　　革命局势使得墨西哥抛弃了 1857 年占主导地位的自由主义原则。1917 年宪法致力于采取积极的全国性调整措施，以此解决城市和农村地区的劳动压力。在立宪委员会，弗朗西斯科·穆希卡（1884—1954）等激进派得到了铁杆奥夫雷贡派的支持，他们的影响使得社会效应优先于个人财产的原则被认可。作为宪法的两个重要条款，第 27 条和第 123 条，最终为具有深远影响的社会政策的确立奠定了基础。作为新宪法中最长的一个条款，第 27 条允许政府为了发展小型农场或重建社群产权而没收未得到充分开发的土地。宪法赋予联邦政府确定私有地产最大面积的权力，以此限制大型地产的出现。同时，宪法第 27 条规定，在开发过程中，所有的水资源和底土矿藏（包括矿物质和石油）非个人所得，而是属于国家财产。这一条款引起了石油公司的质疑，因为他们很快发现，按照这项规定自己需要向联邦政府纳税。

宪法第 123 条确立了提升劳动条件的规定，使工人组织占据强有力的地位，敦促政府或者私有公司（通常为外国所有）提升劳动条件。自 1917 年宪法颁布后，直到卡兰萨在 1920 年下台前，他并不十分愿意将上述规定付诸实施。宪法规定每周工作 6 天且每天工作 8 小时（或者晚班 7 小时）的最高工作时限，每周必须有 1 天假期，同时禁止女性和孩子从事工业界的夜班工作。这一条款也对最低薪酬作了规定，要求对工人的安全给予足够的重视，并且引入了工人保险制度。尽管第 123 条承认工会的罢工权，但是在宪法颁布的当年，军队一直在破坏石油工人的罢工。

1917 年 5 月 1 日，卡兰萨作为根据宪法选举的总统就职，此后，他采用了与迪亚斯相似的施政方案，指定官方候选人，以此控制国会，并向支持他的报纸提供补贴，从而达到驯服媒体的目的。事实上，宪法保障并不适用于政府的反对派。卡兰萨政权明显缺乏任何民主形式，因而被质疑违背了马德罗时期的有效选举原则。1920 年，卡兰萨绕过奥夫雷贡，试图将一个受他摆布的继承人扶上位时，纷争达到高潮。正处于萌芽状态的劳工运动在卡兰萨时期几乎没有获得任何进展，他们选择与奥夫雷贡的阿瓜普列塔反对计划结成同盟。

作为主要产油国的墨西哥（1910—1925）

1910 年至 1925 年间，墨西哥进入主要石油输出国的行列。墨西哥的石油生产始自 1901 年。20 世纪 10 年代，美国和英国试图瓜分墨西哥石油市场的份额。起初，迪亚斯政权低估了石油的重要性以及墨西哥资源的广泛性。迪亚斯政权期望外国投资进入整个经济领域，然而这种急切的心理导致了墨西哥的资源枯竭，利润也被外国公司抽走了。关于底土矿藏的法律地位问题要追溯到 1884 年和 1892 年的《采矿法》，两部法律将开采权授予了表层土地的所有者，这一原则被扩展到 1901 年的《石油法》。在殖民地时期，法律规定底土矿藏属于西班牙的国家财产，这一原则在独立革命之后被墨西哥政府所沿袭。1884 年后，石油公司的开发行为与这一法律传统产生冲突，而随着墨西哥成为一个重要的石油出口国后，问题变得更加尖锐。

1901 年至 1912 年间，墨西哥的石油产量从每年 1 万桶猛增至 1 200 万桶。从 20 世纪前十年的后半期至 20 世纪 10 年代早期，英国人威特曼·培生创立的墨西哥鹰石油公司（1919 年由荷兰皇家壳牌接管）和美国人爱德华·多赫尼的墨西哥国家石油公司（1925 年转手卖给标准石油公司）之间的竞争异常激烈。迪亚斯政府推行以外国公司压制外国公司的战略，作为战略的一部分，国际著名的培生建筑公司也在此前被引入墨西哥。1901 年后，培生公司大力投资瓦斯特卡和地峡地区的石油勘探与开采，但是自 1910 年后才开始收取红利。

迪亚斯政府的崩溃使得英美公司之间竞争的重要性下降。马德罗和卡兰萨政府都致力于将外国投资留在石油行业，与此同时，政府在原则上保护墨西哥对于底土矿藏的主权，剥夺外国政府以任何私人利益的名义进行干涉的权力。革命战争几乎没有对石油产业造成任何影响，石油业在 20 世纪 10 年代快速发展，1917 年的产量达到 5 500 万桶，宪法第 27 条的相关规定应当放到这一背景下来理解。在美国政府的支持下，石油集团要求墨西哥明晰对石油公司的立场，尤其是考虑到卡兰萨政府在 1917 年 4 月推行的 10% 的生产税。但是，美国在同年介入欧洲的战争，这分散了对墨西哥石油问题的关注。

1920 年，卡兰萨被迫下台，美国获得了不承认新政权的谈判筹码，借此，美国迫使奥夫雷贡政府妥协。然而，奥夫雷贡凭借其在革命阵营中的强势地位，成功地在没有美国承认的情况下完成了三年执政。但是在此期间，石油公司在墨西哥法律地位的不确定性增加了。只要美国不放弃将不平等的《友好与商业条约》强加给墨西哥政府，奥夫雷贡就拒绝与美国谈判如何获得承认的问题。1921 年至 1932 年间，包括政府在内的墨西哥革命阵营发出的左翼和民族主义的声音，尽管大多数是空话，却引起了由保守派主导的美国政府的警惕，他们担心在其后院会建立一个社会主义国家。

两国政府之间的根本问题依然是宪法第 27 条是否应当具有追溯效力。与石油公司沆瀣一气的美国政府推迟承认墨西哥政权，承认的前提是美国在墨西哥境内的财产得到保证。尽管奥夫雷贡比卡兰萨的政策更善待石油公司，但是达成有效的协议花了三年的时间。经过历时四个月（即 1923 年 5 月至 8 月）的非正式谈判，双方签订《布卡雷利协定》。虽然没有发布书面声明，但是双方政府代表一致同意宪法第 27 条不具有回溯效应，美国政府同意财产权可以转化成被认可的开采权。由此，墨西哥石油问题的民族主义维度实际上被暂时搁置。1923 年 9 月 6 日，美国与墨西哥恢复外交关系。1923 年 12 月至 1924 年 2 月，德拉·韦尔塔叛乱爆发，向卡列斯的继任发出挑战，然而，奥夫雷贡政府与美国政府达成合作，叛乱失败。

到签署《布卡雷利协定》的时候，墨西哥的石油产量已经超过了 1921 年的 1.93 亿桶的年产量峰值。其时，石油占据了墨西哥 66% 的对外贸易份额，是世界石油总产量的 25% 强。在接下来的一年里，产量略微下降，达到 1.82 亿桶，但是此后开始急剧下跌，1925 年降至 1.4 亿桶，到 1928 年则只有 5 000 万桶。产量的下降可以部分归因于资源的枯竭。石油公司并不喜欢 1923 年的协定，此后卡列斯政府在 1925 年至 1927 年间试图用 50 年的开采权换取产权的做法再度引发争议，这些都降低了投资者对墨西哥的兴趣。自 20 世纪 20 年代中期开始，在胡安·比森特·戈麦斯统治下，完全没有任何限制的委内瑞拉对投资者来说吸引力更大。

墨西哥的石油产业走向衰落，这为卡列斯政府振兴国家金融并支付未偿还债务的计划带来不利影响。石油、白银和铜构成了墨西哥最主要的出口产品。世界市场上白银价格持续下跌，同期铜价也下跌，这些都导致墨西哥的经济局面进一步恶化。1925 年至 1928 年间，政府整体税收下降了 15％，而当时 1929 年的大萧条还未对墨西哥构成冲击。同一时期，石油出口从总量的 50％下降至 21％。这些趋势都暴露了墨西哥国家财政的脆弱，而与此同时，革命带来的政治问题也丝毫没有解决的迹象。

革命首领的统治（1920—1934）

1920 年爆发的起义在 27 天内将卡兰萨政府推下台。1920 年 5 月 20 日，卡兰萨带着国库以及大部分文官转往韦拉克鲁斯试图重建政府，然而途经普埃布拉时，在山中遇刺身亡。阿瓜普列塔起义由奥夫雷贡、卡列斯和德拉·韦尔塔共同领导，是墨西哥最后一次成功夺取了政权的武装叛乱。从这个意义上讲，1920 年的起义结束了始自 1821 年伊瓜拉计划的传统。与 1910 年的马德罗反叛不同的是，这次起义并未对整个政治秩序形成挑战，而是推动了政府体制内的改革，为伺机而动的人提供了机会，因而此次起义与 1876 年迪亚斯领导的图斯特佩克起义更加相似。

在迪亚斯时代，根据 1857 年宪法建立起来的制度逐渐废弛，预示了 20 世纪 10 年代的墨西哥革命并不会成功地建立代议制政府并实现权力的和平过渡。与此相反，地方性的政治机器、私人权力网络以及武装政治派系都在革命阵营内外抢夺权力。卡兰萨、奥夫雷贡和卡列斯等革命首领在全国范围内涌现，他们的风格与迪亚斯并无太大差

别。波菲里奥政权并未取代考迪略和卡西克政治，反而是完全建立在
这种政治制度的基础之上，这一点既解释了该制度长久的生命力，也
说明了它为何最终在 1911 年至 1914 年间走向崩盘。此后，权力再次
回到革命首领的手中，这一时期掌权的是曾在 19 世纪初期掌控权力
的首领，尽管两个时期的社会和政治环境并不相同。因此，1915 年
后，墨西哥面临的问题不仅仅是恢复 1884 年后被迪亚斯破坏以
及 1913 年又被韦尔塔违背的宪政法理框架，而且还要解决如何在广
袤的领土上保证政府施政效率的问题。考虑到 20 世纪 20 年代和 30
年代动荡的社会和经济局势，尝试解决这两个问题将面临严峻挑战，
而试图解决问题的人正好是在革命斗争中崛起的考迪略们。很快，问
题发生变化，与其说是一种重建宪政民主的尝试，毋宁说是在领导革
命走向成功的联盟中，寻求遏制各个革命首领的野心并压制首领之间
的敌对情绪。美国行使着承认或者不承认政权合法性的强大工具，因
而其态度在整个过程中十分重要。

在 1918 年至 1928 年的十年中，革命首领们为了争夺根据 1917
年宪法设立的政治工具而斗争。在这场权力斗争中，政治过程的宪政
化半途而废，马德罗提出的有效选举原则迷失在新政权内部的争权夺
利之中。在迪亚斯长期实行个人统治的阶段，政党被取消，而在宪法
颁布后的十年期间，政党的发展仍未进入成熟期。此外，宪法第 130
条规定禁止建立以宗教为基础的党派，由此来预防在选举上获得巨大
成功的国家天主教党（PCN）死灰复燃。1918 年 7 月，卡兰萨政府
颁布《选举法》，对参与选举竞争的党派提出了更高的资格条件，而
行政部门也对选举过程进行控制，抑制了政治多元化的发展。

迅速崛起的党派通常昙花一现，并主要充当某个革命党派的工
具，或服务于某个雄心勃勃的候选人在竞选时期的需要。因此，政治
活动往往与地区考迪略和总统的个性密切相关。自由宪政党（PLC）

曾在 1917 年充当卡兰萨参与竞选的工具；很快，它就转而被奥夫雷贡派所控制，成为 1920 年 9 月奥夫雷贡参与选举的工具。此后，这个党派消失了。奥夫雷贡、卡列斯和德拉·韦尔塔都反对将党派发展作为限制总统权力的工具。在整个 20 世纪 20 年代，从革命中崛起的考迪略巩固了对政治生活的控制力，看起来，20 世纪墨西哥政治传统的真正创建者并不是马德罗，而是迪亚斯。

　　在革命者控制政府的早期，由于并未建立一个有效的政党体系，因而难以形成一个具有连续性的发展规划。总统对于获取并掌握权力的执念意味着政策的制定过程并无规则可循，并且随着统治集团内部争权夺利的利益集团的要求而变化。结果，革命的连续性得不到保证，革命成果无法巩固。面对内部的分裂以及来自外部的反对，革命领导者和派系依然十分脆弱。卡列斯控制了成立于 1919 年的墨西哥工党（PLM），将其作为 1924 年竞选的工具。墨西哥工党与墨西哥劳工地区联盟（CROM）联合成立，后者于 1918 年在电工路易斯·莫罗内斯的领导之下建立。墨西哥劳工地区联盟的首字母缩写形式"CROM"很快就被用来表示"莫罗内斯如何偷走了金钱？（Cómo Robó Oro Morones）"。

　　1924 年至 1928 年间，行政当局的最大特点是卡列斯和莫罗内斯之间进行了紧密合作。在刚刚成立的劳动、工业和商业部内，莫罗内斯成为墨西哥第二大权势人物。为了确保自己的独立性，卡列斯挑起莫罗内斯与 1924 年至 1931 年担任战争部部长的华金·阿马罗将军之间的争斗。军队与官方组织的劳工之间心照不宣地达成协定，共同保证政权的生存，这种模式为 20 世纪 30 年代至 40 年代以及 40 年代至 50 年代分别在巴西和阿根廷施行的类似制度提供了镜鉴。与此同时，金融稳定仍旧是统治集团的主要任务。由于 1914 年墨西哥偿还外债失约，因此，除非债务偿还完毕，否则无法重新进入国际信贷体系。1922 年 6 月，时任财政部部长的德拉·韦尔塔在纽约与成立于 1919 年的国际银行家协会就重启账务支付达成协议。当年，墨西哥的债务达到 5 亿美元。然而，德拉·韦尔塔既没有获得贷款，也没有获得外交承认。墨西哥国家的重建取决于三个要素：满足银行家的需求、讨好石油公司以及安抚美国政府。美国想在墨西哥取得一个类似它在古巴、多米尼加共和国以及尼加拉瓜建立的监控者的地位。墨西哥政府比上述加勒比海和中美洲小国更加强势，因而非常坚决地抵制这一要求，而且也有足够的能力抵制这一要求。

阿尔韦托·帕尼于 1923 年 9 月履职担任奥夫雷贡政府的财政部部长，之后，卡列斯续用帕尼，并委任他担任恢复财政秩序的关键人物。《布卡雷利协定》保证了美国对奥夫雷贡政权的承认，只有德拉·韦尔塔的叛乱推迟了财政问题的解决。对于卡列斯政府来说，墨西哥和国际银行家们之间的问题关乎财政主权。银行已经做好准备，像 19 世纪那样用墨西哥海关收入为抵押向墨西哥提供担保贷款，其限制性条款是美国政府将充当所有交易的担保者。卡列斯政府的替代方案是创建一个政府有效控制的国家银行，即墨西哥银行。墨西哥银行成立于 1925 年 9 月 1 日，是墨西哥唯一拥有货币发行权并能无限制地为政府提供贷款的银行。墨西哥的企业和银行与政府合作，为墨西哥银行提供了价值 5 700 万比索的黄金作为启动基金。同年底，通过谈判，帕尼成功地将外债在 1922 年总额的基础上降低了44％。1927 年，帕尼抗议莫罗内斯过度插手，宣布辞去职务。虽然国家银行的创建并没有解决预算赤字的问题，但是，政府由此得到了为其政策提供资金支持的重要工具，并得以抵制银行家们提出的优先考虑支付债务的要求。

卡列斯执政初期，根据 1920 年 12 月 30 日奥夫雷贡政府的《集体农庄法》，延续了农业改革的政策，只在 1930 年暂停了改革的推行。然而，到 1934 年为止，革命首领们的主要任务并不是恢复在 1920 年之后被称为"集体农庄"的农民集体地产，而是致力于建立个人财富。1922 年 4 月和 1923 年 4 月颁布的法律根据是否拥有灌溉条件对小型农场进行了界定。卡列斯政府于 1925 年 12 月颁布法令，确立了个人拥有小块集体农庄土地的权利。在卡列斯执政的前三年，农业部部长埃米利奥·波特斯·希尔（生于维多利亚市，1891年）将 260 万公顷的土地进行了重新分配，波特斯·希尔在 1924 年至 1928 年间曾任塔毛利帕斯州州长。由于很快出现了灌溉和贷款问题，政府在 1925 年成立了国家灌溉委员会，并在 1926 年设立农业银行。1915 年至 1920 年间，建设集体农庄的工作获得缓慢进展，其间集体农庄只占农地面积的 0.3%，然而 1920 年至 1934 年间所采取的政策将这一比例提高到 13.6%。但是，这个比例依然较低，这表明在 1934 年之前，集体农庄并非政府制定政策时优先考虑的事项，政府更重视的是如何使食品产量最大化，从这个意义来说，政府没有作出任何努力来落实 1917 年宪法中的一个重要问题。

宗教冲突

农业改革进展缓慢，人们反对卡列斯政权的宗教政策，在天主教的中部、北部和西部腹地，民众的不满情绪不断高涨。但是，宗教问题由很多维度构成，这揭示了城市的中产阶级天主教徒以及农村和中小城镇的天主教徒与教士阶层在行为方式上的不同之处。教士阶层仍受到改革运动带来的影响，因而致力于推动自 16 世纪以来最广泛的福音传教活动，以此收复失地。在 1870 年之后的若干年中，天主教会在传统的腹地地区加强了地位，并在整个农村地区扩大了影响力。1884 年至 1910 年间，天主教复兴达到高峰，天主教在 1867 年至 1917 年间的发展代表着自 16 世纪传教以来最大规模的扩张，传教士、修道院、天主教学校以及教区的数量都有了大幅度增长。

　　20世纪10年代和20年代的革命与复兴的天主教迎面相撞。按照19世纪中期的雅各宾传统，天主教是一种反革命的威胁。天主教会把墨西哥看作是一个纯粹的天主教国家，并且以此来界定墨西哥的国家认同。1914年1月，在韦尔塔团队为生存而挣扎的时候，天主教会在瓜纳瓦托山的古比雷特修建了神庙，并宣布耶稣基督是墨西哥国王。天主教会清楚地表明墨西哥革命是降临于墨西哥的天灾，是对1857年宪法以及1858年至1860年间的《改革法》的惩罚，这些都被卡兰萨派认为是一种挑衅。1914年8月，立宪军关闭了蒙特雷所有的教堂，并将街上的告解室付之一炬，作为他们对耶稣是墨西哥国王的回应。

　　1916年到1937年间，墨西哥天主教会与革命政府之间爆发了严重的冲突，冲突由1917年宪法中的反教士条款导致。这些条款集中在教育以及教会在社会中的存在两个方面，其中，第3条延续华雷斯传统，明确规定免费的国家教育原则，并且禁止在小学进行任何的宗教教育。第5条禁止宗教和教会团体，第24条严禁举行任何户外的宗教仪式。在完整的宪法规定中，第27条禁止宗教团体拥有任何土地资产。1917年2月14日，墨西哥大主教和14位流放的主教对这些宪法条款提出了抗议，天主教会早期对1857年宪法的敌意再次被激发。哈利斯科是天主教传统派的重要根据地，在1917年至1919年间，这里爆发了连绵不断的冲突。

　　作为索诺拉的州长（1915—1920），卡列斯在1917年将天主教教士驱逐出该州。在他担任总统期间，教会和国家间的危机不断加深。1925年，城市的中产天主教徒组建了捍卫宗教自由联盟，联盟建立的第二年就召集了80万会员，其中半数为女性。1926年，卡列斯政权颁布法令，规定全面实施宪法的相关准则，并开始关闭所有的天主教学校和修道院，以此推进法令的实施，这与塞巴斯蒂安·莱尔多在 1873 年将《改革法》融入 1857 年宪法的做法如出一辙，当年莱尔多的做法引发了整个西部和中部墨西哥天主教叛乱的大爆发。

到 1926 年 8 月，一场大规模的暴乱在米却肯、瓜纳瓦托和哈利斯科的腹地全面爆发，并在年底蔓延至萨卡特卡斯、科利马和克雷塔罗等地。1926 年至 1929 年间，基督派叛乱爆发，并在 1928 年达到顶峰，由于政府谴责叛乱者是"基督我王"的捍卫者，他们因此自称"基督派"。联邦军队未能有效地应对基督派所采用的游击队战术。正如前十年发生的萨帕塔主义者的叛乱一样，基督派战士在种地和收割的季节回到自己的村庄，他们是发生叛乱的农村及小城镇的典型人物。

天主教会对民众动员的广泛程度感到震惊，因而试图与政府达成某种协定，以此巩固自己的地位。教会与政府之间的协定是通过美国特使德怀特·莫罗达成的，莫罗自 1927 年 11 月起被派驻墨西哥，他本来的使命是与卡列斯政府就石油问题达成协议。主教们抛弃了基督派，这加剧了墨西哥天主教的分裂，因为一直以来捍卫宗教自由联盟同民众运动保持着一定的距离。候任总统奥夫雷贡被一个天主教徒刺杀，这一事件再次将权力交接问题推向前台，并有可能导致一直以来围绕奥夫雷贡和卡列斯而精心建立的联盟破裂，如奥夫雷贡派暗指莫罗内斯就是刺杀的幕后黑手。不断恶化的政治局势使得结束宗教冲突迫在眉睫。

通过 1929 年 6 月 21 日达成的协议，天主教会从政府得到保证天主教信仰自由的承诺。宪法第 130 条依然有效，政府继续限制各州传教士的数量，规定上限为 50 人，并且推广世俗教育的政策。因此，在整个 20 世纪 30 年代的大部分时间，地区层面的冲突一直在持续。在最高层达成暂时协议之后，军队被派往各地区彻底清除基督派的活

跃分子及其同情者们。然而镇压并未解决冲突问题，冲突在 1933 年
至 1937 年间进入第二个阶段。

革命党的建立

　　尽管 1910 年的马德罗原则以及宪法第 83 条都禁止总统竞选连
任，但是 1927 年初，掌权的奥夫雷贡-卡列斯集团制定法律，允许总
统在将来某个时期竞选连任。因此，随着卡列斯的总统任期即将结
束，在 1928 年 7 月 1 日举行的联邦选举中，自 1910 年以来一直没有
被提起的连任问题再次浮出水面。7 月 17 日，候任总统奥夫雷贡被
刺，脆弱的革命联盟面临瓦解的危险。

　　虽然卡列斯强调国家建设和金融重建，但是在 1917 年至 1937 年
间，教会与国家间连续不断的冲突破坏了新的政治秩序，并削弱了该
政权在大多数人心目中的合法性。对有效选举原则的无视暴露了革命
联盟中严重的朋党之争。奥夫雷贡被刺使得墨西哥在 1928 年至 1935
年间陷入持久的危机中，1929 年后的大萧条更令危机雪上加霜。在
此背景下，何塞·巴斯孔塞洛斯在 1929 年的总统竞选中获得高支持
率，并对主导的革命派系构成威胁。基于这个原因，政府仍然决定尽
最大可能压制巴斯孔塞洛斯当选的可能性。1923 年，巴斯孔塞洛斯
因为卡列斯的敌意倒向了反对派阵营，从而将革命联盟自 1916 年以
来获得的优势消除殆尽。

　　革命党并非从草根中诞生，相反，它是卡列斯为了应对紧急情况
而临时作出决定的结果。国家革命党（PNR）整合已有的国家机器，
并以此换取联邦政府的支持，这意味着州级层面的政治领导人将永久
性屈居在国家行政机构的权威之下。自治地区的考迪略们剩下的日子
屈指可数了，党派权威将日渐超过政治人物和地区势力。最终，对从
总统到各州州长，再到参议院、联邦议员、州议员和市长在内的所有

民选官员，卡列斯实行不连任的马德罗原则，解决了权力交接问题。尽管这一措施杜绝了曾经为祸 19 世纪的顶层权力滥用现象再次出现，但将马德罗原则应用于立法机构的做法剥夺了立法者积累议会工作经验的可能性，因而预示着无法塑造一种充满活力的政治生活。相对而言，这种做法也表明，行政机构的权力将得到加强。

但是，政党可以一直获得连选。因此，墨西哥革命并未带来马德罗所期望的宪政民主，它带来的只是权威主义、集中制和一党专政。自独立以来一直困扰着国家的权力交接问题不再是个人之间的交接，在 20 世纪剩下的漫长的时间里，官方党派的自动交接（尽管先后两次更名）预示着权力从一个党派转到另一个党派的手中仍然是未解的难题。

在早期，官方党派类似于由卡西克组成的联盟。巴斯孔塞洛斯在选举中被欺诈和暴力等手段所击败，这表明国家革命党作为执政党是当时墨西哥的唯一选择。总统任期在 1928 年 12 月即将到期，卡列斯将其位置临时交给波特斯·希尔，而自己却以国家革命党"最高首领"的身份继续掌握大权，开启了 1928 年至 1934 年间所谓的"最高首领统治时期"。其间，卡列斯扶植了三个傀儡总统，自己则居于幕后指挥。1929 年 3 月，波特斯·希尔任命卡列斯担任战争部部长的要职。

国家革命党变成了一个官僚机器。因此，尽管历史条件各不相同，但是它为此后拉丁美洲国家建立的国家党派树立了榜样，如巴西与巴尔加斯政权有关的党派。墨西哥的官方政党最终成为巨大的政治机器，在国家革命党之外，没有任何可以获得政治权力和影响力的途径。官方政党的核心是国家与劳工组织之间形成的利益交换。国家充当工人组织恩主的做法可以追溯到 1920 年至 1934 年间的"索诺拉王朝"时期，当时的政局由出生于索诺拉的领导人主导。直到 20 世纪

70 年代，执政党仍然在部分意义上可以被描述为官僚机构和劳工组织之间的联盟。

拉萨罗·卡德纳斯（1895—1970）进一步发展了卡列斯模式，该模式以政治和经济自由主义危机背景下出现的欧洲一党制为原型。为了在革命余波之后推进政治重建，美国很显然不是墨西哥将要模仿的对象。相反，在面对基督派叛乱、1929 年的选举挑战以及 1931 年再次爆发的宗教冲突时，墨西哥革命者们竭力维护自己的权力，因而采用了一种法西斯意大利和苏联制度的混合体制，但是其中既没有法西斯主义，也没有社会主义元素。

在一件非常重要的事情上，1920 年之后建立的革命政府偏离了迪亚斯时期的做法：武装力量的现代化。革命者之所以能获取并保住权力，其主要原因是联邦军队在 1913 年至 1914 年间遭受军事溃败，由此，武装力量不再属于一个中央集权的国家，而是被分散至互相竞争的各个革命首领的手中。1920 年以后，索诺拉集团政治主导权是否能够维持，这取决于能否从效忠的武装集团中构建一支有效的军队。在卡列斯统治时期，这一过程的主导人物是阿马罗。在卡列斯主政期间，各州当局经常使用武装力量来抵制农民们推行农业改革的呼吁，并用以解散农民武装，如 1933 年的韦拉克鲁斯事件。直到 20 世纪 40 年代，墨西哥才完成军队的职业化。

民族主义、拉萨罗·卡德纳斯以及 20 世纪 30 年代的革命

20 世纪 20 年代末期，卡列斯决定暂停农业改革。但是，大萧条所造成的冲击使得解决社会问题刻不容缓。1929 年 10 月 24 日，华尔街股市崩盘，并在 1930 年 7 月后对墨西哥产生日益严重的影响。正如我们曾经看到的那样，严重的衰退已经对包括石油、白银和铜矿在内的墨西哥三大主要出口商品产生了重要影响。此时的墨西哥已经建立了适度多元化的经济体系，不再单一依赖某种商品，因而大萧条带来的影响并不像巴西、阿根廷、秘鲁或古巴等其他拉丁美洲国家那样严重。此外，自 20 世纪 10 年代以来，国家制度经历了一个结构性的变革。虽然不能过分强调这一点，但是它使得墨西哥能够迅速应对大萧条导致的更加快速的变化。然而，在 1930 年，约 69％的经济活动人口仍然从事农业，尽管发展制造业的零星尝试早在一百年前已经开始。

墨西哥经济仍然非常脆弱。1900 年至 1910 年间，国内生产总值（GDP）年均增长率为 3.3％，而 1910 年至 1925 年间降至 2.5％，并在 1925 年至 1940 年间进一步下降到 1.6％，低于这一时期 1.8％的人口增长速度。到 1928 年，进口开始增长，而出口开始下降。1929 年至 1932 年间，出口收入下降 29％，而购买力在同期下降幅度超过 50％。大萧条揭示了过度依赖国际市场给经济带来的巨大风险。在国家革命党内部，对经济情况及其社会影响进行了辩论，争论的结果带来经济民族主义立场的形成，这一立场强调优先发展国内市场，并且承认国家干预的可能性。经济民族主义的某些基础在迪亚斯时代就已经成型了，当时，墨西哥在纺织业（其原材料为本国生产的棉花）领域基本实现了自给自足，而拉丁美洲最早的钢铁厂也于 1903 年在蒙特雷建成。

墨西哥的国内问题因为大萧条对美国国内的冲击而复杂化。美国政府在 1930 年至 1933 年间驱逐了 31 万墨西哥工人，并在 1930 年 5 月限制对墨西哥产品的进口，失业率翻了三番。除此之外，农业生产低于 1910 年的水准，而 20 世纪 30 年代人口增长了 18％。土地和食品供应所面临的压力需要再次关注水利灌溉和土地租期问题。1923 年至 1933 年间的玉米收成只有 1910 年的 60％，而 1910 年产量在当时并不高。在 1934 年至 1938 年间，食品价格上涨 54％，这一趋势在 1936 年至 1938 年的三年中由于糟糕的气候条件进一步恶化。

　　大萧条最严重的时期发生在 1931 年至 1932 年间，此后经济复苏开始。虽然经济在 1933 年至 1934 年间仍未恢复到 1929 年的水平，但石油和白银价格的上升趋势带来出口价值和总量的增长。1930 年后，北部湾区开发了波萨里卡油田，虽然石油产量在 1933 年仍然处于相对较低的 4 700 万桶的水平，但是墨西哥石油产业的复苏成为可能。石油业的复苏再一次提出石油业对国内经济的重要性、外国公司的地位和利润以及墨西哥工人的工作状况等问题，并在 1937 年至 1938 年的石油危机中达到高潮，其结果是卡德纳斯政府在 1938 年 3 月宣布石油产业国有化。

　　1933 年 5 月，国家革命党的克雷塔罗委员会选择卡德纳斯作为官方的总统候选人。国家革命党推行六年计划，该计划最初在卡列斯的影响下制定，试图使中等规模的农民与集体农庄并行发展，并使前者成为后者的替代方案，从而更好地推动新技术的引进。12 月举行的国家革命党大会将这一计划推向左翼路线，得到左派支持的卡德纳斯带领国家革命党推行一系列影响深远的改革措施，并通过国家干预的方式来实施。最初，人们认为卡德纳斯（1934—1940）将成为卡列斯的第四位傀儡总统，但是在庆祝竞选成功的全国巡回访问途中，卡德纳斯建立了一个植根于农民群体的独立的政治基础。

　　卡德纳斯于 1934 年 7 月 1 日当选，而在此之前，政府推行的政策以及地方自发的农民行动的结合改变了墨西哥的土地所有制结构。庄园制在 1870 年至 1910 年间不断巩固，这一趋势在 1920 年至 1934 年间被扭转。庄园仍然是主要的生产和社会组织单元，但是其主导地位已经在几个层面上受到挑战，这一点在中部平原地区和农民社群众多的邻近地区尤其如此。集体农庄将劳动力从私有部门吸引出来，减少了地方土地拥有者的权力。在庄园保留下来的地区，它们也遭到被称为"土地运动派"的武装团伙的反对，土地运动派在政府主导的农业改革中获得了好处，并急于扩大这种好处。早在政府的政策颁布之前，已经存在很多现场重新分配土地的做法。

卡德纳斯将集体农庄视为庄园的一种替代方案，正如他打算用工人合作社来替代资本主义一样。1937 年 6 月，铁路（政府自 1909 年以来一直是最大的股东）被完全收归国有，并在 1938 年 5 月 1 日移交给铁路工人联合会进行管理。然而，直到 1938 年，采矿业和石油业仍主要被外国公司所控制，80％的铁路和有轨电车轨道以及整个电力行业亦是如此。在卡德纳斯时代，政府的干预极大地改变了这一局面，并塑造了与一党政府相联系的混合型经济。1938 年后，石油等关键产业的商业性锐减，成为官僚体系的附属物。集体农庄的加速发展更多源于社会和政治考量，而非基于经济的考虑。实际上，在赤字金融带来通货膨胀的时代，农业改革政策推高了食品价格。在卡德纳斯时代的末期，农业仍然占据 GDP 的 21.8％，而制造业的份额只有 16.9％，远远低于农业所占份额。经济仍高度依赖于矿产品的出口。

与其说 20 世纪 30 年代的农业改革是一个全面宏观战略的组成部分，不如说它更多是短期需求的反映。政府在 1934 年至 1938 年间积极推动集体农庄，这一政策起源于 1917 年至 1920 年间，并不是卡德纳斯时代的创新。与卡列斯时期对土地私有制度的偏好相比，卡德纳斯时代的重要性在于其对重建社群用地的重视。在 1934 年至 1940 年间，政府重新分配了 17 906 429 公顷的土地，几乎都是作为集体农庄的用地进行分配。土地分配在 1937 年达到高潮，当年，5 016 321 公顷的土地被交给 184 457 名有资格的受益人。截至 1940 年，集体农庄主的土地占可耕种土地面积的一半以上。对于灌溉和以种子、化肥、工具和牲畜等形式提供的借贷的迫切需要，导致了新的政府机构的成

图 6.10　1937 年，里奥·托洛茨基与弗里达·卡罗抵达坦皮科。里奥·托洛茨基是
俄国革命布尔什维克领导人之一，也是红军的创建者。被驱逐出苏联后，托洛茨基先
在挪威短暂停留，此后卡德纳斯政府允许他前往墨西哥。卡德纳斯政府此后也接收了
许多西班牙共和党的流亡者。前往坦皮科港口迎接托洛茨基的人中有迭戈·里维拉的
妻子：画家弗里达·卡罗。里维拉和卡罗为托洛茨基和妻子在墨西哥城的科约阿坎提供
了住所。科约阿坎成为社会主义者活动的中心，托洛茨基在那里继续自己的工作，直
至 1940 年被暗杀。

立。1934 年，墨西哥国家金融开发银行成立，并在 1940 年后开始为
农业需求提供服务。1935 年，卡列斯时代的农业银行被分成两个新
的银行，即针对中小型农民需求的农业信贷银行和集体农庄信贷银
行。卡德纳斯政府十分清楚，集体农庄有演变为自给自足的用地或无
法生存且效率低下的小块土地的风险，政府的主要目的是监控集体农
庄的兼并情况，以满足国家日益增加的食品需求，然而，小农农业的
严峻现实以及农业投入不足的现状使得这些想法难以实现。尽管强调

集体农庄的重要性，但卡德纳斯时期并未完全摒弃卡列斯时代的政策，如 1938 年 5 月，政府颁布法律，成立小型产业部，旨在保护小农户不受农民压力的影响，并且负责颁发免于征税的证书。

尽管发布了六年计划，但是政府并没有形成可以一以贯之的工业化战略。石油部门的国有化来源于两个因素的结合，一个是从前任政府那里承袭的处理公司地位的难题，另一个则是同期工业界劳动关系的恶化。1934 年，墨西哥与国际银行家协会的关系恶化，直到 1942 年方才得以恢复。六年计划拟成立一个相对没有威胁的国家公司，即墨西哥国家石油公司，与外国公司进行竞争。在私人企业情况恶化的情况下，成立于 1935 年的墨西哥国家石油公司将对其予以控制。与此同时，政府推动 21 家油田工会进行合并，并建立统一的组织。1936 年，工会组织建议与石油公司续签全国性的合同，然而提议遭到公司拒绝，因为这意味着劳动力成本的大幅度上升，导致 1937 年 5 月 28 日爆发的油田总罢工。

卡德纳斯政府选择与石油工人站在一边，谴责公司过度赚取利润。1937 年 12 月，政府的立场得到最高法院的支持，最高法院警告石油公司，如果继续对宪法第 123 条的规定视若无睹，那么它们将被视为违背法律。然而，公司并没有选择后退，而是期望来自国外的势力进行干预，因而墨西哥政府于 1938 年 3 月将石油产业国有化，以此解决了争端。尽管政府根据宪法第 127 条而不是第 27 条对国有化行为进行了解释，但民族主义是其背后的主要动机。基于这个原因，它团结了政治谱系中从右派到左派马克思主义的各派力量。很快，而且在此后很长一段的时间里，石油产业的国有化被视为墨西哥对外国势力的重大胜利，足以与 1867 年反对欧洲干涉的胜利相提并论。这不是国家对私有企业的进攻，而是经济民族主义措施，旨在反对把自己凌驾于墨西哥政府之上的外国公司。但是，国内政治局势在卡德纳斯的高风险国际政治政策中发挥了重要作用。

虽然国有化是政治上的胜利，但是却发生在不太有利的经济环境中。白银和石油出口的下降带来政府收入的减少，农业改革和公共设施建设使得财政赤字更加严重，而 1937 年的歉收也推高了食品价格。墨西哥成功地度过国有化危机，一方面由于卡德纳斯极富技巧地应对国内政治，另一方面则是因为国际局势的恶化。虽然英国政府认为墨西哥的国有化是违法行径，但是美国的富兰克林·D. 罗斯福政府（1932—1945）反对进行武装干涉，而欧洲局势持续快速恶化，英国既不能预防也不能扭转墨西哥的石油国有化。

当政府实行石油公司国有化的时候，墨西哥石油产量的一半用于出口，1937 年的出口总量是 24 960 335 桶，这一数字在次年下降至 14 562 250 桶。墨西哥比索价格从 3.5 比索兑换 1 美元下降至 5 比索兑换 1 美元，这造成墨西哥的出口更加便宜。从短期来看，墨西哥政府尽可能地将其国有化的石油卖给其他拉美国家，但是更多时候是卖给纳粹德国、法西斯意大利和帝国主义日本，以此来换取机械和其他的资本产品，并绕过盎格鲁美国公司的杯葛。美国大使约瑟夫斯·丹尼尔斯始终赞成进行妥协，支持卡德纳斯政府的改革政策。卡德纳斯的任期届满后，丹尼尔斯将卡德纳斯和华雷斯共同列为国家利益的守卫者。但是，美国国务院和美国财政部并不支持丹尼尔斯对国有化的看法。

第二次世界大战爆发后，石油公司的敌意让位于美国的战略需求。作为一种姿态，1941 年 7 月，墨西哥允许美国空军战机在往来巴拿马运河区域的时候在墨西哥的基地起降。自 1942 年 6 月起，美国开始购买墨西哥的石油供海军使用。1941 年 11 月至 1942 年 4 月间，双方就对石油公司的补偿达成协议，补偿的范围只包括地表产业的价值。截至 1947 年，赔偿金额累计达到 2.8 亿美元。1938 年 5 月

12 日至 13 日，墨西哥与英国断绝外交关系，双方直到 1947 年才达成协议，当年墨西哥向鹰石油公司支付了 1.3 亿美元的赔款。

在 1937 年至 1938 年间发生的墨西哥石油危机中，主要的政治人物间形成一个复杂的权力争夺的局面。在此过程中，卡德纳斯表现出胜任华雷斯继任者的形象，他不仅挫败了对手的企图，而且最终击垮了卡列斯。卡德纳斯最初的盟友是两位来自不同领域且身份不同的大佬，其中第一位，也是当时从战术上讲更加重要的一位名叫萨图尼诺·塞迪略（出生于 1891 年，比利亚·德尔·马伊斯，圣路易斯波多西），他是圣路易斯波多西州的农业大亨。塞迪略通过革命起家，之前与比利亚结成联盟，此后又依附奥夫雷贡-卡列斯网络。塞迪略手下的势力参加了打击基督派叛乱的战斗，但是塞迪略并不赞同卡列斯的反教权主义。圣路易斯波多西事实上被塞迪略个人所控制，成为独立于联邦政府的个人封地。卡德纳斯的第二个盟友是比森特·隆巴尔多·托莱达诺（1894—1968），此人出身于普埃布拉上流社会，曾担任国立预科学校的校董，并从 1936 年起担任墨西哥劳动者联盟（CTM）的领导人，该组织是从劳工地区联盟脱离出来后建立的新机构。两大盟友的协助保证了卡德纳斯可以得到来自军队和劳动者的支持。

卡德纳斯也结交了卡列斯的政敌，如奥尔蒂斯·鲁维奥和波特斯·希尔，因此当他与卡列斯在 1935 年 5 月决裂的时候，卡德纳斯能够摧毁后者在国家革命党内的影响力。在将国会以及各州州长中的卡列斯势力清洗出去后，1936 年 4 月，卡德纳斯将卡列斯和莫罗内斯流放至美国。同年 8 月，卡德纳斯的势力已足够强大，他利用穆希卡和波特斯·希尔的权力斗争，将后者从国家革命党主席的位子上赶下来，从而避免了在官僚体系之上建立一个替代性的权力基础。此后，卡德纳斯着手剥夺自治地区政治首领的权力，1936 年对塔瓦斯科的托马斯·卡里多·卡纳瓦尔下手，1938年则转向圣路易斯波多西的塞迪略。卡里多·卡纳瓦尔拥有一支私人军队，主要由年轻的反教士的激进派构成，被称为"红衫军"。卡里多·卡纳瓦尔被迫流亡外地。塞迪略的势力得到武装的土地运动派的支持，他们是国内影响范围第三位的农业改革的受益者。除此之外，这位圣路易斯波多西的首领反对卡德纳斯政府的宗教和教育政策，因而将该州变成了包括传教士在内的天主教徒的避风港。

中央政府派遣联邦军队进入圣路易斯波多西州，制衡塞迪略的土地运动派，以此削弱塞迪略的影响力。与此同时，左派将塞迪略描述成国际法西斯主义的同情者，并认为他是墨西哥潜在的"弗朗哥将军"。塞迪略的影响主要在农村地区，联邦政府通过操纵选举，在该州首府开始创建一个替代塞迪略的政治机器。不仅如此，在当地出现劳工骚乱时，政府将劳动者联盟引入该州的政治角逐中。除此之外，卡德纳斯政府打算将所有农业改革的受惠者们组成一个由中央管理的团体，并将这一团体纳入国家革命党，这一政策对塞迪略的独立拥护者们造成致命打击。在以上种种因素的共同作用下，塞迪略被迫走上反抗之路。1938年3月至5月，危机爆发，然而最终塞迪略的叛乱以流产告终，塞迪略逃亡到山区，并在1939年1月被刺身亡。

在塞迪略挑战卡德纳斯政府的同时，石油危机爆发。这次危机使得塞迪略的处境更加严峻，而右派反对势力的增长也越发严重。但是，石油国家化在政治上取得了胜利，因而政府得以迅速而有效地应对这位最后的地方大独裁者。在石油危机期间，国防部部长曼努埃尔·阿维拉·卡马乔（1897—1955）在保证国家安全以及摧毁塞迪略势力中都发挥了决定性的作用，这使得在接下来的两年中，当卡德纳斯政治接班人的问题浮出水面时，卡马乔得以占据至高地位。

官方党派的重组和 1940 年的总统竞选

1938 年 3 月，卡德纳斯对国家革命党进行更名，使其成为法团式的组织实体，国家革命党的执政基础由此拓宽。墨西哥革命党（PRM）由四个"部门"组成，分别是有组织的劳工部、新成立的农民部、军人部和人民部。职团结构在某种程度上反映了西班牙语世界的历史传统，也反映了 20 世纪 30 年代末和 40 年代初的通行做法。卡德纳斯将全国农民联盟（CNC）从劳动者联盟中分离出来，并将其作为墨西哥革命党的一个独立部门，目的是削弱隆巴尔多·托莱达诺的地位。隆巴尔多·托莱达诺是一名马克思主义者，他主张墨西哥革命朝着苏联的模式继续发展。除此之外，独立出来的全国农民联盟将有组织的农村劳动力直接置于联邦政府的监控之下。集体农庄的农民直接成为全国农民联盟的成员，全国农民联盟的会员总数已达到 200 万人。这一措施是集体农庄政策的必然结果，一方面纠正了此前革命派忽略农民群体的错误，而另一方面也将其吸纳到国家全方位庇佑的体系之中。

在 1940 年 12 月以前，即度过石油危机以及国家革命党的候选人阿维拉·卡马乔赢得 1940 年的总统选举以前，军人部一直是四大部门之一。高级军官们乐于见到劳动者联盟的分裂，因为他们忧心该组织在政府内的影响力，并且反对按照西班牙共和党的路线设立工人武装组织。人民部不仅容纳了小农户，而且还吸收了小型工业主和政府雇员参与其中，政府雇员联合会（FSTSE）是其力量的体现。从理论上讲，官方党派的四个部门每隔六年通过提名大会选择总统候选人，而在实际操作中，即将离任的在职总统经常会直接指定继任者。四个部门代表着在一个日益庞大的官僚体系内争夺影响力、权力和物质回报的机制化压力集团，设置四个部门的主要意图是平息农民和工人的不满，并将工人阶级的意愿导入本党的体系渠道。通过这种方式，自治团体或者持不同政见的群体将被彻底忽视。

　　新的党派制度有效地强化了中央政府的权力，尤其是当塞迪略在圣路易斯波多西的影响被彻底驱散了之后。卡德纳斯的工业和农业改革政策，其中包括以劳工为导向的石油国有化政策，很好地揭示了墨西哥革命的实际功能。从根本上讲，这是民众压力与政府操控相结合的产物。国家革命党代表的是政府协调下的群众动员与民众寻求宣泄不满情绪的途径的结合。将自20世纪10年代以来革命队伍内部迥然不同甚至是相敌对的元素整合到一起，这正是卡德纳斯时代的终极成就，这一点从两个方面来看至关重要：其一是石油危机期间，面对外国干涉的潜在危险，需要国家团结；其二是面对基督派叛乱的余波，1937年5月后，以辛那其主义为表现形式的天主教民族主义者对政府发起反抗，需要将农民阶层紧紧地团结在政府周围。

　　1931年后，宗教冲突再次出现，而此前基督派的起义遭到军事镇压，政府也实际上抛弃了1929年的协议。冲突贯穿整个20世纪30年代，瓜纳瓦托、米却肯和哈利斯科是受影响最大的地区。在1929年至1933年间，冲突造成约5 000人死亡。在米却肯州，卡德纳斯曾于1928年至1932年间担任州长，截至卡德纳斯任期结束时，全州只剩下33个教士。在巴西奥地区，联邦政府到1935年仍无法镇压叛乱，当地的小农户反对集体农庄政策，认为这一政策并不适用于本地区。教育问题在1934年至1938年间凸显，天主教会抗议政府的政策，并且指示天主教组织和个人反对政府政策的实施。1937年5月，天主教民族主义运动组织——辛那其全国联盟（UNS）——成立，其核心阶层是巴西奥的农村资本家以及中下阶层的职业人士。辛那其全国联盟由瓜纳瓦托大学的学生创立，创立者中包括二三十岁的神学院学生，他们中很多人都出身于中产阶级。辛那其全国联盟被认为是为了实现国家转型而发起的精神运动，其根基建立在中部、北部和西部各省的天主教核心区。根据 1916 年至 1917 年间天主教反对卡兰萨以及 1926 年至 1929 年的基督派起义的传统，辛那其全国联盟拒绝 1929 年的"协议"，并决定在 1931 年之后重起争端。

辛那其全国联盟的民族主义诉求表现在该组织对马克思主义阶级斗争理论的抛弃以及对石油产业国有化的支持上。辛那其全国联盟反对农业集体化，号召结束国家对教育的垄断。辛那其运动对卡德纳斯派的政治秩序构成了威胁，该运动不仅直接挑战了国家革命党/墨西哥革命党的垄断统治，而且团结了各行各业的代表，包括小农户、集体农庄农民、佃农、房地产业工人、日工、手工业者以及小型产业中的工人。截至 1939 年，辛那其全国联盟成员达到约 9 万人。同一年，辛那其全国联盟谴责革命已经进入以特权、贫困和暴政为特色的新的波菲里奥时代。在其影响力达到顶峰的 1940 年，辛那其全国联盟控制了巴西奥地区的大部分城市。官方党派面临的主要危险是辛那其全国联盟强大的动员能力，这使外省的草根阶层对政府形成强大威胁再次成为可能。然而，辛那其全国联盟缺乏一致的纲领，因而当政府在 1938 年后（尤其是 1940 年后）改变了源自卡列斯时期的反教权主义后，辛那其全国联盟开始失去其锋芒。

卡德纳斯继承了卡列斯时代的政治遗产，尽管有不同的侧重点，但是卡德纳斯政府的政策深受卡列斯影响。1938 年至 1946 年的墨西哥革命党崛起于 1929 年至 1938 年的国家革命党。与其临时组成的先驱相比，面对 1940 年大选的墨西哥革命党具有更加紧密的组织，而且控制更加集中。到 1940 年的时候，几乎所有独立于国家行政长官的地方性政治机器都已经被取代。事实上，墨西哥革命正在建设一个比在迪亚斯时代或者西班牙殖民总督统治时代曾经存在过的任何政权都要更加强大的国家。

　　三个重要的转折点决定了一党专政国家的建设。1924 年，德拉·韦尔塔的叛乱被扑灭，这预示着革命领导层内部的派系将决定总统权力的更替问题。1929 年的总统竞选以及巴斯孔塞洛斯遭遇的压倒性失败，保证了自此以后任何有组织的反对势力都不会对官方党构成有效的挑战。1940 年，阿维拉·卡马乔当选，这表明对于得到前任总统支持的官方候选人的挑战都将失败。

　　1940 年的选举同样表明墨西哥革命将不会进一步"左倾"。穆希卡的早早退出凸显了卡德纳斯当局在 1938 年后抛弃了左派立场。由此，政权内部对官方政策的主要挑战并不来自左派，而是来自世俗右派分子。右派的主要关注点是蒙特雷的商业利益，他们希望新莱昂州的军事领导人胡安·安德鲁·阿尔马桑将军能够成为总统候选人。阿维拉·卡马乔成为墨西哥革命党的官方候选人，这主要归因于他在塞迪略事件以及石油危机中展现了团结军队以支持政府的能力。1939 年 4 月，弗朗哥在西班牙内战中获胜，共和派成员流亡到墨西哥，这将卡马乔个人能力的重要性凸显出来，诸如韦拉克鲁斯州长米格尔·阿莱曼等关键州的州长站出来支持官方候选人。而在 1940 年，半数的州长都是军官。卡德纳斯以中间派的身份支持阿维拉·卡马乔，这一方面削弱了分裂的左派的选情，另一方面也削弱了分裂的右派的选情。按照这种思路，卡德纳斯谴责了"国家社会主义"，同时也发出警告，称墨西哥革命的最大危险来自国际法西斯主义。在政府的操纵下，卡马乔胜选，这预示在 20 世纪 40 年代的墨西哥，主导性的社会特点将包括经济民族主义、混合制经济、法团制的政治组织以及宗教问题上达成的妥协等。

第七章　一党执政时期（1940—2000）

　　在 1940 年以后，有利的国际环境和国内相结合，执政党得以在长达三十年的时间里成为垄断党。1940 年至 1970 年间，经济的增长在国际社会和墨西哥国内营造出乐观主义的氛围。自 1943 年后，无论是左派还是右派都未能对执政党构成真正的挑战，执政党由此将其统治拓展到几乎所有的社会领域。在 20 世纪 40 年代，卡德纳斯时期的左派立场逐步被抛弃，除了在仪式性的场合之外，旧的话语被统统摒弃，商人阶层逐步被纳入执政党阵营。墨西哥从一个主要的农业国家转型为城市化国家，国有工业大幅度扩张，以国有产业为主导的混合制经济开始形成，教育体系获得快速发展。以上因素共同作用，制造出墨西哥终于摆脱不发展的渊薮，并从此走上和平与繁荣道路的印象。

　　1954 年的金融改革开启了被称为"稳定的发展"的阶段，一般认为这一阶段指的是阿道夫·鲁伊斯·科蒂内斯（1952—1958）和阿道夫·洛佩斯·马特奥斯（1958—1964）两位总统任职以及安东尼奥·奥尔蒂斯·梅纳担任财政部部长（1958—1970）的时期。虽然经济领域的结构性问题早在 20 世纪 60 年代初已经出现，但大体来说，"稳定的发展"阶段一直延续至 1971 年的经济衰退时期。经历了这一阶段的人习惯了政治稳定与少量社会公正和经济发展并存的局面。中产及中产阶级上层的生活方式和渴望都建立在这些条件存续的前提下，定期去美国和欧洲旅行甚至去国外留学成为可以实现的目标，而不仅仅是有钱有势的小部分人的专属权力。然而，这些期待在 60 年代末期被搁浅。至 70 年代，国家进入一个完全不同的政治经济环境。

一些墨西哥评论家在 90 年代末满含痛苦地回忆这一时期，并将其称为失落的三十年。由此，一直以来人们都在思考究竟谁或者什么因素带来了这样的变化。

经过几十年快速的经济增长以及由此产生的乐观主义氛围，人们难以从历史的角度解释 1970 年后的经济停滞、危机和动荡。在 60 年代早期，可能除了最为悲观的观察家之外，人们无法预计经济衰退期的出现。但是，1970 年之后问题重重的三十年使我们有必要从不同的视角来审视扩张时代，并从中寻找到此后面临的种种困难所产生的根源。认识到墨西哥增长的局限性非常重要。截至 60 年代末期，垄断党不仅加强了对政治过程的控制，而且由于该党确立的经济体制推动了经济扩张，受到人们的赞誉。但是，与国际趋势紧密相关的经济发展与一党专政制度之间的关联并未得到证明。与此形成对照的是，正如我们曾经看到的那样，人们曾经将迪亚斯时期的独裁体制与经济发展做过类似的联系。事实上，这一时期，一党专政引发腐败，国家过度干预经济，墨西哥商界和政府关系紧张，因此可以说这一制度是阻碍发展的桎梏。但是，当时几乎没有人提出这样的看法。当 70 年代初经济开始脱轨后，这些问题与其他相关问题一起浮出水面。而这一情形发生的背景是 1968 年抗议运动被镇压之后，对政治的批评声音不断高涨。自 1970 年开始，一党专政体制本身日益成为一个政治问题，而这个问题在三十年之后仍未得到解决。

第一部分　"墨西哥奇迹"与政治控制（1940—1970）

墨西哥在 1934 年至 1935 年间从大萧条中解脱出来。1938 年，石油国有化开启了将石油资源重新导向国内经济的进程。1939 年，第二次世界大战爆发，尤其是 1941 年美国参战，使得外界对墨西哥产品的需求增加，同时也为重新启动 1910 年革命之前开始的工业化创

造了条件。自 20 世纪 40 年代开始，墨西哥经济转型明显。在 1930
年至 1960 年间，人口结构中的农村和城市人口占比由 66.5％和
33.5％变为 49.3％和 50.7％。基础生产活动对国民生产总值（GNP）
的贡献率从 1940 年的 19.4％降至 1976 年的 8.9％。快速的城市化和
工业化发展是 1970 年之前的三十年最大的特点。同时，人口预期寿
命从 1925 年至 1940 年的 33 岁至 38 岁增长到 1970 年的 62 岁，文盲
率也从 1950 年的 42％下降到 1970 年的 16％。从墨西哥和拉丁美洲
的角度看，这些发展非常引人注目。然而，不可否认的是，在美国的
加利福尼亚州，1970 年的人口为 1 400 万，其国民生产总值达到 500
亿美元，是拥有 5 400 万人口的墨西哥共和国的两倍还多。虽然墨西
哥的人均年收入在 1950 年至 1970 年间翻了一番，达到 600 美元，但
是同期的美国这一数字高达 3 000 美元。

一党专政国家的鼎盛时期（1940—1968）

1940 年的选战充满暴力和欺诈。即将卸任的政府不惜代价确保
曼努埃尔·阿维拉·卡马乔当选，左派阵营的分裂导致了这个局面的
发生，而 20 世纪 20 年代和 30 年代宗教冲突的解决也确保了天主教
选民的选票会投给执政党。辛那其主义者选民大规模弃选，这进一步
确保了官方党派的胜利。同时，通过全国农民联盟参与竞选工作的乡
村教师也对提高阿维拉·卡马乔的支持率发挥了重要作用。在面临国
际冲突与国内极化的困难时期，阿维拉·卡马乔采取的妥协立场以及
击退反对派的能力使得执政党能够掌控政治的中心地带。阿维拉·卡
马乔决意杜绝再现 1940 年的选举欺诈和暴力，因而在 1945 年 12 月
修改了 1918 年的《选举法》。从根本上讲，这意味着摆脱地方和州政
府对选举过程的控制，将权力交付于一个联邦选举监督委员会，最终
加强了中央政府的控制，并巩固了总统的影响力。

图 7.1　墨西哥国立自治大学（UNAM）的图书馆。胡安·奥格尔曼（1905—1982）、古斯塔沃·萨阿韦德拉以及胡安·马丁内斯·德·贝拉斯科参与了墨西哥国立自治大学的设计，并在 1950 年至 1956 年间建设，即在米格尔·阿莱曼（1946—1952）和阿道夫·鲁伊斯·科蒂内斯（1952—1958）任总统期间进行。图书馆墙上的图案象征着后革命时代的文化活力，并且融合了此前所有时期的主题，其激进的民族主义表达在 1964 年查普特佩克建成的人类学博物馆中以一种温和的方式得以补充。人类学博物馆的建造延续了之前将前哥伦布时期融入后独立和后革命现代国家的尝试。（图片由本书作者拍摄）

　　政治上的稳定激励充足的外国资本回到墨西哥，推动了墨西哥经济的高速增长。阿维拉·卡马乔（1940—1946）开始弥合政府和私有企业之间的裂痕，考虑到与商界相关的反对党的成立，如 1939 年国家行动党（PAN）建立，这一举措已成为政治上的必然措施。在阿维拉·卡马乔执政期间，大多数的反对团体消失了，仅剩下辛那其全国联盟和国家行动党作为主要的反对组织，此外，这两个组织差异很大，并没有合并的可能，它们更多是象征性的反对组织。在 1938 年高度政治化的环境下，国家革命党被视为工人和士兵联盟，然而，在阿维拉·卡马乔时代，国家革命党的政治立场和社会构成都已经与当初迥异。

在阿维拉·卡马乔执政时期，构成官方党派人民部的成员增加了他们在政权内的影响力。这些专业人士、公务员以及小农户团结在一起，于1943年建立了全国人民组织联合会（CNOP）。1941年后，左派阵营的持续分裂导致隆巴尔多·托莱达诺影响力的下降，以及温和派的菲德尔·贝拉斯克斯——劳动者联盟的领导人——的崛起。在贝拉斯克斯的领导下，长期以来国家—劳工—商界的三边关系在1945年后实现了机制化。

1946年，从卡德纳斯时代遗传下来的法团结构仍然被保留，官方党的名称改为革命制度党（PRI），意为制度化革命的党派。名称上的变更承认了墨西哥革命党的转型，并改变了早期墨西哥劳动者联盟的主导地位。尽管隆巴尔多·托莱达诺最初支持内政部部长米格尔·阿莱曼担任总统，但是很快他就失望了。显然，阿莱曼政府渴望政商合作，这导致隆巴尔多·托莱达诺与革命制度党决裂，并创建墨西哥人民社会党（PPS）作为政府的反对党，但是PPS并没有获得竞选胜利的机会。

政府与仍然处于官方党派正式架构之外的商界建立了紧密联系，这一点在1924年至1934年卡列斯执政期间已有预兆，阿莱曼政府（1946—1952）在1946年之后恢复了这种模式。在20世纪20年代和30年代的后革命时代，致富后的商人们对政府形成相当大的影响。虽然官方党的成员大多数是工人和农民，但是他们并不是这一时期政府内具有决定性影响力的群体。1946年12月，阿莱曼政府颁布农业改革法，鼓励按照不同土地类型确立边界的私有小型农场的发展，这带来了大型地产分裂的加速。然而，在其上层，这些所谓的小型农场正在快速变成大型农地。

政治体系的核心问题是选择总统候选人的过程。遵守不连任的原则规避了具有引爆危机可能的权力交接问题，然而，围绕着接班人选择过程的各种秘密仍然是无法为外界所知的。人们普遍认为直到 1970 年，前总统在权力交接过程中扮演了一定的角色，但选择继承人的权力仍然有效地掌握在现任总统的手中。选择继承人的标准从未被公开，而这一过程参与者的数量（或者他们的排序）也无从得知。但是，自 1934 年起，每个继承总统职位的人都曾经在其前任的政府中任职，而且，更加明确地说，都曾通过履行了某些决定性的服务才得到被选为接班人的机会，阿维拉·卡马乔在 1938 年 12 月曾经担任国防部部长就是一个绝佳的例子。在 1970 年之后，早期的合议制选举过程被摒弃，改由在任总统选择接班人。在一党专政时期，总统处于政治金字塔的顶端。实际上，科西奥·比列加斯将这个政治体系描述为一个"六年制的绝对君主制"，我们甚至可以更进一步将 20 世纪后半期的墨西哥描述为一个以联邦共和国形式呈现的选举制帝国。

扩张的利与弊

在很多方面，战争年代本身就为之后的经济扩张提供了平台，促进经济发展的外部和内部因素在当时已经清晰地呈现出来。外部因素总是会被纳入考虑，而且事实上将继续决定墨西哥是否陷入危机，但是在国内，墨西哥自迪亚斯时代以来就进行了基本的基础设施建设，为民族工业未来的发展奠定了基础。在 1910 年以前，技术、投资和企业的问题，加之市场空间有限，使经济发展受到阻碍。20 世纪 10 年代的革命战争耗尽了国民经济的资本，并切断了墨西哥在 1914 年后获得国际贷款的途径。内部冲突掩盖了经济体系内的各种趋势，也延缓了经济的恢复。1942 年，墨西哥获得了利芒图尔时代以来的首笔国际贷款。

在 40 年代，墨西哥国家金融开发银行成为墨西哥政府与外国投资者之间的中介，政府则充当了公共部门和私营部门之间的调停者。私营部门在 1940 年以后仍占据国内投资总额的 70％，其中棉纺业是重要的国内投资的接收领域。从 40 年代开始，墨西哥经济强劲的增长趋势一直持续到 1982 年债务危机之前。

阿维拉·卡马乔的总统任期为将来的政治稳定和经济发展奠定了基础。此后，1946 年至 1954 年间，墨西哥朝着工业化的方向快速发展，关键的石油产业被置于国家的掌控之中。政府在 40 年代大量投资基本的基础设施建设。1951 年，制造业首次超过农业，60 年代制造业的产出翻番，而农业的产量仅仅增加了三分之一。与经济发展相伴的是政府在社会政策上的高支出，这些目标要求墨西哥拥有比实际上具备的更强大的税基。即便如此，通货膨胀率基本保持稳定，而经过 1948 年的货币贬值之后尤其如此。墨西哥的年均通货膨胀率在 1948 年至 1954 年间保持在 8.4％的水平，与此形成对照的是美国同期 2％的通胀率。

不稳定的平衡——经济民族主义与私有企业

20 世纪 40 年代和 50 年代，尽管政治气候与卡德纳斯时代明显不同，经济民族主义仍然很活跃。第二次世界大战结束后，墨西哥的工业家们要求政府实行更高的关税，以此保护他们不受外国尤其是美国进口产品的影响。阿莱曼政府的应对措施是自 1947 年起设立进口配额和许可证制度，用以保护国内工业。在实施石油国家化十年后推出的经济民族主义政策，旨在将国内市场孤立出来，使其不受外部竞争的挑战。与此同时，政府致力于建立针对国外投资的壁垒，实现经济的"墨西哥化"，从而保护墨西哥的投资者。这是对迪亚斯时期开放投资政策的回应，然而，从长期来看，这一政策遏制了扩张，也助长了国家增加国外贷款来为经济增长提供资金的做法。

从短期来看，进口替代的政治经济学减少了墨西哥对国际供应商的依赖，从这个意义上来说，后革命时代的政府应该感谢前革命时期国有工业的发展。封闭经济掩盖了墨西哥经济主要部门的低效率和技术限制，当60年代中期经济放缓并在1970年后陷入困境时，这些都成为进一步发展的严重桎梏。截至60年代，进口替代获得巨大的短期成功，墨西哥的制造业提供了纺织业、鞋子、食品、饮料、烟草、橡胶以及玻璃市场上的大部分产品，强大的内需推动了50年代至70年代工业的增长。

国家在经济体系中充当了一个积极的角色，政府服务也得到大幅度拓展。补贴、财政减免以及墨西哥国家金融开发银行的借款都推动了新企业的建立。在1940年至1980年间，墨西哥公有部门的比重远远高于其他任何一个拉丁美洲国家。截至1975年，墨西哥公共部门投资占整个国内资本投资的42%。两个部门都出现了新的产业：1947年出现了旨在实现进口替代的合成纤维产业；电机产业创建于1948年，截至1966年，在联邦特区、圣路易斯波多西和瓜纳瓦托已经有16家电机工厂运营；墨西哥国家石油公司（PEMEX）在1959年开启了石油化工业的发展；到1965年为止，国内需求消耗了自1943年以来发展起来的导电铜器产量的98%；墨西哥在1954年开始修建用于国内运输的铁路客车，铁道系统85%的产权是公有的。

阿莱曼任总统期间以及卸任后都遭到左派激烈的批评，但是阿莱曼政府并未像人们所认为的那样大幅度地偏离革命原则。阿莱曼主义试图给商业——无论其性质是本国的还是外国的——尽可能自由的环境，只要能够与经济民族主义的整体原则相兼容即可。经济民族主义的前提是在混合制经济中延续和加强具有重要地位的国有经济部门。

对于 1946 年之后所谓的新发展方向已经有了很多讨论，在路易斯·埃切韦里亚·阿尔瓦雷斯（1970—1976）和何塞·洛佩斯·波蒂略（1976—1982）任总统期间，中央集权制得以恢复，同时总统权力日益坐大，带有机会主义特点的民粹主义盛行。来自蒙特雷的北方商业利益集团与两任总统期间的行政部门之间形成张力，严重影响了此前私营企业和垄断党之间达成的默契。为了理解国家对经济生活的管理和干预程度，我们只需考虑在 80 年代末和 90 年代初，当萨利纳斯试验"新自由主义"时，墨西哥经济还有多少需要开放就可以了。

"稳定的发展"（1954—1971）

对 1954 年至 1971 年这一阶段的命名掩盖了长期的结构性问题，这些问题在当时并未得到解决。从根本上讲，政府的目标是保持低通胀率和汇率稳定，同时控制公共支出和货币供应，这源自 1954 年的货币贬值，后者的背景是国际环境的变化。朝鲜战争（1950—1953）抬高了世界物价，为墨西哥的出口提供了机会，并带来国外资本的涌入。然而，这次扩张却推高通货膨胀并增加进口，当战时的扩张结束之后，墨西哥面临国际收支不平衡的危机。即将就任的总统鲁伊斯·科蒂内斯曾在阿莱曼内阁担任内政部部长，也曾担任韦拉克鲁斯的州长。上一任政府的腐败引起民众普遍的不满，这是科蒂内斯上任后面临的难题。

飙升的价格和底层人民生活的恶化带来严重的政治和经济问题。行政当局削减支出，并发起反腐败运动。同时，1952 年至 1953 年间，当局试图通过国家参与玉米营销以及大豆供应的方式来平抑食品价格，却遭到私营部门的反对。货币地位的不断恶化表明比索贬值无法避免。经历了 1948 年的货币贬值后，1954 年 4 月，比索贬值 30.8%，从 8.65 比索兑换 1 美元降至 12.50 比索兑换 1 美元，由此，通货膨胀率也由 1954 年的 6% 推高至 1955 年的 15.7%，此后通胀率得到控制。在 20 世纪 50 年代和 60 年代，墨西哥的平均通胀率为 2.8%，与阿根廷、巴西和智利的高通胀率完全不能相提并论。

1955 年，制造业工资下降 4.5%，而前一年工资上涨高达 10.9%。民众的不满迫使政府在 1954 年 5 月给所有公营部门统一加薪 10%，但这根本无法弥补自货币贬值以来购买力下降带来的损失。墨西哥劳动者联盟保持其静默的政策，贝拉斯克斯反对使用要么提高工资要么就罢工的策略。借助联邦调停与仲裁委员会，劳工部部长阿道夫·洛佩斯·马特奥斯控制了工人们的分歧，行政当局得以较为平稳地渡过了劳资矛盾严重的时期。一系列适度的工资上调以及增加最低工资的措施成功地缓冲了 1954 年夏天的危机。洛佩斯·马特奥斯的果决立场使他在 1958 年最终被选为鲁伊斯·科蒂内斯的继任者。

1954 年的货币贬值为行政当局宣称的"稳定的发展"政策奠定了基础。政府通过关税、进口配额以及为新兴产业减税的方式激励私营部门，并推动进口替代政策的施行。在一段时间内，国内市场仍然是经济增长的主要引擎。政府政策旨在将快速增长与物价稳定以及国际收支平衡结合起来，将固定汇率维持在 1954 年的水准。后者成为这一时期的正统观念，因而政府未能将汇率作为纠正贸易赤字的机制，同时，经济也未能创造足够的工作机会。尽管经济中的战略部门自 40 年代后不断扩张，但是在一个低税收社会的金融体系中，提供信贷的压力或许已经被大家所感受到。

1950 年至 1962 年间，国内生产总值（GDP）年均增长率达到 5.9%，然而，正如恩里克·卡德纳斯所揭示的那样，这一时期的增长率呈现出波动。1954 年至 1957 年间，GDP 的年均增长率为 8.2%，而 1958 年至 1962 年间，由于即将到来的局面已经被预见到，因而年均增长率停滞在 5.2%。1960 年 9 月 27 日，洛佩斯·马特奥斯当局实行电力行业国有化，该行业在很长一段时间内保持了 9.1％的增长速度，增速排名第二的是国有石油产业，增速达到 7.8％，随后是制造业，增速为 7％，实际增长率仅有 4.4％的农业远远落在后面。在 50 年代和 60 年代，人口增长率高达 3.5％，因而对于以上经济增长数值的评估应该从其满足社会需求能力的角度切入。

在 1963 年至 1971 年的经济发展高峰期，年均增长率达到 7.1％，这一速度赶上了巴西的增长速度，接近联邦德国（7.5％）和日本（9％）的水平。墨西哥与巴西和委内瑞拉一样，似乎同样经历了日本、联邦德国和意大利战后的经济奇迹。日本、联邦德国和意大利三国从战争的创伤中恢复过来，进而创造了奇迹，但是，它们并不是试图由传统国家或半发达国家向现代国家以及技术先进国家进行结构转型的"第三世界"；一旦经过战后的重建阶段，三国可以在此前几代人打好的坚实基础上持续发展。

然而，高增长率也给平衡支付带来了压力，经济的加速发展需要国外借贷来为其持续扩张提供资金。如果为了减少对贷款的依赖，政府尝试减缓经济发展的速度，将会带来劳动力市场的收缩，是这一阶段发展的核心问题。当整体经济已经无法提供足够数量的工作机会时，劳动力市场的收缩将导致严重的社会后果。政府致力于维持高增长率，但与此同时也将其控制在 7.5％的水平之下。在 1965 年、1969 年以及 1971 年，增长率降低，并对劳动力市场产生抑制作用。在 1964 年至 1967 年间，制造业的工资水平实际下降了近 25％。由于农业部门在 60 年代停摆，劳动问题变得更加严峻。到 60 年代末期，墨西哥已经愈发难以为其经济发展提供足够资金。

如果经济陷入衰退，墨西哥人口的高增长率将带来麻烦，尤其是考虑到农业部门的糟糕表现。从过去继承下来的结构性问题仍然困扰着墨西哥的工业，主要是技术落后。在很多方面，问题的原因在于关税保护。由于无力主导出口贸易，可能导致出口带动增长模式的出现，这种模式曾带领东南亚和东亚走向 1997 年至 1998 年经济崩溃前的繁荣。无论如何，政府的政策都致力于限制出口，以便通过进口替代政策来拓展国内市场。事实上，出口占据 GDP 的份额从 1960 年的 25.3％下降到 1970 的 20.3％。在墨西哥需要承担不断扩大的支付赤字的背景下，出口收缩构成严重的结构问题。抑制出口是墨西哥政府的战略性错误，然而，墨西哥的工业产品从其成本或质量上都无法与国外的竞争对手相抗衡，改变国家工业生产率所需要的技术和资本只能从国外引入。钢铁产业起源于 1900 年创立的蒙特雷钢铁厂，60 年代是钢铁产业繁荣发展的十年，但即使如此，钢铁产量在这一时期仍然处于相对较低水平。

墨西哥制造业的地理中心分布一直不平衡。新莱昂州拥有酿酒、纺织与制鞋、造纸、玻璃、钢铁和电子产品等产业，在 60 年代，该州的工业产出占全国总产出的 10％。1960 年，蒙特雷的人口增加到 90 万人，到 80 年代初期达到 120 万。

事实证明边境地区是墨西哥经济民族主义的薄弱环节。尽管已经实行了几十年的经济民族主义政策，墨西哥制造业资产的 50％仍然被跨国公司所把持。在边境城市，制造业的发展消耗了大部分的投资。与其早期的历史截然不同的是，边境地区成为墨西哥城市化程度最高的地区。墨西哥共和国城市居民的占比在 1970 年上升到 60％，而边境地区的比例已高达 85％。边境地区的工业吸引了来自全国其他地区的移民，人口和工业都体现出向城市集中的明显趋势，其中，位于美墨边境的蒂华纳、墨西卡利以及华雷斯等城市，从美国对廉价劳动加工业的投资以及跨境贸易中获益甚多。1970 年，在蒂华纳的 30 万人口（1940 年的人口总数为 21 万）中，仅有 35％的人口来自下加利福尼亚州。

　　主要的棉纺业城市包括墨西哥城、瓜达拉哈拉、蒙特雷、圣路易斯波多西、普埃布拉和奥里萨瓦，这一点与迪亚斯时代并无二致。制造业生产和用工最大的集中地仍然是联邦特区，这也是政治权力集中的镜中映像。联邦特区冶金业的产量占据全国总量的四分之一，化学制品、纺织品和食品在 60 年代末期占到全国总量的一半。在联邦特区周边聚集着其他产业，汇集了大量的非熟练工人，那里不仅有获得教育与提升管理技能的资源，而且有着大都市的消费市场。尽管 1917 年的宪法重申了联邦主义的道路，但上述因素强化了墨西哥城以及其周边地区在经济体系以及政治系统中的主导地位。

　　这一时期，墨西哥在基础设施建设、教育与社会服务以及经济增长率等方面取得了进步，然而，"稳定的发展"掩饰了很多不稳定的因素，这使得人们对自 40 年代以来采用的发展模式产生怀疑。至 60 年代末期，进口替代已经超越了单纯的消费产品，开始转向需要进口的资本产品，而这些产品需要通过增加出口的方式进行支付。出口部门仍然比较脆弱，国家工业结构转型已经刻不容缓。然而，说者容易做者难。首先，资本市场不足够强大，无法为支撑一个更加高级的进口替代提供必需的投资。政治原因使得国外投资并不受到鼓励。经济民族主义是对 19 世纪后半期自由主义经济学的一种反应，70 年代时产生恶劣影响，并且死而不僵，如 1973 年，埃切韦里亚政府再次宣布限制外国资本，而此时的经济局势实际上需要放开外国资本。

　　最糟糕的是，几任政府都未能改革税收结构。1958 年至 1960 年、1961 年至 1962 年以及 1964 年至 1965 年间，奥尔蒂斯·梅纳政府尝试改革，但是均告失败，其原因一方面是国会进行阻挠，另一方面在于私营部门对此表示怀疑，结果税基依然很低，1970 年只有 18% 的税收来自资本，而大部分来自工资。埃切韦里亚的财政改革也于 1972 年失败，不完备的资本市场与低税收导致政府不得不向国外借贷，由此维持经济的高增长速率。

农业部门：增长与问题

20 世纪 40 年代，在迪亚斯政府晚期陷入停滞的农业开始复苏，并一度成为增长的主要动力。从 1946 年到 1958 年，农业部门的年均增长速度为 7.7%，高于整体经济的增长率。这得益于 20 年代以来基础设施建设上的投入，此外，农业革命扩大了耕种区域，也推动了农业的高速增长。1940 年至 1950 年间，私人灌溉土地的面积几乎翻番，与其形成对照的是集体农庄灌溉土地的增长率为 23%。革命给大规模私人土地构成的压力产生了一个意想不到的结果，幸存下来的小型农场通过采用农业技术来提升生产效率。全国纺织业的扩张刺激了对棉花的需求，棉花主要种植在北方的灌溉土地上，并得到了政府的贷款。在后朝鲜战争时期，出口部门面临世界市场的价格下跌，在此背景下，1954 年的货币贬值缓解了出口部门的危机。在 50 年代余下的时间里，生产力的提高——尤其是面对巨大市场需求的出口部门——推动了经济的增长。棉花产量在 1955 年达到顶峰，然而，1958 年国际棉花价格下跌，利润率下降。1968 年以后，棉花生产持续下滑。

截至 1950 年，全国 178.8 万公顷的土地仍然由私人占有，122.1 万公顷的土地属于集体农庄。十年后，在共和国共计 18 699 个集体农庄中，超过 5 000 个农庄的土地未能得到充足的灌溉。在后卡德纳斯时期的几十年里，集体农庄的缺陷暴露无遗，结果造成 1940 年至 1960 年间，尤其是在阿莱曼执政时期，在集体农庄银行的支持下，大量的土地被转成个人拥有的小块土地。绝大多数的集体农庄仍然由自给自足的小块土地构成，而且无法获得贷款，其中的例外是莫雷罗斯的制糖合作社。即便如此，集体农庄在 30 年代得到扩张的主要原因是政治的而非经济的，主要是为了缓和农民的土地需求对政府产生的压力，并防止反抗运动得到农村地区的广泛支持。集体农庄的农民人数从 1940 年的 160 万上升至 1960 年的 250 万，但是，考虑到农业的未来在于对高端机械技术的掌握，集体农庄制度并无经济前景。然而，恢复社群用地的原则依然被保留，这几乎是一个神圣的革命理想。

洛佩斯·马特奥斯、迪亚斯·奥尔达斯和埃切韦里亚重启了从 30 年代和 40 年代初继承下来的农业改革政策，其部分原因正是不断恶化的土地条件。在 1958 年至 1976 年间，这三届政府将总计 41 739 800 公顷的土地分配给 802 000 个农民家庭（至少在理论上如此）。一旦改革的豪言逐渐消亡，不同的地方发生的事件有时候会产生不尽相同的结果。如在文盲率达到 40% 的恰帕斯，尽管该州已经成为墨西哥最主要的食品产区之一，但是大部分农村人口的境况在 50 年代至 80 年代期间明显恶化。在恰帕斯州，之前的耕地越来越多地被改建成养牛场。1967 年，迪亚斯·奥尔达斯将一块面积 5 万公顷的土地赐予贝努斯蒂亚诺·卡兰萨的家乡，然而，其中 2 万公顷已经被拒绝妥协的养牛场主所占据。1976 年，在联邦政府试图迁走养牛场主未果的两年后，当地农民占领土地，并开始耕种，这一事件升级为关涉法律与秩序的问题，为了驱散占地农民，政府调动了军队。1978 年，农民攻占市政厅，而在接下来的一年中，第二次占地事件发生，而这次同样被反转。恰帕斯发生的事件并不是例外，只是众多案例中具有代表性的一例。

1959 年至 1963 年间，农业部门增长的速度低于人口增长的速度，其中的部分原因是公共投资被转投到工业、交通以及城市化建设中。一个瞩目的问题是农业生产率落后于全国食品消费的需求。集体农庄在经济上落后后，人口增长对土地构成越来越大的压力，小庄园难以让大多数农民家庭实现自给自足，这些因素结合起来，使得如何提高生产率的问题被搁置一旁，旨在平抑食品价格的政府补贴政策却成为阻碍投资的根源。到 60 年代末期，墨西哥已经成为粮食净进口国。在 1965 年至 1975 年的十年间，农业部门几乎完全没有增长，年均增长率仅为 1%，与此形成对比的是整体经济 6.3% 的年均增长率。50 年代末期农业的衰退对整体经济造成了冲击，在很大程度上导致了 70 年代明显存在的结构性问题。

自 60 年代开始，农业部门羸弱，中产阶级生活水平提高，贫富不均进一步加剧。此外，在 20 世纪 60 年代，土地条件的不断恶化使得快速发展的城市化进程进一步加速。墨西哥城的人口从 1960 年的 520 万增加到 1970 年的 890 万，1976 年达到 1 000 万。所有的大城市周边都布满了棚户区。到 1970 年，始自迪亚斯执政后半期并在 40 年代重启的进口替代政策已经基本结束。70 年代，随着经济形势的恶化，被经济发展所遮蔽的社会对立开始暴露出来。

选举、反对以及日益严重的不满

事实上，是总统而不是党派主导政治过程，一党专政掩饰了行政当局不断加强的独裁主义趋势。在行政当局内部以及党派结构内部之外，竞争性政治缺席，总统权力得以扩张。虽然每一任总统在其六年任期期满后都交出了总统职权，但是，总统权力持续增长，问责制、不同权力之间的关系以及公民社会如何有效地参与政治过程等宪法问题都已经被边缘化。在 1954 年至 1968 年间，经济扩张以及人们对社会进步的普遍感受使得上述问题不再是公共辩论的核心问题。

官方党成为协调社会矛盾的工具，并使其无须诉诸暴力方式进行解决。官方党的实际功能一直以来都是分析家们争辩的话题，在其发展的三个阶段中，官方党始终是国家的产物而不是草根的发明。实际上，国家希望通过官方党来加强在任总统的权威。党派并非解决大众不满和压力的自治工具，尽管这些诉求的确通过党派组织得以表达。官方党并不控制领导，领导权的行使范围是全国性的，并以社会团体为机制得以实施，与政府成员的党派归属无关。政党实际上在权力交接问题上并没有决定性的作用。

两届前任总统及现任总统的支持确保了洛佩斯·马特奥斯在 1958 年顺利接棒并完成其任期。洛佩斯·马特奥斯来自墨西哥州，曾就读于托卢卡科学与文学学院，其政治生涯起步于 1928 年担任州长的私人秘书，并在次年参与反对巴斯孔塞洛斯的"反连任运动"。加入PNR 之后，洛佩斯·马特奥斯先后在 1946 年担任家乡州的参议员、革命制度党的秘书长以及政府雇员联合会（FSTSE）的领导人。FSTSE是 20 世纪 50 年代初由联邦政府雇员建立的联合会。凭借在财政部的工作经历，洛佩斯·马特奥斯得到了卡德纳斯的支持，同时赢得了阿莱曼的长期友谊。1952 年，洛佩斯·马特奥斯出任鲁伊斯·科蒂内斯内阁劳工与社会福利部秘书，这对他在 1959 年建立公务员社会保障局（ISSSTE）产生了很大影响，ISSSTE 是一个为本国员工服务的国家社会福利机构，一个规模庞大且耗资甚巨的官僚机构。

在洛佩斯·马特奥斯执政时期，金融政策的决策权仍然掌握在工作卓有成效的奥尔蒂斯·梅纳手中。洛佩斯·马特奥斯当局最为烦恼的事情是工人的不满。加速的经济发展和货币稳定产生了很多社会后果，在行政当局以及与官方党有联系的部门之间制造了很多矛盾。工人反对官方的工会领导，这给国家对劳工组织的控制带来威胁。洛佩斯·马特奥斯当局利用 1958 年至 1959 年的铁路工人运动来重新实施严密的国家控制，冲突的进一步发展导致铁路工人领袖德梅特里奥·巴列霍在 1962 年被捕。对工人运动的镇压揭示了洛佩斯·马特奥斯政府的另一副面孔。

图 7.2　著名的"哈瓦那咖啡馆"。这家咖啡馆于 1952 年在墨西哥城开张，古巴革命家菲德尔·卡斯特罗和切·格瓦拉曾去过这家咖啡馆。在推翻巴蒂斯塔的独裁统治的斗争失败后，两人曾逃往墨西哥避难。1959 年以后，咖啡馆成为拉丁美洲左翼人士象征性的聚集地，人们聚集在咖啡馆讨论墨西哥革命的替代性方案。此外，在墨西哥城安家的哥伦比亚小说家加夫列尔·加西亚·马尔克斯也去过这家咖啡馆。（图片由 M. A. 阿尼普金拍摄）

　　60 年代初，政府因所谓的机器政治和不公正的选区划分备受指责，为了减轻压力，政府试图对国会成员的构成稍加调整。在 1958 年的国会竞选中，革命制度党赢得了 162 个席位中的 153 席；被认为是主要反对党的国家行动党只获得 6 席。1962 年的《选举法》规定，任何党派只要获得 2.5％的选票，即使未能在一个选区获胜，该党就可以得到议会中的 5 个席位，最高可达 20 席。在 1964 年的议会选举中，国家行动党根据 2.5％的规则获得了 18 个席位，并通过选举直接获得另外 2 个席位。但是，实际上是一个政府机构的革命制度党仍获得了 175 个席位，而且全部当选，维持其压倒性多数党的地位。在选举改革之前，各反对党仅获得 162 席中的 9 个席位；1964 年，包括墨西哥人民社会党（PPS）和墨西哥真正革命党（PARM）在内的反对党的总席位达到了总数 210 席中的 33 席。然而，这些变化并不能被解读为墨西哥的政治体系逐步向一个多党体制或者参与式民主制的过渡。

幻灭之路

总统专权带来的后果在古斯塔沃·迪亚斯·奥尔达斯（1964—1970)执政时期彻底得到体现。迪亚斯·奥尔达斯出生于塞尔丹市（普埃布拉），1937 年获得律师职业资格，1943 年至 1946 年成为普埃布拉州的众议员，并在 1946 年至 1952 年成为该州的参议员。在 1958 年到 1963 年间，他担任洛佩斯·马特奥斯政府的内政部部长。任总统期间，迪亚斯·奥尔达斯留任了洛佩斯·马特奥斯的财政部部长奥尔蒂斯·梅纳。这一时期，两块边境领土通过与美国的协议被并入墨西哥共和国。布拉沃河改道之后，1968 年 12 月，美墨两国达成协议，宣布埃尔帕索和华雷斯市之间的埃尔查米萨尔为墨西哥领土；位于孔乔斯河和布拉沃河交汇之处的奥希纳加自 1895 年以后一直处在美国的控制下，1970 年 8 月，奥希纳加回到墨西哥的怀抱。迪亚斯·奥尔达斯政府在偏远的地区恢复土地再分配制度，并高调进行总统宣传。1967 年，政府努力拓展墨西哥在中美洲的商机，并在两年后签署《特拉特洛尔科协议》，阻止将核武器扩散到拉丁美洲。

国内政治局势使迪亚斯·奥尔达斯政府运转陷入困境。革命制度党在整个政治体系中的垄断地位基本上没有受到挑战，总统权力的增长在鲁伊斯·科蒂内斯和洛佩斯·马特奥斯执政期间得到适度控制，然而，在迪亚斯·奥尔达斯任总统期间，总统权力被公然滥用，出现了引发冲突的趋势，导致 1968 年流血事件的发生。政府所面临的反抗并不主要来自工人或农民群体，而是来自职业阶层内部，这一点是当局完全没有预料到的。迪亚斯·奥尔达斯将民众的批评视为对总统权威的攻击，把公众对权力的压力视为试图扰乱统治集团秩序并酝酿无政府主义的干扰事件。由此，1964 年 12 月，迪亚斯·奥尔达斯的政治误判造成公立医院的医生就提高工资和改善工作条件爆发争端，并在 1965 年初升级为罢工运动。为了解决争端，1965 年 2 月和 4 月，总统两次颁布法令，指出罢工者不得使用外部压力来换取政府作出让步。最后，总统命令医生们回去工作，宣布违者将被剥夺工作机会和薪水。同时，政府想方设法分化和削弱新成立的医生协会，最终罢工运动于 9 月被瓦解。

一些革命制度党的成员认识到党的负面形象，试图进行改革。改革的主要鼓吹者是塔瓦斯科的前州长卡洛斯·马德拉索（1959—1964），他被迪亚斯·奥尔达斯任命为党主席。马德拉索试图在革命制度党内实现决策过程公开，并结束由上至下、由外而内指定官方候选人的做法。然而，这些革命措施未能得到迪亚斯·奥尔达斯的支持，马德拉索因而被解职。马德拉索没有选择服从，而是直接站到了政府的对立面，指出革命制度党并不具备代表性，这是一条十分危险的道路。马德拉索在 1969 年死于一场原因不明的飞机失事。

地方权力的滥用导致革命制度党在 1967 年和 1968 年的选举中大败。1967 年，国家行动党（PAN）控制了墨西哥两个州首府——梅里达（尤卡坦）和埃莫西约（索诺拉）的政府。联邦政府有史以来第一次允许反对派入主执政。然而，新成立的市政府遭到来自革命制度党控制的州立法机构的重重阻挠，而且无法得到中央的支持。但是，在接下来三年中，国家行动党成功地保住了梅里达的执政权。1969年，该党试图获得对州政府的控制权，但在一场充满暴力的选战中，革命制度党宣称胜选，虽然这一结果广受质疑。联邦政府允许一个已经胜选的反对党执政并未成为新的趋势，如在 1968 年的市长选举中，国家行动党似乎在蒂华纳和墨西卡利（北下加利福尼亚）获得胜利，州议会宣布选举结果无效，以此阻挠反对党执政。

在迪亚斯·奥尔达斯时代，议会任人摆布，这一点可以从 1966 年 10 月政府操纵议会将联邦区领导人埃内斯托·乌鲁丘尔图拉下马的事件中窥得一斑。联邦区领导人在内阁中占据一席之地，1952 年鲁伊斯·科蒂内斯任命乌鲁丘尔图担任联邦区领导人。在接下来的 14 年中，首都的人口和外观都发生了变化。截至 60 年代中期，墨西哥城已经成为一个亮眼的现代化都市，而且拥有令其引以为豪的人类学博物馆。但是，人口翻了一番，达到 600 万，交通堵塞和污染问题愈发严重。为了加快城市的现代化，乌鲁丘尔图拆毁卫生状况差的市场，并驱赶无家可归者，然而，在此过程中，乌鲁丘尔图基本无视司法程序。政府正在积极筹备 1968 年 10 月的墨西哥城奥运会，为了修建阿兹特克体育场，乌鲁丘尔图在 1966 年秋季宣布拆毁墨西哥城南部收留无家可归者的棚户区，这一措施引发了强烈的地方反抗。许多家庭认为他们对这些地区的土地有合法产权。乌鲁丘尔图已在政府工作长达 46 年之久，因而势力强大，但迪亚斯·奥尔达斯借助此次争议将乌鲁丘尔图赶下了台。总统借助卫生部来为那些无家可归的家庭提供支持，总统和联邦区领导人之间的冲突经过政治体系发出信号，表明联邦区领导人已被排挤出局。此后，国会和媒体相继发动了抹黑乌鲁丘尔图的运动，就这样，乌鲁丘尔图的下台已是大势所趋。

正如欧洲和美国一样，1968 年的反抗运动在墨西哥产生了深刻的影响，墨西哥人对反抗运动的记忆将是持久性的。时至今日，迪亚斯·奥尔达斯时代仍因在 1968 年 8 月至 10 月奥运会前夕对学生运动的残酷镇压而遭人诟病。自 1910 年独立百年纪念以来，墨西哥城奥运会是在墨西哥举办的第一次重要的国际赛事，因此，政府在运动会前的几个月高度敏感。迪亚斯·奥尔达斯一向不受人喜欢，而且经常反应过度，他的名声永久地与 1968 年事件联系在一起。

学生抗议只是反抗迪亚斯·奥尔达斯政府镇压行为的广泛的抗议活动的一部分。早在首都的学生运动势头增强之前，行政当局的道德诚信和执政能力已明显遭到腐蚀。1966 年 10 月 6 日，莫雷利亚大学爆发示威后，迪亚斯·奥尔达斯下令联邦军队以搜寻武器为由占领学校，同时借机解除了米却肯州长的职务。墨西哥城的运动本与武器没有任何关联，其源头是 1968 年 7 月 22 日发生在对立学生群体之间的冲突。然而，城市特警部队"防暴队员"的介入使冲突演化为与警方的冲突，并进而成为反对政府暴力的全面反抗运动。在 1968 年以前，学生并非墨西哥重要的政治力量。到 7 月 26 日，示威者试图进入索卡洛广场，那里是总统支持者组织游行的地方。迪亚斯·奥尔达斯似乎认为这次发生在奥运前夕的运动侵犯了墨西哥的尊严。

军队占领国立预科学校，这违反了宪法对教育机构的保护，5 万人走上街头游行，走在队伍前面的是墨西哥国立自治大学（UNAM）的校长。类似的抗议运动以前从未出现过，而且示威也已经超过了革命制度党的控制范围，最终升级为要求遵守宪法权利的抗议活动。截至 8 月 13 日，索卡洛广场共聚集了 10 万人，其中不仅仅是学生，他们抗议当局对公共自由的侵犯以及在城市街道停驻坦克的做法。政府认为不断壮大的运动是试图摧毁现存政治秩序的革命阴谋，并认为古巴在其中起到主要的煽动作用。学生抗议者天真地打出切·格瓦拉等 60 年代末期革命运动英雄们的旗号，使得上述观点无形中变得可信。考虑到墨西哥的具体情况以及参与此次运动的社会阶层情况，抗议之所以达到如此广泛的程度，原因并不在于任何革命的企图，而在于人们对公民自由的要求。行政当局并未试图建立对话，相反，9 月

13 日沿着改革大道进行了静默示威，5 天后，墨西哥国立自治大学被军方占领直到月底，宪法中对教育机构的保护再次被践踏。

大规模的逮捕以及明目张胆的武力镇压严重削弱了抗议运动。在运动的主要风头过去之后，特拉特洛尔科游行事件爆发，这应被看作是为了进一步争取支持而作出的最后努力。10 月 2 日晚间，军队和警察向三文化广场的集会者开枪，时至今日，这次事件造成的死亡人数仍充满争议。屠杀发生在外交部大楼前面，很多在那里工作的人目睹了这一事件。屠杀造成许多人被捕或消失不见。在国际媒体众目睽睽之下发生的墨西哥城流血事件引发了中产的知识分子和革命制度党当局之间漫长的危机，直到那时革命制度党仍是政权的重要支持者和既得利益者。这一事件已经过去三十多年了，到底是谁下令开火？第一枪如何开始的？这些问题至今仍在被讨论。到目前为止，并未有任何人为此负法律责任。

屠杀从根本上终结了反抗运动，最终导致新的反抗模式的出现，并侵蚀了民众对执政党的支持。尽管反抗运动形式不一，但都在既定过程之外并从公民社会内部对革命制度党构成挑战。1968 年事件成为革命制度党现代历史以及墨西哥政治生活的分界线，自此以后的很多事件都被认为与其有关。

1998 年，人们重新检视 1968 年事件，但并未发现新的证据，其主要原因在于政府对信息的把控。迪亚斯·奥尔达斯的内政部部长——1970 年接替他任总统的埃切韦里亚——发布声明，但其内容丝毫没有澄清事件真相。埃切韦里亚称并不了解特拉特洛尔科屠杀，只是通过电话听说此事。作为内政部部长，他声称自己对武装部队没有任何控制权。迪亚斯·奥尔达斯本人断言自己使国家免于陷入一场内战，并破坏了试图削弱国家制度的国际阴谋，然而并不清楚究竟哪个国家以及为何要试图破坏墨西哥的稳定。在 1998 年 4 月的一档讨论1968年事件的电视节目中，播出了迪亚斯·奥尔达斯在其总统任期行将结束时的一次录音讲话，其中迪亚斯·奥尔达斯表示为1968年9月的所有决定负全责，由此为埃切韦里亚接任总统扫清了障碍。值得注意的是，屠杀发生时，没有任何人从政府辞职以示抗议。此外，革命制度党对城市工人的严密控制确保了1968年5月在巴黎所发生的事情没有在墨西哥重演，当年法国的激进工人也加入了学生抗议者的队伍。

第二部分　经济危机与政治分裂（1970—2000）

1968年的道德与政治灾难开启了革命制度党漫长而痛苦的衰落，政治下行与经济下行同步发生。1969年8月，奥尔蒂斯·梅纳在国际货币基金组织和世界银行年会上警告说，墨西哥的发展并非是不可逆转的，"已经取得的成绩可能会比较容易地失去"。经济扩张年代曾给墨西哥的中产阶级和上层阶级带来繁荣，但也隐藏着许多负面因素。1970年后，这些负面因素首次显现，接着蔓延开来，并最终占据主导地位。即使如此，在经历了1976年严重的金融危机以及1954年比索首次贬值后，1977年至1981年间，石油业出现繁荣，墨西哥的经济形势似乎逐渐好转。1977年4月，政府在1968年事件后承诺的政治改革终于启动，这似乎使墨西哥政治文化更富有多元主义的特点。然而，这些承诺未能满足人们的期望。1982年爆发了灾难性的经济崩盘，这使得墨西哥成为仅次于巴西的世界第二大债务国，对自20世纪40年代以来支撑政治结构的多数部门都造成沉重打击。

走向灾难之路：经济（1970—1982）

新的行政当局认为"稳定的发展"会造成社会分裂，因而抛弃了这一道路，转而提出"共同的发展"。政府公开宣称采取国家行动，以实现更加公正的财富分配目标。在埃切韦里亚执政时期，公共部门的增长引发了关于国家和私有部门之间关系的持久辩论。国家和私有部门之间的敌意导致商业信心的丧失。1973 年至 1976 年间，政府与蒙特雷集团爆发公开冲突，1974 年后冲突的核心是由贝尔纳多·加尔萨·萨达主导的阿尔法工业集团。加尔萨·萨达家族自 19 世纪 80 年代以来经营啤酒产业，并逐步控制了一个主要分布在蒙特雷的庞大工业和银行业企业网络。1978 年之后，阿尔法开始与跨国公司合作。截至 1981 年，阿尔法集团雇用了约 25 万名员工。虽然 1972 年旨在增加收入并实现财富公平分配的财政改革失败了，但是国家控制的经济部门却扩大了。墨西哥政府求助于国外贷款，为增加的公共支出提供资金。外债上升至警戒水平，大量资金被用于偿付外债，由此耗尽了本应用以推动国内经济发展的投资。尽管洛佩斯·波蒂略政府向蒙特雷的商业利益团体示好，但是大型石油和天然气油田的发现再次恢复了墨西哥国家石油公司（PEMEX）的重要性，政府对公共部门的依赖进一步加深。

由于对局势判断失误，左派将 1976 年和 1982 年的危机描述为"资本主义秩序"的危机，然而事实上，危机产生的部分原因在于国有经济过于强大。当然，米格尔·德拉·马德里政府（1982—1988）和卡洛斯·萨利纳斯·德·德戈塔里政府（1988—1994）认为墨西哥还不够资本主义化。其中，卡洛斯·萨利纳斯政府大规模解散公共部门，虽然这一政策止步于石油产业的去国有化。1982 年的危机造成严重打击，因而政府的立威行动未遭到太多抱怨。在革命制度党的主导下，前任党派创造的墨西哥国家石油公司确保了其至高无上的地位，并继续尽情享受垄断发展，不受任何限制。

1982 年后，墨西哥面临不断加深的困境，这揭示了卡德纳斯时期推行的经济民族主义以及混合经济的危机。但是，80 年代的经济危机并未导致相应的政治危机的爆发，更不用说颠覆对乱局负有责任的政府。相反，在经济持续不稳定的形势中，墨西哥人展现出巨大的韧性，这使得革命制度党政权能够获得时间来净化形象，并延续其统治。

政治衰退

1970 年 12 月，时年 48 岁的埃切韦里亚就任总统，承诺将改革墨西哥的政治体系。当然，他也作了许多其他的承诺。埃切韦里亚把自己描述为一个激进的社会改革者，致力于对收入进行重新分配，以推动建立更大的公平，"直至最贫穷者能够达到体面的生活水准"。埃切韦里亚称"收入的过度集中和大量人群处于边缘化的地位，这两个因素使得我们的发展难以和谐地延续下去"。他表达了对墨西哥商业的信心，并指出"国外投资不应该取代墨西哥资本"。埃切韦里亚的内阁是自阿莱曼时代以来最年轻的一届政府，但是，由于大部分成员是从大学过渡到联邦官僚体系的管理和技术岗位的，他们的政治生涯中缺少直接竞选任职的经历，这使得该内阁具有"技术官僚"的特色。

自 1968 年事件后，革命制度党的统治合法性遭到削弱。在整个埃切韦里亚的总统任期内，核心关切点始终是革命制度党的发展状况，形势的紧迫性可以从 1973 年 7 月议会选举结果中窥见一斑。在此次选举中，没有出现此前常见的大规模弃选现象，选民纷纷选择将票投给反对党。在墨西哥，投票是强制性的，然而登记选民的弃票率却在 1961 年至 1979 年间从 31.5％增长到 50.8％，而 1969 年的法定投票年龄已经从 21 岁降到 18 岁。在 1973 年 7 月的选举中，革命制度党仍赢得了 51.7％的选票。虽然国家行动党不具备善于充分利用选举成果的全国性组织，但该党在普埃布拉、瓜纳瓦托、奎尔纳瓦卡、托卢卡、莱昂以及华雷斯市等主要城市势头强劲。埃切韦里亚延续了前几届政府的政策，加速开展农业改革，以便在 1968 年之后城市地区支持率大规模滑坡的情况下，将农民更加紧密地团结在官方党的周围。

1970 的《联邦特区组织法》旨在重新规划首都政府，然而该法令直到 1977 年洛佩斯·波蒂略的改革之后才真正起作用。自 1928 年开始，直到 1977 年，联邦特区的执政官（市长）一直由总统提名候选人，但政治改革将更多选举性因素引入了不同梯次的城市行政部门，选区选举委员会（居民委员会）的 16 名主席将组成市长的顾问委员会，因而革命制度党面临的问题是如何预防反对党获得进入该委员会的途径。

根据政治改革方案，政府将在众议院的 400 个席位中为反对党预留 100 席。革命制度党仍然控制着整个国家机器，但行政部门致力于通过官方手段使反对党更加充分地融入政治过程。政府让一系列党派合法化，因此，党派的多样性使得相互间的牵制成为可能。公众最初的政治冷感导致在 1979 年的中期选举中，弃票率达到历史新高。在 1982 年 7 月的总统选举中，经济形势发生了变化，投票率达到了 74.9%，其中 50.1% 的选举人把票投给了革命制度党。

1968 年的大规模镇压触发了新一波直接对抗国家的反抗运动。在某些农村地区，政治联系在 60 年代末期彻底崩坏。1971 年，在格雷罗爆发了一场全面的游击运动，为了平息此次运动，政府派出 5 支武装部队和 1 万名警察，并出动空中支援。这场运动主要分布在阿托亚克山脉的约 32 个社群中，其核心人物是自 1967 年 5 月开始就潜伏起来的卢西奥·卡瓦尼亚斯，他是"穷苦人党派"的领袖，在 1974 年底被杀身亡。虽然军队的反暴乱战术击垮了这场运动，但在接下来的几十年中，格雷罗一直处于动荡之中。从历史的角度来看，卡瓦尼亚斯动乱为 1994 年的恰帕斯暴动提供了原型。80 年代末期，参加过格雷罗运动的左派势力中的幸存者再次聚集起来，恰帕斯起义导致格雷罗地区的动乱和预防性暗杀事件再次出现。截至 1996 年 6 月，12个这样的组织合并起来，组建了人民革命军（EPR）。

1968 年之后，来自瓦哈卡的学生、农民以及城市工人组成联盟，并成功地在 1972 年组建了独立于革命制度党的政治组织，即两年后成立的地峡工人、农民和学生联合会（COCEI）的前身。1975 年至 1977 年间爆发的反对派与瓦哈卡州政府的对抗，致使联邦政府介入贝尼托·华雷斯大学，该州首府以及主要城镇都被武装部队占领。1977 年，革命制度党党内的敌对派系引发了胡奇坦的暴力冲突。三年后，COCEI 在胡奇坦市政选举中获得了胜利，但却不得不忍受由革命制度党掌控的州立法机构的骚扰。1982 年 12 月，在一次政府试图削弱反对党组织的行动中，COCEI 委员会被取缔，300 人被捕入狱。1987 年，运动再次兴起，并在 1989 年再次成功控制州委员会，而这次全国的政治局势已经发生了变化。

1977 年至 1981 年石油业的繁荣

洛佩斯·波蒂略政府未能在 1976 年的经济危机后建立一个强大的经济基础。事实上，该政府是石油行业重新扩张的受益者。自 60年代末期以来，墨西哥的石油产量一直不能满足本国的石油需求，1972 年在恰帕斯和塔瓦斯科发现了新油田，墨西哥的生产能力大幅度提高，减少了进口支出。然而，石油业的新发展所带来的影响来得太迟，高支出的埃切韦里亚政府在 1976 年 9 月仍旧遭受了 59％的货币贬值，当时的通货膨胀率也高达 22％。

1977 年至 1981 年间的石油繁荣开启了最后一次高速发展时期，并一直延续至 90 年代末，前几届政府开启的进口替代政策的崩溃所带来的危机得以解决。在某种意义上讲，这意味着向 1938 年前实施的出口导向扩张战略的回归。但是，政府仍面临着如何在一个低税收的经济体中为扩张提供资金的问题，由此，政府再次求助国外贷款。石油和天然气开发的资本需求增加，达到1971年至1976年投资总额的5倍以上。在坎佩切海岸的离岸油田开采过程中，私有开采授权和权利的出售常有发生，却无人对此提出质疑。埃切韦里亚任期内，外债在1970年至1976年间从45亿美元上升到196亿美元。1976年用于支付外债的金额已经达到出口总值的32.3％。石油扩张也导致比索价值过高，在这一因素以及其他原因的共同作用下，通货膨胀恶化：通胀率在洛佩斯·波蒂略就职时为30％，1982年上升到60％，而当年秋季已经达到100％。在1978年至1981年的石油业繁荣期，石油业以年均8.5％的增长率发展，达到了60年代的增长水平。然而，在一片叫好声中，贫富差距却持续扩大。

到1981年的时候，墨西哥成为世界第四大石油出口国。新发现的油田使墨西哥摆脱了1976年的危机，并恢复了国际社会——尤其是继续为墨西哥提供贷款的银行业——对墨西哥的信心。洛佩斯·波蒂略与墨西哥国家石油公司的总经理豪尔赫·迪亚斯·赛拉诺共同管理墨西哥的石油部门，后者是一名来自索诺拉的机械工程师，曾在1969年至1983年间任通用汽车公司驻墨西哥的代表。洛佩斯·波蒂略和迪亚斯·赛拉诺共同决定石油价格，并且基本不征求其他内阁成员的意见。迪亚斯·赛拉诺曾经有过竞选总统的雄心，然而1981年6月，由于石油生产上限的问题迪亚斯·赛拉诺被迫离职。

国外对墨西哥石油和天然气的需求滋生了政治问题，经济民族主义者表达了对墨西哥重新依附于美国经济的担忧。1978年，墨西哥石油产量达到4.853亿桶，这个数量是此前石油繁荣峰值时期（1921）产量的两倍还多。即便如此，在1979年，石油和化工产品仍然只占据出口总额的49％，这清楚地表明墨西哥并非只是石油出口国。此外，1938 年的国有化政策确保了墨西哥石油并不受到多国公司定价策略的影响。石油产量从 1977 年的每天 20.21 万桶上涨到 1981 年的每天 109.8 万桶。然而，行政当局认为世界油价将持续上涨，忽视了 1981 年 5 月之后出现的油价下行的征兆，因此公共支出和外债负担不断增加。资本外逃——主要目的地为美国——促使洛佩斯·波蒂略政府举借了大量难以偿付的短期贷款。

1981 年，世界石油价格暴跌，刚刚实现石油自主的墨西哥经济陷入混乱，并造成多次货币贬值：第一次货币贬值出现在 1982 年 2 月，汇率降至 1 美元兑换 47 比索，而同年年底再次贬值，1 美元兑换 144 比索。恐慌在国际金融界扩散，7 月，墨西哥被告知将不会得到更多的贷款。次月，财政部部长赫苏斯·席尔瓦·埃尔索格不得不承认，墨西哥将无法支付其高达 100 亿美元的短期债务。当时，外债总额预计高达 840 亿美元。1982 年 9 月，在总统选举和权力交接的"跛脚鸭"时期，洛佩斯·波蒂略宣布私有银行国有化，试图通过政治道路走出金融崩溃的泥潭。当局将这一行为描述为爱国行动，是始自 1938 年的石油国有化并通过 1960 年的电力国家化延续的经济国有化的高潮。事实上，这是一个不得人心的政府不择手段的机会主义行为，其目的是掩盖其疯狂的政治操纵。

复苏的任务

1982 年的危机影响范围之广带来了一个问题，即此次危机是否意味着 20 世纪 40 年代后的发展模式以及与此相对应的政治实践面临着终极危机？如果从更加宽泛的视角来审视 20 世纪 80 年代，那么上述问题的答案是肯定的。由此，德拉·马德里政府面临两大主要任务，分别是稳定经济并渡过当下的危机，以及为国家找到某种替代的发展模式。后一任务或许意味着政治方向的改变。80 年代的经济任务看起来几乎是无法完成的，而政府面临的政治问题却更加复杂。1940 年至 1982 年间，总统的权力不仅与立法部门和各州政府相比更加强势，而且与内阁的其他成员、官僚体系以及官方党相比，总统的权力也增强了。埃切韦里亚和洛佩斯·波蒂略都曾试图将重新改造过的多元主义与行政权力的专制主义进行结合。正如在前几任总统任期那样，经济发展模式是在相对封闭的经济体中，通过国家深度参与实现工业化，以获得经济的快速发展。与迪亚斯时期一样，政治自由化和宪法原则的实施都被暂时搁置，这一做法的合理性来自政府在经济领域取得的表面上的成功。然而，这一模式在 1981 年至 1982 年间崩溃，搁置改革的主要理由遭到削弱，因而政治领域面临着采取何种措施进行应对的问题。

德拉·马德里政府最终采取了经济自由化的政策，以此降低通货膨胀。由于通胀造成严重的社会问题，因而经济自由化政策也产生了深远的政治影响。在整体形势困难的时期，政府面临着如何规避罢工和社会矛盾的难题，政府在官方工会、价格控制以及修订《联邦劳动法》等方面作出妥协，政府得以延续，菲德尔·贝拉斯克斯在这一过程中起到了核心作用。即便如此，1983 年至 1988 年间，工资购买力下降 8.3％，生活成本却上升 90％。1982 年，墨西哥的人均收入预计为 2 405 美元，到 1987 年底已经降至 1 320 美元。农业部门面临着持续的困难，根据 1983 年 3 月签订的一项协议，墨西哥从美国进口 600 万吨食品。

1982 年至 1985 年间，德拉·马德里政府开启了一系列民众期盼已久的经济领域的结构改革。备受瞩目的国有部门以及大规模的国家补贴已经难以为继，20 世纪 30 年代形成的经济结构在 1970 年后陷入危机，而在这一时期已经难以持续下去。但是，通过国家批准的工会、赞助和腐败等方式，垄断党体系在很大程度上仍与过时的结构密切联系在一起。经济改革必然要求对占据主导地位的现行政治文化进行大幅度修改。威权制的总统体制预示着这些改革措施将采取自上而下的方式被强加给一个桀骜不驯的党派和官僚队伍。即便如此，政府并无意危及革命制度党对权力的垄断地位。

经济改革对市场实行自由化，以实现一定程度的可持续发展。在埃切韦里亚担任总统期间被疏远并于 1981 年至 1982 年间被完全独立的商界，这些年重新回到与政府合作的轨道上来。德拉·马德里本人是财政保守主义者，他本能地抗拒自 1970 年以来占据主导地位的新民粹主义。技术官僚的得宠象征着埃切韦里亚对政府影响的彻底丧失。在实行国有化一年之后，34％的银行业恢复了私有制形式。1983年，政府通过开源节流、提高附加税（VAT）以及个人收入所得税的方式，成功地将公共部门的赤字减少了一半，通货膨胀率在当年的前八个月中降低到 53.8％。然而，制造业产出缩水 40％，据估计，五分之二的墨西哥人未能找到合适的工作。1983 年底，外债达到 890亿美元。国际银行界采取了许多措施来帮助墨西哥渡过金融危机。由于在削减财政赤字方面达到了国际货币基金组织（IMF）的要求，墨西哥政府在国外赢得了良好的信用。12 月 30 日，墨西哥获得一笔为期 10 年的贷款，总计 38 亿美元，以此争取在 1984 年之前满足相关要求。1976 年至 1995 年间，墨西哥与 IMF 签订了七份意向书。

墨西哥与美国的经济关系依然非常关键，1982 年底，墨西哥向美国提供了 15％的石油进口，略高于沙特阿拉伯。为了缓解对美国市场的依赖并提高石油价格，墨西哥决定与石油输出国组织（OPEC）协调营销战略。然而，当 OPEC 收紧产量以推高石油价格的目标变得明朗时，墨西哥在 1985 年 12 月后不再以非正式观察员的身份参与相关会议，由此回归到独立定价的老路上。当时，墨西哥一半的原油被卖往美国市场，四分之一运往欧洲市场，十分之一卖到日本。出于对再次过度依赖美国的担忧，墨西哥政府将对美国的石油出口限制在总量的 50%。即便如此，墨西哥从美国进口的主要是精炼的石油产品。

美国利率的上升给债务国带来压力，墨西哥和美国的矛盾也由此而上升。美国政府面临巨大的财政赤字（每年约 2 000 亿美元），其部分原因在于过高的国防开支。为了减少赤字，美国在国际资本市场竞争，从而推高了利率。除此之外，美国斥巨资资助中美洲反叛乱运动，主要用于扰乱 1979 年革命以后由桑迪诺派控制的尼加拉瓜政局，墨西哥政府与其他拉美政府强烈反对这一政策。美国利率的上升意味着拉美的债务增加，债务国发现自己实际上是在为他们所反对的美国政策提供资金支持。与此同时，IMF 要求债务国减少公共支出，这与当前的美国政策截然相对。与美国的贸易占墨西哥贸易总额的三分之二，因而高利率推高了美元的价值，也导致墨西哥进口商品价格上升。墨西哥在进口方面处于不利的地位，同时，墨西哥也面临美国为墨西哥出口产品设置的保护主义措施。美国 80 年代中期所实施的政策阻碍了墨西哥债务的支付，国际银行界也对此表示关切。

1985 年 9 月，墨西哥城发生地震，难以计数的灾民死亡或失踪，医院资源达到了能够动员的上限。地震严重伤害了政府的经济战略，而由于未能迅速作出有效反应，政府也在政治声誉上遭受损失。但是，从长期来看，经济复苏仍在继续，整体债务似乎得到控制，保持在 950 亿美元的水平，当年的贸易盈余为 5.41 亿美元。从很多方面来看，1985 年都被证明是转折之年，因为正是在这一年，政府决定加入关税与贸易总协定（GATT）。1986 年，墨西哥获得 GATT 的成员国身份，这对墨西哥具有重要意义，它意味着经济的开放以及整个经济体范围内国家补贴的取消，而补贴措施一直以来被视为成员国之间进行公平自由贸易来往的阻碍。经济开放的要求与自 20 世纪 30 年代以来确立的墨西哥政治经济产生了矛盾，因而，世界银行在向墨西哥提供 3 亿美元用于地震恢复后，追加 5 亿美元的贸易调整贷款，以帮助墨西哥顺利达到 GATT 的相关要求。1986 年末，贸易自由化带来的直接后果是墨西哥的赤字高达 19.3 亿美元。

　　鉴于国际银行界更倾向于与各国达成具体交易，在 1985 年 4 月举行的卡塔赫纳首脑会议上，各债务国努力协同立场以应对债权国。美国政府率先提出贝克计划，以对这一僵局采取应对措施，同年 10 月该计划被提交给 IMF。然而，该计划分配的资源仅够支付 15 个重债国在 1986 年至 1988 年间应支付利息的 25％。贝克计划也建议不仅要减少利息，而且迫切需要减少部分本金，以恢复债权国经济增长。此外，债务国政府应采取政策来加快发展，尤其应抛弃经济民族主义，采取开放的经济政策。1988 年 3 月制定的布雷迪计划进一步发展了上述原则，该计划的核心主题是减债。经济增长的恢复为各债务国重启偿债提供了可能，墨西哥、委内瑞拉和哥斯达黎加成为主要的受益国。

　　由于世界石油价格崩盘，墨西哥被迫将其出口模式多样化。1982 年的出口模式在 1990 年被扭转：当年的出口总额为 270 亿美元，其中超过三分之二为非石油产品的出口额，主要来自新的制造业产品的出口。然而，对美国的出口比重增加了，从 1982 年占总量的 52％增加至 1989 年的 70％。此外，对日本的出口份额减少，进一步凸显了墨西哥经济受美国经济影响的趋势。从 1980 年开始，墨西哥的天然气也主要出口到美国市场。作为墨西哥第四大投资国，日本对墨西哥的投资在 1983 年至 1988 年间翻了一番，因而以一种显著的方式再次进入墨西哥市场。虽然日本企业并不喜欢石化产业和渔业中强大的工会组织，但它们仍旧加大投资，以试图推进从产区到太平洋沿岸的石油出口。墨西哥政府和日本投资商都看中了墨西哥在太平洋盆地的地位，日本资本参与了石油基础设施建设、出口促进以及 1972 年后太平洋海岸的希西卡察钢铁复合体第二期等项目。截至 1987 年，以债权交换股权为主要途径，本田、尼桑以及其他日本公司都已经在墨西哥建厂投产。与此同时，投资规则方面的放宽也使得日本资本进入位于墨西哥边境地区的出口加工厂。

石油价格的下降对收支平衡产生不利影响，并且削弱了国家财政的消费能力。1987 年 10 月至 1988 年 10 月期间，地峡原油的价格从每桶 17.83 美元下降至每桶 10 美元，而与之相比，在 1982 年时轻原油的价格为 30.90 美元，重原油的价格为 25.50 美元。如果考虑到 1987 年的价格上升，可以说这一时期原油价格的下跌非常严重。当年夏天，通货膨胀率已经上升到灾难性的 110%，年底更是高达 461.4%，远远超过了 IMF 设立的 80% 至 85% 的目标。1988 年，加上附加贷款以及尚未支付的债务负担，墨西哥外债总额高达 1 018 亿美元。孤立地来看，这一数字会错误地让人认为墨西哥经济即将崩溃。然而，制造业的整体复苏也在同一时期发生，政府借此成功地控制了危机，维持了国际社会对国家整体经济表现的信心。通胀率下降到消费者价格的 46.6% 和生产者价格的 33.4%（同年，巴西和阿根廷的通胀率分别高达 816% 和 372%）。需要指出，债务问题并非由经济落后或发展停滞导致，而是在过度狂热的扩张、经济发展适逢物价回升期以及国际银行界的过度急切等因素的综合作用下爆发的。国际信贷界将墨西哥、巴西、委内瑞拉及其他国家推入了负债困境，1982 年这些国家发现自己已经深陷其中而无法自拔。负债国家意识到难以从 80 年代后半期"第一世界"的整体经济复苏中得到任何好处，而更加糟糕的是，随着 1989 年"苏联集团"的崩溃，负债国家不得不和"第二世界"中的"前社会主义经济体"竞争贷款和投资。

"新自由主义"与危机后反应

1988 年 7 月的总统选举是自 1929 年以来竞争最为激烈的一届，执政体系在竞选中面临直接的挑战，挑战来自两个反对党，即国家行动党（PAN）和人民民主阵线（FDN）。后者的领导人是前总统卡德纳斯的儿子库奥特莫克·卡德纳斯（生于 1934 年），曾在 1980 年至 1986 年间担任其家乡州——米却肯州——的州长，由于不满革命制度党的右倾政策，卡德纳斯与该党决裂。官方数据显示，革命制度党在选举中赢得 50.7％的选票，人民民主阵线赢得 31.06％的选票，而国家行动党的得票率为 16.81％。这一数据备受质疑，即使是官方数据也表明只有 25.3％的选民投票给革命制度党。批判当局的人坚持认为选举结果造假，事实上应该是人民民主阵线赢得了选举，其主要证据是革命制度党控制的选票计算器在统计结果的过程中崩溃了，这为革命制度党操控选举结果提供了可乘之机。1989 年 5 月，卡德纳斯组建了民主革命党，但在 1994 年和 2000 年的总统选举中再次失败。

选举结束后，尽管面对来自革命制度党党内的反对，萨利纳斯宣称一党制体系终结，以此平息反对党的声音。1988 年至 1993 年间，政治改革成为人们街谈巷议的话题，可是并未产生任何结果。1988 年选举造假问题本身表明政府已被迫承认反对党的巨大胜利，1988 年至 1991 年间，反对党在众院中获得了 500 席中的 240 席。

由萨利纳斯政府推行的经济改革触发了进一步的辩论和争议，但并未导致直接冲突，除了 1994 年 1 月恰帕斯叛乱这个明显的例外情况。相反的是，除了呼吁恢复更加职团化以及国家主导一切的旧例，反对者难以找到一个令人信服的替代方案。改革措施似乎完全抛弃了传统的经济民族主义，评论家们——当然，主要是围绕在当局周围的评论家们——都为之着迷，他们对萨利纳斯的迷醉类似于当年对波菲里奥·迪亚斯的阿谀奉承，而政府宣称要将墨西哥带进"第一世界"的政策也与洛佩斯·波蒂略执政期间石油业繁荣时期（1977—1981）一片乐观的氛围如出一辙。

萨利纳斯政府推行经济改革的动机仍然是被讨论最少的一个方面。改革最初由行政部门推动，而不是源自全国共识或者深入的讨论。因而，这是一场未经讨论、由上而下强制施行的改革，主要目的在于进一步加强总统权力，这主要体现在 1917 年宪法第 27 条的改革条款上，该条款也是宪法最重要的条款之一。虽然行政当局诉诸萨帕塔的传统，却似乎正在扭转最重要的革命信条以及卡德纳斯时代最神圣的原则。试图建立集体农庄的农民想从私营业主手里获得超出规定份额之外的土地，需要对土地进行重新分配，而改革免除了政府的这部分责任。与此同时，在集体农庄决定参与新的规则之后，政府也授权农庄成员自己成为私有业主。

中央政府对州政府的干预几乎达到卡德纳斯时期的水平，尽管形势已经完全不同。在卡德纳斯同卡列斯斗争的时期，19 名州长被撤换；萨利纳斯撤换了 32 个州长中的 17 名，其中 9 名是因选举问题导致的。90 年代中期，地方局势发生变化，代表国家行动党的候选人在北下加利福尼亚、哈利斯科、奇瓦瓦和瓜纳瓦托当选州长，同时，国家行动党也在阿瓜斯卡连特斯和哈拉帕等城市占据要职。

90 年代初的私有化是应对预算赤字的结果。1986 年，赤字已高达 15 000 亿比索。政府将私有化视为降低赤字的主要手段，同时也是政府的优先战略。1989 年，预算赤字占比为 19.7%，表明政府措施取得相当程度的成功。1990 年 5 月，萨利纳斯政府将 1982 年国有化的银行进行了再私有化，后续的私有化进程扭转了自 20 世纪 30 年代以来墨西哥政治经济中各种根深蒂固的趋势。1920 年至 1982 年

间，公有制企业的数量已经上升到1 155个，其中的大多数在70年代
和80年代初被纳入国有部门。萨利纳斯政府抓住众多重要国有企业
破产的机会，加速推进私有化进程，墨西哥自1982年以来首次出现
资金的净转移。

鉴于与美国之间日益紧密的经济联系，1990年至1991年间，萨
利纳斯催促美国政府创建一个包含加拿大在内的北美自由贸易区，目
的在于将经过改革后的墨西哥经济与美国经济更加紧密地联系在一
起，从而将美国纳入维持垄断党执政地位的过程中。萨利纳斯政府将
这一观点兜售给布什政府，强调在美国陷入衰退时期，面对业已建立
的欧洲自贸区和正在蓬勃增长的东亚和东南亚经济体，通过建立北美
自由贸易区增强北美的竞争力。1992年12月，《北美自由贸易协议》
（NAFTA）签署，并于1994年1月开始实施。对于将被逐渐融入国际
市场的墨西哥来说，离墨西哥最近并且最强大的国际经济体就是美
国，《北美自由贸易协议》的签署反映了萨利纳斯政府对未来经济发
展路径的思考。同时，墨西哥政府试图与哥斯达黎加、智利、委内瑞
拉和哥伦比亚展开双边贸易协议谈判，并与欧洲经济共同体（EEC）
建立商业联系。与欧洲经济共同体（或之后建立的欧洲联盟）不同的
是，《北美自由贸易协议》并不包含推动北美次大陆融合的政治协定，
而当时也不存在任何共同货币的计划。

"萨利纳斯化"代表着由德拉·马德里开启的墨西哥经济重组的
第二个阶段，同时也是主要的阶段。改革的目的在于消除阻碍经济变
得更加有效和更有竞争力的各种障碍，同时，政府向外国资本开放墨
西哥市场：1993年12月颁布新的法令，取代了1973年对国外私有资
本在墨西哥投资实施的管制，这些管制最早始于40年代。私有化的
目的在于永久性减少政府支出，并减轻经济体中官僚主义的累赘。然
而，政府很快发现不得不应对1988年至1993年间进口增加导致的国

际收支平衡恶化的局面。

天主教会作为一种政治势力的回归

1993 年 2 月，萨利纳斯政府授权与罗马天主教廷重新建立在 1867 年华雷斯时代破裂的外交关系，由此将一个新的元素引入墨西哥国内政治。希罗拉莫·普利西奥内阁下此前是罗马教皇派驻墨西哥的宗座代表，因而深谙墨西哥国情，此后，他担任教廷大使一职，一直到 1997 年 10 月。最初，这是一个颇有争议的措施，普利西奥内小心行事，以避免在政治圈里激发潜在的反教士情绪。作为得到教宗认可的保守分子，普利西奥内成为教会中进步分子以及政府中反对者们关注的焦点。与此同时，他也遭到红衣主教埃内斯托·科里皮奥·阿乌马达的忌恨，后者反感普利西奥内介入墨西哥教会的内部事务，因此一直催促梵蒂冈将其革职。即便如此，在一个很大程度上仍是天主教占主导地位的墨西哥，对梵蒂冈外交地位的承认为墨西哥主教们提供了一个机会，他们由此可以批评政府的政策以及日益恶化的腐败现象和无处不在的暴力现象。

其中的代表性事件是 1993 年 5 月瓜达拉哈拉大主教胡安·赫苏斯·波萨达斯不明原因死亡一案。据称，波萨达斯前往瓜达拉哈拉机场等候教廷大使，却意外死于在机场外停车场发生的一次"贩毒团伙之间的交火"中。波萨达斯一直强烈谴责贩毒行为，并宣称贩毒集团与垄断党之间存在关联。无人愿意解释罗马天主教会的大主教如何卷入贩毒头子之间的交火中。这一神秘事件引发众多猜疑，有人怀疑波萨达斯是被特地锁定的，但是没人说得出是谁干的。有的评论家暗示这是蒂华纳贩毒集团的阴谋，该贩毒集团被广泛认为与下加利福尼亚州的革命制度党有关联：枪手在大主教被击毙之后乘坐一架早就备好的飞机飞往蒂华纳。根据后来披露的消息，两个首犯实际上在几个月前就已经去教廷大使的办公室踩过点，然后被从后门放走，以躲过安保人员的监控。

与梵蒂冈重建关系意味着墨西哥天主教会与教皇约翰·保罗二世之间建立了紧密的联系。在公共场合可以自由表达自己的宗教信仰，这是自 1855 年至 1876 年改革时期以来的重大变革，同时也使官方党进一步远离其早期的根基，即在 20 世纪 20 年代和 30 年代教会与国家间冲突中建立起来的根基。一直以来，天主教都是墨西哥社会一股强大的暗流，即使在改革与革命年代也如此。这股暗流并非主流，却在 90 年代变得更加强大。

1993 年后，在墨西哥近期发展的转折时期以及整个国家建立恰当的民主程序之前，天主教会试图对政府和社会施加重要的政治压力。然而，墨西哥人整体上具有忽视固定规则并寻求适合具体情况解决方案的传统，这或许将有效地遏制教士阶层控制公众行为的欲望。

政治挑战以及政权寿命的问题

从为多元化提供路径、保障有效选举以及尊重宪法权利的角度来讲，政治改革并不一定伴随着经济改革。萨利纳斯当局确实在一些情况下"允许"反对派候选人获胜并履任，通过这样的方式向旧的制度告别。对局外人来说，这种政策似乎预示着政治改革以及一个能够真正有效的宪政体系最终将出现在墨西哥。然而，这样的解释从长远来看是错误的，虽然政治改革带来对政治权力适度的重新分配，但并不能完全削弱垄断党派的独大地位。1989 年，国家行动党赢得北下加利福尼亚州的州长竞选，这是反对党候选人首次获得州长之位。为了重新建立信用，在革命制度党主席路易斯·唐纳多·科洛西奥的斡旋下，萨利纳斯命令该党的地方政权接受国家行动党胜选的事实，这意味着墨西哥抛弃了长期实施且高度腐败的本土政党结构，其中的资深成员也因此对萨利纳斯当局充满深深的仇恨。

1994 年 3 月，革命制度党官方的总统候选人科洛西奥在蒂华纳被刺杀，萨利纳斯政府因此陷入更深的危机。由于没有人能够被证明应该为谋杀负责，萨利纳斯政权的信誉迅速恶化。谋杀发生在科洛西奥刚刚开始其总统竞选活动的时候。尽管与奥夫雷贡在 1928 年被刺时不同，因为前者当时已经成为候任总统，但是科洛西奥被刺使得萨利纳斯政府陷入极度恐慌之中，整个国家也陷入危机状态。阴谋论迅速蔓延，而此前萨利纳斯政府已经在恰帕斯叛乱中失去了信誉。科洛西奥被刺杀的另一结果是埃内斯托·塞蒂略·庞塞·德·莱昂成为革命制度党的总统候选人，而在此之前他并未被萨利纳斯作为接班人进行培养。塞蒂略不得不尽力学习其前任的政治遗产。1994 年 9 月，革命制度党总书记何塞·弗朗西斯科·鲁伊斯·马修被刺身亡，局势进一步恶化。总统的兄弟劳尔·萨利纳斯·德·德戈塔里被指控参与了暗杀。

萨利纳斯政权的分崩离析给一党独大的革命制度党带来深远危机，而这些危机有时候似乎是致命的。与此相反的是，政府刻意避免进行政治改革，因为他们相信经济改革最终将使革命制度党独大的基础得以复苏，而且更加重要的是，经济改革会使墨西哥与美国的经济联系更加紧密。其中，北美自由贸易区是这一战略的基础，并在 1994 年收获果实，是年，克林顿不顾民主党人对自贸协议的怀疑，决定帮助墨西哥政府脱离经济危机之后的困境。但是，经济改革是自 1982 年债务危机之后开启的较长过程中的高潮，大部分国有经济部门解体以及由此而引发的利率风险削弱了革命制度党的地位，却并未同时使政治体系向有效的选举竞争开放。历史再度重演，马德罗的有效选举制度依然未被遵守。

1994 年 12 月的金融危机是自 1982 年以来最为严重的危机，行政当局措手不及，而此后快速爆发的货币贬值进一步加深了全国已然弥漫的幻灭情绪。正如德拉·马德里就任时曾面临着洛佩斯·波蒂略时代的灾难一样，塞蒂略（1994—2000）也继承了萨利纳斯总统任期的后果。1994 年 12 月的危机致使 1995 年的 GDP 下降 6.9％，与此形成对照的是 1983 年 GDP 的降幅为 4.15％，1986 年为 3.82％。此次危机的诱因之一是萨利纳斯政府试图通过保持与美国的固定汇率而避免比索贬值，以确保受到强势比索和高利率吸引的投资源源不断地涌入墨西哥。为此，政府甚至将投资回报换成美元，而不是墨西哥比索。然而，即将就任的塞蒂略政府并不赞成固定汇率政策。除此之外，革命制度党在 8 月的胜选意味着从短期来看，比索的贬值并不会带来负面的政治后果。

自 1994 年 3 月以来，货币贬值问题已经浮出水面，其背景是不断恶化的贸易赤字。1989 年至 1993 年间不断升值的比索已经侵蚀了这个国家的出口能力，并且导致进口大幅度增加。萨利纳斯政府后期的高利率政策导致国内经济增长无力，虽然政府采取了相应措施，但是货币贬值的不确定性持续增加，从而阻碍了资本的流入，政府不得不动用其货币储备的经常账户来填补赤字。比索在 12 月实施浮动汇率，意味着满足与美元挂钩的"死亡债券"的债务责任将会翻番，"死亡债券"的金额从 3 月份的 31 亿美元上涨到 12 月份的 292 亿美元，这一短期负债金额甚至超过了 1982 年的水平。

1995 年 2 月，克林顿政府推出救助方案，国际货币基金组织和银行界向墨西哥提供总计达 500 亿美元的贷款，而墨西哥政府自 3 月开始实施稳定性政策，这些都对墨西哥经济的快速复苏起到了很大的作用。此后，国际金融圈对墨西哥的信心经历了一个令人惊讶的大转变，以至 1996 年很多人都在谈论墨西哥"重回赛场"，工业、出口和就业的恢复以及通货膨胀的下落都使得这种看法似乎具有可信度。即便如此，关于 1994 年 12 月的经济危机需要指出两点：第一，它再一次表明墨西哥经济面对外部震荡时的脆弱性，这在本质上反映了墨西哥经济已深度融入国际市场，特别是在 1985 年贸易自由化政策实施后，墨西哥融入国际市场的程度大大加深；第二，进一步暴露了墨西哥经济长期以来面临的国内资本短缺以及储蓄率低的问题。相比之下，这种深度融合也代表着墨西哥经济的力量来源，其中的联系——尤其是通过《北美自由贸易协议》与美国经济的联系——意味着随后出现的经济回升可能是错误的财政和货币政策引起内部局势紊乱的结果。90 年代末期，美国经济的巨大实力可以从 2 624 个墨西哥出口加工厂的繁荣里得到验证，这些出口加工厂提供了 861 143 个就业岗位，其中大多数是女性。出口加工厂依托先进的技术，因而在技术上完全依靠进口，却创造了 40％的墨西哥出口。出口加工厂以汽车、电子产品以及电子计算机的生产为主，产品质量优良，灵活有效，然而，与此相伴的是工资水准较低。1994 年的比索贬值使出口加工厂深受打击，但此后得到强势恢复。虽然墨西哥经济经常受到冲击，但是整体上具有很强的韧性，这与一直以来墨西哥社会的分裂以及政治上的幻灭形成鲜明对照。

尽管不断进行选区重新划分，并许诺实行政治改革，但自 1976 年以来，革命制度党的选民基础持续下跌。革命制度党掌控的选举过程不断分化，这在 1997 年 7 月 5 日举行的中期选举中再次凸显出来，两个反对党获得的选票在这次选举中显著增加。根据 7 月议会选举的结果，两个反对党一共获得众院的 261 个席位（民主革命党 125 席，国家行动党 122 席）①，总数超过革命制度党的 239 个席位。执政党首次失去在下院的多数党席位，尽管在参议院仍是多数派党。在 1997

---

① 原文如此。——译者注

年10月 20 日的城市选举中，反转情形更加复杂化，民主革命党赢得了哈拉帕的选举，国家行动党则保持了对奥里萨瓦、科尔多瓦和韦拉克鲁斯的控制。韦拉克鲁斯州州长发布声明，称自己已经作好准备无论政府的党派属性如何，都"接受并确保"新的市政府安排到位。但是，为了避免对这些进展过度解读，必须要考虑到当时高达 50％至 60％的选举缺席率。

政府明显已无法坚守基本法律，也无力保障主要城市的秩序，对此所有人都了然于心。库奥特莫克·卡德纳斯在墨西哥城胜选，或许也反映了政府对这些措施确实没有热情。在第一次举行的联邦区市长选举中，卡德纳斯获胜，一个由民主革命党主政的新的首府政府在 12 月 5 日就职，联邦区市长通常被视为全国第二重要的职位。面对公共住房、教育、城市交通、基础设施、法律与秩序以及都市污染等棘手问题，新政府的成功或失败都将成为民主革命党信誉的试金石。革命制度党各派利益形成合流，试图阻止民主革命党市政府的顺利运行。

与此同时，腐败、贩毒以及侵犯人权等问题使墨西哥在国际社会形象不佳。大赦国际和非政府组织的投诉引起政府代表的关注，但是其根由却并未得到改变。1997 年末，墨西哥的负面形象已经十分严重，并几乎危及墨西哥与欧盟建立的商业合作关系。1997 年 12 月 8 日，与欧盟的合作关系最终在布鲁塞尔签署，墨西哥获得改变对北美自由贸易区过度依赖的潜在机会，尽管这种改变很小。然而，1990 年至 1996 年，欧盟与墨西哥的贸易额占比从 11.4％下降到 6.1％，这表明墨西哥仍然需要努力克服重重阻力。

恰帕斯问题与土著问题

1994 年是一个多灾多难之年，自 1 月 1 日的恰帕斯起义开始，萨利纳斯政府的信用宣告破产。起义军对媒体非常敏感，他们选择在《北美自由贸易协议》生效的那一天占据圣克里斯托弗·德拉斯·卡萨斯和圣奥科辛戈。起义军的首脑"副司令马科斯"（拉斐尔·塞巴斯蒂安·纪廉，生于 1957 年）来自坦皮科港的一个小商人家庭。马科斯曾在墨西哥国立自治大学学习哲学，后任教于墨西哥城城市自治大学。之后，马科斯加入左翼游击队组织，并于 1981 年和 1982 年先后在桑地诺派控制的尼加拉瓜和古巴参加训练。1984 年 5 月，马科斯出现在恰帕斯。萨帕塔民族解放军（EZLN）的名字是为了纪念 20世纪 10 年代莫雷洛斯地区的农村领袖萨帕塔。萨帕塔民族解放军利用土著居民长久以来积压的各种不满情绪，并按照古巴革命模式，在拉坎多尼亚森林的拉斯卡尼亚达斯地区建立了一个由其单独控制的军事区域，称为"解放区"。墨西哥政府对萨帕塔民族解放军的叛乱完全猝不及防，政府需要提出政治及经济的解决方案以应对。然而，自 1994 年 1 月以来，没有任何一届政府找到这个问题的解决方案，其结果是局势持续不断地恶化。

萨帕塔民族解放军将自己描述为对占主导地位的新自由主义意识形态的武装反抗。在 1994 年 1 月和 1995 年发布的宣言中，萨帕塔民族解放军呼吁推翻统治集团，建立过渡政府，召集新的选举并制定新宪法。尽管游击队对当时的一些问题作出了回应，但恰帕斯土著问题的源头应从历史中去寻找。在 1711 年至 1712 年（其时，该省仍然是危地马拉王国的一部分），大型的农民起义已经开始发生，1868 年至 1869 年间特索特希尔和特塞尔塔尔高地地区爆发起义，而自 20 世纪 70 年代开始，同样在这一地区，圣克里斯托弗主教辖区开始推动农民动员的发展。80 年代后，低地地区一向充满活力的咖啡业陷入衰退，因而农民从高地的印第安社区迁居去从事获利较多的季节性工作的可行性降低。为了缓解农民的土地压力，政府允许向拉坎多尼亚森林殖民，这一地区自 20 世纪 70 年代以来已有大约 10 万之众成家立业。1992 年，萨利纳斯政府对宪法第 27 条进行改革，这使得刚刚建立的集体农庄似乎面临威胁。

尽管武装游击队员或许不超过 300 名，但萨帕塔民族解放军的叛乱却使得政府和军队陷入瘫痪，两者都无法承受直接对抗所带来的政治危机。首都部分反对派媒体借机将暴乱作为谴责政府的议题，其中包括支持民主革命党的左派媒体《劳动报》。尽管该报提到了萨帕塔的名字，并且呼吁恢复 20 世纪 10 年代的革命传统，但是之后并没有爆发全国性的运动。这次暴乱将墨西哥的农村地区分裂为萨帕塔民族解放军及其反对派两个阵营，并且进一步加深了萨帕塔主义者与天主教会之间的裂痕。

恰帕斯的主教萨穆埃尔·鲁伊斯充当了当地反叛者与政府间的调停人，也因此遭到来自革命制度党内部的巨大敌视。鲁伊斯和"马科斯"之间的暧昧关系成为新闻报道不断炒作的话题，官吏集团竭尽一切可能来诋毁鲁伊斯。鲁伊斯于 1960 年抵达恰帕斯，此后，他尝试利用基督教对恰帕斯高地、圣克里斯托弗周围的高地以及拉坎多尼亚森林定居点的土著人口进行重新征服。为了推动农民参与政治并对其进行动员，1974 年，在圣克里斯托弗召开了土著人代表大会，目标是驱赶政府委派的官员以及对大规模地产的侵略。鲁伊斯在 70 年代支持土著人的自卫组织。1976 年后，为了控制土地展开了激烈的斗争。然而，在接下来的十年的后半期，萨帕塔主义者渗透到这些组织中，并威胁到主教辖区的控制。

塞蒂略政府不断尝试在恰帕斯问题上作出妥协，降低武装冲突的可能，并施加压力以给予土著人口占多数的地区自治权力，在此基础上建立新的宪法解决方案。但在具体操作中，这一方案对政局的影响尚不清楚。这些问题并非墨西哥所独有，更不是恰帕斯所特有。然而，赋予土著聚居区单独的宪政地位的想法似乎有重回职团主义的趋势，并有可能破坏领土完整。这一解决方案的倡导者们指出，20世纪末期土著群体对自主的要求全面反映了19世纪的自由主义在拉丁美洲的失败，这一问题当前仍存在争议。

塞蒂略执政末期

1997年12月至1998年1月间，塞蒂略政府看上去举步维艰，财政部、内务部和外交部等关键部委的部长人员频繁出现变动。吉列尔莫·奥尔蒂斯被调任国家银行行长后，在尚未找到一个新的财政大臣之前，内务部部长离职的消息已经被公布。即将就任的内务部部长弗朗西斯科·拉瓦斯蒂达，是来自墨西哥国立自治大学的经济学家，他在埃切韦里亚统治时期首次从政，此前曾任锡纳罗亚州州长。拉瓦斯蒂达在1986年的州长选举中胜选，然而国家行动党阵营指控他在选举中舞弊。塞蒂略在1月5日将外交关系部部长何塞·安赫尔·古里亚调任财政，因而外交部出现空缺。就在这一调动被宣布之前，恰帕斯州州长在1月7日宣布辞职。算上他的调职，自1994年12月塞蒂略上任以来，已有5任恰帕斯州州长离职，而自1976年以来已经11任了。20年间，共有10名州长未能完成他们根据宪法规定而应当履行的任期。新的外交部部长人选是革命制度党的参议员罗萨里奥·格林，毕业于墨西哥国立自治大学政治学系，曾在1992年任弗朗西斯科·索拉纳的助理部长。

1998年，墨西哥似乎又一次接近经济衰退期，而衰退的深度难以预测，其中的两大主要影响分别是亚洲经济繁荣期的终结以及世界石油价格的崩盘。第一个因素导致亚洲货币贬值超过200%，这对整个拉丁美洲经济都产生了间接影响，并引发了国际金融支持的转向。美国政府着手准备为前东亚的"四小龙"提供救助计划。第二个因素对墨西哥产生了直接影响，尽管自 1982 年经济崩溃以来，来自政府渠道的消息常常宣称墨西哥已经摆脱了对石油的依赖。古里亚的应对措施是实行三轮预算削减，并称这不会波及重要项目，然而大多数人认为其后果完全相反，尤其是与教育相关的项目受到了影响。1998年 1 月，国家银行将 GDP 的增长速度从 5％至 7％降到一个仍然比较乐观的 5％。

石油危机强化了长期以来金融圈认为墨西哥比索（汇率 8.5）对美元定价过高的看法。政府顾虑贬值带来的政治影响，因而努力通过国家银行对冲油价下跌对货币造成的冲击。尽管 1997 年经济增速（以 GDP 衡量）达到了令人印象深刻的 7％，但是次年宏观经济的运行轨迹有拉低增速的可能。为了规避可能的经济危机，1998 年 1 月下旬，蒙特雷的工业家们号召实行适度的货币贬值，目的是促进出口、鼓励投资并预防在 1999 年出现全面衰退，然而这一呼吁并未得到回应。1999 年初，美元兑比索的汇率在 10左右波动。

90 年代中期，墨西哥的原油出口稳步增长，从 1994 年的日产 1 307 千桶上升到 1997 年的 1 721 千桶。1998 年的 1 月至 3 月，在墨西哥的每日原油出口量达到 1 844 千桶的高位时，世界油价崩盘。墨西哥、委内瑞拉和沙特阿拉伯在 3 月 22 日签订协议，商定每天减少 10 万桶石油出口。因此，4 月至 12 月间，每日油产量减少至 1 744千桶，而且当年还有可能出现第二轮减产。塞蒂略访问委内瑞拉期间，两国于 4 月 16 日达成能源合作协议，尽管相关的实施细节仍有待进一步确定。墨西哥政府预计当年石油价格为每桶 15 美元，而在第一轮预算削减时被降至 13 美元。然而，至 1998 年中期，墨西哥混合原油的市场价格仍然只有每桶 11 美元，而在当年的余下时间里，石油价格急剧下跌。

图 7.3 1998 年 11 月，瓦哈卡的示威游行。俯瞰索卡洛广场（中央广场）的州长官邸外，示威者拉起英语和西语的双语条幅。瓦哈卡常常被认为是一个宁静的天堂，然而该市的政治和文化生活却很活跃。来自外围地区的乡村居民常常聚集在这里，抗议政治上的权力滥用、暴力行为以及土地状况等问题。（图片来自本书作者）

　　在 1998 年余下的时间里，可能登上总统宝座的人们开始谋求权势。1998 年春季，塞蒂略政府似乎抛弃了由前任总统为即将到来的总统选举挑选革命制度党官方候选人的传统做法。由此，候选人资格将向所有竞争者开放，几个有争议的人物踊跃自荐，如强硬的革命制度党传统派、普埃布拉州州长曼努埃尔·巴特莱特·迪亚斯（1992—1998），以期分流公众对民主革命党可能的候选人卡德纳斯和自封的国家行动党候选人、瓜纳瓦托州州长比森特·福克斯·克萨达的关注度。革命制度党在很多州失去了控制权，在恰帕斯、瓦哈卡、格雷罗以及其他地区的垄断地位也面临挑战，这似乎预示着失败将无可避免，无论是选举中的失败，还是因内部分裂导致的失败。几乎没有人愿意预测总统选举的结果。

在当年下半年的选举中，革命制度党收复了很多失地，卫冕了瓦哈卡的州长席位，并在 8 月的选举中从国家行动党手中夺回了奇瓦瓦州。11 月，革命制度党获得了普埃布拉州和锡纳罗亚州的州长位子，但是在特拉斯卡拉州输给了包含民主革命党在内的地方反对党联盟。民主革命党还获得了对墨西哥联邦区以及萨卡特卡斯的控制权。至 1999 年初，国家行动党获得了两个边境州——蒂华纳所在的北下加利福尼亚州以及新莱昂州——的州长席位，还包括克雷塔罗、瓜纳瓦托和哈利斯科的州长位子以及普埃布拉、瓦哈卡、梅里达和华雷斯市的市长位子，虽然库利亚坎在 1998 年 11 月被拱手让与了革命制度党。以上选举结果表明国家行动党并未成功利用民众的不满来谋求政治优势。

曼努埃尔·巴特莱特（生于普埃布拉，1936 年）在 1998 年 4 月宣布参加竞选，他是塔瓦斯科州前州长的儿子。巴特莱特的父亲是卡洛斯·马德拉索的死敌，并被后者赶下了州长宝座。卡洛斯·马德拉索于 1969 年死于一场神秘事件中。巴特莱特被视为对政治接班人构成挑战的三个潜在候选者之一，另外两位分别是罗伯托·马德拉索·平塔多和拉瓦斯蒂达。罗伯托·马德拉索是卡洛斯·马德拉索的儿子，自 1994 年以来担任塔瓦斯科州的州长，拉瓦斯蒂达是候任的内政部部长，并曾经担任德拉·马德里政府的商务部部长。巴特莱特和马德拉索都曾经批评塞蒂略政府。尽管拉瓦斯蒂达在墨西哥仍然充满争议，但华盛顿政府似乎对他并无恶感。然而，巴特莱特和马德拉索名声不佳，而且所交往者鱼龙混杂，这些都可能对其向总统宝座发起的挑战产生不利影响。巴特莱特曾在德拉·马德里政府担任内政部部长，并主持 1988 年的选战，当年统计最终结果的电脑在关键时刻崩溃。马德拉索曾经不顾其父的死因不明附翼于埃切韦里亚，而且也曾因为 1994 年选举中的资金来源而陷入争议，当年用于选举的资金大大超出了规定的限额。1999 年 11 月，在由 1 000 万革命制度党成员参加的初选（新的选举程序）中，拉瓦斯蒂达被选为总统候选人。民主革命党的领导人波菲里奥·穆尼奥斯·莱多是与卡德纳斯一样的前革命制度党人，他从中左派向总统职位发起挑战。

很多评论家当时认为 2000 年的总统选举将成为墨西哥历史上一个具有决定性的时刻，至少其结果将决定革命制度党的未来。墨西哥确为宪政国家，但是此前却没有任何一个反对党在全国选举中获胜而登上执政党地位。2000 年的总统更替是一个重要的过渡，这令许多墨西哥人感到震惊。5 月 2 日福克斯的获胜意味着在人民的记忆中，除了革命制度党（或者其前身）之外的政党首次将成为国家的执政党。被击败的革命制度党陷入震惊和分裂，因而围绕着其最强大的领导人马德拉索开始重组。福克斯是一个有很多不确定性的人物，他和其所属的党派只有松散的联系，而该党当然还有其他领导人。墨西哥的社会和经济问题有待新的政府尽其所能地去解决。新政府偏重商业的取向确保了萨利纳斯和塞蒂略时代的政策将在新政府治下沿用。此外，福克斯与得克萨斯前州长、美国总统乔治·沃克·布什（2000—2004）私交甚好，这似乎预示着美墨关系的改善。

第八章　独立后的文化发展

在独特的虚构传统得到发展之前，一个内涵丰富的墨西哥史学传统就已经形成，其源头扎根于殖民时期。尽管两者在发展时间点和特性上差别很大，却都是在 19 世纪随着国家意识的形成而得以发展的。同时，两者既得益于本族文化的根本，也均受益于外部的影响。

墨西哥历史学的真正形成源于探索墨西哥独立战争的缘起、性质以及其影响的过程。卡洛斯·玛利亚·布斯塔曼特（1774—1848）在其著作《美洲墨西哥革命历史画卷》（1821 年至 1827 年；第二版 1834 年至 1846 年）中将推翻西班牙统治视为对征服的一种反转。布斯塔曼特曾经与莫雷洛斯一起参加独立战争，并且在 1821 年之后的政坛上非常活跃。卢卡斯·阿拉曼在其《墨西哥史》（五卷本，1846—1852）中采取不同的视角，提出研究受困于内部分裂和外部威胁的新生主权国家与西班牙殖民统治传统之间的关系。在他看来，墨西哥的特点源自其西班牙和天主教认同。阿拉曼的作品《墨西哥史论》（1844—1846）并不广为人知，但是集中体现了作者的政治观和历史观。何塞·玛利亚·路易斯·莫拉（1794—1850）等遵循自由主义传统的评论家认为，欧洲的宪政自由主义是 19 世纪国家的典范。许多自由主义者从美国和法国的革命中得到启示，而后独立时代的大部分作家都提出了墨西哥认同和民族特性的问题，这两个问题始终萦绕在后代的散文家和小说家心中，而墨西哥的史学和文学传统正是源于这些丰富的资源。

1905 年至 1906 年间，值华雷斯诞辰一百周年之际，改革时期成为激烈争论的主题，并围绕这一主题展开了历史研讨。很快，这场讨论被整合到迪亚斯长时期个人统治给政治进程带来的危害的争论之中。胡斯托·谢拉（1848—1912）的政治生涯及其思想观念集中体现了迪亚斯政权同时得到支持与反对的矛盾。早期，谢拉曾受到极端自由主义者阿尔塔米拉诺的影响，但后来他转变观点，主张建立一个强大的中央集权制国家，这个国家可以对社会产生正面的影响，尤其是通过全民的、公共的和世俗的基础教育。19世纪80年代后，谢拉一直追随华雷斯的传统，极力宣扬上述主张。1905年，谢拉担任教育部部长，并在任职期间于1910年督造了国立大学。在欧洲实证主义和社会达尔文主义的影响下，谢拉认为墨西哥历史通过不断发展而进化，改革时期是为世俗国家的稳定和物质进步奠定基础的关键，诸如《墨西哥：社会进化史》（1900—1902）和《墨西哥人民进化史》（1902）等作品从历史的角度阐述了以上立场。谢拉认为墨西哥的认同在于其种族和文化融合，梅斯蒂索人在社会占据主导作用，这一观点与安德烈斯·莫利纳·恩里克斯（1868—1940）的看法相同，后者是革命年代农业改革强有力的拥护者。同样，谢拉的观点也与后来何塞·巴斯孔塞洛斯关于墨西哥文化内核中存在一个新的宇宙种族的论断相同。

墨西哥文学的主题与方法

在经受了长期的殖民霸权后，在19世纪的大部分时间里，墨西哥文化受到的是非西班牙文化的影响，尤其是来自法国的影响。同时，墨西哥的现实，如族裔多样性、农业世界的主导性以及法制缺失与稳定的生活形态之间的斗争也渗透到墨西哥的史学和文学中。殖民主义表象之下的地下活动和违法行为，在独立之后凸显为主要的文学主题，这体现在文学作品对于走私分子和土匪活动的关注上。在殖民晚期以及独立早期，何塞·费尔南德斯·德·利萨尔迪的《癞皮鹦鹉》（1816）是一篇结构松散的片段式小说，对社会生活面貌进行了描写，成为当时的畅销小说。乔装行骗是该书的主题，这延续了西班牙文学黄金世纪的流浪汉小说的传统。1812 年，利萨尔迪在墨西哥城创立《墨西哥思想者报》，他赞同欧洲的启蒙思想和加的斯宪政体系，并曾因为批判殖民政府于 1814 年被捕入狱。独特的"民族"类型开始出现在文学作品中，比如在路易斯·贡萨加·因克兰的小说《狡猾之人，叶子兄弟的首领，或烟草走私犯》（1843）中出现的墨西哥农场主的形象，小说讲述了一个走私分子及其追随者的故事。作者因克兰将亚历山大·杜马斯的流行小说类型搬到墨西哥，小说的背景主要是农村地区，和《癞皮鹦鹉》一样探讨了非法活动。此外，小说在创作手法上摒弃了文学上的矫揉造作风格。

　　1867 年后，阿尔塔米拉诺呼吁构建不以欧洲模式为来源的"民族文学"，但这一呼吁并未得到太多响应。几乎没有墨西哥艺术家会选择写作小说，而这一时期现实主义小说在欧美大行其道。同样地，19 世纪下半叶，墨西哥人继续对欧洲的知识发展水平着迷。国家的识字水平依然较低，这决定了作家在精英阶层中的精英地位。以阿尔塔米拉诺为代表的作家仍然撰写爱情故事和寓言故事，并通过这样的文学形式来推动国家的认同。《克莱门西娅》（1869）和《蓝眼盗》（写于 1888 年，于 1901 年发表）的主要作用在于教化普通人。两部作品都描述了跨越社会-族裔的恋爱故事，以此推动墨西哥自由主义传统倡导的国家融合，其中《蓝眼盗》聚焦于一个名为"银匠帮"的土匪群体。比森特·里瓦·帕拉西奥（1832—1896）是复兴的共和国时期另一个重要的政治人物，他创作了《跨越几个世纪的墨西哥》（1884—1889）一书，作者在书中重现了殖民时期的墨西哥，展示出比其小说创作更加恢宏的想象力。他的历史小说《海湾的海盗》（1869）取材于殖民时期，该书的第二版直至 1974 年才出版。里瓦·帕拉西奥的历史小说取材于宗教裁判所的档案。

曼努尔·派诺（1810—1894）在 19 世纪 50 年代初担任财政部部长，他于 1889 年至 1891 年间创作了《寒水岭匪帮》系列小说，作品的意义主要是对圣安纳时期的生活、习俗和乡村的描绘，而并不在于小说心理刻画的深度或想象力的雄奇。尽管作者宣称仰慕同时代欧洲的现实主义模式，但小说的风格更偏重浪漫主义而非现实主义，而且作品基本上不能算一本小说，而是一系列的白描。派诺在流放西班牙期间创作了《寒水岭匪帮》，故事取材于胡安·亚涅斯上校的真实故事。亚涅斯曾是圣安纳时期的内阁成员，他利用自己的地位构建了一个犯罪网络。1839 年，亚涅斯及其同伙被绞死。派诺受到了盲人售卖者在街上兜售的廉价散页文学传统的影响，这种文学形式经常用于描写暴力行为。

拉斐尔·德尔加多（1853—1914）是《云雀》一书的作者，这本书是四部系列小说中的第一部。革命时期最著名的小说家马里亚诺·阿苏埃拉（1873—1952）认为，从创作形式、风格和心理深度等方面来看，特别是与之前的文学创作相比，德尔加多算得上是 19 世纪墨西哥第一个小说家。费尔南多·德·富恩特斯（1894—1958）是早期有声影片时期最为知名的导演之一，他于 1933 年将德尔加多的小说搬上了大银幕。与许多 19 世纪末以及 20 世纪初的拉丁美洲小说一样，德尔加多的作品取材于他的故乡——韦拉克鲁斯的奥里萨瓦，小说对当地的社会以及代际冲突进行了刻画。《云雀》致力于通过地区和族裔差别寻求墨西哥的国家认同，并采用了很多描述性的叙事方式和当地的方言，后世的批评家们将这部小说看作"克里奥尔类型"小说，克里奥尔式的创作模式在 1915 年至 1945 年间达到顶峰。

图 8.1 波菲里奥后期的宪法广场，瓜达拉哈拉。似乎所有的墨西哥城镇和许多城市都建有一个 19 世纪或 20 世纪初的室外音乐演奏台。在典型的墨西哥街头及活动的背景中，乐队演奏那些著名的前奏曲、进行曲以及咏叹调，主要为欧洲的乐曲，台下的听众身着优雅的服装。图中是瓜达拉哈拉市中心的室外演奏台，演奏台四周的显著位置雕刻有优美的女性形象。瓜达拉哈拉是墨西哥第二大城市，被称为"西方之珠"。（图片由本书作者提供）

波菲里奥政权晚期的社会冲突催生了最为出色的小说之一：埃里韦托·弗里亚斯（1870—1925）创作的《托莫奇克》（1894）。小说描述了19世纪90年代早期发生在奇瓦瓦西部山区的千禧年起义，起义源于对被称为"卡博拉圣女"的特雷莎·乌雷阿的崇拜。作者是被派往当地消灭起义的联邦军队中的一名少尉。在波菲里奥晚期，军队战备不足，在经过多次失利后，士兵们最终消灭了反叛者。小说反映了作者对其亲身参与的清剿活动的厌恶。《托莫奇克》最初发表在反对派报纸《民主报》上，该报后来被当局镇压，报纸的编辑也被捕入狱。与其说弗里亚斯是个作家，倒不如说他是个战士，他的作品读起来更像是自身经历的报告，而不是文学创作。小说胜在作者对主题的熟悉程度上，这本书对后来墨西哥革命时期的小说家们产生了重要影响，尤其是阿苏埃拉的《底层的人们》（1915），后者在写作路径和写实风格上都受到《托莫奇克》极大的影响。这些事件为保罗·范德伍德的《上帝反抗政府枪炮的力量——19世纪末墨西哥的宗教冲突》一书提供了背景。

在费德里科·甘博亚（1864—1939）的《圣女》（1903）一书中，肆意的男性特质对女性形成了诱惑力，这种诱惑使得小说中的女性角色在性欲的驱使下离开家乡——齐马尔利斯塔克（位于今天墨西哥城的郊区），最后堕落成为妓女。《圣女》成为自利萨尔迪的《癞皮鹦鹉》之后最流行的小说，截至1927年已经出版了八版。甘博亚深受爱弥儿·左拉和法国自然主义小说以及此后西班牙同类型作品的影响。但是，在小说的结尾，女主人公通过无私的爱而得到最终救赎，这种基督教的说教元素与自然主义决定论泾渭分明。青年时代的甘博亚辗转于不同的省会城市，接触下层社会的生活，1902年甘博亚皈依天主教。在19世纪90年代至20世纪30年代间，墨西哥的作家和画家们对自然主义、现代主义和超现实主义等欧洲文学流派有清醒的意识，他们已经做好准备迎接和适应更广泛的运动浪潮。

图 8.2　波菲里奥时期的电报大楼，位于墨西哥城的塔库瓦街；1982 年后墨西哥国家艺术博物馆的所在地。大楼建造的初衷是建造后波菲里奥时期现代化的代表作，由意大利建筑师西尔维奥·孔特里设计，来自纽约、米兰和佛罗伦萨的建筑公司参与了大楼的建造。大楼始建于 1905 年，但是由于受到墨西哥革命的影响，直至 1912 年马德罗任总统期间才投入使用。1973 年至 1977 年，电报大楼成为墨西哥国家档案馆临时所在地，该馆由国家宫迁入，1977 年后迁往由莱昆巴里监狱（1900—1977）特别改建的国家档案馆，后一次迁址后的国家档案馆于 1982 年正式运营。（图片由 M. A. 阿尼普金拍摄）

　　甘博亚的个人背景和职业生涯反映了墨西哥的政治关系，也体现了作家在政治语境中的作用。甘博亚的父亲曾是一名军人，1847 年参加了抗击美国侵略者的安戈斯图拉战役，但在 1864 年至 1867 年间却效忠于马克西米连的第二帝国。经过一段时间的隐遁之后，曼努埃尔·甘博亚将军在 1874 年后成为墨西哥铁路修建大军中的工程师，因为这份工作，他于 1880 年前往纽约。小甘博亚在纽约学会了英语，并在此后终生对美国的生活方式和文化进行批判。后来，在墨西哥驻华盛顿哥伦比亚特区使馆担任一秘期间，甘博亚在墨西哥的报刊发表文章，谴责美国社会中的暴力和腐败。他认为美国对西属美洲充满敌意，这表现在 1898 年至 1899 年的美西战争中美国对西班牙的羞辱、美国侵占古巴、鼓噪巴拿马从哥伦比亚独立出来等诸多事件中。迪亚斯为甘博亚的父亲平反，自此甘博亚成为这个独裁统治者热切的辩护者，即便在迪亚斯于 1911 年下台之后亦是如此。与之前的派诺和里瓦·帕拉西奥一样，甘博亚也曾经有很长时间作为外交官被派驻国外。1888 年，他被任命为墨西哥驻危地马拉使团的成员，次年出版了他的第一部文学作品，1889 年至 1903 年间以及 1905 年他返回墨西哥。1890 年，甘博亚首次出访欧洲，此后他被派驻布宜诺斯艾利斯，并在那里结识了尼加拉瓜诗人鲁文·达里奥，之后甘博亚赴哥伦比亚担任总领事一职。1893 年，他第二次造访巴黎，与左拉以及龚古尔兄弟进行了简短而令人失望的会晤。在甘博亚第二次派驻危地马拉期间，他开始着手写作《圣女》一书，该书的创作受到 1899 年出版的列夫·托尔斯泰写作的《复活》一书的很大影响。在谢拉的帮助下，甘博亚成功地在巴塞罗那出版了小说。

在 1890 年至 1915 年的 25 年间，被称为现代主义的文学风格在墨西哥诗坛风靡一时。现代主义源于 19 世纪后半叶的法国印象派诗人，达里奥在 1892 年将其带到西班牙，之后现代主义传入西语美洲。现代主义反对浪漫主义华丽的修饰，追求语言的精确性，与此同时也体现出对色彩描画的追求。尽管胡斯托·谢拉本人并不是一个严格意义上的现代主义者，但他却对其有重要影响。努埃尔·古铁雷斯·纳赫拉（1859—1895）创办的《蓝色杂志》是墨西哥短篇小说、散文、诗歌、文艺批评和新闻写作的先驱，也是早期现代主义者的大本营，杂志一直发行至 1897 年。从世纪之交开始，墨西哥城取代布宜诺斯艾利斯，成为拉丁美洲现代主义的首府。《现代杂志》（1898—1911）与诗人阿马多·内尔沃（1870—1919）关系密切，同时也是曼努埃尔·何塞·奥顿（1858—1906）和萨尔瓦多·迪亚斯·米龙（1853—1928）发表诗歌的主要平台。奥顿的诗歌扎根于他所生长的圣路易斯波多西的农村地区，迪亚斯·米龙来自韦拉克鲁斯。拉蒙·洛佩斯·贝拉尔德（1888—1921）来自萨卡特卡斯州的赫雷斯。与奥顿的诗歌一样，贝拉尔德的创作同样植根于墨西哥乡村。贝拉尔德最为知名的作品描写了诗人位于赫雷斯的老家门口的一口井，诗歌充满激情且极富感染力。在贝拉尔德老家的房门上有一块匾额，上面是智利诗人巴勃罗·聂鲁达给他的献辞。洛佩斯·贝拉尔德的很多诗歌都突出了情欲与宗教信仰之间的张力。他强烈反对迪亚斯政权，最早他加入了马德罗领导的反连任运动，此后又转向宪政主义。在卡兰萨执政时期，洛佩斯·贝拉尔德在墨西哥城的内务部工作。正是在这样的本土诗歌传统中，诞生了奥克塔维奥·帕斯（1914—1998）。

　　批评家们指责波菲里奥政权晚期过分强调实证主义，抨击主要来自谢拉所资助的青年协会（1906—1912），1912 年至 1914 年改名为墨西哥协会（El Ateneo Mexicano）。在此之前，1840 年建立了墨西哥协会（Ateneo Mexicano），该协会在 1882 年由里瓦·帕拉西奥重建，并在 1902 年更名为墨西哥文学和艺术协会。1906 年成立的新协会有意识地反对既有的组织，鼓吹古典希腊时期建立的人文主义，倡导将来的墨西哥应该扎植于文化和种族的融合。来自多米尼加共和国的佩德罗·恩里克斯·乌雷尼亚是年轻一代的反波菲里奥政权的领袖，他成为未来许多墨西哥文化卫士的精神导师，这些人包括阿方索·雷耶斯（1889—1959）、巴斯孔塞洛斯、阿苏埃拉、马丁·路易斯·古斯曼（1887—1976）和萨尔瓦多·诺沃（1904—1974）。该群体极力推崇乌拉圭人何塞·恩里克·罗多的散文《爱丽儿》，文章象征性地使用了威廉·莎士比亚的《暴风雨》中的主要人物"爱丽儿"，将卡利班所代表的"盎格鲁-撒克逊"文化与"拉丁"文化的美学和精神价值观形成对照。罗多的立场与同一时期甘博亚的立场类似。雷耶斯是新莱昂州州长雷耶斯的儿子，1908 年他为在蒙特雷首次出版《爱丽儿》找到了资助。雷耶斯是古典希腊戏剧和西班牙黄金时代文学的拥护者，他的大半生在西班牙和法国的流放中度过。雷耶斯的第一部重要作品《阿纳瓦科印象》描绘了前哥伦布时期的墨西哥，该书于 1917 年在欧洲出版。1920 年至 1939 年间，雷耶斯与甘博亚一样，担任了一系列外交职务，如曾出任驻阿根廷和巴西的大使。

革命重新推动了 19 世纪早期对国家认同的探索。这场发生在墨西哥的运动由恩里克斯·乌雷尼亚发起，旨在通过墨西哥革命经验本身寻求拉丁美洲认同。乌雷尼亚是最早使用迷宫意象阐释这一问题并将其描绘成重大事件的人之一。巴斯孔塞洛斯在 1920 年至 1923 年间担任奥夫雷贡政府的教育部部长，他的观念与其说源自革命本身毋宁说是来自青年协会，尽管他也认为革命是通过由国家主导的教育运动来提升民众文化水平的方式。巴斯孔塞洛斯利用自己的地位，邀请壁画家在许多公共建筑上创作壁画，如 1922 年至 1923 年间邀请里维拉等人在国立预科学校的礼堂创作壁画。革命前夕，谢拉曾最早提出这个想法。在《宇宙种族》（1925）一书中，巴斯孔塞洛斯将种族融合过程进行了理想化，他认为种族融合是墨西哥认同的基石，这延续了罗多将盎格鲁-撒克逊文化和西班牙文化进行对照的传统，并提出人类的未来取决于种族融合，而墨西哥就是种族融合最好的例子。

墨西哥革命小说致力于切割与欧洲文学运动的联系，并试图从墨西哥自身的经验中吸取养分。然而，革命将考迪略主义和酋长制推向

图 8.3 墨西哥城的国家美术宫。美术宫位于阿拉梅达公园的西侧，始建于迪亚斯执政后期的 1904 年，宫殿建于殖民时期一座修道院的旧址上。根据《改革法》，修道院被拆除，后设于该地的国家剧院也于 1901 年关闭。由于地基下陷，美术宫的建造工程被迫延后，而 1913 年革命冲突又导致工程终止，直至 1932 年至 1934 年间才得以竣工。在此期间，建造风格发生变化。最初的设计师阿达莫·博阿里为宫殿设计了新古典主义风格的外观，并将其与 20 世纪流行的新艺术风格的图像相结合。博阿里也在宫殿东侧建造了新佛罗伦萨风格的中央邮局。美术宫的内部设计来自弗朗西斯科·马里斯卡尔，他采用了 20 世纪 20 年代和 30 年代流行的装饰牌艺术的图案。美术宫的楼上展厅收藏有里维拉、西凯罗斯、奥罗斯科等革命艺术家的壁画作品。20 世纪 60 年代和 70 年代，国家美术宫定期举行墨西哥民俗芭蕾舞蹈演出，推动了墨西哥的民族认同感。（图片由 M. A. 阿尼普金拍摄）

政治和社会生活的前沿，迪亚斯政权未能提供可持续的制度，阻碍了墨西哥向宪政政府的和平过渡。中央政府的突然崩溃使权力再次回到地区和地方政权手中，并进一步扩散至所有能够依靠自己的势力抓住权力的人的手里。在卡列斯的统治下，许多波菲里奥政权的模式在 20 世纪 20 年代得以恢复，并一直延续到 1929 年临时建立的一党独大的政党。然而，对于作家和画家们而言，革命具有重大的道德意义，这也是他们试图通过象征主义的方式加以描摹的内容。尽管居住在乡村的梅斯蒂索人以及下层工人是作家和画家们创作的主要素材，但是革命也释放了残暴而粗陋的"墨西哥野马"的本性，这是隐藏在墨西哥文明生活表面之下的另一面。19世纪拉丁美洲文学中关于文明与蒙昧的对立主题在革命时代的墨西哥获得了新的形式。20世纪的墨西哥小说大多聚焦于人们对权力毫无约束的争斗以及与之相关的背叛。

阿苏埃拉的《底层的人们》一书揭示了20世纪10年代频繁战争造成的中央政权的分崩离析，作品围绕着目不识丁的年轻人德梅特里奥·马西亚斯领导的一支地方农民军队展开，描写了这一时期革命力量与联邦军队的战争以及革命军队内部的争斗。小说直接切入这一令人失望的冲突，而没有对其背景进行铺垫，也没有过多的描述。小说的主要创新点在于虽然对人物着墨不多，但是将个性化的普通人置于事件的中心。阿苏埃拉来自哈利斯科高地的拉戈斯德莫雷诺，1915年当比利亚的军队从瓜达拉哈拉向北撤退时，阿苏埃拉曾担任军队医疗官，小说的创作正是基于这段个人经历。小说创作于战争间隙，最早于当年10月至11月间以每周连载的方式刊登在埃尔帕索美国边境的一份报纸上，直到1925年才再次续刊，当年《宇宙报》以系列的形式发表了这一作品。此后，小说多次出版，由此奠定了作者的声望。在阿苏埃拉的笔下，资产阶级知识分子利用农民革命来实现自己的政治目标。当卡兰萨及其盟友接管了国家大权后，阿苏埃拉成为较早抨击革命性质不断变化的先锋之一。

古斯曼在《考迪略的阴影》（1929）一书中的批判令人印象深刻。小说描绘了一个男性特权阶层，其成员间展开激烈的竞争，以获取权力和财富。在整部作品中，为了在新的体系中获得影响力，军队指挥官、工人领袖以及野心勃勃的政客无所不用其极,比如小说的核心主角伊格纳西奥·阿吉雷,一个年轻而有活力的战争部部长。对于聚众滥饮场景的描写旨在体现主要人物所谓的男性气质,角色之间形成战术结盟的决定性因素不是友谊而是私利。革命知识分子被描述为没有原则、毫不可靠的依附者。古斯曼的小说写于卡列斯担任领袖时期(1928—1934),书中黑暗而诡诈的政治大佬"考迪略"用一双"老虎般的眼睛"潜伏在暗处。暴力、背叛和谋杀是政治升迁的常规途径。1925 年,古斯曼被流放到西班牙,直到 1936 年西班牙内战爆发后才回到墨西哥。

革命民族主义与世界主义

革命民族主义再次彰显暴力和男性气概,这在文学圈引起了强烈的反应。名为"当代人"的文学团体继承了墨西哥协会的传统,抨击 20 世纪 20 年代革命的正统观念和民族主义。此外,他们吸取了 19世纪后半期现代派所倡导的世界主义精神。但是,从对性别刻板偏见的批判来看,"当代人"团体比起其先驱们更加激进。他们活跃在文学杂志和先锋戏剧领域,将启蒙时期的思想以及沃尔特·惠特曼、奥斯卡·王尔德、马塞尔·普鲁斯特和安德烈·纪德等人视为典范。这一团体最为知名的代表人物包括哈维尔·比利亚乌鲁蒂亚(威廉·布莱克作品的译者)和卡洛斯·佩利塞尔。此外,团体成员还有海梅·托雷斯·博德特、画家罗伯托·蒙特内格罗、豪尔赫·奎斯塔和萨穆埃尔·拉莫斯(1893—1959)等人。

这些互相冲突的潮流导致了对"墨西哥性"更加急切的探索,可以说,这是由革命所催生的文学模式中最没有成效和最无趣的一种,是文化民族主义的复燃。事实上,后者可以被描述为对排他主义的一种追求,尽管它受到国外模式的影响。从最坏的情况来看,它代表着落入内省和排外主义的窠臼，却又试图迎合国外和国内观众的矛盾心态。拉莫斯的《墨西哥人与墨西哥文化的特性》（1934）一书开启了对这一主题的现代探索，并以引发了众多评论的帕斯的著作《孤独的迷宫》（1950）为顶峰。两位作者都认为被西班牙征服和屈从于欧洲价值观造成的心理冲击产生了所谓的墨西哥的自卑情结，并以此作为其作品的出发点。过度补偿心理使男权主义成为一种掩饰自卑的伪装，强调男性之间的极度竞争，寻求争斗，夸耀男子气概以及动物性，并贬低女性特点和"文明化"。帕斯指出，墨西哥人寻求将自己封闭起来，独处而不愿意对外进行交流，由此墨西哥人将靠近他人和自我表现视为一种懦弱和崩溃的行为。帕斯认为，"玛琳切的儿子们"没有父亲，他们与母系人物的关系更近，因而墨西哥人偏好瓜达卢佩圣母和受难的圣子。这些富有争议的观点更强调心理学的解释，而并非历史学的解读，或许并无足够的依据，但却引起了国内和国外观察者们的广泛关注。

帕斯出身于一个有着自由主义传统的显贵家庭，他的祖父伊雷内奥·帕斯担任过讽刺类报纸《科沃斯神父》（1869—1975）的负责人，报纸曾对华雷斯的长久执政提出批判。西班牙的 1927 年一代文学对帕斯的早期创作产生了决定性的影响，尤其是路易斯·塞尔努达的诗歌中对身份和欲望的探讨。帕斯的第一本诗集出版于 1933 年。20 世纪 20 年代和 30 年代，欧洲超现实主义的新发展——其先驱人物为布莱克、兰波和马拉美——虽然得到比利亚乌鲁蒂亚的支持，但是却遭到墨西哥文化民族主义者的反对。在欧洲生活期间，帕斯进一步接触了超现实主义。帕斯将超现实主义的领军人物之一安德烈·布雷顿视为偶像，但是他反对布雷顿过度依赖马克思和弗洛伊德的做法。超现实主义超越理性，通过幻象、梦和性来探索非理性和无意识状态。西班牙内战期间，帕斯在西班牙会晤了电影导演路易斯·布努埃

尔（1900—1983）。后者与萨尔瓦多·达利合作，将超现实主义应用
于电影拍摄，创作了电影《一条安达卢西亚狗》(1928)。后来，布努
埃尔先后被流放美国和墨西哥。在西班牙期间，帕斯在马德里邂逅了
共产党员聂鲁达。

布雷顿于 1938 年首次到达墨西哥，并于 1940 年在墨西哥城组织
了第三届国际超现实主义展览。本着"当代人"的精神，帕斯拒绝墨
西哥的民族排外主义，并且正如小说家卡洛斯·富恩特斯曾经做过的
那样，致力于将墨西哥文化置于国际发展的语境之下。1945 年
至 1952 年间，他担任墨西哥驻巴黎的文化参赞。在此期间，帕斯的
诗歌集《假释的自由》首次刊出，并在 60 年代后多次再版，而不同
版本的内容根据时间变化略有调整，如聂鲁达的影响被彻底消除。

帕斯在 1962 年被任命为驻印度大使，其外交生涯达到顶点。驻
印度期间，帕斯广泛吸收东方和西方的诗歌资源。政府对 1968 年运
动的镇压导致帕斯与当局决裂，这也给他的外交生涯画上了句号。
《后记》(1970) 在某种程度上是《孤独的迷宫》再版的一个附录，其
中将 1968 年发生在特拉特洛尔科的大屠杀与阿兹特克的血祭进行类
比，并将一党独大确保总统主导权的做法与等级结构在墨西哥政治生
活中传统的主导作用联系起来。作为墨西哥文学和政治批评家，帕斯
与很多期刊进行了合作，并于 1976 年创办了《变化》杂志，该杂志
目前仍在出版。帕斯最终与聂鲁达决裂，并批判古巴革命，他抨击苏
联和古巴的官方意识形态，也批评以墨西哥革命制度党的形式呈现的
官方意识形态。帕斯的作品《胡安娜·伊内斯·德拉·克鲁斯：信仰
的陷阱》是研究胡安娜·伊内斯·德拉·克鲁斯的生平和艺术创作的
专著，作品展现了帕斯的意识形态框架，毫无疑问是他最重要的散文
作品，并对文学史研究作出了重要贡献。该书的主要目的是重新评价
胡安娜的创作手法、风格和主题，因而意识形态框架在某种程度上偏

离了作品的主要方向。

革命传统在著名的雕刻作坊——人民制图工坊——的作品中保持着强劲的势头。人民制图工坊自 1937 年起盛极一时，直到 1959 年解散。名为《革命将会凯旋》的木刻画首次出现在 1947 年，并在 1974 年重新印刷出版，该图是《墨西哥革命图画》系列的一部分。工坊的创始人莱奥波尔多·门德斯（1902—1969）和巴勃罗·奥希金斯与艺术家联合会（1934—1937）分道扬镳，联合会致力于通过图画和文字来教育工人阶级。门德斯和奥希金斯选择与共产主义站到一边，而不是与卡德纳斯政权结盟。然而，革命作家与艺术家联合会却在 1937 年得到了政府补贴，因而被纳入卡德纳斯体系之中。门德斯是优秀的插图家，他的创作包括《独裁者波菲里奥·迪亚斯》《马德罗与皮诺·苏亚雷斯，受欢迎的候选人》《马背上的比利亚》以及描绘行刑场景和革命列车的木刻画。伊格纳西奥·阿吉雷（1900—1990）的作品《抓获萨帕塔》首次出现于 1947 年，同样在 1974 年重印。波萨达对工坊创作的影响力可以从后迪亚斯时期的骷髅母题的再次出现中得到证明。西班牙内战期间，人民制图工坊印刷了很多标语和小册子，以警示法西斯主义的危险，拥护西班牙共和国。

文学技巧与定位

1947 年，阿苏埃拉在回顾墨西哥小说史时指出，墨西哥尚未产生足以与欧洲相提并论的小说创作传统。阿苏埃拉最喜爱的作家是因克兰和德尔加多，他认为墨西哥最优秀的作家是被公众忽略了的，这一观点在亚涅斯·阿古斯丁（1904—1980）的作品《山雨欲来》（1947）出版之后有所改变。虽然阿苏埃拉很推崇该书在运用欧洲叙事技巧方面的大胆手法，但并不喜欢书中的电影场景式描写。与阿苏埃拉一样，亚涅斯也来自哈利斯科高地，他早期的作品植根于由传统

的天主教（这是他所批判的）、占主体地位的农民以及外省-城市自由
主义构筑的环境。阿苏埃拉在 40 年代至 70 年代期间创作了六部小
说，分成两个系列，每个系列包含三本，六部小说探讨了革命给农村
和城市地区带来的影响以及社会与新的革命精英之间的关系。

《山雨欲来》（英文版名为 *On the Brink of the Storm*），是亚涅斯
农村系列的第一部，作品主要描写了一个高地的村庄，这可能是以作
者的家乡亚瓦里卡为原型的。故事发生在典型的农场环境，在村庄
里，性压迫与暴力相伴而生。亚涅斯采用了弗吉尼亚·伍尔夫和詹姆
斯·乔伊斯开创的意识流和内心独白的创作手法。作品在迪亚斯政权
瓦解的背景下展开，描写了生活在一个令人窒息的小镇上情感受到压
抑的人群，小说的叙事技巧呈现了人物的内心活动。这部具有创新性
的作品为后一代的作家们开辟了道路，同时也代表了革命小说时代的
终结。

以亚涅斯为核心的团队在瓜达拉哈拉创办了一份名为《省旗》的
杂志，将乔伊斯推介给西班牙语的读者们。法国天主教作家保罗·科
洛代尔对亚涅斯的影响也非常明显。小说中随处可见的意象是正在进
行哀悼的女性和教堂钟声的鸣响。革命被视为一口新鲜空气或一场清
新降雨，将阴霾一扫而空，使人摆脱羁绊。但是，实际上，真实的历
史并非如此。《创造》（1951）是亚涅斯城市系列小说的第一部，小说
将以上提到的主题和角色置于 20 年代的艺术世界。其中，加夫列
尔·马丁内斯，即 1947 年小说中神秘的敲钟人，结束了长达 10 年的
欧洲之旅，回到墨西哥，摇身一变成为一名成功的作曲家。书中也出
现了很多知识分子，包括里维拉、作曲家西尔韦斯特雷·雷韦尔塔
斯（1899—1940）、比利亚乌鲁蒂亚和摄影师蒂娜·莫多提（1897—
1942），等等。加夫列尔的主要工作之一是创作音乐，并通过音乐传达
洛佩斯·贝拉尔德诗歌中的情绪。加夫列尔试图在写作中将墨西哥的

流行音乐融入当代欧洲的实验主义中，而在此过程中他碰到的困境常常与雷韦尔塔斯在现实生活中的遭遇相似。亚涅斯本人曾在瓜达拉哈拉执教，1952 年至 1958 年间担任哈利斯科州州长，并于 1964 年至 1970 年间担任迪亚斯·奥尔达斯政府的公共教育部长。在 1948 年出版的《全集》中，谢拉曾对忠心维护该政权的早期人物进行了评价，而后亚涅斯在 1950 年发表了自己对谢拉的成就和观点的研究成果。

外省的环境为亚涅斯的创作提供了灵感源泉，同时也是胡安·鲁尔福（1918—1986）创作的主题。鲁尔福来自哈利斯科州查帕拉湖南部的一个名为萨约拉的小镇，其职业生涯始于成立于 1949 年的国家土著事务研究所，这份工作使他了解了农民和印第安人的立场。《佩德罗·帕拉莫》（1955）和小说选集《燃烧的原野》（1953）描绘了外部现实的消解，一个幻觉的世界，在这个世界中，物质世界和精神世界以一种无法感知却不可避免的方式联系在一起。在作品中，鲁尔福打通了死人和活人之间的阻隔，在神秘的科马拉，这个在时空上看似根本不存在的地方，鲁尔福描绘的村民们被欺压、被遗忘，而且经常处于迷茫中。鲁尔福也刻画了一些像佩德罗·帕拉莫一样的权势阶层，他们无法无天，草菅人命。作品中再次出现一个消失了的父亲的角色，而儿子一直在寻找父亲。鲁尔福的作品曾被人们忽视，虽然他的产量不高，但现在却被视为墨西哥最重要的作家之一。

20 世纪 60 年代后的墨西哥文学

革命时代和克里奥尔类型小说的特点是关注具有地域性且与农村相关的主题，20 世纪 60 年代，早期作家们的关注点转向城市。卡洛斯·富恩特斯（生于 1928 年）的早期小说《最宁静的地区》（1958）就聚焦于墨西哥城，显示了城市的新维度。小说以中左派的视角对革命后的当代社会——充满了物质主义与自私自利——进行了批判。小说在形式和技术上的实验性反映了作家受到的外来影响，尤其是美国作家约翰·多斯·帕索斯的影响。富恩特斯的父亲是外交官，因而他早年曾辗转几个美洲国家，自 1944 年起在墨西哥国立自治大学学习法律，1950 年至 1962 年间任职于外交部门，并在 1975 年至 1977 年出任驻法大使。富恩特斯熟练掌握好几门语言，尤其是英语和法语，他在政治和文学圈子交友广泛，其中包括伊格纳西奥、胡里奥·科塔萨尔以及不满本国专制制度而流亡巴黎的阿莱霍·卡彭铁尔在内的拉丁美洲作家。

在《阿尔特米奥·克鲁兹之死》（1962）一书中，主角在停尸床上回顾了他的一生，通过这样的视角，富恩特斯对墨西哥革命进行了回顾和批判，小说的时间顺序被溶入断裂的闪回之中。这部作品延续了古斯曼的传统，描写了后革命时代的精英们对财富和权力的追逐。富恩特斯的两部小说都引起了很大的反响。安赫莱斯·马斯特雷塔（生于 1949 年）的《撕开我的人生》（1985 年：英文版译为《墨西哥的波列罗舞》，1989 年）一书虽然在写作手法上并没有《阿尔特米奥·克鲁兹之死》那么具有实验性，但是该书揭示了一党独大的党内权力滥用问题。小说以一个年轻妻子的口吻展开叙述，她的丈夫是生性残暴的老板，本来出生于一个小镇——普埃布拉山区的萨卡特兰——的下等阶层家庭，后发迹成为州长，并在 30 年代末至 40 年代早期升至总统顾问。小说勾勒了年轻妻子对周遭残酷的政治手段以及自身婚姻状况逐渐觉醒的过程。书中人物安德烈斯·阿森西奥影射了恩卡纳西翁·雷耶斯，一个愚昧、粗鲁以及不惜一切向上爬的角色，即古斯曼十多年前的小说中提到过的参与普埃布拉州军事行动的首脑。在《鹰的王座》（2002）一书中，富恩特斯将他一直以来对后革命时代政治秩序的批判带入对总统政治核心问题的批判。

富恩特斯在文学上曾受到多方面的影响，如雷耶斯对富恩特斯的早期创作产生了很大影响，他优雅的写作风格也曾受到豪尔赫·路易斯·博尔赫斯的推崇。雷耶斯曾多次提出墨西哥应该融入欧洲的文学传统，这正是后来富恩特斯所倡导的理念。旅居布宜诺斯艾利斯期间，年轻的富恩特斯就接触了博尔赫斯的作品。博尔赫斯对历史、现实和语言的本质提出质疑，他认为想象力和符号才是至关重要的。然而，对富恩特斯影响最大的当数 17 世纪早期的西班牙作家塞万提斯，在《堂吉诃德》（1605 年和 1615 年）一书中，塞万提斯对人物性格和语言进行了惟妙惟肖的描写，并将现实与想象进行了对照。

在取得最初的成功后，富恩特斯很快成为国际知名的演说家。从 60 年代开始到现在，他发表了数量众多且类型多样的实验性文学作品。富恩特斯的主要关注点之一是将墨西哥文学置于一个泛美洲和欧洲的语境中，在早期阿苏埃拉考察墨西哥小说发展的基础上，富恩特斯又进了一步。1969 年，他发表了题为《新西班牙语美洲小说》一书，截至 1980 年该书已经再版六次之多。富恩特斯的视角并不局限于墨西哥，而是将西班牙语美洲视为一个整体。他探讨了 60 年代被称为"文学爆炸"时期的代表人物，包括胡里奥·科塔萨尔、加夫列尔·加西亚·马尔克斯、马里奥·巴尔加斯·略萨、何塞·多诺索等人，探讨了这些作家的作品如何影响小说的本质和技巧的演变。上述很多作者的作品都由极富进取心的巴塞罗那的巴拉尔出版社出版。

正如 30 年代末的西班牙内战一样，1959 年的古巴革命激励了整整一代拉美作家和知识分子，他们起初认为古巴革命是对美国压迫的勇敢反抗。一段时间后，作家们的幻想破灭了。此后，古巴革命引发了拉丁美洲作家众多观点的分歧。1968 年墨西哥动乱进一步增强了作家群体的政治意识。埃莱娜·波尼亚托夫斯卡（生于 1933 年）起初是《至上报》的一名记者，1968 年的大屠杀之后，她通过《特拉特洛尔科之夜》（1971）一书对革命制度党的霸权地位进行了慷慨激昂的批判。波尼亚托夫斯卡的作品有着独特的自传体式或纪录片式的叙事模式，而且常常聚焦于被人们遗忘的女性的声音。纪录片式的技巧也在《虚无》（1988）中产生了戏剧化的效果，作品描述了 1985 年的大地震给普通人造成的巨大恐惧，而其背景是政府几十年的腐败和不作为。之后，波尼亚托夫斯卡发表了长达 663 页的传记体小说《蒂尼西玛》（1992），作者在其中再次探讨了后革命时代的重要人物——摄影师莫多提，并将故事发生的背景设置在当时的艺术和政治语境下。莫多提是 20 年代的先锋派摄影师，后来加入共产党。1930 年，在墨西哥与苏联断绝外交关系后，莫多提成为不受欢迎的外籍人士，被驱逐出境。此后，她在莫斯科接受苏联的间谍训练，并在西班牙内战中参加了马德里保卫战。在 1937 年举行的瓦伦西亚国际笔会上，莫多提遇到了佩利塞尔以及帕斯和他的第一任妻子埃莱娜·加罗。在马德里、巴塞罗那和瓦伦西亚游历的雷韦尔塔斯也参加了国际笔会，此外，到场的人员还有安德烈·马尔罗、马克斯·奥伯、斯蒂芬·斯本德、聂鲁达等拉美诗人。墨西哥代表团出现在此次会议上不仅体现了作家个人对西班牙共和国的支持，而且也表明了卡德纳斯政权致力于推进共和国事业。实际上，富恩特斯的《阿尔特米奥·克鲁兹之死》一书的高潮是精疲力竭的革命者对已逝儿子的回忆，后者恰恰是一名曾经加入西班牙共和派一方进行战斗的墨西哥志愿者。

　　对墨西哥认同的探寻是帕斯最主要的使命之一。由于富恩特斯最初深受帕斯的影响，这也是长期徘徊于富恩特斯心中的重要议题。然而，60 年代末以及 70 年代初，富恩特斯不再从阿兹特克和征服时期的历史中去寻找现代墨西哥文化的根源，转而深入探索其西班牙的源头。这一转向的结果体现在 1975 年出版的《我们的土地》，这部长篇巨著使用了多样化的表述模式和创作技巧，考察了历史和时间问题，并讨论了语言和小说的本质。费利佩二世下令建造的如宫殿般的埃斯科里亚尔修道院为这部作品提供了起点，由此呈现出一个假想的、另类的西班牙历史以及它与西班牙语美洲的紧张关系。问题的核心在于 16 世纪后半叶的西班牙关闭了欧洲主流思想涌入的通道，在作家看来，这给西班牙的美洲殖民地带来了灾难性影响。富恩特斯在小说创作上兼收并蓄，从塞万提斯到乔伊斯和博尔赫斯都对其产生过影响，进一步加深了这部雄心勃勃的小说在主题及其结构上的复杂性。西班牙赋予美洲大陆多样且常常对立的文化，这一属性无可避免成为小说的核心主题。在后来出版的历史小说《战役》（1990 年；英文版名为 *The Campaign*，出版于 1991 年）中，富恩特斯将通过布宜诺斯艾利斯进入墨西哥的欧洲启蒙运动的价值观与拉丁美洲的现实（包括家庭、父权制、拥有武装力量的酋长以及独立战争时期的传统教会等）进行了对比。

从很多方面来看，60 年代是墨西哥（以及整个拉丁美洲）文学与国际主流接轨的重要时期。与此同时，墨西哥文学致力于将文学技巧的发展与 40 年代以来的城市变化联系起来，然而其关注的重心更多集中在心理层面而不是社会层面，更多地关注潜意识而非理性观念。在 60 年代和 70 年代早期的文学中，可以明显感觉到乔伊斯带来的长期影响。许多拉丁美洲作家都能阅读英国、美国和法国的原文作品，因而无须依靠时效性极差的西班牙语译本。拉美作家探索语言和现实的本质，通过象征主义而不是历史的字面理解考察真相。小说开始关注历史变化的本质，其主题往往是过去的事件，而非当代世界。独裁和垄断性政党散布各种虚假信息，滥用职权现象严重，这使得对现实本质的讨论成为文学创作的主题。拉美文学，尤其是墨西哥文学，不仅回应了欧洲和北美文学的主题及技巧，而且在推动文学新发展的过程中起到了引领作用。

费迪南德·德尔·帕索的小说《帝国逸闻》(1987)将 20 世纪后期的小说创作技巧运用于历史小说的创作，这大大偏离了 19 世纪初的写作方式。作为小说家，作者主要关注小说的本质，这反映在德尔·帕索对法国干涉、墨西哥第二帝国以及华雷斯坚定的反对等主题的处理方式上。作者试图吸收各种历史资源和文学形式，而对总是难以捉摸的现实，作者选择将揭示现实的不同过程的内在特性结合起来进行探索，这体现了博尔赫斯对历史精确性、真相以及现实的模棱两可的态度，而富恩特斯 1990 年的小说亦是如此。1915 年至 1947 年间的小说创作主要探索的主题是墨西哥革命，德尔·帕索进一步深入历史去分析改革、帝国以及华雷斯政权遗产的意义，而富恩特斯则回归对独立时期的关注。通过这样的方式，墨西哥小说以一种回溯的方式来处理其传统史学的三大支柱时期，即革命时期、改革时期及独立战争时期。然而，对革命时期小说的现实主义取向的抛弃本可以更加明显。以亚涅斯的《山雨欲来》为起点，超现实主义首次出现在历史小说中。富恩特斯将独立战争转化为一场"滑稽歌剧"，情节荒诞不经，除了他对独立战争试图把西班牙语美洲与西班牙割裂开来却带来灾难性后果的刻画之外，其余部分完全不能当真。拉丁美洲仍在为这种自我割裂付出代价。德尔·帕索通过混乱的记忆和癫狂的卡洛塔的形象来表现改革与干涉时期，疯癫被置换到历史之上，历史也因此以一种不断变换的视角被改变。

墨西哥电影

墨西哥电影业的发展应该从两个视角进行观察，即艺术的视角和经济的视角。从生产结构和技术以及复杂的劳动组织方式上看，电影产业应当被视为墨西哥工业化过程的一部分。20 世纪 40 年代，都市主题电影开始取代反映墨西哥革命各个侧面的农村题材电影。就像拉丁美洲大部分新生的工业一样，墨西哥的电影产业也时常遭到来自更有组织且资本主义程度更高的美国电影工业的竞争。但是，它仍然成功地存活下来，并向好莱坞电影提供演员，也在第二次世界大战后为来自欧洲的政治流放者以及美国黑名单上的逃亡者提供避难之地。从很多方面来看，20 世纪 40 年代是墨西哥古典电影的高潮，这一时期的演员、导演、摄影师和编剧的阵容极为强大。

墨西哥电影既对迪亚斯时期的重大事件进行拍摄，也把革命时期的很多事件搬上银幕，但是第一部真正的墨西哥电影是恩里克·罗萨斯导演的《灰色汽车》（1919）。该片将城市暴徒综合征引入墨西哥，但是影片在墨西哥之外的国家并未产生太多影响。默片时代并没有语言上的问题，20 年代末期有声影片引入之后，墨西哥才有动机去建设一个全国性的西班牙语电影制片厂。面临配音和字幕的巨大挑战，建立本国的电影业就变得十分紧迫。由甘博亚的小说改编的电影《圣女》（1931）是墨西哥的第一部有声影片。《灰色汽车》在 1933 年完成电影的原声带，但是这个版本已经遗失，保存下来的是 1937 年完成的第二个版本的原声带，该版本至今仍在放映，2006 年 2 月本书作者在瓦哈卡观看了收录第二个原声带版本的电影。

墨西哥革命不仅为电影提供了题材，而且推动了艺术家和工人的联合，如 1933 年成立的革命作家与艺术家联合会在 1936 年至 1939 年的西班牙内战中支持西班牙共和国。摄影师加夫列尔·菲格罗亚（1907—1997）加入了 1934 年成立的墨西哥电影行业工会，该工会在两年后归入隆巴尔多·托莱达诺的墨西哥劳动者联盟（CTM）旗下。虽然财政资源匮乏，但是凭借丰富的文化资源，墨西哥的电影产业得以发展起来。与此同时，正在进行的墨西哥革命不仅吸引了许多欧洲的同情者，也引起了苏联的兴趣。彼时的苏联和墨西哥都处于革命进程中，尽管进程并不相同。1926 年至 1927 年间，著名诗人亚历山德拉·柯伦泰任苏联驻墨西哥大使，为墨西哥和苏联的关系开启了很好的局面。

1931 年至 1932 年间，对好莱坞感到失望的电影制作人谢尔盖·爱森斯坦在墨西哥生活了 14 个月。爱森斯坦 1898 年出生在里加，在墨西哥与里维拉等壁画家恢复了联系，此前里维拉曾于 1927 年至 1928 年间在莫斯科居住了 9 个月。爱森斯坦在 1931 年拍摄的电影《墨西哥万岁!》中，奥罗斯科和西凯罗斯等壁画家对电影的呈现方式产生了很大的影响。爱森斯坦希望通过现实主义的视角来看待革命后的墨西哥，从墨西哥本身的历史语境出发，并使用当代视觉呈现技术。在此之前，20 年代的爱森斯坦已在苏联积累了丰富的电影拍摄和舞台工作经验，拍摄了《战舰波将金号》（1925）等，他通过自身经历的社会变迁的视角来审视墨西哥革命。爱森斯坦认为墨西哥电影比好莱坞更对他的胃口，在他的电影中，拍摄乡镇场景时都不使用职业演员，其目的在于向世界展示一个真实的墨西哥，而不是美国电影中间接呈现出来的负面形象。在电影摄制过程中，爱森斯坦得到了墨西哥政府的大力支持。

爱森斯坦在 1932 年 5 月回到苏联，他立即投入到苏联的电影工作中，先后拍摄了《亚历山大·涅夫斯基》（1938）以及《伊凡雷帝》三部曲中的前两部（1943—1945），此外，他与斯大林关系闹僵，因而再也没能对在墨西哥拍摄的影片进行剪辑。1948 年 2 月，爱森斯坦逝世。

在好莱坞积累了经验后，墨西哥籍的演员、摄影师和导演纷纷回到国内，推动了本国电影业的发展，如加夫列尔·菲格罗亚和电影导

演罗伯托·加瓦尔东（1910—1986），2005 年《加夫列尔·菲格罗亚
回忆录》发行。有的电影工作者同时服务于两国的电影业，电影制作
成为一个主要的产业。墨西哥处于由农业为主的社会向城市化快速过
渡的阶段，这为电影提供了现成的观众。此外，电影业也试图完善电
影发行，建立由政府和私人公司参与的更加紧密的电影制作体系。其
中，1935 年阿尔韦托·帕尼对拉美电影公司（CLASA）的赞助便是
其中的重要内容。直到 40 年代，拉美电影公司仍然是最重要的电影
制作公司，经典的回忆电影《与潘乔·比利亚一起前行！》（1935）是
该公司早期经典作品的代表，该片由富恩特斯执导。然而，或许是因
为主题过于压抑，电影亏了本。这部电影拍于卡德纳斯时代，当时比
利亚仍未得势，片中刻画了 6 个坚持"比利亚主义"的农民遭遇背
叛、虐待和幻灭的悲惨经历。

　　1935 年至 1936 年间，帕尼的公司资助加夫列尔·菲格罗亚前往
好莱坞学习，师从著名的电影摄影师格雷格·托兰（1948 年逝世），
托兰参与了拍摄了奥森·威尔斯导演的电影《公民凯恩》（1941）。此
后，菲格罗亚也与路易斯·布努埃尔（1946 年后在墨西哥生活）、约
翰·福特、约翰·休斯顿等电影导演合作，担任福特执导的影片《逃
亡者》（1947）的摄影，该片改编自格雷厄姆·格林的小说《权力与
荣耀》（1940），由亨利·方达担任主演，他扮演了一名在墨西哥革命
时期被追捕的牧师；墨西哥演员多洛雷斯·德尔·里奥和佩德罗·阿
门达里斯也主演了该片。在阿苏埃拉 1940 年的影片《底层的人们》
中，菲格罗亚担任摄影，该片的配乐来自作曲家西尔韦斯特雷·雷韦
尔塔斯（1899—1940）。此后，菲格罗亚参与了约翰·休斯顿执导的
《巫山风雨夜》（1964）一片的摄影工作，并因此获得奥斯卡奖，该片
拍摄于迄今尚未被开发的巴亚尔塔港。

　　20 世纪 30 年代和 40 年代的"古典时期"见证了佩德罗·阿门达

里斯、多洛雷斯·德尔·里奥和玛利亚·费力克斯等电影明星的诞生。拥有惊人美貌的德尔·里奥来自杜兰戈，1925 年到好莱坞发展，与联美电影公司签订合同，参演了诸如著名演员弗雷德·阿斯泰尔和金格尔·罗杰斯主演的影片《飞往里约》（1933）等作品，但她只拿到一些二流的或"外国人"的角色。她曾与奥逊·威尔斯有过一段绯闻。1942 年，德尔·里奥回到墨西哥，开始了与导演埃米利奥·费尔南德斯（"印第安人"）的紧密合作。德尔·里奥也曾与费尔南德斯有过一段罗曼史。德尔·里奥在恰当的时间回到了墨西哥，她将在好莱坞获得的经验运用到墨西哥蓬勃发展的电影业中，同时吸纳了本国的文化源泉。她不顾自己的明星形象，出演了例如《玛丽娅·康德莱西娅》之类的影片，在其中塑造了一个卑微的印第安妇女，与阿门达里斯饰演对手戏。60 年代，德尔·里奥主要活跃于电影圈，但是在 1966 年的《妇女之家》一片中又回到原先的星路，扮演一个妓院的头牌。阿门达里斯也曾经在美国电影界工作，同样是扮演一些二流的或者没有什么影响力的角色。

据说费力克斯有很多情人，其中包括壁画家里维拉和奥罗斯科，她后来嫁给了作曲家兼歌手奥古斯丁·拉腊（1879—1970），后来又与著名的墨西哥兰切拉歌手豪尔赫·内格雷特（1911—1953）结婚，内格雷特也是著名的电影明星。费力克斯出生在索拉纳，后到瓜达拉哈拉上学，在那里经历了第一段婚姻，之后到墨西哥城去寻找更多的机会。1942 年，玛利亚·费力克斯与内格雷特一起拍摄了她的第一部电影。她因出演费尔南多·德·富恩特斯的电影《堂娜芭芭拉》（1943）而声名鹊起，该片改编自罗慕洛·加列戈斯的同名小说。费力克斯因其对强悍女性角色的塑造而出名，在一个以男性为中心的文化中，这些女性拒绝成为男人的受害者，而是选择毁灭他们，这一特点在电影《坠入爱河的女人》（1947）中得到了最好的体现。该片由费力克斯与阿门达里斯联合出演，故事的背景为墨西哥革命时期。虽然费力克斯从未在美国拍过电影，但 1948 年至 1955 年间，她先后赴西班牙、意大利、法国和阿根廷拍摄电影，并在电影圈一直活跃到 60 年代。

在古典主义时期，墨西哥电影在西班牙语电影市场占据首要地位。尽管电影制作公司运营无序，发行也面临众多问题，但墨西哥城成了 40 年代中期拉丁美洲的电影之都。在战争年代，电影产量增加了，部分原因在于欧洲电影产出不足，另外的原因是美国为了赢得拉丁美洲的支持而制定了赞助墨西哥电影业的外交政策。在石油业国有化时期，华雷斯继续得到很多支持。1939 年，墨西哥政府与美国合作，拍摄了名为《华雷斯》的影片，具有讽刺意味的是，片中华雷斯的角色由出生于奥匈帝国的演员保罗·穆尼扮演，好莱坞明星贝蒂·戴维斯饰演卡洛塔皇后。

滑稽演员马里奥·莫雷诺（1911—1993）也被称为坎廷弗拉斯，在 1940 年首次出演电影，由此开启了光辉的成功之路。他不仅在整个拉丁美洲，而且在欧洲都收获了巨大成功。看到了坎廷弗拉斯的潜力后，美国的哥伦比亚制片厂面向全世界发行"坎廷弗拉斯"系列电影。影片的幽默突破了语言和字幕的障碍，特别是在墨西哥，这些电影使新的流行语和错误拼写的词语成为人们的日常用语。与此同时，这种体裁也伴随着墨西哥民间的兰切拉音乐剧的快速发展，影片经常由内格雷特或他的竞争对手佩德罗·因方特（1917—1957）领衔主演。从很多方面来看，这是墨西哥国内品牌对美国西部片的一种回应。由于美墨两国的历史并不相同，西部片在墨西哥并没有对应的电影类型。富恩特斯在 1941 年拍摄了《嘿，哈利斯科，不要退缩!》，由内格雷特主演，并由美国联美电影公司在全球发行，受到了观众的热烈欢迎。然而，该片也反映了导演为了讨好大众市场而在电影品质

图 8.4　古典时期的墨西哥电影海报。多洛雷斯·德尔·里
奥（1904—1983）、玛利亚·费力克斯（1914—2002）和佩德罗·阿
门达里斯（1912—1963）是这一时期享誉世界的墨西哥电影明星。
与知名摄影师菲格罗亚合作后，埃米利奥·费尔南德斯成为墨西哥的
顶级导演之一。1946 年，埃米利奥导演的电影《玛丽娅·康德莱西
娅》在战后的戛纳电影节上获奖，这标志着墨西哥电影获得了国际认
可。电影取景于 1909 年墨西哥城郊区的霍奇米尔科，故事发生在革命
前夕，电影将多洛雷斯·德尔·里奥和佩德罗·阿门达里斯网罗其中。

这个金牌团队在1943年至1944年间拍摄了4部电影。50年代，阿门达里斯在好莱坞的电影中出演角色，但从未担当主角，他最后参演的电影是007系列的第二部《俄罗斯之恋》（1963）。阿门达里斯的儿子在70年代成为墨西哥顶尖的电影演员。玛利亚·费力克斯拒绝拍摄美国电影，因为墨西哥人在美国的西部片中只能扮演印第安人的角色。费力克斯出演了《坠入爱河的女人》（1946）。《女强盗》（1948）是一部盗匪主题的墨西哥民间兰切拉音乐电影，讲述了女明星扮演的主角与阿门达里斯之间复杂而充满竞争的关系，该片的导演仍旧是埃米利奥·费尔南德斯。20世纪50年代和70年代，凯蒂·胡拉多（1924—2002)主演了多部好莱坞电影，与许多重量级的演员和导演合作。

上的滑坡。

面对越来越激烈的国外竞争，在墨西哥城南部成立了丘鲁布斯科电影制片厂，试图协调国内的电影制作。1949 年的电影业立法致力于统筹电影工业的结构和运行模式，但对电影业的生存贡献甚微。战后的墨西哥电影业无法与好莱坞竞争，而任何试图保护本国电影业的努力都面临着美国的贸易报复。劳工问题以及故步自封的态度同样对墨西哥的电影产业形成抑制。从 50 年代末期开始，鉴于十年中有多家制片厂倒闭，国家开始介入丘鲁布斯科电影制片厂的管理，但并没有对电影产出的质量产生太大影响。

在 60 年代和 70 年代，墨西哥电影陷入停滞，但是布努埃尔导演的一系列具有话题性的影片在这一时期拍摄完成，如《纳萨林》（1958）和《维莉迪安娜》（1961）等，后一部影片在西班牙被禁并遭到梵蒂冈的谴责。在《被遗忘的人们》（1950）一片中，布努埃尔毫不掩饰地探讨了墨西哥城贫民窟的生活状态，但与战后十年意大利的新现实主义电影相比，这一时期很少有墨西哥电影探讨墨西哥的社会问题。即便如此，也不乏一些重要的电影出现在这一时期，其中之一是胡里奥·布拉乔（1909—1978）执导的《考迪略的阴影》（1960），该片改编自我们此前讨论过的古斯曼的同名小说。布拉乔同样来自杜兰戈，他是多洛雷斯·德尔·里奥以及墨西哥裔好莱坞明星拉蒙·纳瓦罗的亲戚。然而，这部影片对革命后政治建制派的刻画具有较大争议，因而被政府所查禁，直到 1990 年革命制度党开始实施开放政策才得以重见天日。同样，罗伯托·加瓦尔东执导的《白玫瑰》（1961）也遭到查禁，该片讲述了一家美国石油公司图谋霸占一个农民的土地的故事。加瓦尔东是墨西哥最有才华的导演之一，自 1944 年起开始在墨西哥拍摄影片。50 年代，加瓦尔东导演了两部非常著名的影片，其中的一部是《小逃犯》（1955），该片同样由极富感染力的费力克斯与阿门达里斯联合主演，影片的背景是革命时期马德罗掌权期间，另一部影片是《马卡里奥》（1959）。加瓦尔东是电影工人联合会（STPC）的创始人之一，他与小说家、剧本作者何塞·雷韦尔塔斯以及摄影师加夫列尔·菲格罗亚都有过密切的合作。在新时期，他与已定居墨西哥城的加西亚·马尔克斯合作，将鲁尔福的小说《金鸡》（1964）拍成电影。加瓦尔东的电影拍摄工作一直持续到 70 年代。对 1968 年反抗运动的镇压在费利佩·卡萨尔斯的电影《独木舟》（1975）中产生了奇特的反响，该片取材于发生在当年 9 月的一个事件，讲述了四名普埃布拉大学的员工前往普埃布拉高地地区，然而当地的牧师欺骗村民，使他们相信这几名大学的教职员是城市来的共产党间谍，被骗的村民将大学职员杀害并肢解了尸体。

1982 年经济危机时期，一场灾难性的大火烧毁了位于墨西哥城南部地区的国家电影博物馆（1974 年开始运营），多年来积累下来的成千上万卷的胶片被付之一炬，再也无法修复。这次灾难的主要原因似乎是相关人员的玩忽职守。面对影视业的每况愈下，政府于次年建立了墨西哥电影学院（IMCINE）。在西班牙，1975 年弗朗哥独裁统治结束，西班牙电影业的复兴逐渐吸引了因国内机会不足而受到挫败的墨西哥演员们。自 90 年代起，以吉列尔莫·德尔·托罗和阿方索·夸龙为代表的墨西哥导演开始在美国电影界占据重要地位，并在国际电影业脱颖而出。2018 年 3 月，吉列尔莫·德尔·托罗执导的科幻片《水形物语》获得奥斯卡最佳导演和最佳摄影奖。同时，以萨尔玛·海耶克为代表的墨西哥演员活跃在墨美两国的电影界，丹尼尔·希门尼斯·卡乔和盖尔·加西亚·贝尔纳尔则在佩德罗·阿尔莫多瓦尔执导的西班牙电影中出演角色，同时也参演了其他国家的电影。由于不断出现资金不足并受制于严重的官僚主义问题，90 年代的墨西哥电影业一方面必须应对影院倒闭的状况，另一方面也遭遇美国电影公司在几乎所有的大城市修建昂贵电影院线的困难处境。

　　80 年代的电影复兴伴随着 1985 年两部电影的发行而开启，其中《弗里达》深受墨西哥观众欢迎，该片讲述了里维拉的妻子、画家弗里达·卡罗的生平。海梅·温贝托·哈拉米略的《堂娜艾尔琳达和她的儿子》当时在墨西哥发行量很小，但在国际上却收获了巨大成功。电影对同性恋主题进行了直白的处理，标志着墨西哥电影开始了大辐度转向，开启了公开探讨性爱题材的新时代。同时，电影也对家庭价值观给予了巧妙的评价，表现了无论家庭成员的构成如何，女性都在家庭事务中占据微妙的主导性地位。此后，一些墨西哥电影受到国际观众的广泛欢迎，而新晋导演和演员也将墨西哥电影业推向了新的高度，其中的一部电影是玛利亚·诺瓦罗的《丹松舞》（1991），影片中玛利亚·罗霍饰演了一名单身母亲，在墨西哥城做电话接线生的工作，她的主要娱乐方式是定期去一家跳古巴慢舞"丹松舞"的舞厅。当她的固定搭档意外失踪后，女主人公前往韦拉克鲁斯寻找搭档，由此这位城市中下层中年女性开启了一场对情感生活及自身认同深刻而充满诗意的探索之旅。影片中可以看到早期舞蹈题材电影的影子，同时赋予现代电影业一个鲜明的风格和新意。萨尔玛·海耶克因为出演《奇迹巷》（1993）成为墨西哥的电影明星，该片将纳吉布·马哈富兹的开罗三部曲的故事搬到了墨西哥城的后街。尽管这些电影富有新意且广受欢迎，但墨西哥电影多年以来面临生产、质量以及发行问题，此外来自类型多样的美国片的冲击也阻碍了墨西哥电影业的发展。加夫列拉·罗埃尔是一名极富表现力却并未得到充分挖掘的演员，她在名为《阴影之巷》（1997—1998）的长篇电视连续剧中获得了很好的角色，参与该剧的还有丹尼尔·希门尼斯·卡乔和德米安·比齐尔，电视剧探讨了贩毒行业的内部运行机制及其对军队和司法程序的渗透。

　　在德尔·托罗的第一部重要电影《魔鬼银爪》（1993）中，由费德里科·里皮饰演的一位老人发现了一个化学家的盒子，盒子的历史可以追溯到殖民时期，将盒子灌注血液后可以使人获得永生，导演采用了流行电影技术来拍摄这部奇妙的吸血鬼电影。之后，德尔·托罗先后执导了好莱坞电影《变种 DNA》（1997）和西班牙电影《鬼童院》（2002），后一部影片的故事发生在西班牙内战时期共和派的占领地区。夸龙在墨美两国都拍摄电影，他曾导演了格温妮丝·帕特洛和罗伯特·德尼罗主演的《远大前程》（1997）以及盖尔·加西亚·贝尔纳尔主演的《你妈妈也一样》（2001）；此外，也执导了哈利·波特系列的其中一部电影。墨西哥电影业凭借阿方索·阿雷奥的《巧克力情人》打入了国际电影市场，影片改编自劳拉·埃斯科韦尔的流行小说，尽管该片在有限的程度上关注了革命，但是在这一主题的处理上并未达到之前电影的深度。

　　从《爱情是狗娘》（2000）（英文标题被不准确地翻译成 *Love's a Bitch*）开始，盖尔·加西亚·贝尔纳尔成为墨西哥电影业一颗冉冉升起的明星。2002 年，英国电影和电视艺术学院授予这部亚历杭德罗·贡萨莱斯·伊尼亚里图执导的影片最佳外语片奖。加西亚·贝尔纳尔在一系列电影中扮演了截然不同的角色，他的可塑性很好地得到了体现：从《你妈妈也一样》到《阿马罗神父的罪恶》（2002）中年轻神父的角色（该片改编自 1875 年艾萨·德·克罗兹创作的葡萄牙小说），再到佩德罗·阿莫多瓦的影片《不良教育》（2004）。在《不良教育》中，贝尔纳尔一人分饰三角，其中的一个角色是一个异装癖，该片关注了对弱小群体的虐待，墨西哥演员希门尼斯·卡乔也参与了电影的拍摄。而在华特·沙勒斯的《摩托车日记》（2004）中，加西亚·贝尔纳尔塑造了 23 岁的埃内斯托·切·格瓦拉，一名布宜诺斯艾利斯的医学生，在穿越南美洲的旅途中，主人公感受到的贫困和苦难最终使他成长为革命者。

尽管墨西哥的影视业很有活力，有能力培养出令人印象深刻的各类人才，从演员到摄影师再到导演、作曲家和剧作家，但是国内电影业的根基仍然非常薄弱。

第九章　不断变化的共和国
（2000—2019）

不均衡的经济模式

在这一时期，汽车工业和航空航天业是墨西哥两个主要的新发展领域。2015 年墨西哥的年汽车产量已经超过巴西，成为世界第七大汽车生产国。墨西哥汽车业起源于 20 世纪 60 年代，当时主要是国际大公司的汽车组装子公司，如普埃布拉的大众汽车工厂。自 2010 年起，大众汽车在瓜纳瓦托州开设工厂，日产汽车在阿瓜斯卡连特斯设厂。墨西哥拥有技术熟练的劳动力以及训练有素的技术人员和管理人员，特别是在北部各州，这使其能够利用《北美自由贸易协议》向美国市场供应产品。2005 年前后，墨西哥的汽车出口也进入了欧盟、加拿大、其他拉丁美洲国家以及包括日本、中国、印度和韩国在内的亚洲市场，但汽车产业仍然受到市场波动的困扰，在国内市场尤其如此。

航空航天工业起源于 2005 年左右。自 2007 年以来，该行业相关的公司数量增加了两倍，集中分布在北部的新莱昂州、奇瓦瓦州、索诺拉州和下加利福尼亚州等特定区域，其中许多是为欧洲空中客车制造零部件的公司。在墨西哥中部，不断扩张的工业城市克雷塔罗成为另一个主要的航空航天工业区，美国的投资几乎占外国直接投资总额的一半。2009 年 1 月至 2015 年 3 月，墨西哥开发了 60 个航空航天外国直接投资项目，涉及 38 家不同来源的公司，其来源国包括法国、加拿大以及美国。投资总额达 30 亿美元，创造了约 7 400 个就业机会。该行业吸引了墨西哥的熟练劳动力，尤其是拥有工程学位的人才。克雷塔罗和奇瓦瓦成了两个主要的区域：前者专门从事发动机部件、涡轮机设计和计算机控制的机械设备等领域，而后者得益于与美国相邻，主要从事零部件、表面处理、机翼、内饰、电气布线、安全和供水系统等领域。这是一个新的、有活力的经济部门，向私人和外国投资开放，并有明确的市场。从许多方面来看，航空航天工业的发展展示了一个超出传统观念的墨西哥形象。

按年度实际 GDP 增长率来计算，墨西哥的经济增长率从 2001 年的 0.3％升至 2006 年的峰值 4.6％，但 2008 年降至 1.3％，并在 2009 年大幅陷入衰退，当年受美国经济衰退影响，墨西哥的经济增长率缩水 6.5％。与 2008 年相比，油价下跌 21％，经济衰退程度与 1995 年的经济萎缩相当。墨西哥经济衰退的剧烈程度堪比巴西 2015 年的经济衰退，当年曾经迅速扩张的巴西经济萎缩了 3.8％，为 1981 年以来最严重的萎缩，随之而来的是总统层面的政治危机。21 世纪第一个十年即将结束之际，墨西哥 80％的出口流向美国，这种联系使墨西哥经济面临相当大的危险。然而，2009 年之后，墨西哥经济从衰退中强劲复苏，至 2012 年，实际年增长率升至 3.9％。即便如此，外国直接投资仍较上年下降 35％，2013 年经济表现低于平均水平，GDP 增幅降至 1.2％，贸易逆差大幅上升。2013 年 2 月，比索汇率下跌至低点，当年拉丁美洲的货币普遍贬值，美元兑比索的汇率达到 1 比 13.50。即便如此，基于培尼亚·涅托政府承诺即将实施结构性改革的预期，穆迪评级机构仍将墨西哥主权债务评级上调至 A3 级。

2016 年第一季度，墨西哥经济以 3.2％的年率增长，而巴西经济继续处于衰退之中。此后，由于采矿业放缓、建筑业萎缩、三家主要的住宅建筑公司倒闭以及美国经济问题的影响，该指数跌至 2.5％以下。2 月中旬，比索兑美元汇率已跌至 1 美元兑 19 比索。美国经济增长放缓、油价持续下跌以及资本流动波动，导致国际货币基金组织将2016年墨西哥经济增长率下调至2.5％。然而，这些波动不仅源于持续的结构性问题，也是墨西哥作为一个开放经济体日益融入更广泛的国际经济体系的结果。外国投资者已经大量参与；汇率具有灵活性，财政赤字占GDP的比例相对较低，仅略高于4％，政府的目标是在2018年进一步降低这一比例。

图9.1　当代的墨西哥城。包括证券交易所在内的20世纪末期的许多现代主义建筑，代表着80年代后资本主义在开放经济体中的重生。证券中心是卡洛斯·萨利纳斯时期的标志性建筑，萨利纳斯时期的高潮是1993年《北美自由贸易协议》获得批准。1994年12月的国内危机动摇了墨西哥的金融体系，直到2008年受到美国银行业危机的冲击之后，墨西哥金融体系才逐渐复苏。随后几年，墨西哥金融体系持续恢复。对石油的依赖导致汇率产生波动，也导致2010年代中期国家政策的灵活性不足。（图片由 M. A. 阿尼普金拍摄）

尽管存在以上不确定性因素，2017年中，季节性调整的失业率降至2005年以来的最低水平，达到3％。预期失业率将进一步下降。

通胀率似乎在 2017 年 8 月达到 6.7％的峰值，预计 2018 年将会下降，或将降至官方设定的 3％的目标。然而，由于汽油价格上涨，2017 年底的消费者价格指数仍居高不下。此外，预估经济增长率被下调：国际货币基金组织预计 2018 年墨西哥的 GDP 增长率为 1.9％，而早先的估计为 2％。

严重的结构性问题依然存在。正如总部设在伦敦的《拉丁美洲通讯——拉丁美洲地区报告：墨西哥与北美自由贸易区》最近讨论的那样，墨西哥仍然是一个低工资经济体，这导致国内市场疲软，购买力不足，经济增长的前景削弱，很少有人能获得金融服务。此外，2018 年初 60％的劳动力仍在非正规部门工作。在 2017 年创造的 80 万个新就业机会中，全职且有足够薪水的工作仅占 61％。虽然墨西哥规定了每月 150 美元的官方最低工资，但这个工资水平仍然太低，无法满足大多数人的基本生活需求。在拉丁美洲，这个最低工资排名倒数第三，仅高于尼加拉瓜和委内瑞拉。而在经合组织的所有 35 个成员国中，墨西哥的最低工资水平也是最低的。基于刺激国内市场的需求，墨西哥的主要商业组织——墨西哥雇主联合会（COPARMEX）——呼吁将最低工资上调 19％。

近期的例子

2000 年至 2008 年间，福克斯政府和早期的卡尔德隆政府从整体上稳定并不断扩张的经济中受益，直到 2008 年美国爆发经济危机。墨西哥经济仍然容易受到美国经济的缺陷以及经济波动的影响。2005 年上半年，美国的贸易赤字达到每月 600 亿美元，美国经济的不稳定状况不仅威胁到墨西哥经济的稳定，而且威胁到全球金融秩序的稳定。2008 年至 2009 年间发生的美国重大银行危机使世界经济陷入混乱。

　　高油价使墨西哥受益匪浅，增加了墨西哥在教育或卫生方面的支出能力。行政当局重视商业的导向并没有带来根本性的变化，这源于萨利纳斯执政期间已经启动了有利于私营部门的政策。在许多方面，尽管执政党发生了变化，但福克斯政府在经济政策方面实际上几乎没有什么变化。

　　然而，情况并非完全乐观，尤其是考虑到政府继续依赖石油收入所带来的深远影响。2000 年，墨西哥政府仍有 37％的总收入来自石油业，主要来自国有的墨西哥国家石油公司（PEMEX）。墨西哥石油出口价格每下跌 1 美元，就可能导致墨西哥财政部损失 600 美元或更多的收入。大部分的墨西哥石油流入美国市场，如 2004 年墨西哥每天出口 187 万桶原油，其中的 165 万桶运往美国。自 1998 年以来，墨西哥虽然不是石油输出国组织（OPEC）成员国，但一直与委内瑞拉和沙特阿拉伯合作，以确保将油价维持在高位。墨西哥原油出口价格从 1998 年每桶 6 美元的低点上升到 1999 年的每桶 12.45 美元的基点价格。平均出口基点价格从 2001 年的 19.3 美元上升到 2002 年 3 月的 20 美元，当时墨西哥政府的预算的基点价格为 17 美元。这种上升在美国引起了不安，特别是考虑到不断恶化的伊拉克局势。虽然墨西哥在伊拉克问题上的外交政策与美国不同，但墨西哥政府见证了本国 2003 年上半年的平均石油出口基点价格上升至 24.6 美元。2004 年 3 月，该指数升至 38.13 美元，当时政府预算的基点价格为 20 美元。不过，墨西哥石油产量的很大一部分仍留在该国为经济发展提供助力，这是卡德纳斯政府在 1938 年将该行业国有化的首要目标。2004 年石油日产量为 338 万桶，预计到 2006 年底将增至 380 万桶。尽管迄今为止，没有哪一届墨西哥政府有胆量解散墨西哥国家石油公司，但是进一步开发海外油田的需要引发了这样一个问题：为了满足进一步扩张的需求，投资从何而来？由此带来关于私人资本甚至是外国资本可能进入该行业投资结构的讨论，这一过程将产生持续且深远的政治影响。

由于向墨西哥州缴纳 62％ 的税费，墨西哥国家石油公司自身没有足够的可用资本用于重大投资项目，这反过来又引起了关于能源改革的讨论。到 2005 年至 2006 年，能源改革已经成为一个重大且有争议的问题。鉴于石油出口价格上涨，福克斯政府准备将税率降至 55％，这一政策需要国会批准。墨西哥参议院原则上反对任何旨在放松墨西哥国家石油公司对近海石油开发垄断的政府措施。然而，由于需要投资来维持和提高产量，墨西哥国家石油公司在 2005 年下半年批准外国公司在韦拉克鲁斯北部海上开采油田，特别是在地质条件非常困难的奇孔特佩克。2006 年，这一政策还将扩展到其他区域。墨西哥国家石油公司的董事认为，如果投资到位，石油日产量可以翻一番，达到 700 万桶。能源部部长在 2005 年早些时候私下警告说，如果情况不是这样，那么在不久的将来，产量将会下降，大约 12 年后，墨西哥可能会发现自己处于不得不进口原油的可怕境地。迄今为止，这些能源问题尚未得到解决。大多数政府由于担心政治影响而回避能源部门的改革。2003 年，墨西哥丧失了美国第二大进口来源国的地位（仅次于加拿大），引发了进一步的担忧。相对而言，墨西哥对美国的出口尽管总体上出现增长，但增速处于稳步下降的态势。出口增长过于缓慢的主要原因是石油出口价格的高企。结果，中国超过墨西哥，成为美国的第二大供应国。2004 年，中国提供了美国进口的 14％，超过日本成为对美贸易顺差最大的国家。在许多方面，美国一直依赖中国和其他亚洲国家持续购买其债券和股票，以支撑其贸易逆差。比索的持续走强进一步抑制了墨西哥的出口。中国在美国市场领先于墨西哥的优势似乎有可能增强。

在福克斯任期的后半段，创造就业机会成为压倒一切的政治问题。尽管行政当局将墨西哥的失业归咎于 2000 年至 2001 年间美国的经济放缓，但同样明显的是，墨西哥经济未能创造足够的新就业机会。从 2003 年年中开始，工业产出以及随之而来的消费支出开始下降。显然，经济无法实现持续增长，因此，在首都、蒙特雷以及其他主要工业城市，失业问题仍持续存在。

遇到麻烦的能源产业及政治应对

关键问题是改革墨西哥国家石油公司的角色及工作安排，几十年来，这一问题日益严重，但 2014 年至 2016 年国际油价的下跌——以及政府收入下降的前景——已使解决该问题迫在眉睫。石油收入继续占政府收入的 35％，油价暴跌威胁到国家在教育、福利、基础设施和其他项目上的支出，而所有这些领域对国家的转型都至关重要。然而，对国家资助的依赖性对该行业产生了负面影响，这导致原油出口集中，国内炼油厂缺乏投资，新油田特别是深海油田勘探资金严重不足。

在这一方面，有两个突出的问题。首先，墨西哥现有油田预计将枯竭，2004 年至 2009 年间没有新发现的油田，20 世纪 70 年代发现的坎塔雷尔巨型油田的产量在 2004 年达到了顶峰。那一年，墨西哥石油日产量达到 340 万桶的峰值水平；2010 年，日产量降至 260 万桶，而到 2013 年的第三季度降至 240 万桶。2010 年原油出口额为 409 亿美元，次年降至 305 亿美元。到 2008 年，墨西哥在美国原油供应国排行榜上跌至第四位，排在加拿大、委内瑞拉和沙特阿拉伯之后，仅领先于尼日利亚。其次，墨西哥 50％的燃料依赖进口，包括成品油和大部分天然气。到 2009 年，成本已上升到 204 亿美元。这使得墨西哥国家石油公司的债务增加到了令人担忧的程度，特别是考虑到需要支付的工资和养老金。从 2008 年开始，卡尔德隆政府以及 2012 年后的培尼亚·涅托政府，都在许多层面上寻求这些压倒性问题的解决办法。民族主义者对即将到来的私有化的怀疑和工会——尽管与革命制度党有联系——对改革的反对，已经极大地阻碍了这些问题的解决。在塔毛利帕斯州、韦拉克鲁斯州、塔瓦斯科州、坎佩切州和恰帕斯州等地，石油业提供了大量就业机会。2016 年，石油占坎佩切州总产值的 80.2％，占塔瓦斯科的 58.8％。这五个州是共和国最贫困的几个州，它们从联邦向州政府转移资源的过程中获益，以此推动发展项目的实施。例如，在 2016 年的中期选举年，石油价格下跌使韦拉克鲁斯州陷入金融危机，而当这与腐败、暴力和管理不善等问题同时发挥作用时，导致了革命制度党失去该州州长的席位。

2011 年下半年在卡尔德隆执政时期，私营公司作为分包商自 1938 年的国有化以来，首次进入能源部门，向 1960 年以来开发的三个油田注入资金，其中之一为总部设在英国的派特法公司（PetroFAC），该公司获得了一份为期 25 年的合同，将在两个墨西哥油田投资 5 亿美元。2011 年 8 月 16 日，尽管遭到众议院的反对，墨西哥最高法院确认这类合同符合宪法规定。2012 年底，在墨西哥湾发现了大油田，鉴于深海开采的高昂成本，油气部门改革显得愈发紧迫。已探明的石油资源表明，如果加以开采，其储量将达到 1 140 万桶，因而迫切需要进行深水钻探，相比之下巴西石油公司在深水钻探方面表现出色。由于缺乏足够的资金和专业技术知识，墨西哥国家石油公司迄今无法开采这些深水石油储备。

培尼亚·涅托政府的改革希望将巴西的例子作为私人投资与国有企业整合的模式。然而，这两个国家都共同面临着腐败的问题。除此之外，自 21 世纪初以来，墨西哥还面临暴力事件的升级。我们将在下面的章节中看到，学校教育水平低也阻碍了墨西哥的发展。2013 年 8 月的能源改革方案旨在提高落后于中国和印度的经济增长率，与此同时提高生活水平。政府坚持认为，根据 1917 年宪法第 27 条，石油和天然气储量属于公有财产将是一个永恒的原则。与此同时，它希望在能源领域为私人投资甚至外国私人投资扫清道路，达成这样的目标需要进行宪法改革。在推动能源改革的同时，政府在次月启动财政改革，旨在增加税收并杜绝逃税现象，减轻墨西哥国家石油公司面临的国家压力。尽管遭到了来自民主革命党和新的左翼联盟墨西哥国家复兴运动党（MORENA）领导人安德烈斯·曼努埃尔·洛佩斯·奥夫拉多尔的反对，但众议院还是批准了这项改革。12 月，能源改革的计划也获得批准。

培尼亚·涅托进行能源改革的目的是吸引新的投资者进入油气部门，目的是在私营公司和国有公司之间的新合作项目中应用专业技术知识。这一做法并非旨在推行去国有化，而是在高成本的开发项目中进行公私合作。这种做法将拓展到石油、天然气、电力和电信行业，因为这些行业急需资金和专业知识。最初，这一计划成功的主要障碍是当墨西哥政府正试图吸引国际投资者进入迄今为止封闭的油气行业时，世界石油价格开始下跌。

2014 年 8 月举行了 14 个浅水区块的首次招标，这些区域的开采风险较低，也不需要过多的财政和技术投入。实际上，这一做法改写了国家对天然气和石油生产以及发电和配电领域长期垄断的格局，与 1938 年开始一直到 20 世纪 80 年代所实施的经济民族主义政策形成了鲜明对照。虽然看上去很大胆，但由此导致的国际油价下跌抑制了潜在投资者的需求，导致 2014 年前 9 个月墨西哥国家石油公司的收入减少 109 亿美元。只有两份规划的合同获得批准，投资者兴趣的缺乏给政府带来了严重的经济和政治后果。

第二阶段的许可证拍卖始于 2015 年 11 月，涉及 24 个电力和天然气工厂，以及 5 个天然气管道和 3 个天然气再分配工厂。以意大利、美国和阿根廷为首的三家外国公司中标，墨西哥政府总共获得价值 125 亿美元的投资。第三次拍卖于 2015 年 12 月中旬举行，在这次拍卖中，25 个陆上油气区块全部中标，其中 20 个被墨西哥公司购得，它们包括横跨塔毛利帕斯州、韦拉克鲁斯州、塔瓦斯科州、恰帕斯州和新莱昂州的 17 个原油田和 9 个天然气矿床。第四阶段贯穿 2016 年全年，涉及 169 个深水区块的勘探和开发，矿藏深度从 1 500 米到 3 500 米不等，虽然盈利前景可观，但需要大量技术投资。

联邦电力委员会（CFE）生产的大部分电力来自天然气发电，但成本很高。改革的目的是允许私人参与国家垄断的发电和售电环节，并使电力市场具有竞争力。与石油和天然气行业一样，为了实现创新，需要资本和专业知识；与此同时，委员会相关职位的任命程序将得到彻底改革。出于安全考虑，墨西哥政府将保留对国家电网的控制权，由国家能源控制中心（CENACE）对整个市场进行监控，以确保公平竞争和联邦电力委员会运营的透明度。墨西哥的突出问题仍然是该国大部分地区没有天然气管道。政府计划与私人融资和运营机构合作，到 2018 年将这些项目增加 75％。根据改革计划，联邦电力委员会和墨西哥国家石油公司将对天然气和电力部门进行整合。

许多问题仍然存在，其中最值得关注的是扩大国内炼油业的分布区域以及降低生产成本。迄今为止，炼油业主要局限于图拉、萨拉曼卡和太平洋沿岸的萨利纳克鲁斯等地区。此外，管道铺设过程中的浪费行为以及非法挖掘仍屡禁不止，到 2018 年初这已经成为联邦当局面临的另一个重大问题。汽油的高开采成本（与美国相比）为司机和国内消费者创造了一个汽油黑市，他们通过对全国各地的石油管道进行非法挖掘再到黑市进行兜售渔利，在索诺拉、塔毛利帕斯、墨西哥和普埃布拉等州此类情形比较普遍。

虽然自 2016 年晚些时候开始，国际石油价格略有上涨，但低油价已经导致国家预算削减和投资匮乏。总体而言，2013 年至 2014 年改革方案的目标是提高所有经济部门的生产率。而事实上，自 1985 年以来的 30 年间，生产率平均下降了 0.7％，与此密切相关的平均经济增长率同期仅为 2.4％。举例来说，与智利或韩国的增长率相比，墨西哥的增长滞后可见一斑。如何克服这些困难是 21 世纪 10 年代后半期的主要问题，这在很大程度上取决于改革能否真正实施。如果答案是否定的，那么很明显就得选择另一套方案。

2017 年，又进行了几轮招标，由于世界石油价格回升，这些举措取得了巨大的成功。在 24 个陆上区块中，有 21 个中标，预计将带来约 20 亿美元的收入，在日产 200 万桶的基础上增加 80 万桶原油，前者为 2017 年 9 月的数字。墨西哥油气委员会是一个独立的机构，其运营被认为具有透明度。第三轮招标为石油和天然气勘探，预计将于 2018 年 1 月 31 日进行，本轮投标将会涉及页岩油和天然气租赁。

能源改革的目的、性质和范围理所应当地成为 2018 年 7 月总统竞选中的议题。外国投资者对改革的看法以及墨西哥政治势力内部、媒体和公众舆论的观点之间存在着明显的差异。即便如此，国外投资规模引发的争议与迪亚斯执政末期外国参与自然资源和公用事业所引发的争议性质完全不同，这种政治反应不同于 1910 年至 1940 年革命年代导致经济民族主义的反应。即便如此，墨西哥国家复兴运动党在选举中获胜，将可能导致政府对投标书进行细致的审查，以消除任何腐败嫌疑。

墨西哥社会——变革与固守

截至 2018 年，墨西哥共和国联邦 31 个州的总人口接近 1.2 亿，其中四分之一居住在墨西哥城联邦区及其周边地区，该地区于 2016

年升格为拥有自己宪法的州。

生活水平不断提高的中产阶级明显扩大，然而与此同时，普遍的贫困现象却持续存在。尽管到 2014 年，极端贫困人口的比例略有下降，从占总人口的 10％下降至 9％，但贫困的程度实际上有所增加。从 2006 年到 2012 年，墨西哥的贫困率从占总人口的 44.5％上升到 46.2％，这意味着墨西哥总共有 5 200 万人生活在贫困之中。根据 2012 年 3 月的数据，在瓦哈卡州、恰帕斯州和格雷罗州这三个最贫穷的州，40％的人口主要收入仍然是农业，这与新莱昂等较富裕以及工业化程度更高的北方各州形成鲜明对比。上述数字表明政府主导的扶贫政策并不成功，而国内市场刺激生产的能力也有限。在任何情况下，消费者的主要需求由非正规部门提供，这一点在共和国大部分地区都非常明显。此外，非正规部门的庞大规模使得国家并无能力征收其急需的税收。虽然政治色彩不尽相同，但是卡尔德隆和培尼亚·涅托两届政府都试图解决这一问题，尽管迄今为止收效甚微。在正规部门，合格劳动力队伍逐步壮大，同时制造业成本仍然相对较低。然而，非正规经济部门的工人没有资格通过国家社会保障局的计划获得社会保障援助，因而大部分人得不到医疗保障，所有这一切再次表明，经济未能创造足够多的新就业机会来吸收可用的劳动力。

2006 年至 2012 年间，从事经济活动的人口增长了 14.5％，达到近 5 100 万人。然而，失业人数也从 160 万上升到 247 万。受过高等教育的人往往找不到合适的工作，实际上大多数受雇者从事的都是低级别的工作。非正规经济部门仍然是增长更快的部门，在 2005 年吸纳了就业总人数的近 27％，到 2012 年上升至近 30％。

根据 2008 年 8 月的数据，墨西哥国家社会保障局注册的有工作的人数达到 1 438 万。同年 6 月，国会和最高法院批准了卡尔德隆政府对养老金制度的改革方案，计划提高最低退休年龄，增加保险费，并延长雇员缴纳基金的年限。

目前的劳工立法主要源于 20 世纪 70 年代，尽管自 20 世纪 80 年代末政府已经开始了经济自由化进程，低生产率继续困扰着生产过程。由于在 2012 年 7 月的选举中，两院都由革命制度党控制，卡尔德隆政府计划对劳动法进行的改革在国会被耽搁了两个月后，在国家行动党政府执政进入最后几周后，于 11 月 13 日最终获得通过。该计划规定工会应当承担更大的责任，其中大多数工会附属于革命制度党。当革命制度党在接下来的一个月重新掌权后，改革能否成功取决于新政府是否愿意推行改革。

墨西哥社会问题的核心是与发达国家相比长期处于落后地位，这将人们的注意力转移到了教育系统上。从 1950 年到 2000 年的半个世纪中，墨西哥在将全国人口的正规教育从初等教育扩大到研究生教育方面取得了相当大的进展，2009 年的识字率约为 93.4％。根据联合国教科文组织 2013 年的估计，墨西哥的学生总数增加了 8 倍，从 325 万增加到 2 822 万。2011 年至 2012 年，全国各层级学生总数达到 3 480 万人，这意味着总人口的 40％正在享受正规教育。1971 年至 2000 年间，高等教育大幅扩张：学生总数增加了 6 倍，从 1971 年的 29 万人增加到 2000 年的 190 万人，2013 年增加到 350 万人。尽管许多私立大学基本上都是教授会计和工商管理专业的低质量学院，私立高等教育自 2000 年以来得到了极大的发展。到 2013 年，有 100 万学生在私立大学接受教育，远远高于 2006 年的 40 万。

墨西哥政府将国内生产总值的 6％以上用于发展教育事业，这一比例略低于经合组织 30 个国家的平均水平。2016 年，90.8％的适龄儿童在公立学校而非私立学校接受教育，这些学校要么由联邦政府管理，要么由州政府管理。幼儿必须接受学前班教育，所有 6 岁至 12 岁的儿童都接受免费义务初等教育，14 岁以前必须接受中等义务教育，公立学校的免费教育一直持续到 18 岁。然而，只有 62％的青少年读到中学。公立的大学教育的学费仍维持在最低水平。2012 年，经合组织对墨西哥的教育情况进行了评估，其结论对墨西哥的教育质量持悲观态度。55％的学生在数学方面能力有欠缺，47％的学生在科学方面能力不足，41％的学生在阅读方面能力未达标。高中辍学率为 20％，高等教育普及率为 40％。各州的教学质量差异巨大，格雷罗、塔瓦斯科和恰帕斯的教育质量垫底。所有这些都表明有必要重新评估教师培训，修订课程，以及采用更专业的教师招聘和晋升方法，但教师联合会极力反对任何此类改革。

自 1989 年以来，强大的全国教育工作者工会（SNTE）一直主导着教育行业，其领导者是埃尔瓦·埃丝特·戈迪略，她自 2007 年 7 月起担任该组织的终身主席，这给墨西哥历届行政当局带来重大难题。该组织是拉丁美洲最大的工会，成员超过 140 万人。联邦资金通常从学校转移到工会，其中 93％用于支付教师工资，2013 年教师工资相对较低，为每月 3 000 墨西哥比索（在较贫穷的州更低），折合 224 美元。2016 年的起薪将为 14 302 美元，为经合组织平均水平的一半。平均每位教师在每年 42 周内工作 800 小时，高于经合组织每年 38 周内 762 小时的平均工作时间。其中 60.5％的教师拥有大学学位，另有 23.3％曾就读于职业培训学院，超过一半的墨西哥教师是女性。任何改革该行业的建议都会遭到抗议和阻挠，例如 2006 年在瓦哈卡市中心发生了持续 6 个月的抗议。由于这个原因，大多数政府都对这个问题采取了回避态度。

戈迪略通过革命制度党崛起，但 2000 年她与福克斯结盟，并在 2006 年的选举中支持卡尔德隆，导致革命制度党的分裂。此后，她成为国家行动党政府中一个令人尴尬的角色，她反对教育部部长何塞菲娜·巴斯克斯·莫塔，后者是卡尔德隆竞选活动的关键政治人物。这届政府未能剥夺全国教育工作者工会在中小学教育的主导地位。自 20 世纪 90 年代以来，教师工会控制着 50％以上的教师任命权。成立于 1979 年的全国教育工作者协调委员会（CNTE）与全国教育工作者工会针锋相对，该组织反对戈迪略的主导权，但同样强烈反对改革。全国教育工作者协调委员会的优势在南部各州，特别是瓦哈卡、格雷罗和米却肯。

2013 年，培尼亚·涅托政府将教育改革作为其政治目标的核心，重点是中小学教育的改革。参议院于 9 月初批准了 2 月 25 日提出的法律，禁止教师为了增加收入而从事第二职业，规定新职位或空缺职位的招录需进行考试，同时设立了国家教育评估研究所，作为负责改革的机构。改革的核心是政府每四年对教师的质量进行一次评估，这一改革对两个工会来说无异于冒天下之大不韪。公共部门需要定期举行能力测试，改革还剥夺了工会雇用教师的权力。该法案通过后的第二天，总检察长办公室的官员逮捕了戈迪略，她被指控贪污联邦资金，并被关入阿卡提特拉女子监狱，这导致全国教育工作者工会在南部各州的抗议活动升级。全国教育工作者协调委员会支持政府逮捕戈迪略的决定，但坚持反对改革。政府请联邦警察介入以确保 2015 年 11 月中旬的评估如期进行。

改革方案公布后陷入的不可避免的窘境很简单，即改革方案会得到实施吗？改革建议导致全国教育工作者协调委员会呼吁进行无限期罢工。2013 年 8 月和 9 月，工会组织了游行和示威，反对培尼亚·涅托行政当局提出的对教师进行评估计划。2016 年 8 月 18 日，约十万名示威者占领了墨西哥城总统府前的索卡洛广场。众多像这样的抗议活动使国会推迟了另一项关键改革，即政府的能源改革。正如我们将看到的，能源改革最终在 9 月 1 日获得通过。

在 21 世纪 10 年代后半期，高等教育的质量依然构成一个问题。

墨西哥人仍缺乏接受高质量高等教育的机会，私立学校由于为候选人入学做了更好的准备，因此比公立学校更具优势，墨西哥国立自治大学的情况也是如此。2017 年，高等教育包括 2 000 所私立高等教育机构和 800 所公立高等教育机构，共有 360 万学生。即便如此，墨西哥人口中拥有大学学位的人口占比不到 17%。

持续不断的暴力：贩毒集团及政治应对

墨西哥与哥伦比亚以及其他拉丁美洲国家一样，继续反对美国侮辱性的"认证"政策。通过这一政策，作为主要毒品消费国的美国认为自己有权对其他国家进行道德评判。这些国家的毒品消费量比美国少得多，但恰好是毒品交易的生产国或者中转渠道。2000 年 3 月，美国"证实"墨西哥和哥伦比亚（共计 26 个国家）正在合作打击非法毒品贸易，"认证"意味着将不会受到美国的制裁。

由于毒品交易盛行，下加利福尼亚州北部曾是墨西哥暴力最猖獗的地区之一。蒂华纳贩毒集团起源于 20 世纪 80 年代初，由阿雷利亚诺·费力克斯兄弟经营，他们受过良好教育，英语流利。蒂华纳贩毒集团主导着边境城市的毒品贸易，与墨西哥的富人关系紧密，并在边境对面的圣地亚哥设有藏身之处。该组织最初的成员是走私犯，后来逐渐发展成毒品组织。21 世纪初，蒂华纳贩毒集团、锡纳罗亚贩毒集团和华雷斯黑帮之间争夺主导权的斗争仍在继续。锡纳罗亚贩毒集团的主要头目是代号分别为"五月"的比森特·赞巴达和"矮子"的华金·古斯曼。

在 2002 年的前几个月，美国和墨西哥政府分别对蒂华纳贩毒集团采取了行动，美国联邦调查局在圣地亚哥开展逮捕行动，对洗钱活动进行威慑，打击了贩毒集团跨境行动的财务基础。2 月，在马萨特兰爆发了警方与贩毒集团的枪战，可能导致拉蒙·阿雷利亚诺·费力克斯在枪战中死亡。3月9日，军队在普埃布拉逮捕了本哈明·阿雷拉诺·费力克斯，但是蒂华纳贩毒集团的领导权并未消失，可能转移到了两兄弟的一个姐妹手中。

根据美国国务院发布的《国际毒品控制战略报告》，2005年上半年，90％的美国可卡因消费来自墨西哥，墨西哥仍然是第二大海洛因供应国。美国缉毒局认为毒品入境的主要途径是通过墨西哥边境各州进入美国，因而提议将其在墨西哥境内活动的特勤人员总数从32人增加到40人（可能）以上，这对墨西哥政府来说是一个敏感的问题。

自21世纪初以来，毒品贸易的扩大以及由此带来的暴力泛滥已经造成了一些根深蒂固的问题，其中最关键的可能是毒品经济与整体经济之间的关系、贩毒集团之间的关系、法律的强制力与秩序之间的关系以及市和州层级的政治进程之间的关系。最引人注目但也是最明显的问题是毒品交易的国际维度，它在很大程度上影响了美国和墨西哥之间的关系。从墨西哥的角度来看，毒品贸易及其造成的暴力活动源自美国无法满足的毒品需求。对此，美国政府的国家药物管制办公室出台政策，加大在教育和治疗上的投资，并2011年制定《国家预防战略》，试图通过这样的方式减少毒品消费，目标是在2010年至2015年将吸毒人数减少15％。然而，从墨西哥方面来看，贩毒集团可以轻易地在美国获得武器，这是其武装化的根源。美国担心墨西哥的暴力事件，特别是北部各州的暴力事件会跨越美墨边境，由此引发了华盛顿某些圈子里的一种看法，其中墨西哥可能被描述为一个"失败国家"，尽管两国政府都对此进行了驳斥。

无论是美国联邦政府还是各州政府，它们都充分意识到美国大规模的毒品使用助长了墨西哥的帮派斗争，却都显示出对墨西哥的历史发展及其敏感议题缺乏了解。2010年至2011年，"失败国家"的概念又增加了新的维度，其时，一些美国的政治人物将彼此竞争的墨西哥武装团伙与当局之间的冲突描述为"叛乱"，并将墨西哥与20世纪70年代的哥伦比亚或80年代的中美洲进行类比。当时的国务卿希拉里·克林顿在2010年9月作出这样的类比时，助理国务卿不得不立即撤回这一说法。这种误导性的想法把毒品战争上升到了所谓的政治斗争层面，而这在现实中基本上是不存在的。此外，在墨西哥看来，这是对政治起义的蔑视，正是19世纪10年代墨西哥的政治起义为1821年脱离西班牙而获得独立奠定了基础。卡尔德隆总统坚决反对这种解读，他认为有组织的犯罪才是导致毒品战争的真实原因。虽然在国境线另一侧的美国看来，墨西哥的情况令人惊讶，但事实上墨西哥的谋杀率只有巴西的一半。

在2005年至2010年间，贩毒集团活动猖獗的地区横跨北部、海湾地区和南部各州，包括锡纳罗亚、奇瓦瓦（该州的华雷斯市成为共和国谋杀之都）、塔毛利帕斯、韦拉克鲁斯、米却肯、格雷罗和瓦哈卡。出现了官方力量无法进入的地区，同时贩毒集团通过地方行政部门不断扩大其影响力，这带来了更大的危险。2006年12月就职后，卡尔德隆试图通过在暴力犯罪最严重的北部各州部署军队来对付毒品集团，这一举措导致冲突升级，谋杀率大幅上升。据估计，在2006年12月至2009年8月间，多达1.2万人被敌对帮派杀害。军队已经在十个州部署兵力，包括米却肯州等中西部州。米却肯州已成为贩毒集团活动的中心地区之一，在那里"米却肯家族"与"洛斯泽塔斯"集团争夺主导权。"米却肯家族"发家于20世纪80年代，"洛斯泽塔斯"集团起源于2010年3月，由"海湾贩毒集团"分裂而来，此后控制了东部和南部地区的大部分毒品交易，并扩展到绑架、人口贩卖和勒索等非法活动。该组织的一些领导人已经被逮捕，特别是2011年11月在弗雷斯尼略抓获了被称为"司令官"的毒枭阿尔弗雷多·阿莱曼·纳尔韦斯，以及2013年7月中旬，在海军主导的一次行动中，代号"Z-40"的毒枭米格尔·特雷维尼奥·莫拉莱斯在他的家乡塔毛利帕斯落网。在低洼地带的"热土"和太平洋港口拉萨罗·卡德纳斯，大片领土似乎已经摆脱了政府的控制。"米却肯家族"热衷于对敌人实施斩首行动，如 2006 年在乌鲁阿潘对六名"洛斯泽塔斯"集团的成员进行清除，该家族的活动范围已经扩展至美国境内，销售网络设在如达拉斯、亚特兰大、西雅图和圣地亚哥等大城市。据说，在米却肯以及其他地区，地方警察和市政府已被黑帮渗透，与黑帮合作的政府已经达到州政府层级。2006 年 12 月之后，大约有 3 200 名联邦警察在米却肯州执行任务。

帮派的存在经常导致互相敌对的贩毒集团之间或与官方部队之间的枪战。2008 年 4 月，在边境城市蒂华纳，一场黑帮之间的交火导致 13 人死亡。同年 5 月，10 名牧场主在格雷罗被杀，7 名联邦警察在锡纳罗亚首府库利亚坎的一次手榴弹袭击中丧生。到 2010 年，塔毛利帕斯、新莱昂和奇瓦瓦这三个边境州成为互相对抗的"洛斯泽塔斯"和"海湾贩毒集团"之间的战场。在此前风平浪静的新莱昂，2011 年 6 月 27 日在蒙特雷发生了一场枪战。2012 年 2 月中旬，由于人满为患，在戒备森严的阿波达卡监狱发生了一场持续了三天的战斗，据称阿波达卡监狱被"洛斯泽塔斯"掌控，44 人在冲突中死亡，另有 29 人越狱而逃。上述事件使得在墨西哥商业中占据重要位置的新莱昂州成为暴力犯罪最猖獗的州之一。

2011 年 3 月，一个名为"圣殿骑士团"的新团伙在米却肯州出现，该团伙自"米却肯家族"分裂出来，自 2011 年中期开始挑战逐渐失势的"米却肯家族"的主导地位。"圣殿骑士团"的头领是被称为"疯子"的纳萨里奥·莫雷诺，他出生在"热土"地区阿帕钦甘地一个贫困家庭。在美国生活期间，莫雷诺开始从事贩毒，其行事风格融合了好莱坞式的虚张声势和新教福音主义特点。然而，"圣殿骑士团"发现自己与已经向米却肯州扩张的"哈利斯科新生代集团"之间存在冲突。即便如此，2012 年 9 月期间，"圣殿骑士团"集团的势力仍旧扩张到瓜纳瓦托。无论是"米却肯家族"还是"圣殿骑士团"，它们都将自己视为地下政权，为当地居民提供保护，使其免受州外帮派——"洛斯泽塔斯集团"或"哈利斯科新生代集团"——的侵扰。在拉萨罗卡德纳斯港，"圣殿骑士团"一直在官方的掩护下经营港口，敲诈勒索公司，并非法将大量铁矿石运往国外，米却肯是墨西哥最大的铁矿石生产地。"圣殿骑士团"集团还控制了货运工人工会。据估计，此项非法贸易的金额高达 20 亿美元，相当于国家预算的一半。为了终结"圣殿骑士团"的违法行径，2013 年 11 月 4 日，墨西哥海军夺取了对拉萨罗卡德纳斯港的控制权。

即便如此，武装团伙仍然继续在米却肯州"热土"的核心地区活动。2013 年，受够了帮派滋扰的农村社区仿效格雷罗的武装力量，建立了自己的"自卫队"。然而，在米却肯州，根据国家宪法，这种武装力量是非法的，因此这一行为遭到来自革命制度党的谴责。2014 年 1 月 27 日，联邦政府任命培尼亚·涅托的一名亲密盟友为联邦专员，指示其带领联邦军队全面接管"热土"地区的法律和秩序。全州的武装力量已经过万。12 天后，联邦政府下令将农村地区的防卫军并入正式部队。为了协助打击贩毒团伙，培尼亚·涅托政府于 2014 年 8 月设立国家宪兵队，由现有的联邦警察机构和农村防卫部队组成。虽然最初预计由 4 万人组成，但实际上只有 5 000 人参与行动。2014 年上半年，他们成功地夺回了对阿帕钦甘和"热土"大部分区域的控制权。

在"五月"和"矮子"两大毒枭的统治下，锡纳罗亚的毒品帮派依然是全国势力最大的帮派。"矮子"最初于 1992 年被捕，2001 年从瓜达拉哈拉的普蓬特格兰德最高安全监狱越狱。此后，他成了墨西哥的头号通缉犯。虽然身材矮小（因而有"矮子"的绰号）、年近半百，但是他却在 2007 年迎娶了一位来自杜兰戈的 18 岁选美皇后。2014 年 2 月，墨西哥海军陆战队发动了一场突袭，在美国缉毒局提供的情报支持下，"矮子"在马萨特兰再次被捕，而此次行动也成为培尼亚·涅托政府的重要政绩。此后，"矮子"被关押在墨西哥州的阿尔蒂普拉诺"高原"监狱。然而，2015 年 7 月 11 日，当培尼亚·涅托对法国进行国事访问时，"矮子"在仅仅被关押 16 个月后，再次成功越狱，且迄今原因未明。这一事件令涅托政府非常尴尬，由于"矮子"在美国也被通缉，因而也引起了美国的巨大关注。联邦总检察长办公室承认，只有在政府官员的共谋下，"矮子"才能穿越监狱长长的地道完成越狱。然而，2016 年 1 月 8 日，陆军和海军在洛斯莫奇斯市的一次联合行动中再次抓获"矮子"。随即，是否将其引渡到美国成为公众话题，这令墨西哥政府更加尴尬。尽管培尼亚·涅托在达沃斯世界经济论坛上解释说，联邦总检察长办公室将加快引渡进程，但是很显然内政部部长奥索里奥·钟打算推迟引渡，直至政府从"矮子"手中获得足够的信息来粉碎锡纳罗亚贩毒集团之后再重启引渡程序。此外，墨西哥的《保护宪法权利诉讼法案》禁止对正在墨西哥受审的囚犯进行引渡。2018 年 11 月，"矮子"在美国受审。

当前，为了镇压武装团伙而进行的斗争，培尼亚·涅托政府的大部分改革计划赢得了更多的关注。即便如此，墨西哥的谋杀率从 2011 年的每 10 万人 20.3 起下降至 2014 年的每 10 万人 13.3 起。事实证明，这只是暂时的下降，2016 年登记在案的凶杀案达到 23 935 起，即每 10 万居民发生 20 起谋杀案，而前一年为 17 起。2017 年前 5 个月的总数已经达到 11 155 起。对记者的谋杀似乎有增无减，自 2000 年以来，共有 114 名记者遇害。这些数字表明政府为减少谋杀和失踪案件而采取的政策并未奏效。虽然政府推行能源部门改革以及其他改革措施，以此刺激经济，恢复政府公信力，并在最后几年重新获得政治主动权，然而总统的支持率已经降至很低的水平。

政党与选举

在 2000 年 7 月 2 日举行的总统选举中，福克斯赢得了 42.5％的选票。之前的民意调查低估了他的支持率，这场胜利使许多观察家感到很惊讶。显然，这是革命制度党在 1946 年成立以来，第一次面临因选举失败而下台的可能，因而很多选民在最后一刻改变了其中意的候选人。革命制度党获得了 36％的选票，民主革命党获得 16.6％的支持率。议会选举的结果是革命制度党在下院的 500 个席位中仅获得 211 席，而支持福克斯的代表获得 225 席（并不是所有的代表都属于国家行动党），民主革命党获得 60 席。革命制度党仍然是参议院的多数党，占据 47 席，而民主革命党占据 40 席。因此，革命制度党仍然是议会和政府中的重要势力，该党控制了五个大州（包括联邦区在内）中的两个州（墨西哥州和韦拉克鲁斯），拥有最多的议会席位以及 42％的选民支持率。该党还控制了 32 个州中 19 个州的州长席位，并从 2001 年 10 月的竞选开始有新的斩获，尤其是在瓦哈卡州收益最大。但是，该党在米却肯州失利，该州为卡德纳斯的家乡州，在 11 月该州的选举中获胜的是库奥特莫克·卡德纳斯的儿子，来自民主革命党的拉萨罗·卡德纳斯·巴特尔。民主革命党继续掌握联邦区的市长宝座，这在墨西哥是仅次于总统的最重要的政治位子。2000 年 12 月，安德烈斯·曼努埃尔·洛佩斯·奥夫拉多尔开始了他的六年任期。中左派的洛佩斯·奥夫拉多尔成为 2006 年总统选举的候选人选之一，他曾经在 1994 年塔瓦斯科那场充满争议的州长选举中铩羽而归，当时的胜者是罗伯托·马德拉索，后者在 2000 年的竞选之后开始积极行动，以争取成为革命制度党的领导人。

2000 年后，国家行动党的选举优势开始丧失。福克斯本人在党内本来就颇具争议，他并未得到国会领导人以及前总统候选人的支持。内阁试图平衡一系列反对革命制度党的力量，这些反对力量并非都是国家行动党人，几乎无人跟天主教右翼有关联。

图 9.2　福克斯的竞选活动。1999 年 7 月 31 日，"福克斯的朋友们"在萨卡特卡斯集会，该组织是为了推动福克斯获得总统候选人资格而成立的。图中参加集会活动的人主要为富有的农场主、农村土地所有者以及商人。第二年，福克斯成为第一位担任墨西哥总统的国家行动党人，国家行动党的执政地位一直延续至 2012 年革命制度党重新掌权。（图片由本书作者拍摄）

福克斯致力于重塑总统的形象，他几乎完全不介入州政府的事务，这与萨利纳斯经常性干涉的风格截然不同。福克斯更加倾向于做一些整体性的姿态和漂亮的声明，并不愿意过多地关注政策细节。他的高民众支持率一直维持到 2002 年，从那时开始，不同社会阶层对他的幻想开始破灭。福克斯的核心问题是空头许诺太多，而在高调许诺之后，很少有真正的结果，墨西哥城不断上升的犯罪率可以很好地证明这一点。重大的政治失误损伤了政府的形象。

财政改革的目标是通过增加其他税源，减少对石油收入的依赖。政府打算将食品和药品的增值税增加至 15%，但这一措施在 2001 年遭到议会的强烈反对，来自革命制度党代表们尤其激烈。直到 2002 年 1 月，经过大幅度的修改后，议会才通过了改革方案，但其中提高增值税率的建议被否决，所得税率被统一设为 35%，并计划在 2005 年降至 32%。这意味着个人所得税大幅度降低（原来为 40%），因而为了达到平衡，政府上调企业所得税和资本所得税，并将手机通话税和奢侈品税分别上调 10% 和 20%。

福克斯设定的 2003 年 7 月国会选举目标是让国家行动党获得明显多数选票。然而，国家行动党失去了 20% 的席位，减少到 153 席，而革命制度党增加了 10% 的席位，最终获得 224 席。民主革命党的席位数增加了一倍，达到 95 席，但自 2000 年选举以来的三年中，其获得的选票数下降了 30%。尽管国家行动党得到了圣路易斯波多西州长的职位，这一职位传统上是属于革命制度党的，但自 1970 年代萨尔瓦多·纳瓦博士（1914—1992）领导该党以来，该党就处于反对党的地位。国家行动党也保住了在 1997 年赢得的克雷塔罗州，但它丢掉了以前在新莱昂的大本营，输给了革命制度党。

然而，在福克斯任期的后半段，革命制度党呈现出越来越多内部分裂的征兆，这有可能给其在 2006 年重获总统宝座带来不利影响。马德拉索在党内的崛起推动了反对力量的出现，11 月革命制度党进行重组。次年 2 月，马德拉索以微弱多数的优势被选为新任领导人，任期四年。

到福克斯任期的中期，政府明显缺乏明确的目标，而且乏善可陈，这一点成为他在任的最后两年最突出的特点。福克斯希望议会批准进行的改革倡议也缺乏清晰的背景和范围。虽然在 2000 年代的后

图 9.3　墨西哥城老城。图中的街道位于国家宫后面，曾是殖民时期城市中心的东区，汇集了皇家造币厂、主要的耶稣会学院、重要的修道院和教堂以及圣卡洛斯皇家学院。坚固的石头建筑建在并不稳定的地基上，融合了巴洛克和新古典主义风格。几十年来，这个地区一直被忽视，很快走向衰败，直到 20 世纪 80 年代开始对该地区进行抢救。2000 年，商人卡洛斯·斯利姆与电视台记者雅各布·扎布卢多夫斯基建立了老城修复基金会。（图片由 M. A. 阿尼普金拍摄）

期，国家行动党在奇瓦瓦州的支持率开始下降，但是 2005 年该党的铁盘州仍然是瓜纳瓦托、阿瓜斯卡连特斯和哈利斯科，在梅里达和下加利福尼亚州的城镇地区也有很强的实力。早在 1989 年，北下加利福尼亚州就成为第一个由反对党赢得州长职位的州，直到 2006 年国家行动党仍然控制着该地区。2006 年的总统选举中，费利佩·卡尔德隆以微弱优势胜出，来自民主革命党的候选人洛佩斯·奥夫拉多尔落败。后者是一名激进的候选人，一直以来都被认为是最有希望获胜的候选人。选举结束后，奥夫拉多尔声称选举存在舞弊行为，并坚称自己才是真正的获胜者。尽管没有得到公众的支持，奥夫拉多尔仍试图建立一个替代政府，但是这一破坏卡尔德隆政府稳定的企图最终失败了。

　　在此次选举中，国家行动党获得了议会 500 个席位中的 206 个。然而，对执政的国家行动党来说，2009 年 7 月 5 日的中期选举是一次完败，该党在议会的席位降至 143 席，革命制度党在众议院成为多数党，其席位从 108 席增加至 237 席，而且在参议院也占极大的优势，这是自 1997 年以来一个政党首次在众议院占据绝对多数。与此同时，革命制度党控制了 32 个联邦州政府中的 29 个，使该党在 2012 年的总统选举中占据主导地位。国家行动党失去了对克雷塔罗和圣路易斯波多西等关键州的控制。自 1997 年第一届市长选举以来，拥有 850 万选民的联邦区一直掌握在民主革命党手中，该党能力出众的候选人马塞洛·埃布拉德出任联邦区市长，任期 6 年。埃布拉德着手清理城市警察部队，但他在 2007 年 12 月颁布的堕胎法引起了天主教高层和天主教右翼的反对。民主革命党在三边竞争中保住了对卡尔德隆家乡米却肯州的控制权。

　　在 2012 年总统大选之前，国家行动党内并未出现明确的卡尔德隆的继任者。革命制度党推出的恩里克·培尼亚·涅托一直是党内马德拉索派的反对者。在 2005 年 7 月墨西哥州的州长选举中，涅托赢得 47.6% 的选票，但他在国家层面的知名度并不高。就联邦议会的席位而言，墨西哥州是全国最大的选区。2012 年 7 月，选民们还需选举 5 名州长以及联邦区的市长，而培尼亚·涅托击败了得票率为 31.6% 的洛佩斯·奥夫拉多尔，以 38.2% 的得票率赢得总统大选，当时 63% 的投票率是迄今为止墨西哥历届大选中最高的。涅托就任总统后的首要任务之一是改革联邦选举委员会和联邦选举法院，以便对地方和联邦选举进行统一部署，为 2015 年 6 月 7 日的中期选举做好准备。

　　选举结果表明三个主要政党都遭受失利，尽管三党加起来赢得了60％的选票，但这一比例与2005年的90％相比已经相去甚远。革命制度党及其盟友获得260席，国家行动党获得108席，民主革命党获得56席。对于民主革命党来说，56席的结果是一场灾难，这意味着该党失去了48％的席位。自1991年以来，执政党首次在众议院保住多数席位。洛佩斯·奥夫拉多尔脱离民主革命党，组建了自己的国家复兴运动党。该党赢得35席，仅占全部选票的8.4％。然而，在联邦区的立法机构中，国家复兴运动党的代表人数超过了民主革命党的代表人数。革命制度党赢得了9个州长席位中的4个，分别是索诺拉（第一位女州长）、圣路易斯波多西、格雷罗和坎佩切。

　　2016年6月5日，12个州的州长、立法机构以及市级职位将进行选举，竞争激烈的三个关键州是韦拉克鲁斯、普埃布拉和瓦哈卡。有388名州议员和965个市议会举行选举，其结果将表明民众对革命制度党执政的联邦政府以及各州特定政府的支持程度，因而这次选举被视为观察2018年总统大选的指标。在这些选举中，最重要的一场选举发生在韦拉克鲁斯州，该州的革命制度党州长哈维尔·杜阿尔特引起众多争议，他被指控参与洗钱、逃税以及财务管理混乱。此外，韦拉克鲁斯是全国第三大选区，选民共计600万。韦拉克鲁斯的经济增长率仅高于坎佩切，位列全国倒数第二。在韦拉克鲁斯，正规经济部门的劳动力占全部劳动力的比例从2011年的57％升至2016年的61％。半数以上的劳动人口生活在贫困之中，贫困人口比例从2011年的45.8％升至2016年的54％，超过1万名按月领取养老金的退休人员未能领取养老金。总检察长办公室已经对杜阿尔特政府的40名官员展开了调查。

在韦拉克鲁斯，为了将革命制度党赶下台，国家行动党和民主革命党结盟，两党联盟成功获得 34% 的选票，超过革命制度党的30.5%。新任韦拉克鲁斯州州长 M. A. 尤内斯·利纳雷斯宣布，如果为州警察系统及犯罪集团的勾结提供方便，所涉官员将会被追责，新政府将对前两届革命制度党政府进行审计，同时严厉惩罚那些盗窃公共财产的官员。在此次选举中，革命制度党首次在韦拉克鲁斯、塔毛利帕斯、奇瓦瓦和杜兰戈失利，这些州均落入国家行动党囊中。总的来看，国家行动党的州长职位从 6 个增加到 11 个，而革命制度党则从 19 个减少至 15 个，民主革命党从 5 个降到了 4 个。虽然塔毛利帕斯是革命制度党的传统票仓，但国家行动党在该州赢得 50.1% 的选票，革命制度党的得票率仅为 36%。国家行动党保住了其在普埃布拉和阿瓜斯卡连特斯的统治地位，但革命制度党夺回了瓦哈卡和锡纳罗亚。培尼亚·涅托称，选举结果表明了政党竞争在墨西哥这样的民主国家充满了活力。国家行动党全国领导人里卡多·安纳亚则认为，如果这种选举趋势继续下去，他的政党将在 2018 年重返总统宝座，而该党此前从未在任何一次选举中赢得三个以上的州长席位。

事实证明，选举结果对国家行动党和国家复兴运动党非常有利，在阿瓜斯卡连特斯、奇瓦瓦、杜兰戈、普埃布拉和塔毛利帕斯等几个州的立法机构中，国家行动党获得多数席位。革命制度党在瓦哈卡获得多数席位。国家复兴运动党再次获得了墨西哥城制宪议会的多数席位，在总共 60 个席位中，国家复兴运动党获得了 22 席，超过了民主革命党的 19 席、国家行动党的 7 席和革命制度党的 5 席。这些代表随后将着手为新成立的墨西哥城州制定第一部宪法。然而，在这次选举中，每 10 个首都居民就有 7 个没有参与投票。

随着革命制度党在 2012 年夺回政权，墨西哥似乎正在走向轮流执政的两党制，尤其是在民主革命党分裂为两个对立派别之后，两个派别都努力争取左翼的支持。实际上，自 20 世纪 90 年代以来，政党竞争已成为政坛常态，这在 1988 年之前是从未有过的。2009 年后，革命制度党在选举中东山再起，国家行动党也在 2015 年之后重新崛起，这表明革命制度党有可能在接下来的总统选举中取得胜利。尽管无法保证这种趋势会在 2018 年再次出现，但是在 2012 年，这种情况确实发生了。2017 年 6 月，革命制度党设法保住了至关重要的墨西哥城州的控制权，他们以微弱优势战胜国家复兴运动党，而后者曾希望将该州作为洛佩斯·奥夫拉多尔在 2018 年总统选举中获胜的跳板。排名第三的民主革命党指责国家复兴运动党分裂了左派力量。国家行动党最终排名第四。

在经济和政治方面，培尼亚·涅托的一系列改革能否取得预期结果关系重大。与此同时，正如韦拉克鲁斯的选举结果所显示的那样，腐败、暴力和管理不善以及根深蒂固的对改革的反对态度，仍旧是亟待解决的突出问题。无论试图推行改革的执政党是谁，这些问题都无法回避。

2018 年的总统选举是国家复兴运动党、革命制度党和国家行动党之间的三方竞争。2018 年初，作为 1946 年至 2000 年间始终保持执政党地位的政党，革命制度党希望恢复其主导地位，但似乎未能找到合适的候选人。同样的情况也发生在 2017 年 6 月成立的反革命制度党联盟身上，该联盟被称为民主广泛阵线，由看似不太可能成为盟友的国家行动党和民主革命党组成。候选人的人选可能会引发争议，如果他或她过于偏右翼或以任何方式妥协，就可能会导致民主革命党分裂。继 2006 年和 2012 年的失败之后，洛佩斯·奥夫拉多尔试图第三次冲击总统职位。他有时被政敌描述为委内瑞拉总统乌戈·查韦斯式的独裁民粹主义者，虽然 2000 年至 2005 年，奥夫拉多尔任墨西哥城市长，他取得了诸多成就，但这一点鲜有体现。鉴于墨西哥贫富差距日益扩大，2018 年的当选者很可能会优先考虑社会政策。美国目前的政策——隔离墙问题和《北美自由贸易协议》重新谈判带来的影响——可能已经使墨西哥选民转向左翼，普遍反对来自北方的这个国家的各种说辞。

第十章　世界体系中的墨西哥：
2000 年后的国际关系

　　福克斯总统和其首任外交部部长豪尔赫·卡斯塔涅达期望墨西哥在世界事务中占据更加重要的位置。豪尔赫·卡斯塔涅达在某种程度上算一个政治上的自由职业者，时常在政治期刊上发表评论。在就任的头几年里，福克斯总统出访了多个国家，一方面旨在推进其目标的达成，另一方面则是想在世界范围内恢复墨西哥作为一个尊重人权的民主国家的形象。然而，到福克斯任期过半的时候，墨西哥政府在国际上的影响力显然非常有限，因此福克斯被指缺乏外交能力。卡尔德隆在担任总统期间花了大量时间驳斥美国对墨西哥的误解和负面言论。2005 年，美国支持智利候选人成功当选美洲国家组织秘书长一职，墨西哥遭受外交羞辱。

　　与美国的关系不可避免地继续主导着墨西哥的外交关系。尽管一开始福克斯和新任总统乔治·W. 布什（2000—2004）之间的私交较好，两人都是有商业背景的农场主，同时又都对根深蒂固的官僚体系不满，但 2001 年美国的外交政策优先事项的调整很快就让墨西哥陷入了孤立无援的境地。在 9 月 11 日纽约和华盛顿的恐怖主义袭击后，这一情形变得愈发明显。美国行政当局和欧盟大多数国家之间的关系不断恶化，不断介入中东事务以及对中国和东亚事务越来越关注，这些因素都使拉丁美洲（尤其是墨西哥）成为非优先关注事项。然而，这并不意味着南美次大陆发生的事件本身没有什么影响，即使对美国来说也是如此，只是美国政府主动选择不关注这些事情。

2002 年至 2004 年间，在联合国安理会的两个拉丁美洲席位中，墨西哥占据一席，这正是伊拉克国际危机恶化的时期。2003 年 3 月，墨西哥政府与其他拉美国家一道，反对美国及其盟友对伊拉克进行军事干涉，在这一议题上墨西哥与法国、俄罗斯和中国这三个安理会常任理事国的立场一致。

移民与北部边境问题

因墨西哥移民涌入美国而引发的分歧仍在继续。美国的评论家们指出，1990 年，美国人口中所谓的"西班牙裔"仅占整体人口的 9％，而到 2000 年时，这一比率已经上升至 12.5％，究其原因是西班牙裔移民高达 4.3％的生育率，而其余人口的生育率仅有 0.8％。据估计，2005 年"西班牙裔"占洛杉矶人口的 46％。美国的"西班牙裔"移民不仅包括墨西哥人，还包括来自其他拉丁美洲和加勒比国家的移民，2005 年已经达到 4 400 万人，而 2012 年，这一数字上升至 5 200 万，而同时期的美国非西班牙裔黑人为 3 830 万。据估计，到 2050 年，"西班牙裔"将占美国人口的 25％，届时美国的"白人"将成为少数族裔。这种预测传递了对"西班牙化"的恐惧，被描述为一种警告，即塞万提斯、洛佩·德·维加和加尔多斯等人使用的语言将与莎士比亚、狄更斯和海明威所使用的语言拥有平起平坐的地位。由于合法居民可以参加选举，他们的选票受到互相竞争的政党拉票，可能对选举结果产生影响。尽管在 2008 年 11 月 4 日，66％的"拉丁裔"投票支持巴拉克·奥巴马当选总统，但他上任前从未到过拉丁美洲的任何地方。2010 年，"西班牙裔"的美国众议员已达 24 名，尽管仅有两名"西班牙裔"的参议员（两名古巴裔美国人），也仅有两名"西班牙裔"州长，分别是内华达州和新墨西哥州的州长。

2005 年 3 月，布什政府国务卿康多莉扎·赖斯访问墨西哥，同月三位北美国家总统在布什的克劳福德庄园会晤，但是这两次会晤都未取得任何重大成果，尤其是关于墨西哥移民在美国的地位问题未获得任何进展。这两次会晤的背景是美国中情局和美国国务院对墨西哥横加指责，而美国大使也发表了墨西哥安全局势不稳定的声明，两国关系处于低潮，美国政府的高级官员似乎完全失去了对墨西哥的兴趣。

截至 2006 年 1 月，约 1 130 万墨西哥人在美国境内生活和工作，其中 600 万为非法移民，他们中的很多人在签证过期后仍滞留美国。2007 年，非法移民人数达到 700 万的峰值，其中许多人在建筑行业工作，而合法移民人数只有 560 万。1997 年至 2001 年间，美国当局驱逐了 200 多万未获得授权的移民，其中大部分人来自墨西哥。

2004 年 11 月，布什获得竞选连任，共和党在 70 年后首次成为两院的多数派，保守派的反对继续阻挠美墨两国就非法移民合法化达成协议。关于非法移民的地位问题，迄今仍未找到令双方都满意的解决办法。批评福克斯政府的墨西哥人指出，福克斯政府未能确保移民工人的人权在美国得到尊重，对墨西哥来说这是重大问题；对美国政府来说，主要问题是边境安全。在某种程度上，这两种观点仍然是不可调和的。美国政府的安全关切以及政党和国家的政治压力决定了对这一问题的思考方向，国会一直未能就非法移民的地位作出任何正面声明。在美国看来，拉丁美洲（以及加勒比海地区），尤其是墨西哥，仍是实际上或潜在的不稳定因素，仅仅具有次级或再次级重要性，仅仅是一个"后院"。尽管在美墨边境以南，人们对这一看法十分反感，但这种观点反映了美国的态度，墨西哥认为这是一种冒犯和挑衅。但正如我们所看到的那样，如何处理好与最近的邻国的关系一直存在挑战。

2008 年至 2009 年间的美国经济衰退增加了失业率，就业难度加剧，导致墨西哥移民总人数的下降，虽然这一趋势在 2007 年已经很明显。2008 年，美国国土安全部表示，非法移民数量已经下降，在美国生活和工作的墨西哥人已经从 2007 年 1 月的 1 180 万人的峰值下降至 2008 年 1 月的 1 160 万人，并在 2009 年初进一步下降至 1 150 万人。2011 年，非法移民人数不变，其中 680 万是墨西哥人。据美国统计，在 2008 年 3 月至 2009 年 3 月的 12 个月中，移民人数从 2005 年的峰值 65.3 万人下降至 17.5 万人，这是十年来的最低值。美国海关和边境保护局表示，2007 年抓获的非法移民人数为 858 638 人，2008 年为 66.2 万人，相比 2004 年 110 万人的峰值都所有下降。2010 年，该数据进一步降至 47.3 万人，2011 年降至 32.8 万人。然而，被驱逐出境的人数仍然很多，2013 年达到 31.4 万人。美国的反移民情绪及其在 2008 年和 2012 年的总统竞选中成为重要议题有助于解释为什么越来越多的人决定返回墨西哥。2000 年至 2011 年间，美国的墨西哥移民人数似乎减少了 50% 左右，其中可能的原因包括政府实施了更严格的边境管制、美国经济的波动、2008 年后经济衰退持续产生影响、边境各州的贩毒团伙活动猖獗、墨西哥 20 年来出生率不断下降以及墨西哥国内社会保障和初等教育得到改善等。与此同时，继 2000 年至 2004 年间在美墨西哥人寄回家乡的汇款增加了一倍之后，自 2006 年开始减少，汇款的总额从 2007 年的 239.8 亿美元下降到 2009 年的 212.6 亿美元。由于米却肯州、瓜纳瓦托州和哈利斯科州是受影响最大的几个州，因此汇款额度下降产生的影响也最为严重。

　　卡尔德隆把与美国的关系置于次要的位置，直到 2008 年 2 月才访问华盛顿，而在其访问华盛顿期间也没有会见乔治·W. 布什总统。在 12 月美国两任总统交接之前，他显然已经不再抱有就移民问题达成任何协议的希望。2010 年 5 月，卡尔德隆对华盛顿进行国事访问，并在国会两院发表演讲，他在演讲中批评美国对枪支管制不力以及毒品滥用问题严重，尤其反对亚利桑那州将非法跨境移民认定为犯罪的法律。在 2011 年 2 月 22 日接受报纸采访时，卡尔德隆抱怨美国缉毒局、联邦调查局和中央情报局之间缺乏协调，指出似乎没有机构对缉毒行动负责也不知道其他机构的行动，他反对曾批评墨西哥安全机构的美国驻墨西哥大使，最终后者于 3 月 19 日辞职。墨西哥总统完全否认墨西哥对美国构成安全风险的说法，同时确认，为了打击贩毒团伙，墨西哥已同意在其北部领土上空使用无人驾驶飞机。

长期以来，奥巴马政府对移民身份改革所作出的承诺一直不明朗，其中的主要原因是国会的反对。例如，2011 年 1 月，美国众议院投票反对移民在美国出生的子女自动获得美国公民身份的权利。美国参议院否认了这样一种意见，即如果非法移民的子女在军队服役或获得大学学位，他们就可以成为美国公民。亚利桑那州、乔治亚州和俄克拉荷马州对相关资格规定的限制条件最为苛刻。2014 年 11 月 20 日，奥巴马总统通过行政法令修改了《移民法》，该法令为在美国居住超过五年或有在美国出生或入籍子女的无证移民提供了赦免，他们可以获得三年的时间来对自己的身份进行调整。该法令将影响大约 400 万移民，其中三分之二是墨西哥人，墨西哥政府对该法令表示欢迎。

在 1990 年代，是否应当修建隔离墙作为阻止墨西哥移民进入的一种手段已经引起公众的关注，这一问题在 2000 年代变得更加重要，并在 2016 年成为美国总统竞选中的重要议题。隔离墙可能是物理意义上的墙，也可能是"虚拟墙"。2007 年 11 月 19 日，得克萨斯州州长里克·佩里就声称将在 2008 年 1 月前建立一道由边境摄像头组成的"虚拟墙"，以监测可能的越境行为。

北美自由贸易区

回顾过去，人们认识到萨利纳斯领导下的墨西哥是在进行豪赌，赌墨西哥通过将本国经济与美国经济更紧密地连接在一起会得到好处，而不是损害自身利益。自迪亚斯时代以来，历届墨西哥政府都试图摆脱美国，实现对外关系的多元化，尤其是在美国经济不断大规模扩张并在 20 世纪初期崛起成为大国后更是如此。

此外，自利芒图尔时代以来，墨西哥政府，尤其是在 20 世纪 10 年代至 40 年代的革命时期，以及随后的 60 年代和 70 年代，一直将经济的重要部门置于国家控制或监督之下。直到 20 世纪 70 年代，人们对外国投资和外国资产坚决反对的态度依然强烈。然而，1981 年至 1982 年的债务危机推动了旨在刺激贸易和投资发展的经济自由化趋势。正如我们所看到的，这在 1988 年至 1996 年萨利纳斯执政期间达到了顶峰。萨利纳斯决定将墨西哥经济与美国和加拿大的经济结合起来，这一决定应该从墨西哥国内开始实施当时北大西洋地区盛行的私有化政策来理解，而北美自由贸易区就是在这种背景下诞生的。尽管 2000 年至 2012 年间进行了政治变革，但国家行动党延续了萨利纳斯时期的做法，其目的是摆脱 20 世纪 30 年代至 80 年代进口替代和混合经济的特点，从而使墨西哥成为依赖贸易的经济体。

1994 年至 2000 年间，墨西哥向美国出口的制成品增加了 18％，但 2000 年至 2007 年间这一比例急剧下降，仅为 6％。来自美国劳工运动和民主党的反对意见指向墨西哥较低的劳动力成本，而廉价的劳动力抑制了对高科技的投资。美国对玉米、豆类、奶粉和甘蔗进口的关税减免于 2008 年 1 月 1 日结束，这一做法对墨西哥农业产生了不利影响。由于福利承诺具有优先权，虽然全国农民联盟施加压力，但墨西哥政府没有在农村地区投资以减少损失。因此，农民放弃土地，搬到已经人口膨胀的城市，或者试图移民到美国寻求更好的生活。美国农民从墨西哥市场的开放中获益匪浅，因为他们比墨西哥有更多的投资渠道和更先进的基础设施。

在这一危机之中，2002 年 12 月 9 日，《北美自由贸易协议》签订十周年的纪念日到来。三位创始领导人，老乔治·布什、加拿大的布里安·穆尔罗尼和墨西哥的卡洛斯·萨利纳斯抵达华盛顿，参加庆典，同行的还有三国在任的领导人。萨利纳斯自 1994 年辞去总统职位后蒙羞并陷入自我放逐，他在峰会上的出现使墨西哥人皱起了眉头。在会议上，福克斯再一次表达了希望北美自贸协议变成关税同盟的期望，并乐观地提议将 2005 年设定为完成转化的时间，而这几乎是不太可能发生的事情。福克斯提醒大家关注墨西哥与美国贸易的发展程度，并且提及墨西哥已经成为世界第九大经济体。然而，各部门从北美自由贸易区获得的利益并不平衡。墨西哥的汽车部件工厂获得了发展机遇，但农业在 2003 年初关税保护取消后遭受了损失。同时，墨西哥农民将在不久之后遭受打击，1992 年的协议将墨西哥玉米排除在自贸协议的条款之外，而国家将继续为低产粮食生产者提供资助，福克斯解释说，这一情况不会持续太久。

福克斯赞同将北美自贸区从自由贸易区域转化成海关同盟，同盟内的劳动力在十年中可以自由流动，然而，这一立场同样也没有得到美国的大力支持。美墨两国互相设置的进口限制——如墨西哥的金枪鱼、芒果和糖以及美国的猪肉和杏仁等——影响了双边关系，但并未彻底破坏两国关系。墨西哥对美国的保护主义倾向仍抱有较强的怀疑。然而，1994 年的条约中关于布拉沃河（格兰德河）的水源控制和分配等未尽事宜都已经得到了解决。

墨西哥经济部部长在 2015 年指出，墨西哥与北美自由贸易区的贸易量自 1994 年以来增长了四倍，三个参与经济体在标准、货物和人员流动速度以及提高全球市场竞争力方面的联系日益紧密。在他看来，墨西哥在 2016 年加入跨太平洋伙伴关系协定将进一步实现出口多样化，并刺激新的投资。虽然他强调这一观察的视角以北美自由贸易区为背景，但并没有具体说明这实际意味着什么。此外，北美自由贸易区的成员国身份也对能源部门产生了影响，如 2014 年 12 月 15 日，三国代表讨论了有别于石油输出国组织政策的三边能源战略。对墨西哥而言，美国能源生产日益走向自给自足，意味着其在美国市场份额不断下降，因而墨西哥需要在欧洲和亚洲（尤其是中国）开拓市场。

随着《北美自由贸易协议》签订 25 周年纪念日的临近，在 2018 年已经出现了一些关于该协议的性质和未来前景的讨论，特别是在美国。如果美国与加拿大或墨西哥发生争端，在 2008 年美国总统竞选期间就可能出现美国可能退出《北美自由贸易协议》的问题，当时民主党的两位潜在候选人巴拉克·奥巴马和希拉里·克林顿都不得不对该问题作出回应。例如因生产转移到墨西哥而遭受沉重打击的俄亥俄州，该州在每一次的美国总统选举中都至关重要。两位候选人讨论了改革《北美自由贸易协议》的可能性，这个问题在 2016 年的总统竞选中再次出现。如果成员国希望脱离欧盟，它们将面临宪法上的重要挑战，与此相反，脱离《北美自由贸易协议》只需提前 6 个月通知其他伙伴国即可生效，这在很大程度上源于北美自由贸易区从未有过超国家的政治目标，也没有任何建立货币联盟的愿景。然而，它留下了两个悬而未决的问题：美国的劳工地位和墨西哥的农业状况。此外，例如太平洋联盟等类似的商业性组织不断涌现，而拉丁美洲国家之间以及它们与包括美国在内的国家签订的双边贸易协定的范围也不断扩大，随之出现了北美自由贸易区与这些组织及协定的关系问题。

在 2016 年 11 月的美国总统大选中获胜的共和党人总统唐纳德·特朗普于 2017 年 1 月正式上台，此后北美自由贸易区的未来处于悬而未决的状态。该条约的重新谈判问题与修建阻隔墨西哥与美国领土的隔离墙问题密切相关，而这两项都是特朗普在竞选期间承诺要解决的。可以理解的是，墨西哥与美国的关系已跌至新的低点。隔离墙问题使得培尼亚·涅托在特朗普就职后取消了对华盛顿的访问，即便如此，培尼亚·涅托在墨西哥还是受到批评，人们指责他对特朗普的挑衅性言论的回应消极。直到 2017 年 7 月 7 日至 8 日在汉堡举行的 20 国集团首脑会议上，两国总统才正式碰面。

　　美国将 2017 年 8 月 16 日定为《北美自由贸易协议》重新谈判三方会谈的起始日期，如果协议条款被视为不利于美国利益，华盛顿威胁退出自贸协议的决心十分坚决，这将使此后的商业关系受到世界贸易组织条例的规制，包括这三个国家之间征收关税的问题，加拿大和墨西哥都不会欢迎这种状况。墨西哥的目标是不受限制地进入美国市场，避免出现新的保护主义。虽然美国希望增加进入墨西哥和加拿大市场的机会，但其压倒一切的目标是扭转与墨西哥贸易交往中的不利局面，特朗普可能把该问题变成政治问题。1994 年，美国的贸易顺差为 13 亿美元，但到 2016 年，墨西哥的贸易顺差为 640 亿美元。因此特朗普指责墨西哥造成美国制造业的失业，这一观点值得商榷。另一方面，美国依靠从墨西哥进口农产品来满足自己的市场需求。墨西哥食品生产商担心对他们征收关税，美国追求私营企业的参与，批评国家补贴和国有企业操纵价格。2017 年 7 月 24 日，培尼亚·涅托政府将《北美自由贸易协议》的重新谈判与其在 2013 年至 2014 年间推行能源部门改革的投资议程联系起来。在 8 月 16 日至 20 日举行的第一轮会谈中，墨西哥和加拿大的目标联系密切，它们主张重新平衡和更新《协议》，反对新保护主义。例如加拿大认为，赤字-盈余问题会对相关问题的讨论产生误导，劳工标准和环境应该是主要关注的问题。如果退出北美自由贸易协定，美国将面临与墨西哥和加拿大同样的损失，原因之一是三个水电生产国在能源上相互依赖，都向其区域外的国家出口原油和成品油，这种情况表明了三国需要协调其能源政策。出于这个原因，墨西哥主张推动北美自由贸易区的一体化，而不是使其分崩离析。第二轮会谈于 2017 年 9 月 1 日至 5 日举行，但是并未得到任何积极的结果。与此同时，墨西哥提议如果失去自由进入美国市场的机会的话，它将扩大自己与欧盟、巴西、阿根廷和太平洋联盟成员国的现有贸易联系。为了表达对重新谈判的看法，培尼亚·涅托总统于 9 月 4 日至 6 日对中国进行了正式访问，双方不可避免地讨论了贸易关系问题，特别是能源和基础设施合作，这符合中国在南美的整体政策。中国致力于推动建立亚太自由贸易区，墨西哥可能对此感兴趣，培尼亚·涅托访问期间也恰逢中国主办的金砖国家第九次峰会召开。2018 年 10 月 1 日，美墨加三国签署了取代《北美自由贸易协议》的《美国-墨西哥-加拿大协定》。新协议的命名没有提到自由贸易，而是以三个有关国家的首字母缩写命名。在新的协议中，美国维持了对钢铁和铝的保护主义关税，并对美国的大型农业联合企业和美国大型制药公司有利，而墨西哥小农场主则处于不利地位。此外，新协议还试图阻止美国的汽车公司将生产部门部署到墨西哥。

墨美关系之外的墨西哥对外关系

墨西哥于 1995 年加入经合组织，经过 10 年后，该国仍然是经合组织最贫穷的成员国，除非它将增长率提高到每年 4% 以上，否则将一直在经合组织中处于落后地位。2010 年，智利成为第二个加入经合组织的拉丁美洲国家，该国的信用风险评级优于墨西哥。经合组织批评墨西哥政府没有利用当时的高油价来提高生产力以及发展教育，并强调墨西哥需要改革劳动法，减少非正规经济部门的规模，并增加纳税者的基数。经合组织指出，墨西哥在教育领域的成绩较差，与土耳其相当，低于东欧、中国和印度。

墨西哥与欧盟的谈判始于塞迪略任职期间，2000 年双方达成了

《自由贸易协定》，这将对双方产生积极影响，这也是始于迪亚斯时代
的传统的延续，墨西哥追求发展除了美国这个主要合作伙伴之外的多
样化商业渠道。许多类似的自由贸易协定也在这个时期进行了谈判。
另一方面，在福克斯执政期间，墨西哥与拉丁美洲的关系恶化，墨西
哥与古巴的关系自 1994 年以来一直比较紧张，2004 年后愈发糟
糕。2005 年后，墨西哥与乌戈·查韦斯的委内瑞拉没有建立任何外
交关系。卡尔德隆试图恢复墨西哥的声望和影响力，但国内不断升级
的毒品战争严重破坏了这一努力。他的想法是改善拉丁美洲内部的关
系，首先是在 2007 年 8 月恢复与古巴的关系，然后再发展与巴西和
阿根廷的联系。

　　2002 年，墨西哥主办了两场国际会议，其中第一场是 3 月在蒙
特雷举办的联合国发展筹资会议。布什、菲德尔·卡斯特罗、雅克·
希拉克和大约 50 位国家或政府领导人出席了会议，后来的情况证明
此次会议没有取得任何成效。另一次会议是 10 月末在洛斯卡沃
斯（南下加利福尼亚州）召开的亚太经合会议。亚太经合组织
于 1989 年由一系列环太平洋国家在堪培拉成立，旨在于 2010 年
和 2020 年分两个阶段推进会员国之间的自由贸易、促进投资，并且
融通各国的金融和银行体系，其秘书处设在新加坡。中国于 1991 年
加入，墨西哥于 1993 年加入，智利于 1994 年加入，秘鲁于 1998 年
加入。至 2014 年，亚太经合组织共有 21 个成员国，包括俄罗斯和越
南，该组织多次召开年度会议，以期扩大成员国之间的技术合作，并
提高教育标准。墨西哥政府将亚太经合组织内的新兴工业化国家视为
潜在的伙伴，这一看法是相对于墨西哥与发达经济体的关系而言，特
别是发达经济体并未严格遵守世贸组织的关税协定。2002 年会议的
公报警惕要注意日本、欧盟和美国等发达国家为本国农民提供农业出
口补贴的政策。

2003 年 9 月中旬，在坎昆召开了世贸组织第五次部长级会议，然而在巴西和美国因这一议题发生冲突后，会议被解散。坎昆见证了 23 国集团组织的诞生，巴西、中国、印度和南非等国不顾美国试图将其分裂的企图，大力推动该组织的成立。墨西哥也加入了这个发展中国家的群体，其他的成员还包括巴基斯坦、土耳其、印度尼西亚、泰国、菲律宾、尼日利亚和其他的拉丁美洲国家。23 国集团致力于反对某些工业化国家鼓吹自由贸易却拒绝开放本国农业的做法。

2004 年 11 月，在智利的圣地亚哥举行了 21 国亚太经合峰会，福克斯在会上再一次向布什提到了跨境移民和在美国境内未登记的墨西哥居民的身份等议题。布什向福克斯保证，美国政府将此问题视为优先考虑事项，但是会从边境安全和"反恐战争"的视角考虑这一问题。在 2001 年 9 月纽约和华盛顿的恐怖袭击事件后，布什宣布发起"反恐战争"，他利用圣地亚哥峰会鼓吹其"反恐战争"的原则，但是拉丁美洲国家对此兴趣廖廖。

此次峰会的主要人物并非布什，而是中国国家主席胡锦涛，他提议中国大规模投资拉丁美洲的商业和基础设施建设，在两个地区间建立更加紧密的商业合作关系。除此之外，在参加峰会之前，胡锦涛访问了巴西和阿根廷两国，与两国签订了相关协议，后续的协议也正在洽谈之中。2003 年，拉丁美洲成为中国对外投资的第二大目的地（占中国全部对外投资的 36.5%），仅次于亚洲（占中国全部对外投资的 52.6%）。中国的提议得到了智利、巴西和阿根廷等国的积极评价，因为这将推动大豆、肉类、羊毛、天然气、钢铁、水泥、橡胶以及各种矿产的出口，首先是智利的铜矿。

然而，与阿根廷、智利和巴西形成对比的是，墨西哥倾向于认为，中国在美洲日益增长的影响力对墨西哥国内纺织和制鞋业以及墨西哥在美国市场的地位都构成威胁，这要求墨西哥提高生产力，同时要求墨西哥商人增加对中国市场的了解。美国对墨西哥石油的需求抑制了墨西哥向中国出口石油的可能性。尽管如此，墨西哥对中国的出口仍从 2001 年的 5 亿美元增加到 2011 年的 50 亿美元，这是墨西哥对外贸易格局变化的一个重要迹象，尽管仍然只有 1％的出口总额流向中国，出口产品包括石油、铁、铜和矿产。2011 年，中国成为墨西哥第二大商品进口国，占墨西哥商品进口总额的 15％。2012 年 4 月举行的首届墨中贸易与投资论坛对如何刺激墨西哥出口贸易进行了研讨，其中可能的方法是向中国出口猪肉。培尼亚·涅托于 2013 年 4 月初访问了中国。访问期间，涅托与习近平讨论了两国之间贸易水平仍然较低的问题，尽管由于中国制造业成本上升，贸易平衡似乎正在发生变化。两国领导人回顾了 1 月份签署的石油协议，当时墨西哥国家石油公司承诺从 4 月份开始向中国输送原油。

2012 年 6 月 18 日至 19 日，20 国集团第七次会议在洛斯卡沃斯（下加利福尼亚州）举行，墨西哥成为第一个主办 20 国集团会议的拉丁美洲国家。为了增加拉丁美洲的参与程度，除了已经加入该组织的阿根廷和巴西，墨西哥政府也邀请哥伦比亚和智利参与这次会议。阿根廷和巴西政府反对德国倡导的紧缩政策，并呼吁采取措施，通过政府干预促进增长、创造就业。然而，此次首脑会议在欧盟经济危机不断恶化的背景下召开，特别是人们试图弄清货币联盟对不同条件的经济体的影响。国际货币基金组织想要扭转欧洲大陆的停滞状态，但是由于美国仍在努力摆脱深度衰退，因而认为自己很难提供更多的资金支持。金砖成员国家持反对态度，并声明反对紧缩政策。尽管存在以上不同的观点，但是开放经济的原则继续被人们所支持。国际货币基金组织总裁克里斯蒂娜·拉加德①赞扬墨西哥在引导峰会顺

---

① 原文为 "Christine Lagrange"，似乎应为 "Christine Lagarde"。——译者注

利讨论冲突性问题方面发挥的作用。

至 2010 年代，墨西哥的国际地位显著提高，墨西哥对外关系的太平洋维度在政策考量中占据重要地位。卡尔德隆政府决定加入跨太平洋伙伴关系协定，与加拿大一起，实现墨西哥出口的多样化。该项目于 2005 年 7 月由新西兰、智利和新加坡发起，2008 年澳大利亚、越南和秘鲁加入。尽管遭到国会中民主党人的强烈反对，但是美国仍然在 2013 年和日本一起加入了该协议，随后马来西亚和文莱也加入。跨太平洋伙伴关系协定的十二名成员国定期举行会谈。

加拿大和美国的三位领导人①于 2014 年 2 月 19 日会晤时，跨太平洋伙伴关系协定与北美自由贸易区在此后的关系成为人们关注的议题，并影响了"环太平洋"地区的未来架构和宗旨，尤其是与中国的关系。经过五年的谈判，2015 年 10 月 6 日，跨太平洋伙伴关系协定终于在亚特兰大缔结（尽管没有得到美国参议院的批准），由此将一个拥有 8 亿人口、占世界 GDP 40％ 的市场联系在一起。墨西哥多达 72％ 的贸易是与跨太平洋伙伴关系协定的成员国进行，51％ 的外国直接投资来自该区域。然而，突出的问题依然存在：中国并未参与其中，这是否意味着协定成立的目的是针对中国？协定是美国用于反对已经苏醒的东方巨人的阵线吗？难道 2011 年奥巴马没有宣布，从今以后，太平洋地区，而非欧洲或中东，将成为美国外交政策和战略思维的优先领域吗？随着 2017 年 1 月美国政府更迭，特朗普总统退出跨太平洋伙伴关系协定，坚称该协定没有促进任何人的利益，而其余签署方重申将继续推进协定，并于 2018 年 3 月签署了更新版的协定。

2010 年 12 月在马德普拉塔举行的第 20 届伊比利亚-美洲首脑会

---

① 原文如此，应是"墨西哥、加拿大和美国"。——译者注

议上，秘鲁总统阿兰·加西亚提出建立太平洋联盟的初步构想，但是直到 2011 年 4 月的利马会议以及 12 月的尤卡坦会议之前，都没有取得任何成果。该联盟于 2012 年 6 月在智利的安托法加斯塔成立，其目标是在太平洋成员国——智利、秘鲁、哥伦比亚和墨西哥——之间实现产品、服务、资本和人员的自由流通，并整合成员国家的股票市场、基础设施和能源部门。这一目标设定是合理的：到 2016 年，哥伦比亚是墨西哥在拉丁美洲和加勒比地区的主要贸易伙伴，也是仅次于美国和中国的墨西哥第三大全球伙伴。太平洋联盟将建成一个贸易集团，其目标是成为单一的经济体。与欧盟不同的是，太平洋联盟不会有别有用心的政治目的或建立统一货币体系的尝试。联盟成员国的总人口为 2.1 亿，数量超过巴西，而总的资本市场规模至少与巴西相当。与停滞不前的南方共同市场国家（2015 年后的成员国包括阿根廷、巴西、巴拉圭、乌拉圭和玻利维亚五国）相比，太平洋联盟成员国都是开放的经济体，也不实行保护主义政策，其首要目标是打入亚洲市场。但是，这一目标被证明是所有目标中最困难的一个。培尼亚·涅托出席了 2013 年 5 月 23 日在哥伦比亚卡利举行的第七届太平洋联盟国家元首峰会，峰会计划自当年 6 月 30 日起取消四个成员国之间 90％的关税，从而使其成为拉美最大的自由贸易区。

如果将墨西哥对外关系的重心放在太平洋维度，那么太平洋沿岸的港口将成为繁荣的商业中心，因而需要对其多加关注。2000 年至 2014 年间，曼萨尼约港和拉萨罗卡德纳斯港的吞吐量已经从 2 200 万吨增长到 2 800 万吨，但两地都需要建造新的码头，这样才足以处理 5 000 万吨的预计产能。然而，如果通往港口的公路和铁路等基础设施没有充分地发展起来，那光凭码头建设也毫无用处。此外，我们已经看到贩毒集团已经从高原地带渗透到米却肯州的太平洋沿岸港口间的整个区域，而且深度控制了拉萨罗卡德纳斯港的业务，贩毒集团活动带来了严重的问题，需要尽快得到解决。

2012 年 9 月，作为当选总统的培尼亚·涅托开始拜访其他拉丁美洲国家，从而延续了卡尔德隆所秉持的墨西哥优先关注拉美地区的传统。涅托的行程从危地马拉开始，在墨西哥南部的两国边境，存在一个涉及毒品、犯罪以及该国移民跨越墨西哥国境进入美国的边境问题。然而，墨西哥的目标是实现与中美洲更加紧密的经济一体化。哥伦比亚是其时拉丁美洲最具活力的经济体之一，墨西哥的目标是充分利用哥伦比亚的专业知识来发展其经济。在秘鲁，会谈的议题集中在同年 2 月生效的太平洋联盟自由贸易协定。与此不同的是，涅托在巴西的目标是说服该国采取更加开放的经济政策，以期实现与墨西哥更紧密的融合，同时讨论双方私人资本进入石油业的问题。2014 年，墨西哥主张将中美洲国家、危地马拉、哥斯达黎加和巴拿马纳入太平洋联盟。

整个 2013 年，培尼亚·涅托的目标是提升墨西哥在加勒比地区的形象，以超过委内瑞拉在该地区的影响力。而委内瑞拉的经济已陷入深度衰退，社会面临着日益加剧的政治动荡。涅托还希望挑战巴西对该地区日益增长的兴趣，2013 年 11 月在智利的圣地亚哥召开的拉美国家元首会议上，涅托与劳尔·卡斯特罗签署了两国经济合作协议。2014 年 1 月下旬，墨西哥总统出席了在哈瓦那举行的拉丁美洲和加勒比国家会议，并表明了墨西哥与古巴继续保持良好关系的愿望，特别是在古巴开始扩大对外贸易的情况下。

在欧盟内部，墨西哥继续发展与西班牙、法国、德国和意大利在商业和文化层面的密切联系。尽管英国对墨西哥的学术和文化感兴趣且旅游需求也在不断增长，但英国仍然落在了上述国家之后。2000年的《自由贸易协定》确实起到了一些刺激作用，2010 年后情况开始好转，时任英国外交大臣威廉·黑格在伦敦坎宁宫发表讲话，明确指出英国需要更加关注拉丁美洲。2014 年 2 月，英国贸易代表团访问墨西哥，并于次年 5 月在墨西哥城开设了一个英国商务中心。作为这一举措的一部分，总部设在英国的汇丰银行和墨西哥国家金融银行同意共同资助一个项目，以促进两国中小企业的发展，并鼓励企业间贸易的发展。2015 年，两国宣布了"双年度"，以促进双方扩大接触并刺激两国产品的商业化。墨西哥和英国共同感兴趣的领域包括电信、航空航天、汽车工业、建筑和创意艺术等。2015 年 3 月初，培尼亚·涅托追随埃切韦里亚（1973）、德拉·马德里（1985）和卡尔德隆（2009）的脚步，对英国进行国事访问。在访问期间，涅托和卡尔德隆一样，在英国议会两院发表了讲话。

在贝尼托华雷斯国际机场的东北部，一个新的超级机场将建在特斯科科湖的湖床上，它象征着墨西哥日益扩大的国际视野。贝尼托华雷斯国际机场目前已经超负荷运行，新机场需要新的基础设施来将其快速连接到墨西哥城的枢纽地区。这一想法最初是在福克斯担任总统期间提出的，但是直到 2014 年 9 月培尼亚·涅托任职期间才最终得以通过。新机场的设计和建筑将由费尔南多·罗梅罗的公司和英国建筑师诺曼·福斯特的"福斯特及合作人建筑事务所"共同承接。罗梅罗公司取得了许多杰出的成就，是墨西哥最重要的建筑企业，该公司设计的索玛雅博物馆建于 2005 年至 2010 年间，2011 年正式开放，博物馆的设计理念令人眼前一亮。罗梅罗公司还设计了本章前文提及的洛斯卡沃斯 20 国集团峰会中心，即 2012 年 G20 峰会举办的场地。福斯特及合作人建筑事务所于 1991 年设计了伦敦斯坦斯特德机场（伦敦的第三座机场），并在 1998 年设计了新香港机场。新规划的墨西哥城机场计划在 2020 年前完成第一阶段的建设。

写 在 最 后

　　首先，我想在第三版中延续第一版和第二版中对于我们可以称之为后哥伦比亚时代的时期划分：欧洲入侵，1519 年至 1620 年；新西班牙，1620 年至 1770 年：西班牙殖民统治与美洲社会；动荡不安与分崩离析，1770 年至 1867 年；重建时期，1867 年至 1940 年；一党执政时期，1940 年至 2000 年。我认为上述分期经受住了时间的考验，尽管所有关于分类的尝试都会受到批评。本书没有对 2000 年后的时代进行分类，因为我们离这一时代的事件太近，因而无法对任何过程、模式或潜在的主题进行确认。虽然革命制度党在 2012 年至 2018 年期间重新执政，但我们离革命更远了，因而 20 世纪 90 年代以来，源自革命的机构和程序一直处于紧张状态或已经消逝。

　　回顾前两个世纪的历史，我们看到 19 世纪的两个阶段很好地解释了 20 世纪墨西哥的许多特点。首先，1836 年至 1867 年间，北美次大陆的实力平衡发生变化，美国开始占优，墨西哥处于不利境地。军事失利产生的冲击、外国入侵以及在 1846 年至 1848 年间的领土损失，这些因素决定了与美国的关系将成为此后墨西哥对外关系中最重要的议题。但是，这种对于强大的帝国主义邻国的重点关注往往使人们忽略了墨西哥成功地击退了 1862 年至 1867 年的法国干涉，并阻止了欧洲新殖民的企图。1867 年共和国的胜利使自由主义改革计划得以延续，该计划的本质是巩固宪政体系以及社会的世俗化发展。

　　第二个决定性时期是 1884 年至 1911 年，迪亚斯巩固了其个人统治，如何解读这一时期目前仍旧存在争议。事实上，1855 年至 1876

年的宪政试验——及其各种不足之处——在 1884 年之后都被抛弃
了。1876 年军事叛乱后建立的政权不但没有改革或加强依据 1857 年
联邦宪法建立的政治制度，反而削弱了这一制度。华雷斯曾抨击的个
人指定制度再一次成为政治常态。通过玩弄权术实现总统职位的自我
继承，而当其他有竞争力的候选人存在时，又对选举进行操控，这些
都揭示了 1900 年后权力继承问题的严重性。正如马德罗曾懊丧地预
计的那样，只有暴力才能够将迪亚斯政权从这个国家清理干净。当这
种暴力在 20 世纪 10 年代到来时，该政权的个人性质被暴露无遗，既
没有有效的制度能够解决广泛的不公，也不能遏制革命性的动荡。联
邦军队在 1914 年崩溃，对权力和财富的争夺由此展开，争夺主要发
生在相互敌对的首领及其武装力量之间。然而，这些首领也需要考虑
大规模民众动员带来的社会与经济需求。19 世纪下半叶发生的经济
和社会变化，已然改变了政府和精英们承受的政治压力的性质。墨西
哥革命中的不同社会运动和地区运动与某个政治首领结成联盟，因而
赤裸裸的权力斗争获得了意识形态和社会-改革色彩，一个新的、后
革命的秩序从 1917 年至 1940 年间的对抗中诞生。

　　早期的革命总统——卡兰萨、奥夫雷贡和卡列斯——更多采取了
迪亚斯的执政风格，而不是华雷斯或者马德罗的政治原则。虽然在酝
酿了 1917 年宪法的克雷塔罗会议上出现了广泛的辩论，但是在国家
或各州政府，政治权力的实施更多源于革命时期的意识形态以及民众
的渴望，而不是 1911 年前的政治文化。1917 年后政治体系的特点之
一是总统权力的重建，但是这点常常被人们忽略。1929 年建立了全
国性的执政党，并通过阻止总统竞选连任以及允许党派反复参选的方
式，最终解决了权力更替的问题。这些并不是自动发生的，就像此前
的改革一样，墨西哥革命在政策制定及实施上并非完全一致，而是在
很大程度上取决于当地的实际条件以及州、地区和城市内部的接受程

度。在不同的地理区域，权力、族裔和文化的结构千差万别。事实上，国家政策取决于地方首领、权威人物以及有组织的群体的反应。最终，总统权力以及政党垄断使得联邦各州的自主性逐渐减少，但即便如此，这一过程也是在国家和地方各级达成一致和协调的基础上得以实现的。

可以令人信服地说，墨西哥在 1940 年至 1964 年间形成了基本的统一，这发生在卡德纳斯时代结束和迪亚斯·奥尔达斯（1964—1970）执政下革命制度党的声誉和财富下滑之间。这一时期，依然在墨西哥革命的框架内以及在 1917 年宪法的指导下，墨西哥政治稳定、经济增长、社会和教育资源增加。尽管其间四届政府的政策侧重点各有不同，总统个性也不尽相同，但都坚持经济民族主义以及政治包容的原则，与此同时，四届政府都主张政党主导地位，建设所谓的"总统国家"。这一体系在阿莱曼和鲁伊斯·科蒂内斯任职期间，即 1946 年至 1958 年间形成。阿莱曼为建立墨西哥城市自治大学和国立自治大学奠定了基础，两所大学拥有现代主义的建筑和政治壁画；科蒂内斯总统主持了非常成功的"稳定的发展"。洛佩斯·马特奥斯（1958—1964）曾在鲁伊斯·科蒂内斯手下担任劳工部部长。从很多方面来看，马特奥斯担任总统期间是这一更广泛时期里优势和局限性的缩影。洛佩斯·马特奥斯是一个有才华的调解人，受到人们的喜欢，但他仍然面临着前几届政府遗留下来棘手的社会问题：铁路工人和医生的罢工、鲁文·哈拉米略领导的莫雷洛斯州的农业动乱。1962 年，哈拉米略被暗杀，这一事件威胁了政权作为国家和解机构的可信度。尽管存在某些压迫性的倾向，但在教育推广以及恢复卡德纳斯时代的土地再分配政策等方面，政府取得了很大的成就。即便如此，富人和穷人之间的社会差距依然在拉大，如何将经济增长转化为基础广泛的发展的问题仍未得到解决。

此外，1959 年后的墨西哥革命通过革命制度党得以正式"制度化"，它面临着菲德尔·卡斯特罗领导的古巴革命的挑战，后者对整个拉丁美洲产生了深远影响，并影响了墨西哥的国内政治格局。在冷战的大背景下，美国不得不更加密切地关注拉丁美洲的政治事务。虽然墨西哥政府拒绝与古巴断绝外交关系，但是与此同时，继续寻求与美国和解的可能。

人们很容易认为，1982 年后，在债务危机的影响下，技术官僚取代革命派思想家，成为墨西哥政治的掌舵人。但是，我们应该回顾 1946 年至 1952 年的阿莱曼政府在多大程度上修改了早期卡德纳斯政府的政策，并为私营企业打开了大门。由此来看，在经济民族主义遇到危机的 1982 年后，这一政策是正确的。新的发展模式与美国和西欧的政策变化，导致对混合经济的质疑产生。混合经济非常强调国有企业和国家对经济的干预，赞成削减公共开支和进一步向私人部门开放，这在 1988 年至 1994 年的萨利纳斯政府时期达到高潮。这些政策进一步削弱了革命制度党的社会基础，垄断党在 80 年代后期和 90 年代面临着来自右翼和左翼越来越多的选举挑战。

在 2000 年之前的 20 年里，一旦反对党明显将赢得选举，在圣路易斯波多西和瓜纳瓦托等地会发生较为充分的草根动员，以改变革命制度党在这些州和城市的主导权。地方和分离势力开始在垄断政党和官方政治体系的情境之外蓬勃发展。在瓦哈卡等州，土著社群要求建立替代性的政治过程，这导致官方对在 1917 年宪政体系之外运行的所谓选举"习俗和传统"的认可。日益增长的对中央集权制的抵制以及垄断党持续统治的前景确实导致国家行动党在 2000 年的总统大选中胜出，这是塞蒂略执政时期开始的政治体系开放的结果，一位来自反对派的候选人通过有序的权力交接成为墨西哥总统，2012 年这一事件再次发生。

经济状态、财富分配以及政治体制的运行机制是 20 世纪后半叶三个互相关联的议题，并在 21 世纪早期仍然占据主导地位。2000 年对革命制度党的胜利引发了广泛的公众期待，然而事实证明这些期待很难得到满足。2006 年的总统选举后，执政的第二届国家行动党政府不得不面对一系列社会和政治动员，其议题从城市的生活水平到各省的地方自治，不一而足。缓慢的改革以及严重的暴力问题引发了民众的失望，这是 2012 年国家行动党下台的原因，革命制度党得以恢复执政党地位。而改革的延迟或失败以及强大的社会阶层对改革的反对相结合，又反过来解释了革命制度党在 2016 年中期选举中的失败。由此引发了媒体对 2018 年选举的猜测，即或者国家行动党再次上台，或者激进的左派找到上台的机会。

当前的权力竞争集中在两个主要政党和两个次要政党之间，这为真正改变由谁执政以及为何执政带来了选择机会，也因此提高了问责水平。每个选举级别的权力交替表明，社会变革在不同程度上超过了 1929 年至 2000 年垄断党时期的结构，并指出了不同的政治管理方式。

1993 年，墨西哥恢复了与宗教自 1867 年破裂的关系，教会在该国的地位因此而变得更加重要，这使得教会与国家以及教会与社会之间的关系问题再次凸显。教皇约翰·保罗二世五次造访墨西哥，试图使墨西哥天主教会重新焕发活力，并将它与罗马更加紧密地联系在一起。16 世纪至 20 世纪期间，墨西哥多个圣徒被封圣，墨西哥人的精神世界更加深入地融入了天主教的主流。墨西哥教会视其自身为一种被误解的制度，在自由改革时期受到迫害，并在革命时期受到伤害。20 世纪末期，天主教会将使墨西哥社会和文化重新天主教化以及反对世俗主义和自由社会道德视为使命。在这些方面，天主教会与新教福音派团体具有共同看法，后者在此前的几十年已经进入墨西哥以及其他拉美国家宗教推广的空白地带。对墨西哥社会的宗教看法与普通人的日常生活存在着明显的冲突，这很可能反映了表面上有冲突的不同态度之间的微妙融合。灵活性与实用主义或许可以解释宗教信仰与世俗价值观在墨西哥个人生活中的共存。似乎没有迹象表明，教士形象的提升伴随着国家宗教热情的恢复。

改革以来社会的世俗化发展，带来了多种形式的宗教信仰如何持续存活并蓬勃发展的问题。对于任何游历过墨西哥的人来说，大量存在的神庙、宗教崇拜以及朝圣都揭示了这些信念潜流的深度。除了瓜达卢佩大教堂，还有其他供奉不同形态的圣子、圣母或某个特定圣徒的神庙，而不管是否受到官方教会的认可。在一些著名的朝圣地，如哈利斯科的圣胡安·德·洛斯拉戈斯或萨卡特卡斯的阿托查圣子教堂，布满了为了感谢某些救命奇迹的实现而还愿的绘画或照片，体现了民间信仰的强烈程度。此外，大量信徒到偏远的地区定期朝圣，比如前往卡托尔塞（圣路易斯波多西）的圣弗朗西斯教堂，或前往圣弗朗西斯·哈维尔此前在南下加利福尼亚布道的地方，也反映了自愿动员的巨大潜力。

20世纪后期墨西哥的显著特征之一是城市的快速增长，不仅包括作为大都市的墨西哥城，还有诸如普埃布拉、克雷塔罗、圣路易斯波多西和瓜达拉哈拉等州的首府，前两个曾是殖民时代纺织品生产区的工业活动中心。这些城市大多在19世纪晚期和20世纪初期复苏和扩张，并在20世纪40年代后的后革命时代再次复苏。虽然今天的克雷塔罗依然保留着拥有许多巴洛克建筑的殖民时期的核心区，但已然是一个大规模扩张后的工业中心。

至少可以说，21世纪初墨西哥最重要的问题应当追溯到过去。虽然建设了长途高速公路，但全国各地的基础设施仍然不足。教育系统的缺陷依然存在，2013年至2014年间，政府提出一系列改革计划以期解决这一问题，但是实际的执行情况限制了计划的成效。大部分非正规经济部门仍旧不能向劳动者提供正规经济部门人员享受的社会保障，广泛而持久的贫困依然存在，而且有证据表明有加剧的趋势。对能源部门的依赖曾多次导致预算削减，教育、社会保障和基础设施等领域也受到影响，在经济关键领域扩大投资范围的需求日益突出。然而，上述问题很容易被墨西哥社会的两个首要难题所掩盖：腐败和贩毒集团的暴力活动。

从另一方面来看，墨西哥拥有充满活力且多样的文化，在人文和科学领域取得了许多成就，高等教育实力雄厚，近代历史上的墨西哥足以与美国和欧洲列强对抗。在过去的几十年中，墨西哥挺过了20世纪80年代的债务危机、1995年的金融危机以及2008年的经济衰退，更不用说1985年和2017年的强烈地震和几次小幅度地震以及太平洋和加勒比海岸的台风、龙卷风和飓风。墨西哥政府一贯抵制美国自20世纪60年代以来对古巴的孤立政策，反对美国对70年代南美洲独裁统治以及80年代中美洲冲突的立场。自迪亚斯时代以来，墨西哥努力寻求外部投资来源的多样化，促进国内经济发展。墨西哥革命延续了这些努力，扩大了政治支持的基础，强化了国家机构。20世纪30年代至80年代间，墨西哥并没有真正成为社会民主国家，但是显示出社会民主国家所具有的混合制经济以及福利制度等特征，这一点明显不同于美国。自20世纪80年代开始，墨西哥更多地将目光投向其他拉丁美洲国家，如20世纪80年代与拉美国家建立孔塔多拉集团，或者与其他拉丁美洲国家一起加入次大陆之外的组织，如1993年的亚太经合组织和2016年的太平洋联盟。此外，与拉丁美洲国家以及包括欧盟在内的拉美以外的国家或地区签订双边贸易协定，由此补充了1993年的《北美自由贸易协议》。

21世纪前十年是美国失去其在拉丁美洲霸权地位的十年。美国对中东等其他地区的关注只是其中的部分原因,根源在于包括墨西哥在内的主要拉美国家日益增长的自我主张。至 21 世纪 10 年代,美国在拉丁美洲霸权的丧失已经无法逆转。然而,正如北美自由贸易区迄今所表明的那样,美国在美洲的事务中依然保持着重要的地位,这一点不应被忽视。此外,墨西哥国际关系的重心仍然是美国,这种特殊的关系依然不平等,而且北方邻国对墨西哥的误解也影响了两国关系,如跨境问题依然没有得到解决。有时,美国人的言辞和姿态给人的印象是,美国将其南部邻国视为需要使用栅栏、围墙、监控摄像头和武装巡逻队加以防范的敌对实体。

培尼亚·涅托政府的改革方案指向能源部门(石油、天然气和电力)、电信和教育领域,其原则是通过背离 1970 年至 1982 年间埃切韦里亚和洛佩斯·波蒂略未能复兴的旧式革命民族主义,展示 2012 年后的革命制度党领导人在何种程度上继承了德拉·马德里和萨利纳斯以及福克斯和卡尔德隆时期的传统。实际上,寻求新的投资来源和促进生产力提高的经济需求,加上提高生活水平和教育水平的社会必要性,这些都表明如果墨西哥要实现向先进国家的过渡,其政策将出现新的变化。以这样的方式,墨西哥和其他拉丁美洲国家或许能够在国际事务中发挥更加积极的作用。